山东省教育科学“十二五”规划 2015 年度重大招标课题
“职业院校内部治理能力提升研究”(VZ15009)

职业院校内部治理能力提升的探索与实践

马瑞香　李　强　陈作亮　等　编著

中国海洋大学出版社
·青岛·

图书在版编目(CIP)数据

职业院校内部治理能力提升的探索与实践 / 马瑞香等编著. —青岛:中国海洋大学出版社,2018.12

ISBN 978-7-5670-1489-3

Ⅰ.①职… Ⅱ.①马… Ⅲ.①职业教育—教育管理—研究 Ⅳ.①G710

中国版本图书馆 CIP 数据核字(2018)第 274392 号

出版发行	中国海洋大学出版社		
社　　址	青岛市香港东路 23 号	**邮政编码**	266071
出 版 人	杨立敏		
网　　址	http://www.ouc-press.com		
电子信箱	cbsebs@ouc.edu.cn		
订购电话	0532—82032573(传真)		
责任编辑	郭周荣	**电　　话**	0532—85902469
印　　制	青岛泰兴印刷有限公司		
版　　次	2018 年 12 月第 1 版		
印　　次	2018 年 12 月第 1 次印刷		
成品尺寸	170 mm×230 mm		
印　　张	20		
字　　数	400 千		
印　　数	1～1000		
定　　价	68.00 元		

序

2013 年 11 月，党的十八届三中全会将“完善和发展中国特色社会主义制度，推进国家治理体系和治理能力现代化”确立为全面深化改革的总目标。由此，治理能力现代化首次进入官方话语并成为各级组织治理研究的新方向。2014 年 6 月，《国务院关于加快发展现代职业教育的决定》提出：“职业院校要依法制定体现职业教育特色的章程和制度，完善治理结构，提升治理能力。”将职业院校治理能力提升问题提上议事日程。在教育从管理向治理转变的大背景下，2015 年 8 月，教育部又印发了《职业院校管理水平提升行动计划（2015—2018 年）》，要求“不断提高管理工作规范化、科学化、精细化水平，加快实现学校治理能力现代化”。2017 年 10 月，习近平总书记在党的十九大报告中强调指出：“建设教育强国是中华民族伟大复兴的基础工程，必须把教育事业放在优先位置，深化教育改革，加快教育现代化，办好人民满意的教育。”毋庸置疑，要想实现教育现代化，教育治理必须率先实现现代化。

近年来，我国职业院校依法治校、依章办事意识明显增强，师生权益保护和民主参与得到进一步落实，内部治理结构进一步完善，二级学院（系、部）自主权逐渐增强。但是，从总体上看，职业院校内部治理能力与加快推进教育治理体系和治理能力现代化的新要求相比，还不相适应，如组织机构设置行政化倾向、治理体系不健全、治理主体动能不足、多元主体不到位、管理机制不顺畅等等。因此，完善职业院校内部治理结构，大力提升职业院校内部治理能力，成为当前职业教育改革的迫切要求。

2015 年 11 月，山东省教育科学规划领导小组办公室、山东省教育科学研究院，将“职业院校内部治理能力提升研究”列入山东省教育科学“十二五”规划重大招标课题（VZ15009）。同年 12 月，经过竞标答辩，山东省教育科学规划领导小组办公室批准由青岛华夏职业学校和德州职业技术学院联合攻关，对该课题进行深入研究。《职业院校内部治理能力提升的探索与实践》就是两校多年从事职业教育的专家、教授共同完成的该课题的研究成果之一。

该书采用调查研究法、文献分析法、比较研究法及案例研究法等多种研究方法，从理论角度，紧紧围绕职业院校内部治理能力提升这一主题开展研究，界定了职业院校内部治理能力的概念，分析了影响职业院校内部治理能力提升的因素，提出了职业院校内部治理能力提升的标准和路径等，进一步深化了对职业院校内部治理能力提升规律的认识。从实践角度，对职业院校内部治理结构与治理机制建设、内部治理主体素质建设、内部治理制度建设、治理信息化水平提升、文化治理创新、质量保证体系完善、内部治理能力效能评价等诸方面进行了卓有成效的尝试，引用了大量职业院校内部治理能力提升的成功案例供读者参阅。一方面为创新职业院校内部治理结构提供了理论支撑，另一方面又为职业院校内部治理能力提升提供了实践参考。

新时代赋予新使命，新征程需要新担当，新目标期待新作为。全面建成小康社会、实现中华民族伟大复兴的中国梦，需要数以亿计的高素质劳动者和技术技能人才。职业教育在打造大国工匠、推动技术技能创新、促进人才供给侧结构性改革、助力新旧动能转换等方面具有独特的优势，担当着特殊的使命。广大职业教育工作者，要不忘初心，牢记使命，勇于担当，积极探索职业教育改革创新之路，为职业院校内部治理能力提升贡献智慧。

在该书面世之际，写了上面的话，以表达对该研究团队及其成果的敬意，是为序。

邓云锋

中共山东省委教育工委常务副书记，山东省教育厅厅长、党组书记

2018 年 11 月

目　录

第一章 职业院校内部治理能力提升研究的基础

在我国，职业院校是指承担学历性职业教育任务的机构。按照学历层次可分为中等职业学校和高等职业学校；按照所有制性质可分为公办、民办、混合所有制职业院校。本书所称职业院校，是公办中等职业学校（以下简称“中职学校”）和高等职业学校（以下简称“高职院校”）的统称。职业院校内部治理能力提升研究，既是全球治理理念发展的应有之义，也是党和国家加快实现职业教育治理体系与治理能力现代化的必然要求，更是职业院校自身改革内部治理结构、创新内部治理体制机制、提升内部治理能力、提高办学质量的客观需要。职业院校应学习和借鉴现代治理理论的研究成果，适应全球治理大潮流的必然趋势，认真贯彻落实党和国家对职业教育发展的政策要求，结合学校自身实际，认真研究、努力探索、勇于实践，以期不断提升内部治理能力。

第一节 职业院校内部治理能力提升研究的社会背景

职业院校内部治理是从法制层面提出的一种协调利益相关者关系、平衡各种权益分配、提高整体办学效能的制度设计。治理能力是一所学校发展的基础，它不仅体现了学校的办学水平，也决定其办学质量和发展前景。因此，建立现代职业院校治理机制，以此激励学校办学活力的提升，是突破学校发展瓶颈的重要途径之一，具有十分重要的意义。

一、职业院校内部治理能力提升是顺应全球治理大潮流的应然之举

根据联合国全球治理委员会的解释，治理是各种公共的或私人的个人和机构管理其共同事务的诸多方式的总和。先进、科学的治理理念是引导职业院校内部治理有效改革与发展的灵魂，树立兼具系统性与开放性的现代职业院校治理理念，是符合全球治理大潮流趋势的。其一，从系统论视角来看，现代职业院校是一个开放型系统，在办学过程中，其内部治理与外部治理必须协调，通过与

系统外进行能量交换来增加办学活力，通过内部各要素的协调和互动发挥内部治理的整体功能。其二，随着全球治理理念的发展，现代职业教育治理理念的开放性发展要求愈来愈明显。我国职业院校治理必须适应这种变化，优化治理结构，完善治理机制，提高治理绩效，以期提升治理水平。

国外发达国家高职院校在长期的治理实践中建立了较为完善的治理体系，呈现出体系完善且职责分明、相对独立又相互制约、师生主体地位体现充分的特点。德国高职院校的内部治理架构大多可分为重大事务决策层、行政事务执行层和教学及研究事务实施层三个层次，每个层次有若干个委员会或职能部门组成，并且分工明确。英国高职院校实行董事会领导下的校长负责制，董事会负责高层决策，校长负责落实实施；董事会下设各个专项委员会，由董事会授权全面负责各自专项领域，提名委员会或治理和遴选委员会负责董事会成员的推选。英国的高职院校内部尽管各治理机构之间相互独立、职责分明，但也相互监督、相互制约。董事会拥有最高决策权，但其制定的制度和决议、决策等受到相关委员会的检查和审核。美国社区学院大部分办学经费来源于政府，但政府部门并不直接对各学校进行评估，而是实行第三方认证制度，由社会机构对各校进行认证评估，从而实现社会对社区学院的有效监督。美国联邦教育部和社区教育协会(American Association of Community College，AACC)规定教育机构每五年必须接受一次办学资质的评估认证，对通过认证的机构颁发资质证书。①

"他山之石，可以攻玉。"国外发达国家高职院校在其内部治理方面所取得的成功经验和鲜明特点，对我国高职院校当前所进行的内部治理结构改革具有较好的启迪作用。

二、职业院校内部治理能力提升是现代职业教育发展的必然要求

我国教育现代化进程是一个包括教育思想、教育体制、教育活动、教育政策和教育文化在内的整体变迁的过程。职业院校治理能力建设是教育现代化的必然要求，也是教育现代化的重要特征。

为适应国家和区域经济社会快速发展的需要，职业院校在人才培养和教育教学改革方面进行了艰辛的探索，取得了令人鼓舞的成绩，然而在内部治理方面却存在亟待解决的问题。目前，我国公立高职院校均实行党委领导下的校长负责制，内部治理结构存在着不同程度的行政权力彰显、学术权力弱化等问题，

---

① 陆启光.国外高职院校内部治理特点及启示[J].职教论坛，2016(1):87-91.

尤其是学术权力与行政权力的界限模糊，内部的学术权力基本为行政权力所取代；行政权力和决策权力交叉重叠，界限不清，决策运行方式简单，监督权力缺失。从职业院校演进的历程和现状分析，其在内部治理中存在的上述问题与其产生背景及其衍生的制度文化有关，究其主要原因是内部制衡与外部制度约束共同作用的结果。

国务院《关于加快发展现代职业教育的决定》指出："扩大职业学校办学自主权，学校依法制定体现职业教育特色的章程和制度。"李克强同志指出："完全由政府主导的职业教育，很可能偏离社会需求。"他强调，发展现代职业教育，必须要依靠政府、市场和社会三者的力量，"职业教育改革要跟上社会步伐"。可见，职业院校治理能力建设要以现代化制度建设为核心，突破现有管理体制和机制障碍，遵循教育发展规律，制定体现职业院校现代化建设特色的章程和制度，建立健全自主管理、民主监督、社会参与的治理结构，形成与学校章程相配套的内部管理制度体系和执行体系，全面提升学校的治理能力，推动各项工作可持续发展，从而加快学校现代化建设进程。

《国家中长期教育改革和发展规划纲要(2010—2020年)》提出，教育转型的目标是"实现教育现代化"，即构建"适应发展方式转变和经济结构调整要求，体现终身教育理念、中等和高等职业教育协调发展的现代职业教育体系，满足人民群众接受职业教育的需求，满足经济社会对高素质劳动者和技能型人才的需要"的职业教育。可见，职业院校治理现代化是职业教育现代化的重要内容，也是职业教育现代化的重要手段，实现职业教育现代化，构建现代职业教育体系，提升职业院校治理能力是重中之重。

三、职业院校内部治理能力提升是高质量办学的有力保障

职业教育吸引力不足一直是制约自身发展一个重要因素，目前，"重知识、轻技能"的社会现状还没有得到根本改善。职业教育要提高社会影响力和吸引力，真正塑造起"不唯学历凭能力"的良好社会环境，呼吁社会各界更加深入广泛地参与职业教育办学过程，就必须吸收更多的力量加入职业教育治理体系，创设新的治理模式。

当前，中等职业教育和高等职业教育已经分别占据高中阶段教育和高等教育的半壁江山，在规模扩大的同时，职业教育办学质量越来越成为社会各界普遍关注的问题，内涵式发展是职业教育紧跟时代步伐，培养符合经济社会转型发展所需人才，满足人民群众对更高质量教育需求的必然选择。职业教育要跟

上时代步伐，就必须在管理过程中更加注重发挥各种社会力量的作用，形成管理合力，发挥长效机制，这就要求必须完善治理结构。职业教育治理能力的提升，是内涵式发展的客观要求，也是提高职业院校办学质量的基本保障。

创新治理机制是持续发挥治理效力，也是不断修正治理实际问题，不断提升治理能力的重要条件。机制的构建与创新是一项复杂的系统工程。通过与之相对应的体制和制度的建立，治理机制在实践中才能得到体现。深化职业院校治理改革，创新治理机制，有赖于内部制衡与外部制度约束的共同作用。就内部来说，职业院校治理机制的完善有赖于政治体制以及其他领域的配套改革，如明确政府、行业、企业等利益主体的角色和定位。就外部环境而言，治理机制的完善需要完善的法律、法规作保障。在内外结合、内部和外部两重力量的推动下，方能保障治理的有效运行。具体而言，可从以下两个方面寻求改善：一是通过借鉴国外应用技术大学的有益经验，建立管、办、评三权分立制度，形成行政权力和学术权力的相互制衡；二是学校内部要依法实行“六会”治理机制——即党委会、校务会、学术委员会、教代会、学代会、各类座谈会。加强机制和立法建设是建立健全治理机制的有效保障。从完善治理机制出发，明确责、权、利关系，是治理机制建设的重要途径。

职业院校内部治理能力提升，是在先进的治理理念引领下，建立起富有现代职业教育特色的治理体系，形成完善的学校内部治理结构。中国职业教育的历史与发展使我国职业教育具有本土化的特点，我国的职业院校具有中国特色的办学模式，因此建立符合国情和校情的内部治理机制是增强职业教育活力的关键，是深化职业教育改革的必然趋势。

第二节　职业院校内部治理能力提升研究的理论基础

随着全球化时代的来临，人类社会政治生活正在发生重大变革，其中最引人注目的变化之一，便是人类社会政治过程的重心正在从统治转向治理，从民族国家的政府统治走向区域和全球治理。因而，治理问题引起了国际学术界的广泛关注，越来越多的学者开始接受、使用“治理”这一概念。可以说，治理理论出现后，因其自身所具有的合理性和可信结论，很快被用于分析社会、政治、经济、文化等各个领域的现象，并成为我们时代继“全球化”之后又一个时兴的话语，也是理解当代社会现实的一种重要而有益的方法工具与分析框架。研究职业院校内部治理能力提升问题，必须认真学习研究治理理论并把握实质，结合职业院校治理实际，对职业院校内部治理问题进行积极地探索。

一、治理理论的含义

治理(governance)作为英语国家的日常用语，其概念源自古典拉丁文或古希腊语“引领导航”(steering)一词，原意是控制、引导和操纵，指的是在特定范围内行使权威。它隐含着一个政治进程，即在众多不同利益共同发挥作用的领域建立一致或取得认同，以便实施某项计划。

进入20世纪90年代，随着志愿团体、慈善组织、社区组织、民间互助组织等社会自治组织力量的不断壮大，它们对公共生活的影响日益重要，理论界开始重新反思政府与市场、政府与社会的关系问题。如果说新公共管理运动主要关注公共部门对市场机制和企业管理技术的引进，治理理论的兴起则进一步拓展了政府改革的视角，它对现实问题的处理涉及政治、经济、社会、文化等诸多领域，成为引领公共管理未来发展的潮流。

治理理论是公共管理领域内的前沿理论，是对传统的管理理念和方式的一大革新，它强调通过多方面的积极参与和互动形成一套多主体的自组织网络。通过网络间各主体的协调配合形成合力来解决问题。治理意味着管理方式和管理手段的多元化，传统的管理模式是运用发号施令来达成目标，而治理理论则强调的是平等关系。

治理理论的重要创始人之一詹姆斯·罗西瑙(James Rosenau)认为，治理是通行于规制空隙之间的那些制度安排，或许更重要的是当两个或更多规制出现重叠、冲突时，或者在相互竞争的利益之间需要调解时才发挥作用的原则、规范、规则和决策程序。格里·斯托克(Gerry Stoker)指出，治理的本质在于，它所偏重的统治机制并不依靠政府的权威和制裁。

治理理论作为一种新兴理论之所以具有如此旺盛的生命力，其关键点在于它在公共利益的实现方式上，由一元、强制、垄断走向了多元、民主、合作。治理有四大特征：一是治理不是一套规则条例，也不是一种活动，而是一个过程；二是治理的建立不以支配为基础，而以调和为基础；三是治理同时涉及公、私部门；四是治理并不意味着一种正式制度，而确实有赖于持续的相互作用。

我国学者陈广胜认为，与统治、管制不同，治理指的是一种由共同目标支持的活动，这些管理活动的主体未必是政府或学校，不一定非得依靠强制力量来实现。

由此可见，治理是一种由共同目标支持的活动，不同的治理主体需要在共同的目标驱动下加强合作。治理是一种多方互动的管理过程，借助合作、协商和伙伴关系，通过确立认同和共同目标等方式实现对公共事务的管理。治理意味着管理方式和管理手段的多元化。

二、多中心理论

在全球化治理变革与学科交融的风云聚会中，多中心理论无疑是这个盛会上一颗闪着夺目光彩的明珠。多中心理论为美国印第安纳大学政治理论与政策分析研究所的埃莉诺·奥斯特罗姆(Elinor Ostrom)与文森特·奥斯特罗姆(Vincent Ostrom)夫妇共同创立。这一理论以严谨的理论关怀、实践关怀精神展示了其颇具现实解释力的理论风采，以严密的制度分析、理性选择的逻辑论证展示了其制度理性选择学派的独特魅力。

“多中心”一词最早见于迈克尔·博兰尼《自由的逻辑》，他将社会秩序分为指挥的秩序与多中心的秩序，文森特·奥斯特罗姆在借鉴了社会秩序理论的基础上进一步发展了多中心理论。多中心理论汲取了几乎遍及所有社会科学，甚至包括一些自然科学领域的智慧，与此同时，它也为众多社会科学的发展提供了独特的理论视野。该理论的学术背景虽仅涉及政治学、公共管理以及公共政策，但其丰富的内涵与巨大影响力是举世公认的，其内容包括社会秩序、公共经济、自主治理、可持续发展以及城市治理等诸方面。在多中心理论体系中，对公共事务与发展关系的关注是一以贯之的主题，对这一关系制度层面的解剖与设计是其理论一以贯之的方法。因此，公共事物与发展的制度分析与应对成为多中心理论体系的重要内容。其中，社会秩序是该理论的主线，经济学则为其打开基础性视角。多中心秩序是奥斯特罗姆夫妇多中心理论体系的根本理念，而为这一理念提供基础性视角的是这一理论的经济学关怀，只是在这种基础性视角中，由于研究对象涉及的主要是公共事务，因此，其理论的经济学关注就集中体现在关于公共经济的逻辑之中。为了剖析在公共资源治理过程中遭遇的问题，埃莉诺·奥斯特罗姆提出了自主治理成为多中心理论体系的基点。她通过对公共事务治理之道相关理论模型的解析，否定了当时传统的强化私有化或中央集权的惯性思维，开创性地从博弈论视角提出了解决路径，并根据制度分析与经验研究相结合的研究路径对其进行了阐述。

对于职业院校内部治理而言，多中心理论可定义为在原有学校管理主体的基础上，把教师治理主体纳入其中，打造学校、领导和教师在内的三维空间治理，形成多个决策中心，实现治理主体间多元多向度互动。

三、利益相关者理论

利益相关者理论缘起于公司的社会责任之争。1929 年，美国通用电气公司的一位经理在就职演说中提道“不仅股东，而且雇员、顾客和广大公众都在公司中有一种利益……”该演讲中所反映出的思想被多德(Dodd)认为是现代意义上“利益相关者”思想的雏形。

“利益相关者”一词最早可以追溯到 1963 年，斯坦福大学研究所明确地提出了利益相关者的定义：“利益相关者是这样一些团体，没有其支持，组织就不可能生存。”这个定义在今天看来，是不全面的，它只考虑到利益相关者对企业单方面的影响，并且利益相关者的范围仅限于影响企业生存的一小部分。但是，它让人们认识到，除了股东以外，企业周围还存在其他的一些影响其生存的群体。随后，瑞安曼(Eric Rhenman)提出了比较全面的定义：“利益相关者依靠企业来实现其个人目标，而企业也依靠他们来维持生存。”这一定义使得利益相关者理论成了一个独立的理论分支。1984 年，被誉为“新古典主义经济学之父”的诺贝尔经济学奖获得者、美国经济学家弗里曼(Freeman)出版的《战略管理：利益相关者方法》让“利益相关者”“利益相关者理论”等术语广泛流传，成为经济学、管理学、伦理学界的研究热点。弗里曼明确提出了利益相关者管理理论。利益相关者管理理论是指企业的经营管理者为综合平衡各个利益相关者的利益要求而进行的管理活动。与传统的股东至上主义相比较，该理论认为任何一个公司的发展都离不开各利益相关者的投入或参与，企业追求的是利益相关者的整体利益，而不仅仅是某些主体的利益。显然，弗里曼界定的是广义上的利益相关者，他笼统地将所有利益相关者放在同一层面进行整体研究，给后来的实证研究和实践操作带来了很大的局限性。克拉克森认为：“利益相关者以及在企业中投入了一些实物资本、人力资本、财务资本或一些有价值的东西，并由此而承担了某些形式的风险；或者说，他们因企业活动而承受风险。”克拉克森的定义引入了专用性投资的概念，使利益相关者的定义更加具体。

国内学者综合了上述几种观点，认为“利益相关者是指那些在企业的生产活动中进行了一定的专用性投资，并承担了一定风险的个体和群体，其活动能够影响或者改变企业的目标，或者受到企业实现其目标过程的影响”。这一定义既强调了投资的专用性，又将企业与利益相关者的相互影响包括进来，应该说是比较全面和具有代表性的。①

西方对利益相关者理论的研究热潮，推动中国于 20 世纪 90 年代正式引入利益相关者理论，杨瑞龙、贾生华、陈宏辉等人取得了一定的研究成果。其中杨瑞龙教授对利益相关者问题的研究较为深入，并形成了较为完善的思想体系。他提出了从“单边治理”到“多边治理”的概念，是对利益相关者治理的一个很好的概括。他结合我国国情提出“共同治理”，即企业不仅要重视股东的权益，还要重视其他利益相关者对经营者的监控；不仅注重经营者的权威，还要关注其他利益相关者的实际参与；关于利益相关者的外部治理机制是公司治理机制中极为重要的一个方面。但就整体而言，国内学者对利益相关者理论的研究还处于起步阶段。

第三节 职业院校内部治理能力提升研究的政策依据

2013 年 12 月，党的十八届三中全会通过的《中共中央关于全面深化改革若干重大问题的决定》首次在中央文件中提出，推进国家治理体系和治理能力的现代化，明确提出在未来经济发展中要发挥市场在资源配置中的决定性作用，并围绕坚持党的领导、人民当家做主、依法治国有机统一深化政治体制改革，在中国正处于经济转型、社会转型、治理转型的历史转型时期，对全面深化改革作出了重要战略性部署。原来政府更多强调管理，现在更强调治理。原来强调加强管理的能力，是讲加强政府的管理能力，即政府的监管、管控；但现在强调的是加强国家的治理能力，就是政府和非政府组织共同来管理社会，是共管共治的概念，实际上是政府、社会和企业共同合作，共管共治。以《中共中央关于全面深化改革若干重大问题的决定》的发布为标志，国家逐步向治理体系和治理能力现代化迈进。与此同时，国家也相继出台了职业院校治理改进方面的相关政策。本节对党和国家关于职业院校内部治理相关政策在十八届三中全会前后的要求予以综述。

一、十八届三中全会前的相关政策要求

1991 年 1 月颁布施行的《中华人民共和国高等教育法》(以下简称《高等教

---

① 百度百科. 利益相关者理论[EB/OL]. https://baike.baidu.com/item/利益相关者理论/4556787? fr=aladdin.

育法》）就对高等学校（含高职院校）内部治理结构和治理机制进行了相关规定。我国《高等教育法》明确指出，国家举办的高等学校实行中国共产党高等学校基层委员会领导下的校长负责制。中国共产党高等学校基层委员会按照中国共产党章程和有关规定，统一领导学校工作，支持校长独立负责地行使职权。高等学校的校长为高等学校的法定代表人，全面负责本学校的教学、科学研究和其他行政管理工作。高等学校设立学术委员会，审议学科、专业的设置，教学、科学研究计划方案，评定教学、科学研究成果等有关学术事项。高等学校通过以教师为主体的教职工代表大会等组织形式，依法保障教职工参与民主管理和监督，维护教职工合法权益。高等学校的办学水平、教育质量，接受教育行政部门的监督和由其组织的评估。

2010 年 5 月，教育部印发的《中等职业学校管理规程》明确指出，公办学校建立校长全面负责行政工作、党组织保障监督、教职工民主参与管理的内部管理体制。学校建立党组织，并确保党组织发挥监督、保障和参与重大决策的作用。学校应当在党组织领导下，建立共青团、学生会组织，组织开展生动有效的思想政治教育活动。学校建立和完善教职工代表大会制度，依法保障教职工参与民主管理和监督的权利，发挥教职工代表大会参与学校重大决策的作用。学校建立工会组织，维护教职工合法权益。学校根据国家有关政策，结合自身发展实际，合理设置内部管理机构，并明确其职责，规模较大的学校可以设置若干专业部（系），实行校、部（系）二级管理。这就从总体上规定了中等职业学校内部治理结构和治理机制。

2010 年 7 月，国务院根据党的十七大关于“优先发展教育，建设人力资源强国”的战略部署，为促进教育事业科学发展、全面提高国民素质、加快社会主义现代化进程，制定出台了《国家中长期教育改革和发展规划纲要（2010—2020年）》。纲要提出要从完善治理结构、加强大学章程建设、扩大社会合作、推进专业评价四个方面加强中国特色现代大学制度建设。一是完善治理结构。纲要要求，公办高等学校要坚持和完善党委领导下的校长负责制。健全议事规则与决策程序，依法落实党委、校长职权。完善大学校长选拔任用办法。充分发挥学术委员会在学科建设、学术评价、学术发展中的重要作用。探索教授治学的有效途径，充分发挥教授在教学、学术研究和学校管理中的作用。加强教职工代表大会、学生代表大会建设，发挥群众团体的作用。二是加强章程建设。纲要指出，各类高校应依法制定章程，依照章程规定管理学校。尊重学术自由，营造宽松的学术环境。全面实行聘任制度和岗位管理制度。确立科学的考核评价和激励机制。三是扩大社会合作。纲要明确，要探索建立高等学校理事会或董事会，健全社会支持和监督学校发展的长效机制。探索高等学校与行业、企业密切合作共建的模式，推进高等学校与科研院所、社会团体的资源共享，形成协调合作的有效机制，提高服务经济建设和社会发展的能力。推进高校后勤社会化改革。四是推进专业评价。纲要鼓励专门机构和社会中介机构对高校学科、专业、课程等水平和质量进行评估。建立科学、规范的评估制度。探索与国际高水平教育评价机构合作，形成中国特色学校评价模式。建立高等学校质量年度报告发布制度。这些规定基本上勾勒出中国特色现代大学制度的基本框架，也为职业院校尤其是高职院校治理结构建设指明了方向。

2011 年 8 月，教育部在《关于推进高等职业教育改革创新引领职业教育科学发展的若干意见》中提出："公办高等职业学校在坚持党委领导下校长负责制的同时，鼓励建立董事会、理事会等多种形式的议事制度，形成多方参与、共同建设、多元评价的运行机制，增强办学活力。"也就是说，对于公办高职院校内部治理结构改革，"坚持党委领导下校长负责制"是基本前提，在此基础上，可以"建立董事会、理事会等多种形式的议事制度"，从而"形成多方参与、共同建设、多元评价的运行机制"。

2011 年 11 月，教育部为完善中国特色现代大学制度，指导和规范高等学校章程建设，促进高等学校依法治校、科学发展，依据教育法、高等教育法及其他有关规定，制定了《高等学校章程制定暂行办法》。文件指出："章程是高等学校依法自主办学、实施管理和履行公共职能的基本准则。高等学校应当以章程为依据，制定内部管理制度及规范性文件、实施办学和管理活动、开展社会合作。"随后，我国高职院校相继制定了自己的章程，对于依法完善内部法人治理结构，体现和保护学校改革创新的成功经验与制度成果，完善学校自主管理、自我约束的体制、机制，起到了积极的作用。

二、十八届三中全会后的相关政策要求

2013 年 12 月，党的十八届三中全会通过的《中共中央关于全面深化改革若干重大问题的决定》，首次在中央文件中提出"推进国家治理体系和治理能力现代化"的命题，我国职业院校治理问题逐渐进入国家层面，党和国家给予高度关注。

2014 年 5 月，国务院颁布的《关于加快发展现代职业教育的决定》共涉及六大方面二十八条，直接提到"治理"的有两处，分别是："职业院校要依法制定体

现职业教育特色的章程和制度，完善治理结构，提升治理能力。”“健全联席会、董事会、理事会等治理结构和决策机制。”决定还指出，要“建立学校、行业、企业、社区等共同参与的学校理事会或董事会。”“坚持和完善中等职业学校校长负责制、公办高等职业院校党委领导下的校长负责制。”决定中与治理结构和治理能力相关的表述共有十一条，分别为：基本原则、目标任务、引导支持社会力量兴办职业教育、健全企业参与制度、加强行业指导评价和服务、完善现代职业学校制度、鼓励多元主体组建职业教育集团、健全社会力量投入的激励政策、落实政府职责、强化督导评估、营造良好环境。决定明确提出职业院校“治理”的概念，要求完善职业院校治理结构，提升治理能力，为职业院校完善治理体系，形成高水平的治理能力提供了框架性制度，也是对新形势下职业教育创新发展作出的积极回应。

2014 年 6 月，为贯彻落实党的十八大和十八届三中全会精神，贯彻落实《国家中长期教育改革和发展规划纲要（2010—2020 年）》《国务院关于加快发展现代职业教育的决定》，加快发展现代职业教育，建设现代职业教育体系，服务实现全面建成小康社会目标，教育部等六部门印发了《现代职业教育体系建设规划（2014—2020 年）》。规划在谈到现代职业教育体系建设的制度保障和机制创新时，从完善职业教育法律体系和标准体系、推进职业教育管办评分离改革、深化职业教育招生考试制度改革、完善校企合作的现代职业院校治理结构、创新校企协同的技术技能积累机制、构建适应现代职业教育体系的投入机制、健全促进职业教育公平的体制机制、创新职业教育区域合作机制、建立职业教育服务社区机制等九个方面，对现代职业教育体系下职业院校内部治理结构和治理机制建设进行了系统描述。特别值得注意的是，规划第一次明确提出，要“完善校企合作的现代职业院校治理结构，推动行业、企业和社区参与职业院校治理”。规划非常明确地要求，“职业院校设立理（董）事会，50％以上的成员要来自企业、行业和社区。设立专业指导委员会，50％以上的成员要来自用人单位。完善体现职业教育特色的职业院校章程和制度，明确理（董）事会、校（院）长、专业指导委员会和教职工代表大会的职权，提高职业院校治理能力。制订符合职业教育特点的校长（院长）任职资格标准，积极推进校长聘任制改革和公开选拔试点，鼓励企业家、创业家担任校长（院长），培养和造就一批职业教育家”，为现代职业院校内部治理结构和治理机制建设指明了方向。因为，校企合作是职业教育可持续发展的必由之路，校企合作的深度是目前制约职业教育发展的瓶颈和短板。只有行业、企业、社区这些职业院校的利益相关者都能积极地参与到职业院校治理中来,职业院校的治理能力才能够得到提升。

2015 年 8 月,教育部印发了《职业院校管理水平提升行动计划(2015—2018 年)》。行动计划指出,“提升管理水平是促进职业院校内涵发展的现实要求,是提高人才培养质量的重要保障”。近年来,职业院校依法治校意识日益增强,管理制度不断完善,管理工作得到普遍重视。但是,与加快推进依法治教和治理能力现代化的新要求相比,职业院校在管理理念、能力和信息化水平等方面仍有差距。为全面贯彻落实《国务院关于加快发展现代职业教育的决定》和全国人大常委会职业教育法执法检查有关要求,落实国家有关职业教育各项决策部署,发挥管理工作对职业教育改革发展的推动、引领和保障作用,不断提高职业院校管理规范化、精细化、科学化水平,自 2015 年秋季学期起,倡导践行“改变从今天开始”,实施《职业院校管理水平提升行动计划(2015—2018 年)》。制定行动计划的指导思想是:“全面贯彻党的十八大和十八届三中、四中全会精神,深入贯彻习近平总书记系列重要讲话精神,落细落小落实《国务院关于加快发展现代职业教育的决定》,坚持依法治校,建立和完善现代职业学校制度,以强化教育教学管理为重点,进一步更新管理理念、完善制度标准、创新运行机制、改进方式方法、提升管理水平,为基本实现职业院校治理能力现代化奠定坚实基础。”行动计划首次提出“职业院校治理能力现代化”的概念,高度契合党的十八届三中全会提出的“推进国家治理体系和治理能力现代化”的要求。行动计划提出职业院校管理水平提升的“六大行动”,即突出问题专项治理行动、管理制度标准建设行动、管理队伍能力建设行动、管理信息化水平提升行动、学校文化育人创新行动、质量保证体系完善行动。

如前所述,在现代职业院校运作实践中,治理和管理总是同时存在的,它就像一个硬币的两面,谁也离不开谁。治理和管理之间相互影响、相互作用,共同促进学校办学目标的实现。如果没有组织管理体系的畅通,那么,单纯的治理模式只能是一个美好的蓝图,而缺乏实际的内容。职业院校只有实现科学管理、规范管理、精细管理,不断提升管理水平,才能为治理能力现代化奠定坚实基础,从而实现治理能力现代化。可以说,行动计划是促使职业院校以提升管理水平带动治理能力提升,进而实现治理能力现代化的行动指南,具有十分重要的现实意义和深远的历史意义。

2015 年 10 月,为贯彻落实《国务院关于加快发展现代职业教育的决定》和全国人大常委会职业教育法执法检查有关要求,创新发展高等职业教育,教育部又印发了《高等职业教育创新发展行动计划(2015—2018 年)》,旨在“推动专科高等职业院校依法制定章程，完善治理结构，提升治理能力”。文件指出，要“落实《高等学校章程制定暂行办法》，建立健全依法自主管理、民主监督、社会参与的高等职业院校治理结构。完成高等职业院校章程制定、修订工作。坚持和完善公办高等职业院校党委领导下的校长负责制，提升学校的资源整合、科学决策和战略规划能力，开展校长公开选拔聘任试点。推动高等职业院校设立有办学相关方代表参加的理事会或董事会机构，发挥咨询、协商、审议与监督作用。设立校级学术委员会，作为校内最高学术机构，统筹行使学术事务的决策、审议、评定和咨询等职权，发挥在专业建设、学术评价、学术发展和学风建设等事项上的重要作用。结合实际需要，根据条件设立校级专业指导委员会，指导促进专业建设与教学改革。加强风险安全制度建设”。

2017 年 10 月召开的党的十九大提出，在决胜全面建成小康社会后，党和国家事业发展的新目标，是分两步走，全面建设社会主义现代化国家。相应地，在国家治理方面新征程也分为接力奋进的两个阶段。第一个阶段，从 2020 年到 2035 年，在全面建成小康社会的基础上，再奋斗 15 年，基本实现社会主义现代化。到那时，“人民平等参与、平等发展权利得到充分保障，法治国家、法治政府、法治社会基本建成，各方面制度更加完善，国家治理体系和治理能力现代化基本实现”。第二个阶段，从 2035 年到本世纪中叶，在基本实现现代化的基础上，再奋斗 15 年，把我国建成富强民主文明和谐美丽的社会主义现代化强国。到那时，“我国物质文明、政治文明、精神文明、社会文明、生态文明将全面提升，实现国家治理体系和治理能力现代化”。与国家治理步伐相一致，职业院校内部治理能力也要到本世纪中叶实现现代化，职教人要为此而不懈奋斗。

第四节　职业院校内部治理能力提升研究的域外镜像

立足我国这一视角，从横向纬度看，职业院校可以分为中国和外国两个部分；从纵向纬度看，职业院校可以分为高职和中职两个层次。由于根植于不同的国度，所处的经济文化历史条件存在差异，服务对象的特殊要求，中外职业院校在改革发展中逐步探索出适合本国国情的内部治理结构模式。没有比较就没有鉴别，也就没有学习和研究。本节试图通过对中外职业院校内部治理结构模式进行比较研究，分析其特点，寻找其规律，提出些许建议，供读者借鉴。

一、中外职业院校内部治理结构模式比较

职业院校内部治理能力是职业院校协调利益相关主体之间关系，推进、改善工作的能力，集中表现为决策能力、执行能力、监督能力、评价能力等。[①] 由于职业院校所处的历史、国情、传统、文化等不同，职业院校内部治理能力的载体、构成、特点、表现方式、功能、运作机制、重要意义等方面呈现出不同的特性。多种因素影响和制约职业院校内部治理能力的提升，其中，职业院校内部治理结构模式具有基础性和关键性。所以，横向比较中外职业院校内部治理能力，从某种程度上，也就是比较职业院校内部治理结构模式。

（一）外国职业院校内部治理的类型及特点

1. 英国式职业院校内部治理结构模式

英国高职院校实行董事会领导下的校长负责制，董事会负责高层决策，校长负责落实实施。董事会下设各个专项委员会，由董事会授权全面负责各自专项领域：提名委员会或治理和遴选委员会负责推选董事会成员，财务委员会、审计委员会负责财务与审计，薪酬委员会负责评定全校职工工资水平，课程和质量委员会负责教学与研究事务等，各委员会各司其职、权责明晰。校长领导的高级管理团队各有主管事务，分工明确、相互配合。

在英国的职业院校内部，尽管各治理机构之间相互独立，职责分明，也相互监督、相互制约。董事会虽有最高决策权，但其制定的制度和决议、决策等受到相关委员会的检查和审核。例如，董事会所制定的高管薪酬政策和制度需要接受薪酬委员会的审核，该委员会可对高级岗位的具体薪酬和福利提出建议，并具有最终决定权；治理和遴选委员会对董事会进行定期的能力稽查；课程和质量委员会审查董事会制定的教学相关政策。校长虽然是依照董事会的意见与决策治理学校，但作为负责学校运作的实际治理者，校长处于权力结构的顶端，却依然要接受董事会的监督，向董事会负责。简而言之，英国式职业院校内部治理结构模式可以概括为董事会、校长、各委员会“三权分立”，三个治理主体之间各司其职、相互制约，保证了职业院校内部治理能力的充分发挥。

2. 德国式职业院校内部治理结构模式

德国职业院校以德国应用技术学校为代表，其内部治理结构主要由董事会

---

① 李强.职业院校内部治理能力提升研究[J].职教论坛，2017(10)：52.

(校议会)、校务会和校监会等组成,其中董事会(校议会)成员代表社会利益,董事会(校议会)决定办学等方面的方针政策,拥有决策权,既要保证职业院校服务社会,又要维护职业院校的利益;校务会拥有执行权,负责学校决策的执行;校监会拥有监督权,监督决策系统、执行系统工作运行状况。教授和学生在学校中处于主体地位,在学校学术和教学管理方面,德国应用技术学校规定教授在专业设置、课程开设、科研经费分配和管理等重大问题上拥有较大的话语权。在一定范围内,教师、学生及其他研究者都拥有自由表述学术思想、学术观点和学术主张的权利,学术自治也因此成为德国技术院校在世界范围内负有盛名的显著特色。此外,德国有的应用技术大学设有“咨询委员会”“专业委员会”。“咨询委员会”成员由银行家、校外专家、政府代表等组成,负责在重大问题上为董事会(校议会)提供参考意见。“专业委员会”是双元制大学各专业领域的最高学术机构,其成员是由院长聘任,主要由学校、企业和社会上本专业有关专家和学者若干人组成,主要任务是:为院长提供专业教学领域的咨询;研究和审定教学计划、教学大纲和教材;对学校和企业两个培训地点的专业性问题负责;选择和评估专兼职教师。这种内部治理结构模式充分吸纳了校内外的利益诉求,保证了科学决策,提升了职业院校的内部治理的专业化水平。

3. 美国式职业院校内部治理结构模式

美国的职业院校主要表现为社区学院,实行董事会领导下的校长负责制,董事会、教授会、院(校)长构成了美国社区学院内部治理结构。董事会是学校最高决策机构和最高权力机构,由州教育委员会批准成立。美国职业院校受欧洲教育传统的影响,崇尚学者决定学术事务,教授会是美国职业院校学术管理的专门机构,是教授团体参与学校管理的主要方式。一般而言,校长、副校长、教务长、科研单位主任、图书馆馆长,以及学术课程主任、全职从事学校教学工作的教师以上职称的人才拥有教授会成员资格。教授会的基本职责是保护学术自由、参与学校决策,使学校健康发展。校长具有一定的独立性和自主权。董事会将学校相关事务的处置权授予校长及其领导的行政管理团队,校长成为董事会与学校之间联系的桥梁与纽带。校长和教授会都产生于董事会并受制于董事会,对董事会负责,保证了学校管理的高效有力。

此外,社区学院大部分办学经费来源于政府,但政府部门并不直接对各学校进行评估,而是实行第三方认证制度,由社会机构对各校进行认证评估,从而实现社会对社区学院的有效监督。

4. 日本式职业院校内部治理结构模式

日本的职业教育非常发达，包括短期大学、高等专门学校、专门学校及企业内的职业训练等不同层次，为战后日本经济的恢复发挥了积极的作用。日本首先从强化外部评估入手，国家从宏观层面构建外部质量保证体系，同时引导学校自我建构能够不断优化内部质量的、科学的质量管理体系，保证学校教育质量管理贯穿学生从入学到毕业的整个过程。“日本高等职业教育内部质量保证体系是在PDCA循环下高效运行的。该循环包括4个要素构成：即教育目标(Plan)、教学计划的实施(Do)、教育成果的目标达成度评价(Check)、评价结果的改善(Act)。”①PDCA循环是持续性地分析、监控、反馈和改善教育计划的质量管理过程。同时，内部品质保证系统的构建、完善接受职业院校外部的监督，有效保证了PDCA循环处于良性运行状态。

5. 新加坡式职业院校内部治理结构模式

新加坡南洋理工学院学生的“主体价值”在学校里得到极大的尊重。学校的对内、对外宣传以学生群体为主体，学院、学系的各种画册、宣传窗及对外宣传资料宣传的人物群体几乎全是学生。学校里没有固定的早餐、中餐时间，食堂服务人员没有固定午休时间，全日为学生提供服务。学校设有专门的辅导员教师为学生提供心理咨询等服务。所有教师都担任导师，指导学生的生活与成长。教员与高、中、下层职员均实行坐班制。和食堂服务人员一样，教师、实训人员也没有固定的午休时间，全日为学生提供教学与服务。正是诸如此类独特的治理文化，造就了南洋理工学院“组织无界化”“无货架寿命”“教学工厂”“双轨运行”“电子学习坊”等多种办学特色，推动了学校的快速发展，也为新加坡成为亚洲“四小龙”做出了应有的贡献。

6. 澳大利亚式职业院校内部治理结构模式

澳大利亚TAFE(Technical And Further Education)，即“技术和继续教育学院”，是高级职业教育机构，类似于我国的高等职业技术学院。其治理结构的显著特点是政府制定统一标准和行业企业的积极参与。澳大利亚联邦政府及各州和地方政府通过政策协调、财政拨款等非强制性的行政手段来保障培训质量，建立全国统一的资格标准体系，参与TAFE学院的布局设置、资金划拨以及培训实施等方面的管理，建立相应的部门和机构加强职业教育和行业之间的紧密联系，等等。行业企业参与或者影响TAFE内部治理，主要包括以下几个方

---

① 韩玉，杜金.日本高职教育内部质量保证体系建设及启示[J].中国职业技术教育，2017(27)：24.

面：一是主导有关职业教育和培训的宏观决策，国家和各州管理 TAFE 的组织机构，主要是以来自并代表行业意志的人员组成，对 TAFE 发展中关于适应就业市场、满足企业需求、争取经费投入等重大问题做出的宏观决策；二是参与 TAFE 学院办学的全过程，具体表现在制定办学操作规范、直接参与学校管理、充实学院教师队伍、支持实训基地建设 4 个方面，为 TAFE 教育提供了强大的动力和有效的保障；三是对教学质量进行定期的评估和督促；四是投资岗位技能培训，以企业需求为导向，促进 TAFE 学院与企业良性互动。

（二）中外职业院校内部治理结构模式比较给我们的启示

1. 如何认识中外职业院校内部治理结构模式的差异性

职业院校内部治理能力相关于内部治理结构，而内部治理结构属于上层建筑的范畴，从来就没有一个通行共用的模式。一方面，职业院校内部治理结构具有共同的特点及规律，特别是随着职业教育界的交流，职业院校内部治理结构呈现出越来越多的共性或相似性；另一方面，职业院校内部治理结构又受制于经济基础、历史文化传统等因素，中外职业院校内部治理又呈现出特殊性，正所谓“橘生淮南则为橘，橘生淮北则为枳”。虽然各国职业院校内部治理结构不同，但是殊途同归，均实现了各自的有效治理。我们必须坚持历史唯物主义和辩证唯物主义的观点来看待这种特殊性，正视不同治理结构模式的合理性，结合实际，坚持“以我为主、博采众长、融合提炼、自成一家”的原则，直面我国职业院校内部治理结构存在的问题，吸取借鉴外国职业院校内部治理模式的先进经验并为我所用，把改革重点放到解决实际问题上来，稳步推进我国职业院校内部治理能力和治理体系现代化。

2. 外国职业院校内部治理结构模式的特点和先进经验

外国职业院校的特点和先进经验概括起来突出表现在以下几个方面。一是社会参与职业院校内部治理的效果比较好。职业教育是与社会生产力紧密结合的教育类型，职业教育的显著特征就是“产教融合、校企合作、工学结合、知行合一”，办好职业教育需要集合社会各界的力量，规范职业院校内部管理，政府、行业、企业、社区、科研院所等利益相关者各自发挥应有的作用。比如，德国的企业参与职业院校内部治理的积极性高、效果好，就是因为德国有联邦职业教育法、职业教育促进法和相关的劳动法等法律为企业参与职业教育活动作保障，德国的职业教育法是经济法的子法，德国人把职业教育看作是经济活动的组成部分，给予职业教育法比教育法更高的法律地位；德国的企业通过参与职业教育活动可以降低企业成本，特别是人力资源成本，所以，德国的企业参与职业教育的积极性就比较高。美国、日本等国家，通过由政府建立的科学务实的评价体系，间接参与职业院校内部治理。二是职业院校内部治理制度比较完善。英、美、德、日、新、澳等建立起科学的内部治理制度体系，职业院校内部明确各利益主体的权利和义务，同时在社会层面明确了政府、行业、企业等有关部门参与职业院校管理的制度、标准，并由保障体系推进各项制度的贯彻落实。三是监督机制运行状况比较好。无论政府、社会、行业、企业对职业院校的监督，还是职业院校机构之间的监督，师生对职业院校内部机构执行制度的监督，都确保了职业院校内部各机构和利益主体进行自律，保障了职业院校的办学方向，促进了职业院校正常运转，确保了各利益相关者的权益。

第二章　职业院校内部治理能力概述

完善职业院校内部治理结构，推进职业院校内部治理能力提升，激发多元主体参与职业院校办学的积极性和主动性，是办好充满活力、人民满意职业教育的保障。研究职业院校内部治理能力提升问题，首先要搞清楚什么是职业院校内部治理能力，为什么要研究职业院校内部治理能力，我国职业院校内部治理结构是个什么样的现状。只有这些问题都搞清楚了，才能有的放矢地予以研究和提出解决问题的方法和思路。

第一节　职业院校内部治理能力的概念

但凡研究一个问题，必先搞清它的概念。本节首先明确现代治理的概念，然后分析治理和管理的区别与联系，最后界定职业院校内部治理能力的概念。

一、现代治理的概念

对于我国的治理研究而言，狭义的治理概念是一个舶来词汇。从词源意义上来说，英语中治理(governance)的含义可以追溯至古拉丁语和古希腊语中的“操舵”一词。原意主要指控制、指导或操纵，与 government(统治)的含义是交叉使用的。[①] 在《现代汉语词典》中，治理有两种含义：一是统治、管理，使之安定有序，如治理国家，治理家务；二是处理、整修，使之不发生危害并起作用，如环境治理、污水治理、综合治理等等。[②]

治理的广义概念是一个现代现象，一般认为，它诞生于 20 世纪 80 年代末 90 年代初，这意味着治理理论发展的时间还非常短，正如俞可平(2000)所指出的，治理理论的发展事实上还很不成熟。

治理理论的主要创始人詹姆斯·罗西瑙在其代表作《没有政府的治理》一

---

① 李福华.大学治理与大学管理：概念辨析与边界确定[J].北京师范大学学报(社会科学版)，2008(4)：19-20.

② 社会科学院语言研究所词典编辑室.现代汉语词典[M].北京：商务印书馆，1997：1623.

书中把治理定义为“一系列活动领域的管理机制,它们虽未得到正式授权,却能有效发挥作用。与统治不同,治理指的是一种有共同目标支持的活动,这些管理活动的主体未必是政府,也无须依靠国家的强制力量来实现”,治理“既包括政府机制,但同时也包括非正式、非政府的机制,随着治理范围的扩大,各色人和各类组织等得以借助这些机制满足各自的需要,并实现各自的愿望”①。

罗伯特·罗茨(R. Rhodes)认为,治理标志着政府管理含义的变化,指的是一种新的管理过程,或者一种改变了的有序统治状态,或者一种新的管理社会的方式。他详细列举了关于治理的六种不同的定义,它们是:①作为最小国家的治理,意指国家消减公共开支,以最小的成本取得最大的利益;②作为公司的治理,意指指导、控制和监督企业运行的组织体系;③作为新公共管理的治理,意指将市场的激励机制和私人部门的管理手段引入政府的公共服务;④作为善治的治理,意指强调效率、法治、责任的公共服务体系;⑤作为社会一般控制系统的治理,意指政府与民间、公共部门与私人部门之间的合作与互动;⑥作为自组织网络的治理,意指建立在信任与互利基础上的社会协调网络。②

现代治理的概念一般是借用全球治理委员会(Commission on Global Governance)的定义。1995 年,全球治理委员会将治理定义为“个人或组织、公共部门或私有部门管理一般事务的多种方式的总和。它是一个使得冲突和多元利益得到妥协并采取合作行为的持续过程”③。对这个定义我们是否可以这样理解,“治理”的主体是“个人或组织、公共部门或私有部门”;“治理”的对象是“管理一般事务”;“治理”的手段是“多种方式”;“治理”的目标是“使得冲突和多元利益得到妥协并采取合作行为”;“治理”是一个“总和”性的概念,一个“持续过程”。定义中提到的“多元利益”,也就是“利益相关者”的利益。按照弗里曼的观点,“利益相关者是能够影响一个组织目标的实现,或者受到一个组织实现其目标过程影响的所有个体和群体。”现代职业院校是典型的利益相关者组织,其利益相关者分为政府、学校、企业、学生、教师、家长、行业、科研机构、参与职业教育或培训的个人等,内部利益相关者主要有学校、学生、教师等,外部利益相关者指政府、行业、企业和科研院所等。④

---

① 〔美〕詹姆斯·罗西瑙.没有政府的治理[M].张胜军等译.南昌:江西人民出版社,2001:5.

② 〔英〕罗伯特·罗茨.新的治理[J].木易编译.马克思主义与现实,1999(5):42-44.

③ Commission on Global Governance. Our Global Neigh-borhood: The Report of the Commission on Global Governance[R]. Oxford University Press, 1995:2.

④ 盖馥.现代职业院校治理结构优化的策略探索[J].辽宁高职学报,2015(5):4-6.

二、治理与管理的区别与联系

在理论研究和实践过程中，人们往往将“治理”和“管理”混为一谈，将“管理”误认为是“治理”，或将“管理”的手段用于“治理”。因此，必须弄明白“治理”与“管理”的区别与联系，以便更好地从事治理。“治理”着眼各利益方之间责权利的划分、制衡以及利益方对事务的参与和协同，治理是自下而上、多元双向的。而“管理”是在特定治理模式下，管理者为实现组织目标而采取的行为，管理是自上而下、一元单向的。正如眭依凡(2014)所指出的：“治理不只是居高临下、自上而下的权力运行过程，其基础不是控制而是协调和共享管理；治理具有整体性和框架性，是组织之间及其成员相互依存的关系结构；治理是在公共目标支配下的强调效率的管理活动。”①

(一)治理与管理的区别

就职业院校而言，治理与管理的区别主要体现在以下几个方面。

1. 两者的目标和导向不同

职业院校治理的基本目标是实现各利益相关者责权利的平衡，实现资源的合理配置；而管理的目标则是为了学校教学、科研、服务等既定目标的实现。但两者的终极目标是一致的，治理模式的确立就是为管理创造一个适宜的环境，并最终使利益相关者的利益达到最大化。治理是战略导向，规定学校的基本架构，确保管理处于正确的轨道上；管理是任务导向，目的是通过管理完成学校的具体工作任务。

2. 两者的主体和客体不同

治理的主体是利益相关者，对职业院校来说，其利益相关者为政府、学校、企业、学生、教师、家长、行业、科研机构、参与职业教育或培训的个人等，他们为了维护各自的利益，都要求参与职业院校的治理。而管理的主体是院校的管理者，即院校各级党政领导和教职员工，他们对院校的教育教学进行日常决策。治理的客体是组织及所有组织成员，而管理的客体是人、财、物、信息、技术等各种资源。

3. 实施的基础不同

职业院校治理是通过内外部的显性、隐性契约和市场机制来实现的，而管理主要是通过行政权力和学术权力来实现的。

---

① 眭依凡.论大学的善治[J].江苏高教，2014(6)：15-16.

4. 实施的手段不同

职业院校的治理是通过内部治理机制、外部治理机制和激励约束机制来实施的；而管理则是运用计划、组织、指挥、协调和控制等管理职能来实现教育教学目标的。

5. 层级结构不同

职业院校治理的层级结构是治理结构，“治理结构是指一个组织中各利益群体的相互关系，它通过权力的配置和运作机制来达到关系的平衡，以保障组织有效运行并实现其根本目的”①；而管理的层级结构则是学校内部的组织结构。

6. 沟通方向不同

职业院校治理是一种自上而下和自下而上双向沟通的关系，而管理则是自上而下的单向关系。

7. 政府作用不同

在职业院校治理中，政府通过制定相关法律、法规对职业院校的办学行为进行约束和指导，至于学校内部如何管理则是学校自己的事，政府不干预学校具体管理过程，如表 2-1 所示。

表 2-1 职业院校治理与管理的区别

特征	学校治理	学校管理
目标	实现学校各利益相关者责权利的平衡，实现资源的合理配置	实现学校的教学、科研、服务等既定目标
导向	战略导向，宏观意义上的学校管理	任务导向，执行并完成学校具体的工作任务
主体	学校利益相关者	学校管理者
客体	组织及所有组织成员	人、财、物、信息等各种资源
实施基础	内外部的显性、隐性契约和市场机制	行政权力、学术权力
实施手段	内部治理机制、外部治理机制、激励约束机制	计划、组织、指挥、协调、控制
层级结构	学校的治理结构	学校内部组织结构
沟通方向	自上而下和自下而上的双向关系	自上而下的单向关系，即上级管理下级
政府作用	政府通过制定相关法律、法规发挥重要作用	政府不干预具体管理过程

① 赵文华，龚放．现代大学制度：问题与对策[M]．上海：上海交通大学出版社，2007：74.

（二）治理与管理的联系

在现代职业院校运作实践中，治理和管理总是同时存在的，它们就像一个硬币的两面，谁也离不开谁。彼此相互影响、相互作用，共同促进学校办学目标的实现。

1. 两者的最终目标是一致的

虽然从基本目标上来说，两者的目标不尽相同，但归根结底都是为了实现学校的最终目标，从而实现利益相关者利益的满足。

2. 两者相互影响相互制约

缺乏良好治理模式的组织，即使有“很好”的管理体系（而这实际上是不可能的），那也就像一座地基不牢固的大厦；同样，没有组织管理体系的畅通，单纯的治理模式也只能是一个美好的蓝图，而缺乏实际的内容。虽然学校治理规范了学校的基本运行制度框架并建立了相应的运行机制，但这只是给学校的具体运作提供了一个舞台，如何在这个舞台上唱戏而且要把戏唱好，那就是学校管理的问题了。当然，要唱更大的戏、更精彩的戏就必须对舞台提出新的要求。治理是管理的基石，从某种意义上说，可以认为治理比管理更重要。如果没有好的治理机制，管理得好是偶然的，管理不好是必然的。如果有了好的治理机制，管理得好就是必然的，管理不好则是偶然的。

简言之，治理的主要目的是降低成本，而管理的主要目的是提高效率；治理的核心是合作和协商，而管理的核心是分工和控制。治理和管理在职业院校组织运行中各自发挥着不同的作用，既不能用管理代替治理，也不能将管理的手段用于治理。

三、职业院校内部治理能力的概念

以上我们讨论了“治理”的概念，明确了“治理”与“管理”的区别与联系，那么什么是职业院校内部治理能力呢？《现代汉语词典》对“能力”的解释是：“能胜任某项任务的主观条件。”据此，我们可以为“职业院校治理能力”下一个定义：职业院校治理能力就是职业院校能胜任运用多种方式管理其一般事务的主观条件，它是一个使得冲突和多元利益得到妥协并采取合作行为的持续过程。由于职业院校利益相关者分为内部利益相关者和外部利益相关者，那么，与其相适应的治理能力即可分为内部治理能力和外部治理能力。职业院校内部治理能力就是职业院校协调内部利益相关者的关系，提升工作效率，顺利完成工作任务、事务等的主观条件，它是一个使得冲突和多元利益得到妥协并采取合作行为的持续过程。一般认为，职业院校内部治理能力主要包括决策能力、执行能力、监督能力和评价能力。职业院校内部治理结构则是调节职业院校内部各利益主体间的关系的一系列正式制度和非正式制度的总和，主要涉及职业院校内部管理体制、运行机制及组织行为的规范体系。本书所讨论的正是职业院校内部治理能力提升问题。

第二节 职业院校内部治理能力的功能

《现代汉语词典》对“功能”的解释是：“事物或方法所发挥的有利的作用。”那么，职业院校内部治理能力在职业院校内部治理中发挥哪些有利的作用呢？

一、利益的协调功能

如前所述，现代职业院校是典型的利益相关者组织，不同利益相关者的利益诉求是不一样的，其价值预期、利益偏好和行为方式直接影响职业院校的可持续发展，需要建立一种各利益相关者共同治理的模式。李维安、王世权(2013)借鉴弗里曼(1984)所提出的广义上的利益相关者范畴，将大学利益相关者的概念界定为“那些给予大学影响或被其影响的个体或集团”，同时结合李福华(2008)、尹晓敏(2010)等人的研究以及综合考察大学运营的实践，并征询专家意见，共总结出包括政府和教师在内的可能对大学产生影响或被大学影响的12类利益相关者，并分析了这些利益相关者的利益诉求及利益实现方式。① 我们可以据此分析职业院校的利益相关者及其利益诉求和利益实现方式，如表2-2所示。

表 2-2 职业院校利益相关者的利益诉求及利益实现方式

利益相关者	主要利益诉求	利益实现方式	利益相关者	主要利益诉求	利益实现方式
政府	社会教育水平提高 政治诉求的表达 人才的培养 科技创新	法律保障 政策动向 立法限制	校友	校友资源 母校支持	校友会协作 对母校的捐赠

① 李维安，王世权.大学治理[M].北京：机械工业出版社，2013：29-30.

（续表）

利益相关者	主要利益诉求	利益实现方式	利益相关者	主要利益诉求	利益实现方式
教师	工资福利的提高 学术观点的表达 学术声誉的提升 职称晋升	罢工、辞职 沟通调解 法律法规	债权人	债权安全 与学校关系融洽	沟通调解 法律法规
行政人员	工资福利的提高 职位晋升 控制权的扩大	优先求偿 法律法规	其他学校	校际合作 校际交流	沟通协调 校际联盟
学生/家长	良好的就业前景 好的学习环境 雄厚的师资力量	法律法规 沟通协调 学生组织	捐赠者	与学校的良好互动 捐赠物的合理使用	法律监督 舆论监督 沟通协调
用人单位	高质量的毕业生 产学研合作 技术技能培训服务	社会舆论 用人反馈 法律法规	社区	拉动消费 社区形象提升	沟通协调 社会舆论 法律法规
利益团体	各利益团体创立的主旨	代表这个团体的力量	科研经费提供者或学术机构	高水平科研成果 经费合理支出	合同要求 法律法规 资助额度 社会监督

由此可见，由于各利益相关者在学校内部治理结构中存在不同的工作内容、价值取向、目标追求、利益诉求，那么，利益冲突就是必然存在的。这种冲突也是推动学校完善治理的一种动力，如果利益冲突解决好了，内部治理能力就会得到提升。相反，如果利益冲突解决不好，就会造成各利益相关者之间的矛盾加剧，从而影响学校整体工作的运行。为此，学校需要立足于已有优势和特色，按照价值中立和学术自由的基本原则，努力改变学校内外部的利益失衡现象，协调学校与外部各利益相关者的关系和学校内部各利益相关者的权利、责任、义务，规范权力的运行方式，让各层次的权力、利益之间，不同组织成员之间，既相互独立，又相互制约、相互监督，形成利益共同体，让不同的利益主体分工明晰、权责一致，在学校共同愿景的感召下，齐心协力，同舟共济，提升学校核心竞争力。

二、教师的激励功能

教学的问题主要是教师的问题，有好的教师才能培养出好的学生。如何建立一套科学合理、符合职业院校教师成长规律的激励机制，进而充分调动广大教师的积极性，发挥他们的创造力，增强他们对学校愿景的认同感，对所在组织的归属感，对所从事职业教育事业的责任感和使命感，提高教学科研服务质量，使学校的发展充满活力和后劲，成为职业院校内部治理能力亟待解决的重要问题。一方面，职业院校内部治理要以人为本，关心教师的需要，保护教师的积极性和创造性，让教师的智力劳动获得相应的物质补偿和精神奖励，提高他们的生活待遇，让他们高品位、有尊严地生活，有更多的获得感；另一方面，学校在内部治理结构中，要树立崇尚学术之风，正确处理好行政权力与学术权力的关系，保障学术权力自由。在学术问题上要听教授的，在教学问题上要多听教师的。尊重教师个人需要、兴趣爱好、价值取向以及合法权益，尊重教师的劳动成果，客观、公正、科学地评价教师的工作业绩。

三、学术的保障功能

在我国，无论是中等职业学校还是高等职业院校，都是培养技术技能人才的专门学校，都有学术研究职能，包括教育教学研究和应用技术研究。搞学术研究就要发挥专家教授的作用，应当让专家教授在学术管理上掌握绝对的权威，有发言权和决策权，体现学术本位，促进学术繁荣。因此，在职业院校内部治理的过程中，要建立健全学术组织，实行学术组织与学校行政分权，学术权力和行政权力各安其位、各司其职、各负其责。职业院校内部治理能力的提升，其重点就是完善内部治理结构，彰显学术权力的地位。

四、资源的优化功能

改革开放以后，尤其是近十年来，我国职业教育得到迅速发展，高等职业教育已成为高等教育的“半壁江山”，中等职业教育招生规模也与普通高中招生规模大体相当。到 2015 年，全国独立设置的高职院校达 1341 所，招生数 348 万人，毕业生数 322 万人，在校生数 1048 万人，占到高等教育的 41.2%，全年为社会提供技术培训超过 2000 万人次。到 2016 年，全国共有中等职业学校（包括普通中专、成人中专、职业高中和技工学校）1.09 万所，在校生 1597.32 万人，在校生占高中阶段教育招生的 42.26%。这些高中职院校开设了近千个专业，近

10 万个专业点，基本涵盖了国民经济各领域，为世界唯一具有所有工业门类的中国经济，建立了与之配套的职业教育体系，从而具备了为这一工业体系大规模培养高素质劳动者和技能型人才的能力。① 但是，由于我国职业院校长期受计划经济体制的影响，学校管理带有明显的行政管理模式，缺乏节约意识、成本意识、经营意识和市场意识。因此，树立办学成本观念，重视办学成本管理，优化办学资源配置，既是有效实施学校发展战略的基本保障，又是加强学校管理，改善资源配置机制和方式的有效手段。学校内部治理能力的提升要求完善内部治理结构，更新教育资源配置理念，提高资源使用效率。要求抓好规模、质量、结构、效益的统筹，处理好局部与整体、长期与短期、重点与一般的关系。加大对重点专业和重点项目的投入和扶持力度，打造优势专业，培养优秀人才，多出科研成果，确保办学质量的提升。

五、绩效的提升功能

从管理学的角度讲，绩效是成绩与成效的综合，是一定时期内的工作行为、方式、结果及其产生的客观影响。绩效是一个组织或个人在一定时期内的投入产出情况，投入指的是人力、物力、时间等物质资源，或个人的情感、情绪等精神资源，产出指的是工作任务在数量、质量及效率方面的完成情况。办学绩效就是指学校在人、财、物等方面的资源投入与学校在人才培养、科学研究、社会服务、文化传承创新、国际交流合作等方面的贡献之比。提高办学绩效是现阶段职业教育发展对职业院校提出的客观要求，职业院校必须以高绩效为目标，将拥有的各种有限资源进行合理配置，以最小化的资源成本获得好的效益，在激烈的市场竞争中立于不败之地，实现可持续发展。而完善职业院校内部治理结构，提升内部治理能力，则有利于合理配置教育资源，调动各方面的积极性和创造性，营造和谐发展的环境，进而通过管理制度建设、师资队伍优化、人才培养模式创新、科研能力提升、社会服务能力提高、学校文化品牌塑造等方面，不断提高学校办学效益。

六、活力的激发功能

活力，指旺盛的生命力，行动上、思想上或表达上的生动性。一所学校的办学活力就是指这所学校具有旺盛的生命力，它能适应市场需求的变化，正确履

---

① 姜大源.完善职业教育和培训体系：现状、愿景与当务[J].中国职业技术教育，2017(34)：27.

行自己的办学职能，不断提高办学效益，保持学校永续发展。我国公办职业院校由于多年来受计划经济体制的影响，学校内部管理“科层制”比较严重，学术权力弱化、泛化，民主监督乏力等等，这些因素都不同程度地制约着职业院校办学活力的发挥。因此，要激发职业院校办学活力，改革职业院校内部治理结构，提升职业院校内部治理能力势在必行。

近年来，我国职业院校在改革内部治理结构方面进行了许多有益的探索，取得了一定的成效。如通过制定学校章程，明确学校的办学自主权，有利于减少政府对学校的干预；通过“去行政化”改革，建立学术委员会，明确学术委员会是学术事务决策的最高机关，有利于发挥专家教授的治学主体作用；通过建立理事会制度，形成了“政、行、企、校”合作的办学格局，有利于发挥各利益相关者在决策咨询、整合资源、推动合作等方面的积极作用；通过推行校院（系）两级分权治理，使二级学院（系）充分享有专业设置、人才培养方案制定、内部绩效分配、人才引进等方面的自主权，可以激发二级学院（系）的办学活力；通过混合所有制改革，可以深化校企合作，解决学校资金、设备、技术、教师缺乏的问题，有利于发挥校企双主体育人的作用；通过健全党代会、教代会和学代会等制度，有利于发挥师生参与学校治理和民主监督的作用，等等。但是，这与职业教育治理体系和治理能力现代化的新要求相比，还有不小差距，还需要进一步加大改革创新力度，不断提升职业院校内部治理能力。

综上所述，职业院校内部治理能力提升，对职业院校加快内涵式发展，提高办学效益，增强办学活力等都具有十分重要的作用。

第三节　我国职业院校内部治理现状

我国是社会主义国家，中国共产党是执政党，是中国特色社会主义事业的领导核心，是我国政治体制中的领导力量，也是职业教育事业的领导核心，是职业院校治理中最重要的主体之一，这是我国职业院校内部治理最大的特色，也是最大的优势。但是，由于长期受制于政治体制和经济体制改革的影响，职业院校内部治理结构变革动力主要来自于外部政府的强制性因素，在这些外部因素的影响下，职业院校内部治理结构表现出与西方高职院校治理结构截然不同的特点，如党政责权不清、行政权力彰显、学术权力弱化、科层制管理、治理主体单一，等等，这些问题需要深化改革来解决。研究职业院校内部治理能力提升问题，不能脱离中国国情，必须在党的教育方针指引下，在国家法律法规和政策的指导下，学习借鉴国外职业院校内部治理的先进经验，结合现代职业教育发展要求和职业院校改革实际，在现有治理结构的基础上不断进行完善。

一、我国职业院校内部治理的中国特色

党的十九大报告中指出："党政军民学，东西南北中，党是领导一切的。"习近平总书记在全国教育大会上的重要讲话中指出，加强党对教育工作的全面领导，是办好教育的根本保证。作为为国家培养技术技能人才的职业院校，理应接受党的领导，坚持社会主义办学方向，培养德智体美劳全面发展的社会主义建设者和接班人。中国共产党的领导是我国职业院校内部治理与国外高职院校内部治理相比最大的特点，"党委领导、校长办学、教授治学、民主监督、社会参与"①，构成我国职业院校内部治理结构的基本特征。

（一）党委领导

公办高职院校实行党委领导下的校长负责制具有历史必然性。1956 年国民经济的社会主义改造基本完成，中共八大通过的新章程规定"高等学校同其他企事业单位一样，一律实行党委负责制，学校党委要领导和监督本校的行政机构"。1958 年 9 月，《中共中央、国务院关于教育工作的指示》规定："在一切高等学校中，应当实行党委领导下的校务委员会负责制。"党的十三届四中全会以后，党中央确定高等学校全面实行党委领导下的校长负责制。1996 年 3 月《中国共产党普通高等学校基层组织工作条例》第三条明确规定："高等学校实行党委领导下的校长负责制。"1998 年 8 月，第九届全国人民代表大会常务委员会第四次会议通过的《中华人民共和国高等教育法》第三十九条规定："国家举办的高等学校实行中国共产党高等学校基层委员会领导下的校长负责制。"

高等职业院校是高等学校，"党委领导下的校长负责制"是内部治理的基石。"党委统一领导学校工作"，首先，高等学校党的委员会是学校的领导核心，履行党章等规定的各项职责，把握学校发展方向，决定学校重大问题，监督重大决议执行，支持校长依法独立负责地行使职权，保证以人才培养为中心的各项任务完成。具体包括：党委确保职业院校全面贯彻执行党的路线方针政策，贯彻执行党的教育方针，坚持社会主义办学方向；讨论决定事关学校改革发展稳定及教学、科研、行政管理中的重大事项和基本管理制度；按照干部管理权限负

① 李强.职业院校内部治理能力提升研究[J].职教论坛，2017(10)：54.

责干部的选拔、教育、培养、考核和监督；讨论决定学校人才工作规划和重大人才政策；领导学校思想政治工作和德育工作；加强大学文化建设；对学校院（系）等基层党组织的领导；领导学校党的纪律检查工作；领导学校工会、共青团、学生会等群众组织和教职工代表大会；讨论决定其他事关师生员工切身利益的重要事项，等等。党委实行集体领导与个人分工负责相结合，坚持民主集中制，集体讨论决定学校重大问题和重要事项，领导班子成员按照分工履行职责。党委书记主持党委全面工作，负责组织党委重要活动，协调党委领导班子成员工作，督促检查党委决议贯彻落实，主动协调党委与校长之间的工作关系，支持校长开展工作。

（二）校长办学

校长办学即“校长主持学校行政工作”。校长是学校的法定代表人，在学校党委领导下，贯彻党的教育方针，组织实施学校党委有关决议，行使高等教育法等规定的各项职权，全面负责教学、科研、行政管理工作。具体职责为：组织拟订和实施学校发展规划、基本管理制度、重要行政规章制度、重大教学科研改革措施、重要办学资源配置方案；组织拟订和实施学校内部组织机构的设置方案，推荐副校长人选，任免内部组织机构的负责人；组织拟订和实施学校人才发展规划、重要人才政策和重大人才工程计划；组织拟订和实施学校重大基本建设、年度经费预算等方案，加强财务管理和审计监督，管理和保护学校资产；组织开展教学活动和科学研究，创新人才培养机制，提高人才培养质量，推进文化传承创新，服务国家和地方经济社会发展；组织开展思想品德教育，负责学生学籍管理并实施奖励或处分，开展招生和就业工作；做好学校安全稳定和后勤保障工作；组织开展学校对外交流与合作；向党委报告重大决议执行情况，向教职工代表大会报告工作，组织处理教职工代表大会、学生代表大会、工会会员代表大会和团员代表大会有关行政工作的提案；履行法律法规和学校章程规定的其他职权。

党的领导是我国职业院校内部治理结构的基本特征。无论是高职院校，还是中职学校，都必须坚持党的领导，确保党组织发挥监督、保障和参与重大决策的作用，在这一点上要坚定不移，不能有丝毫的犹豫和含糊。否则，我们的职业院校就会脱离党的领导，背离社会主义办学方向，忘记培养社会主义建设者和接班人的初心。同时，要正确处理好党的领导和校长办学的关系，正确处理好书记和校长的关系。

在高职院校内部治理结构中，“党委领导”是党委集体领导，党委是学校的领导核心和政治核心，对学校改革、发展、稳定进行总体控制和监管，对学校各项工作实行统一领导，学校内的一切重大事项都要通过党委集体讨论作出决定。“党委领导”不是党委书记领导，党委书记只是党委这个班子的“班长”，其他的副书记和委员都是这个“班子”里的成员。凡属重大问题都要按照集体领导、民主集中、个别酝酿、会议决定的原则，由党委集体讨论，作出决定；副书记和委员要根据集体的决定和分工，切实履行自己的职责。一个单位无论大小，都必须有一个领导核心，而且只能有一个领导核心，“班长”应当是领导班子的核心。党委书记要善于当“班长”，要很好地学习和研究，提高自身综合素质和治党治校能力，注意团结那些和自己意见不同的同志一道工作，不能搞“家长制”“一言堂”。班子成员也要自觉维护“班长”的核心地位，积极支持“班长”的工作，与“班长”一道履行办学治校的职责。

“校长办学”是指校长在党委领导下，作为学校法人代表和学校的最高行政领导，对学校的教学、科研以及其他的行政工作进行全面管理。党委负责对学校重大问题、重要事项进行抉择，并且对学校的全局工作负有领导责任，校长负责实施党委的决议，对党委决议负有行政落实的责任。“校长办学”不是校长自己办学，也不是想怎么办就怎么办。一般来讲，校长是中共党员的都应当是学校党委的副书记，必须服从党委的集体领导和决定，努力组织实施党委的决议。校长不是中共党员的，也要自觉服从学校党委的集体领导和决定，将党委的决议付诸实施。“党委领导”和“校长办学”是密不可分的整体，应该努力使两者形成统一配合、分工协作的运行机制，促进高职院校科学化决策、规范化管理。

对于公办中职学校来讲，其内部治理结构主要是校长负责制，同时要发挥党组织的保障和监督作用。2010 年 5 月，教育部印发的《中等职业学校管理规程》明确规定，公办中等职业学校实行校长负责制；学校章程中应当明确校长在学校发展规划、行政管理、教育教学管理、人事管理、财务管理等方面的责任、权利和义务；学校建立校长全面负责行政工作、党组织保障监督、教职工民主参与管理的内部管理体制；学校建立党组织，并确保党组织发挥监督、保障和参与重大决策的作用；学校应当在党组织领导下，建立共青团、学生会组织，组织开展生动有效的思想政治教育活动；学校建立和完善教职工代表大会制度，依法保障教职工参与民主管理和监督的权利，发挥教职工代表大会参与学校重大决策的作用；学校建立工会组织，维护教职工合法权益。

（三）教授治学

教授治学的核心是学术民主和学术自治，也就是说让教授真正掌握学术的决策权，推动学校行政权力服务于学术权力。职业院校人才培养的目标与普通教育不同，职业院校教授治学具有自身独特的内涵，核心内容包括专业建设、专业教育和专家治学三个方面。专业建设层面，体现在专业设置的论证、专业建设目标设定、专业发展路径、专业评测体系等方面；专业教育层面，体现在人才培养过程和教育质量的学术助推和学术行为的监控及评价；专家治学层面，主要体现在学者在学术研究、学术管理、学术评价等方面。

当前，我国教授治学主要以学术委员会、教授委员会、专家委员会、专业建设指导委员会等为平台发挥作用和开展工作。职业院校教授治学的形态分为“政学结合型”和“政学单立型”。“政学结合型”教授治学形态，其组织架构是行政组织与学术组织为“两块牌子一套班子”模式。调研结果表明，70%以上的高职院校为此类型。其校级的学术组织名称多样，如学术委员会、教授委员会、专家委员会等，核心层中行政领导与学术领导大多为兼任，主任（主席）多由校长或教学科研主管领导担任，成员中二级学院（系、部）领导所占比例也较大。这种组织方式的优点是集权一体、开展工作具有权威性、决策具有果决性、推行具有效率性。缺点在于缺少一线教师，教授治校的行政气息比较浓厚。“政学单立型”的教授治学形态，其组织架构是行政组织和学术组织在学校层面自成体系，其组织形态是学校层面将学术组织单立，成员绝大多数来自教学一线和科研部门，优点是治学参与具有广泛性、议学论术有深厚的内行底气，治校治学协调，有助于教育合力增大。不足之处在于缺乏行政力量的支撑，执行的效果可能打折扣。

（四）民主监督

我国颁布的《中华人民共和国工会法》①“总则”中明确规定中国工会以宪法为根本活动准则，按照《中华人民共和国工会法》和《中国工会章程》独立自主地开展工作，依法行使权力和履行义务。中国工会第十六次全国代表大会于 2013 年 10 月 22 日通过的《中国工会章程（修正案）》，明确“中国工会的基本职责是

① 《中华人民共和国工会法》于 1992 年 4 月 3 日第七届全国人民代表大会第五次会议通过，据 2001 年 10 月 27 日第九届全国人民代表大会常务委员会第二十四次会议《关于修改〈中华人民共和国工会法〉的决定》修正，自公布之日起施行。根据 2009 年 8 月 27 日第十一届全国人民代表大会常务委员会第十次会议《关于修改部分法律的决定》第二次修正。

维护职工的合法权益”。我国职业院校相继成立基层工会委员会，接受上级工会和学校党委的领导。

1985 年 1 月，教育部、中国教育工会全国委员会联合颁发了《高等学校教职工代表大会暂行条例》，目的是在高校建立健全教职工代表大会制度，把集中领导同民主管理结合起来，体现教职工的主人翁地位，充分发挥教职工的积极性，群策群力，办好学校，更好地为社会主义现代化建设服务。教职工代表大会的职权是：听取校长的工作报告，讨论学校的年度工作计划、发展规划、改革方案、教职工队伍建设等重大问题，并提出意见和建议；讨论通过岗位责任制方案、教职工奖惩办法，以及其他与教职工有关的基本规章制度，由校长颁布施行；讨论决定教职工的住房分配、福利费管理使用的原则和办法，以及其他有关教职工的集体福利事项；监督各级领导干部，可以进行表扬、批评、推荐，必要时可建议上级机关予以嘉奖、晋升，或予以处分、免职。学校工会委员会承担教代会工作机构的任务，在党委的领导下，会同有关部门做好下列工作：做好大会的筹备工作和会务工作，组织选举教职工代表，征集和整理提案，提出大会方案和主席团人选建议名单，经党委批准后，召开大会；大会闭幕期间，组织代表组（团）及各专门工作委员会（小组）的活动，组织代表传达贯彻大会精神，督促检查大会决议及提案的落实；大会闭幕期间，遇有重要问题，可召集代表组（团）长会议或组织代表讨论，必要时可按规定的程序，召集临时代表会议；向代表和教职工群众进行宣传教育，保障他们的民主权利，接受他们的申诉；处理教代会交办的其他有关事项。长期以来，教代会制度在职业院校管理中发挥着重要作用，成为落实党的知识分子政策的基本平台和高校管理者联系广大教职工的桥梁与纽带。

有学者认为教代会是学校推进民主管理过程中一个必不可少且功能完善的参政议政机构。其实，教代会不仅仅是参政议政机构，从其性质和教职工代表的权利看，教代会之于学校，在某种程度上看，应该相对于人民代表大会之于国家。有的研究者认为“在国外，虽然没有教代会这样的管理模式，但国外高校通过长期的演进和近期的改革，已经形成了优于国内的且相当完善的民主管理模式，使得教师的意见和建议能够得到比较好的表达和采纳”，并举例“教师工会”和“教授治校”这两种民主管理模式。① 但是“教师工会”的作用主要体现在教育改革方面，学者巴西亚（Bascia N）在论述教师工会与教育改革关系时指出：“当前教师工会在教育改革中有三个重要问题，一是通过谈判使教师工会拥有

① 李婧玮.我国高校教职工代表大会法律地位及运行机制研究[D].西安：陕西师范大学，2013.

更专业的条件，二是教师工会可以响应国家地方等相关政策，三是教师工会可以通过自身活动，在教育改革中充当重要角色，特别是教师专业结构调整方面。”[①]另外，西方“绝大多数高校中，教师参与学校治理的障碍主要在于教师工会本应成为一个权利机构，但事实是它并没有法律的支持”[②]。简而言之，外国教育工会是通过谈判而不是民主协商的方式开展工作的，是响应有关政策而不是参与民主管理，是侧重于专业方面而较少涉及其他情况，是应该成为权利机构却没有法律的支持。所以，“教师工会”从架构和作用上看，与我国的教职工代表大会不同。

民主监督不仅仅是教职工的监督，还包括学生的监督。当前职业院校主要是通过学代会发挥学生参与学校民主管理和监督的作用。但是，学代会往往流于形式，学生发表意见和建议的主动性还不够强，校方或系部对学生的意见和建议重视不够，或者限于经济条件所限，不能及时解决学生反映的问题，容易引起学生及家长的不满。

（五）社会参与

现代职业院校是一个开放型的系统，必须通过与系统外进行能量交换才能增加办学活力，必须积极发挥政、行、企、研等利益相关者参与学校治理的作用，才能提升内部治理能力。近年来，许多职业院校都纷纷建立了利益相关者参加的理事会，理事会成员围绕学校治理积极建言献策。但少数职业院校虽然理事会建立起来了，但是活动开展得很少，甚至流于形式，没有充分发挥其应有的作用。许多职业院校也都建立了行业、企业参加的职教集团或校企合作理事会、专业建设指导委员会等组织，与企业开展“订单”培养、“现代学徒制”培养，举办“冠名班”，与企业合作举办混合所有制二级学院等，在人才培养、专业建设、社会服务、科研创新等方面确实发挥了一定的作用。但是，目前校企合作的深度还不够，有的学校甚至仅限于安排学生到企业实习就业，或聘请企业人员到校担任兼职教师。由于学校教师的科研能力和实践能力不足，不能为企业解决技术难题或提供咨询服务，加之政府对参与校企合作的企业没有给予足够的重视，造成企业对校企合作的热情不足，存在学校“一头热”的问题。而校企合作

---

① Bascia N.Teacher unions and educational reform[M].Fundamental change.springer Netherlands，2005：225-245.

② Aronowitz S.should academic unions get involved in governance? [J].LIBERAL EDUCATION-WASHINGTON DC，2006，92(4)：22.

的深度和质量恰恰是制约我国职业教育发展的瓶颈和短板，这是今后在行业企业参与职业院校内部治理时必须重点解决的问题。

二、我国高中职院校内部治理结构模式比较

基于人才培养的目标、功能定位、体量大小等综合因素的影响，国家结合实际，明确了高中职院校的内部治理体制。比如，《国务院关于加快发展现代职业教育的决定》(国发〔2014〕19 号)就明确提出："坚持和完善中等职业学校校长负责制、公办高等职业院校党委领导下的校长负责制。"受以上因素影响，我国高职院校与中职学校在内部治理结构模式上具有某些相同点，也存在诸多不同点。

(一)高中职院校内部治理结构模式的相同点

1. 决策方面

一是党组织在学校决策中都发挥着重要作用。在职业院校设立党的基层组织，是为了确保党对职业院校的领导，确保党的教育方针在职业院校得到贯彻执行，基层党组织在职业院校内部治理中发挥着重要的政治核心作用。高职院校坚持党委领导下的校长负责制，校党委是学校的领导核心，统一领导学校工作，履行党章规定的职责，把握学校发展方向，决定学校重大问题。中职学校虽然实行校长负责制，但是党支部在学校决策中也要发挥保障、监督作用。所以，无论是高职院校，还是中职学校，党的领导不可或缺，不能替代，不应忽视，都在学校决策过程中发挥着重要的作用。二是校长都是学校重大决策的执行者。无论是高职院校，还是中职学校，校长都是职业院校的法定代表人，全面负责学校的人才培养、科学研究、科技创新、社会服务以及其他行政管理工作。高职院校的校长既是学校党委决策的参与者，也是学校重大决策的执行者。中职学校的校长既是学校主要决策人，也是学校决策的首席执行者。

2. 执行方面

职业院校均设立符合学校实际的内部组织机构，根据职责要求，贯彻党委和校长部署，各司其职，按时完成工作。无论是高职院校还是中职学校，在学校决策的执行方面，学校领导班子各位副职和各部门(各单位)主要负责人起到至关重要的作用，必须迅速反应，马上行动。

3. 评价方面

根据管理学规律，职业院校积极对工作完成情况进行评价。一方面是接受

校党委或校长以及师生员工的评价，形成工作总结，汇总取得的成绩，分析存在的不足，制定下一步努力的方向；另一方面按照教育主管部门的要求，根据人才培养质量评价体系，每年撰写年度人才培养质量报告，并及时向社会公布，接受上级主管部门的有关评估和社会监督。

4. 监督方面

职业院校构建起相对完善的内部监督机制。一是发挥党委（党支部）的监督作用，监督是否坚持了社会主义办学方向，是否符合职业教育规律。二是发挥教代会的监督作用。教职工代表大会是教职工依法参与学校民主管理的基本形式。教职工代表大会通过听取学校发展规划、教职工队伍建设、教育教学改革、校园建设以及其他重大改革和重大问题解决方案的报告，通过代表提案提出意见和建议等，监督学校章程、规章制度和决策的落实，依法保障教职工参与学校决策、实行民主管理和监督的权利，维护教职工合法权益。三是发挥学代会的监督作用。学代会是学生代表大会的简称。学生代表大会是代表学生的群众组织，是学校联系学生的桥梁和纽带，是学校民主管理和民主监督的基本形式之一，是学生参与民主管理的权力机构，学代会在校党委（党支部）领导下，按照《学代会章程》独立地开展工作，代表学生的利益、权利，并履行应尽的义务。四是发挥纪检监察部门的监督作用。高职院校都设有纪委，纪委是党内监督的专责机关，履行监督执纪问责职责，要加强对学校各级党组织和领导干部遵守党章党规党纪、贯彻执行党的路线方针政策情况的监督检查。学校纪委一般同时履行行政监察职能，监督检查监察对象即学校行政管理部门及其工作人员、所属单位及由学校任命和聘任的其他人员、校长指定需要监察的单位和人员，贯彻执行国家法律、法规、政策和学校决定、规章制度的情况，并依照有关法律、法规保护监察对象正当行使职权。中职学校党支部也设纪检委员，在中职学校履行纪检监察职责。五是发挥社会监督作用。即公民、社会团体和其他社会组织，通过人民代表、信访部门或直接向学校提出的建议、批评、检举、控告以及通过社会舆论、新闻媒介、用人单位和职能部门的具体工作来实现的监督行为。

（二）高中职院校内部治理结构模式的不同点

1. 决策方面

在重大问题决策方面，公办高职院校是党委领导下的校长负责制，校党委是学校的领导核心，凡“三重一大”事项都要通过学校党委集体决策，党委与校长是“决策—执行”关系。而中职学校是校长负责制，也就意味着校长对学校决策负责，党支部与校长是“监督—决策”关系。在学术管理方面，高职院校属于高校，需要挖掘高校人才资源积聚的优势，开展应用技术研究。因此，高职院校普遍设立学术委员会，作为学校学术事务的最高决策机构。而中职学校的职能主要是培养工作在一线的技能型人才，工作重心在于学生的技能培养，加之科研能力相对较弱，所以，一般不设立学术委员会。

2. 执行方面

由于中职学校规模相对不大，在校学生超过 4000 人学校的不多，所以内部组织机构设立相对较少，执行风格属于“短、平、快”。而高职院校规模相对较大，工作比较复杂，广大师生员工参与学校内部治理的积极性较高，所以机构相对更多，职能分工更细。

3. 评价方面

在中职学校，校长部署的工作执行情况很快得到反馈，校长、教代会代表、教职工等主体对工作完成情况进行评价。而在高职院校，工作头绪多、专业业务杂，单靠校长、教代会代表、学代会代表进行评价还不全面，所以，在坚持工作精细化的视角下，高职院校设立了教学(行政)指导(督导)委员会、绩效考核机构等，对各项工作进行了较为详尽的量化考核。

4. 监督方面

一是与利益相关主体融合程度不同。中职学校通过牵头成立或者加入职教集团，建立专业指导委员会等，加强校企、校校联系，虽然国家要求成立理事会，但是截至目前，中职院校成立理事会的并不多。而高职院校成立理事会的要求更加迫切，牵头政府部门、企业、校友、职教专家、学生等成立理事会，对学校事业发展提供咨询建议，推动了交流合作，扩大办学资源，多渠道筹措办学资金，支持和促进了学校各项事业的发展。二是学校纪检监察部门发挥的作用不同。中职学校规模小，不设纪委和纪委书记岗位，党支部只设纪检委员，纪检监察功能相对弱化。而高职院校都设有纪委和纪委书记岗位，并坚持党风廉政建设党委主体责任和纪委监督责任，对学校决策、执行、监督等各环节进行监督，有效防范了违规违纪现象的发生。

马克思主义哲学指出，事物发展既有普遍性，也有特殊性。我们看待高职院校和中职院校内部治理结构模式的异同时，也要坚持实事求是的观点，不能孤立、片面、静止地看问题。高等职业教育是跨界的教育，一方面是职业教育，另一方面又是高等教育；中等职业教育一方面是职业教育，另一方面又是高中教育。正是高中职不同的定位、工作重点等方面的差异，导致内部治理结构的差异。

三、完善我国职业院校内部治理结构的建议

如何处理好我国特有的集政治权力、行政权力、学术权力、民主权力为一体的职业院校内部权力关系，是完善我国职业院校内部治理结构的关键。

（一）健全职业院校内部治理制度体系

健全完善职业院校内部治理制度体系是一项系统工程，也是健全完善职业院校内部治理结构的基础性工程。一是高职院校要坚持党委领导下的校长负责制，中职学校要实行校长负责制。梳理和明晰党委（党支部）的政治权力和校长的行政权力之间的边界，协调双方之间的关系，完善党委书记（党支部书记）和校长之间的沟通机制，为建立高效的内部治理结构奠定坚实基础。二是营造依法治校的浓厚氛围。严格执行党和国家有关法律法规和上级教育行政部门核准的学校章程，以此为基础梳理各项规章制度，完成学校规章制度的废、改、立，建立和完善以章程为核心的制度体系。三是完善并支持相关机构依法依章程开展工作。强化学校理事会、学术委员会、教职工代表大会、学生代表大会等的力量，支持其开展好各自的工作，鼓励其积极为学校治理能力提升建言献策。四是加强法治宣传教育。利用校园网站、微信、微博、客户端、校报、工作简报等平台，采取寓教于乐的方式，定期刊载依法治校知识和相关案例，增强师生参与学校治理的自觉性，营造用法治思维和法治方式开展工作、化解矛盾的浓厚氛围，激发组织活力，使组织运行走上制度化、法制化、科学化轨道。五是加强高素质干部队伍建设。加大对党员干部的培训力度，培养造就一支忠诚、干净、担当的党员干部队伍，定期开展以内部治理能力提升为主题的培训和研讨活动，提升党员干部运用现代治理理念对学校进行治理的意识和能力。

（二）建立多元参与的内部治理机制

职业院校内部治理能力的提升，离不开政府、行业、企业的大力支持和帮助。首先，要加快修订《职业教育法》，明确职业院校服务行业、企业的职能，同时也要明确企业的育人主体职能，明确行业、企业参与职业院校内部治理的权力义务，调动行业、企业参与职业院校内部治理的积极性。其次，加大宣传力度，营造行业、企业参与职业院校内部治理的浓厚氛围。建议政府丰富职业教育活动周的内涵和形式，大力宣传校企合作的重要意义，强化行业、企业参与职

业院校内部治理的意识。评选校企合作先进企业和案例并给予奖励。再次，出台相关政策，鼓励行业、企业参与技术技能人才培养的主动性。落实企业参与人才培养的税收减免政策；对行业、企业参与职业院校人才培养给予财政补贴；鼓励职业院校与实力强、发展前景广阔的企业举办混合所有制二级学院，合作培养人才；鼓励职业院校与企业工程技术人员联合进行应用技术研究，推动科技成果转化，培育发展新动能，解决企业技术难题。

（三）强化监督制约机制建设

职业院校内部治理能力的提升，一方面需要相关机构、利益相关者的自律，另一方面需要对相关利益主体行为划定界限，并对其进行监督。一是加强党性党风教育。职业院校党委（党支部）要发挥领导作用，要坚决贯彻党中央的决策部署，牢固树立以人民为中心的发展理念，并用新发展理念推动职业院校发展。要坚持党委主体责任和纪委监督责任，教育好、管理好、约束好、激励好党员干部，营造良好的政治生态和风清气正的校园环境。二是大力推进党务政务信息公开。党委（党支部）书记、校长要带头将职业院校内部治理能力提升内容列入工作报告，按照学校章程和职权开展工作，并接受广大师生员工和社会的监督。推进“互联网＋职业院校内部治理”融合发展，利用信息化手段，开辟专栏，在不涉及秘密的前提下，相关部门公开权力清单制度，细化工作流程、依据、办理结果等，定期上传工作进展情况，接受校内外监督。三是开展绩效考核。将职业院校内部治理能力提升作为部门（单位）和干部年度绩效考核和党员干部竞聘、任期考核的重要指标，并做好绩效考核结果的使用工作。

第四节　职业院校内部治理结构改革范例

职业院校内部治理结构改革有许多成功的案例，南京铁道职业技术学院以学校章程建设为抓手，以完善制度和运行机制为重点，在教授治学体系、二级学院治理机制、理事会制度等方面进行了深入探索，建立了“以人为本、协调制衡、合作开放”的具有高职特色的学校内部治理结构，推动了办学体制机制的创新，有效地激发了办学活力，在改革创新中提升了办学水平和社会服务能力。本书以南京铁道职业技术学院作为范例，以供职业院校在内部治理结构改革中参考借鉴。

用内部治理结构改革激发办学活力
——南京铁道职业技术学院的改革探索

南京铁道职业技术学院是一所有着76年办学历史的高职院校，以培养大批高素质轨道交通类技术技能人才而名满全行业。在高职教育由外延建设转入内涵提升的时代大潮中，南京铁道职业技术学院以改革创新为原动力，以办学生和企业满意的轨道交通高职名校为目标、紧扣现代大学制度建设的主题，积极探索高职院校内部治理结构改革。2010年12月，南京铁道职业技术学院申报的“开展高职院校内部治理结构改革试点”被立项为“国家教育体制改革试点项目——江苏高等教育综合改革子项目”。多年来，该校以学校章程建设为抓手，以完成制度和运行机制为重点，在教授治学体系、二级学院治理机制、理事会制度等方面进行了深入探索，完成了改革试点任务，取得了预期改革成效，建立了“以人为本、协调制衡、合作开放”的具有高职特色的学校内部治理结构，推动了办学体制机制的创新，有效地激发了办学活力，在改革创新中不断提升办学水平和社会服务能力。

一、党委总揽改革全局，做好改革试点顶层设计和推动工作

一是提高思想站位。全面准确把握高职教育改革发展趋势，高度重视改革试点工作，将内部治理结构改革摆在突出位置，列入学院“十二五”“十三五”发展规划，统筹设计部署，协调推进实施，推动各项改革举措落到实处。二是强化组织领导。充分发挥党委领导的核心作用，成立高职院校内部治理结构改革试点项目组，学院党委书记王虹同志担任项目主持人，总揽改革全局，把握改革方向。学校党委多次召开党委会专题会议、项目组会议进行研究部署，并直接组织调查研究、主导制度设计、协调解决重大事项等。三是坚持分步实施。根据改革试点总体安排，将试点项目分解为高职院校决策监督机制研究与实践等7个子项目，每个子项目均由院领导牵头推进。按照不同时期的改革任务，分顶层设计、重点攻坚、全面深化三个阶段推进改革试点。

二、坚持和完善党委领导下的校长负责制，建立科学决策机制和监督机制

一是构建高职院校内部治理结构模型。制定学院章程并经主管部门核准发布，形成了以章程为统领的内部治理制度体系。横向维度上，按照分权协作

的理念，重新配置内部权力，优化行政权力、学术权力、民主权力之间的关系；纵向维度上，合理划分校院两级职权，降低管理重心，落实二级学院的办学主体地位；外向维度上，深入探索合作办学的长效机制，探索建立理事会制度，形成开放式的治理结构。二是完善决策机制和执行机制。出台坚持和完善党委领导下的校长负责制的实施细则，修订《党委会议事规则》《校长办公会议事规则》等制度，进一步明确了党委书记与校长的工作职责，规范党委会和校长办公会决策程序、议事规则，构建了自下而上的咨询决策机制和自上而下的决策执行机制。三是强化全过程的民主监督。实行重大决策调研、咨询和征求意见制度，凡属“三重一大”事项在提交党委会决策前，都广泛征求党代会及教代会代表的意见，确保决策的科学性和民主性。凡涉及发展规划、重大项目、重大决策事项，都听取理事会的意见和建议。

三、完善学校理事会制度，推动“政行企校”合作办学合作育人

一方面，校级层面成立了由所在地政府部门、行业主管部门、企事业合作单位、校友代表等组成的学校理事会，发挥利益相关者群体在决策咨询、整合资源、推动合作等方面的积极作用，着力形成“政、行、企、校”合作办学格局。另一方面，以人才培养、科学研究、文化传承创新等项目或平台为依托，成立地铁学院理事会、轨道交通应用技术研究院理事会等专门理事会，打造校校、校企、政企校利益共同体。依托学校理事会及其相关组织，在人才培养过程中充分发挥学校和企业两个主体、两种资源的优势，校企联合招生，共同制定专业教学标准，共同实施教学，共同评价培养质量，共同推进就业，企业全过程参与人才培养，建立了“全主体、全过程”人才培养模式；按照共建共管共享的原则，校企联合建设了国内一流的高铁综合实训基地、江苏铁路教育馆、江苏铁路干部培训基地等产教深度融合平台；与南京地铁集团有限公司合作打造长三角地区的地铁专门人才培养培训基地，联合成立了国内首家地铁学院，探索“1(南铁院)＋1(南京地铁)＋N(其他地铁公司)”理事会架构，形成了校企一体化办学模式，该实践成果获得了国家教学成果奖二等奖。

四、构建教授治学体系，发挥专家教授的治学主体作用

针对教授总量少、学术力量薄弱以及高职教育的“跨界”属性，重新界定学术和行政之间的关系，引入企业元素，构建了纵横交错的两级教授治学体系。在校级层面，合理界定学术权力与行政权力之间的关系，重新定位学术委员会

职权,构建以学术委员会为核心、相对独立于行政系统的教授治学体系。学术委员会是学术事务决策的最高机关,统筹行使学术决策、审议、评定等职权,下设专业建设委员会、质量评估委员会、职称评审委员会,负责处理具体学术事务。在二级学院层面,6 个二级学院均成立有企业专家参与的教授委员会,统筹行使基层单位学术事务的决策、审议、评定、咨询等职权。对于学术事务,行政部门更多定位于服务的角色。随着教授治学体系的建立,教师参加学术研究的积极性不断提高,学校的整体科研水平也得到大幅度提升。2014～2016 年,学校"四技"服务到账经费总计 2700 多万元;申请各类专利 600 多项,其中获得专业授权 415 项。

五、健全民主管理制度,调动师生参与办学的积极性

一是探索建立教代会"3343"运行模式。即围绕代表、议题、职权和提案等核心要素,把好代表选举关、培训关、履职关等"三关",汇聚民意;选准重大事项、中心工作、热点问题"三大议题",问政于民;落实知情建议权、审议通过权、讨论决定权、民主监督权"四项职权",推进民主;贯通提案征集环节、处理环节、反馈环节等"三环",关注民生,形成了教职工参与办学的制度化渠道。二是实行党代表列席教代会制度。党代会代表听取和讨论学校行政工作报告,充分落实党员代表的知情权、建议权和审议权。党代会代表参与干部推荐与考核,充分发挥党代表在干部人事任免中的积极作用。三是完善学代会运行机制。建立学代会代表常任制和提案落实制,实行学代会代表列席教代会制度,让学生参与学校的重大决策。

六、推动校院两级分权治理,激发二级学院的办学活力

一方面,深入推进两级管理,明确校、院两级职权关系。学校主要承担做好对二级学院的整体规划、资源调配、指导服务、考核监督,二级学院充分享有专业设置、人才培养方案制定、内部绩效分配、人才引进等方面的自主权。另一方面,以党政联席会议、教授委员会、校企合作委员会、二级学院教代会、二级学院学代会"五会"制度建设为重点,建立健全二级学院治理结构。党政联席会议主要负责学院行政和党务工作的重要事项决策;教授委员会行使学院学术事务管理权;校企合作委员会负责咨询、审议学院的专业建设、人才培养工作,促进产教融合,协调推进校企合作项目;二级学院教代会负责审议本学院改革发展的重要事项,决定与教职工利益相关的重要事项,监督相关决策的执行;二级学院

学代会负责审议与学生直接相关的重要事项，并监督落实情况。

内部治理结构改革为学校的人才培养、科学研究、社会服务和文化传承与创新提升提供了强有力的制度保障。在人才培养方面，该校连续7届毕业生就业竞争力在全省高职院校中名列前茅，涌现出一批优秀毕业生，其中刘猛和蔡甄妮分别获得了2013年和2016年江苏省大学生年度人物。一流的人才培养质量，形成了良好的社会声誉，该校2013～2017年招生录取分数线一直列省内高职院校首位。在科学研究方面，学校联合上海铁路部门、中车集团浦镇车辆有限公司、南京国铁电气有限责任公司、北京四方继保自动化股份有限公司、深圳国泰安集团公司等大企业，共建了江苏省轨道交通控制工程中心、南京国铁轨道交通电气工程中心、轨道交通应用技术研究院、高铁VR技术协同创新中心等高水平科研平台；联合上海、南京等地铁企业开发了从初级工到高级技师的地铁主要职业（工种）技能鉴定体系，填补了企业标准的“空白”。在社会服务方面，联合江苏省铁路办公室、江苏省铁路投资发展有限公司，打造江苏铁路专门人才培训基地；与铁路企业联合打造高铁列车长培训、信号工高技能人才培训、高铁重点岗位技能人才准入培训等品牌培训项目。在文化传承与创新方面，联合上海铁路部门成立国内首家铁路文化研究中心，开展铁路安全文化、服务文化、经营文化等研究；联合江苏铁路办公室在校园内共建了江苏铁路教育馆，该馆总面积3000多平方米，由综合馆、高铁馆和国际馆组成。国家铁路部门领导评价高铁馆是“高铁技术系统集中展示的创举”。

第三章　职业院校内部治理能力提升的标准和路径

李维安、王世权(2013)研究认为，环境的复杂性与不确定性的增强，将促进大学治理制度的变革。对影响大学治理的各类因素进行解读，是探寻大学治理有效性提升路径的关键，也几乎是所有文献都关心的课题。本章在对职业院校内部治理现状进行分析的基础上，找出影响职业院校内部治理能力提升的因素，进而提出职业院校内部治理能力提升的标准和路径。

第一节　影响职业院校内部治理能力提升的因素

目前，我国公办职业院校的管理体制大致分为政府管理、部门管理、行业管理与企业管理几种，管理体制的多样化，使得职业院校管理情况比较复杂。由于长期受计划经济体制的影响，行政化程度较深，自上而下的高度集中统一管理模式是我国职业院校的主要特点。从我国公办职业院校内部治理现状分析可以看出，影响职业院校内部治理能力提升的因素主要有以下几个方面。

一、办学自主权有限

我国《高等教育法》明确规定，高等学校自批准设立之日起取得法人资格，依法自主办学。2010 年 5 月，教育部印发的《中等职业学校管理规程》第一章第六条规定："学校应当依法制定学校章程，按照章程自主办学。"2010 年 7 月，教育部印发的《中等职业学校设置标准》第四条规定："中等职业学校应当具备法人条件，并按照国家有关规定办理法人登记。"党的十八届三中全会通过的《关于全面深化改革若干重大问题的决定》明确提出，要"深入推进管办评分离，扩大省级政府教育统筹权和学校办学自主权，完善学校内部治理结构"。这说明国家在法律法规和政策层面都承认职业院校是法人实体，依法享有办学自主权。但是，在目前的体制下，我国公办职业院校办学自主权很有限，政府部门对学校收费、机构编制、人员经费、干部任命等方面都有管控。对地方高职院校来说，党委书记、校(院)长要由省委组织部门任命，中层县(处)级干部的聘任也要由市委组织部门批准，人员编制要经市编办审批，人员招聘和工资福利要由市人社部门批准，等等。调查中发现，一所整合组建了十几年的市属公办高职院校，至今其内设机构和中层领导职数还是整合组建之初的编制名称和数量，其办学活力难以发挥，内部治理能力提升受限。

二、人员素质有待提高

治理的主体是人，对象也包含着复杂的人的因素。[①] 人的素质不高，影响着职业院校内部治理能力的提升。一方面是领导班子人员素质不高。费孝通先生曾对中国社会做出过“关系型社会”（或“熟人社会”）的定性论断，而这是与法治社会的建设所不相容的。将人情因素带入到公共事务当中必将导致“论资排辈”“任人唯亲”等怪相，在公办职业院校人事安排上也或多或少地存在这种现象。公办职业院校由于是“公办”，职业院校领导班子成员尤其是主要领导一般都是由上级党委政府任命的。高职院校一般是副厅级建制，中职学校一般是正县（处）级建制。职业院校内部治理能力至关重要的是决策能力，而学校领导班子是决策的主体。由于个别领导自身素质不高，又不善于听取其他同志的意见，更不把师生建议当回事，凭“拍脑袋”决策，靠经验习惯办事，直接影响到决策水平。另一方面是教职员工和学生素质不高。职业院校是典型的利益相关者组织，师生是重要的利益相关者，在职业院校内部治理过程中，决策要听取师生的意见和建议，执行要师生去具体办理，监督也要师生参与。但是，由于受陈旧观念的影响，有些师生民主参与意识淡薄。所有这些问题，都从客观上影响到职业院校内部治理能力的提升。因此，提升职业院校内部治理能力的关键是提高人的素质。只有各级领导干部及师生员工的素质都提高了，树立起共同治理的理念，大家都来关心学校的治理，都能为学校的善治建言献策，且良言善策都能被采纳，并结合学校实际创造性地实施，学校的治理能力才能得到提升。

三、集权式管理明显

中等职业学校内部组织机构设置具有明显的科层制特点。科层制是德国社会学家马克斯·韦伯提出的社会组织内部职位分层、权力分等、分科设层、各司其职的组织结构形式及管理方式。科层制的最大优点在于高效率。科层制

---

① 马力.职业学校内部治理改革探索[J].新西部（理论版），2014(24)：124.

创建伊始就被广泛运用到政府机关、军队、宗教团体以及早期的企业等各种组织中。随着现代社会政治经济的发展，科层制越来越暴露出其缺陷，主要是缺乏灵活性和主动精神，忽视了人的差异和多样性，束缚了人的积极性，鼓励行为僵化，导致机构不断膨胀和职能交叉重叠，易产生官僚主义，各成员之间约束力差、易形成腐败现象，等等。由于实行了科层制内部组织机构，学校管理重心居高不下，难以激发和调动基层部门的积极性和主动性。① 高职院校多是从中职学校升格或整合而来，虽然其内部治理结构多模仿本科院校的模式，但由于其历史原因和衍生制度文化的影响，在内部治理中仍带有中职学校既有模式的影子。权力过于集中，职能划分过于宏观，系(部)办学自主权不足，管理重心无法实质下移，两级管理的组织建构和制度设计不完善，缺乏相应的配套政策，管理效率不高，学校、系(部)的发展随着领导个人的工作作风、工作方式的变化而变化。②

四、党政责权不清

我国《高等教育法》明确规定，国家举办的高等学校实行中国共产党高等学校基层委员会领导下的校长负责制，即我们通常所说的“党委领导下的校长负责制”。《国家中长期教育改革和发展规划纲要(2010—2020年)》也指出：“公办高等学校要坚持和完善党委领导下的校长负责制。健全议事规则与决策程序，依法落实党委、校长职权。”中国共产党高等学校基层委员会按照中国共产党章程和有关规定，统一领导学校工作，支持校长独立负责地行使职权，其领导职责主要是执行中国共产党的路线、方针、政策，坚持社会主义办学方向，领导学校的思想政治工作和德育工作，讨论决定学校内部组织机构的设置和内部组织机构负责人的人选，讨论决定学校的改革、发展和基本管理制度等重大事项，保证以培养人才为中心的各项任务的完成。高等学校的校长全面负责本学校的教学、科学研究和其他行政管理工作。但是，涉及党委如何“统一领导”、校长如何“全面负责”，党委决策哪些“重大事项”等这些关键词的界定，还是需要国家教育行政部门制定具有权威性的实施办法。③ 由于党委和校长的职责界定不清，以至于在实际工作中，出现了“党委领导”成了党委书记领导、“校长负责”成了

---

① 于锦绣，周俊.以质量提升为目标的中职学校内部治理结构建构分析[J].职业技术教育，2015(30)：44.

② 杨建国，刘晓波，朱小蓉.高等职业院校内部治理结构研究[J].当代职业教育，2012(10)：4.

③ 杜志淳.我国现代大学内部治理结构的改革与完善[J].法学教育研究，2015(1)：44.

无人负责的尴尬局面，甚至党委书记和校(院)长之间常常为了“谁说了算”在暗中较劲，极大地削弱了高职院校内部治理能力的提升。2010 年 7 月，教育部印发的《中等职业学校设置标准》第九条明确规定，中等职业学校实行校长负责制。2010 年 5 月，教育部印发的《中等职业学校管理规程》第七条明确规定，学校建立校长全面负责行政工作、党组织保障监督、教职工民主参与管理的内部管理体制。学校建立党组织，并确保党组织发挥监督、保障和参与重大决策的作用。但是，党组织参与哪些“重大决策”，也没有界定清楚。在实际工作中，中职学校往往会造成校长一人说了算，党组织“监督、保障和参与重大决策的作用”难以发挥。

五、学术权力弱化

李维安、王世权(2013)研究认为，行政权力与学术权力及其关系问题一直是高等教育领域理论上研究的重点，也是研究大学治理问题的逻辑起点。大学治理的要义就是基于决策权的行政权力与学术权力匹配。大学治理中如果行政权力过于膨胀，学术的专业性可能会由于行政管理不得要领而出现外行领导内行，损伤学术人员的积极性的情况。但是，如果过度强调学术权力的作用，又会因为社会性组织的复杂性使得学术权力难以发挥作用。只有将两者均衡匹配，才能最大限度实现智力资本升值。① 顾建亚(2017)认为，大学最重要的传统就是学术自由，对高深知识的不断探索需要自由的思想和行为，学术权力则是学术自由的前提和基础。② 学术权力与一般权力的区别就是学术性。高等教育系统与其他社会领域最重要的区别就是它生产的产品是高深学问和高级人才，学术性是大学的特有本性和存在根基。这也决定了大学的学术管理不能照搬行政或者企业管理的一般模式，应当存在与其学术性相适应的权力形式，能够独立地决定自己的研究方向、专业设置、学生培养等学术事务，而对这些事务最熟悉也最有发言权的当然是教授和科研人员们。因此，学术人员和学术组织享有学术权力影响甚至决定学术事务理所当然。③ 但是，我国公立大学内部治理“行政化”倾向特别明显。行政人员的本位角色应该是给专业人员做辅助工作的，然而在中国却俨然成为了“领导专家”，本该处于绝对权威地位的学术权威

① 李维安，王世权.大学治理[M].北京：机械工业出版社，2013：16-38.

② 顾建亚.现代大学治理的内部监督制约机制研究[M].杭州：浙江大学出版社，2017：110.

③ 于晓光，宋慧宇.论高等教育系统学术权力与行政权力和谐关系之建立[J].吉林师范大学学报(人文社会科学版)，2009(5)：11-12.

却被视而不见。即使高校在决定基层学术事务时，教授也很少有实质的决策权。①

我国公立职业院校无论是高职院校，还是中职学校，都是培养技术技能人才的一种特殊社会组织，都承担着人才培养、应用技术研究、社会服务、文化传承创新、国际交流合作等职能，在内部治理结构中也与公立大学类似，都存在着行政权力彰显而学术权力弱化的问题。我国《高等教育法》规定，高等学校设立学术委员会，履行下列职责：审议学科建设、专业设置，教学、科学研究计划方案；评定教学、科学研究成果；调查、处理学术纠纷；调查、认定学术不端行为；按照章程审议、决定有关学术发展、学术评价、学术规范的其他事项。《国家中长期教育改革和发展规划纲要（2010—2020年）》提出，要“充分发挥学术委员会在学科建设、学术评价、学术发展中的重要作用。探索教授治学的有效途径，充分发挥教授在教学、学术研究和学校管理中的作用”。目前，虽然大多数高职院校都设立了学术委员会，并规定学术委员会是学校最高学术机构，统筹行使学校学术事务的决策、审议、评定和咨询等职权。但很多学校在学术委员会的实际运行过程中，其意见也仅仅是供行政领导决策参考的依据，学校学术权力的最终决策权仍是由校（院）长等少数行政领导行使。《中等职业学校管理规程》明确规定，学校应当设立教学研究机构，加强教研和科研工作，积极组织教师参与国家和地方的教研活动。但在课题立项、经费分配、成果评价等方面，还是由学校领导说了算。教授没有充分的学术自由，也没有决策学术事务的全部权力，这就背离了学校存在的根本原则，也严重挫伤了教师的办学积极性，更不利于发挥教师的创造性。

六、民主监督乏力

国外研究倾向于适当合理地保证教师和学生对学校事务，无论是学术事务还是行政事务的参与，对于优化学校的治理结构与运行机制可以产生有益的影响。② 任羽中等认为，教师在培养人的过程中发挥着无法替代的作用，但不是唯一的主体；“人”的全面发展，也是一个学生发挥主观能动性的过程，是学生自觉、自主的成长过程。因此，让学生参与到大学的治理特别是学术权力的运行过程当中，由教师的“单主体”拓展为师生的“双主体”，有利于增强学生的主人

① 李永亮.高等学校内部治理结构优化研究[M].北京：经济管理出版社，2017：77.

② 李永亮.高等学校内部治理结构优化研究[M].北京：经济管理出版社，2017：9.

翁意识，更加自觉自省地修身树德、成长成才，在与教师共同参与治理的过程中，实现大学立德树人的根本任务。①

公办职业院校的民主监督主要是依靠教职工代表大会予以行使的。我国《高等教育法》规定，高等学校通过以教师为主体的教职工代表大会等组织形式，依法保障教职工参与民主管理和监督，维护教职工合法权益。《中等职业学校管理规程》规定，学校建立和完善教职工代表大会制度，依法保障教职工参与民主管理和监督的权利，发挥教职工代表大会参与学校重大决策的作用。目前，多数公办职业院校建立了教代会制度，但个别职业院校还没有建立，即使建立了教代会制度的职业院校，其教代会的作用也非常有限。多数职业院校教代会代表中纯粹一线教师的比重不到 50%，违背了“以教师为主体的教职工代表大会”这一制度设计的初衷。会前，教代会代表对提案征集不太感兴趣，参与度不高。会上仅限于形式上地通过校(院)长的工作报告和一些文件而已，而只要交到教代会上去的文件无一例外地都能通过，民主监督成了形式上的监督。

大学生参与高校内部治理，不仅是学术自治的充分体现，同时也是学生话语权在高校这个特殊的教育社会话语体系中的一种体现。由于大学生的参与，他们作为主人翁所要发表的意见和看法，能够得到管理者充分地了解和尊重；大学管理者的相关处理与决定的意图，也能及时获得他们相应的理解与支持，这样上下沟通可以避免不必要的误会，易于协调一致，有助于实现高校内部治理的高效化。② 2017 年教育部颁布实施的《普通高等学校学生管理规定》(教育部令第 41 号)第四十条明确规定：“学校应当建立和完善学生参与管理的组织形式，支持和保障学生依法、依章程参与学校管理。”尽管大学生参与学校治理有其理论、历史和现实依据，但是在高校的现实运行过程中，学生并没有充分有效地参与其中，主要表现为大学生参与的自主性不强，大学生参与的程度不高和大学生参与的制度细节不完善。有研究表明，65.1%的大学生认为自己仅仅是学校里的被管理者，62.3%的大学生不感兴趣或反感参与学校管理。③ 职业院校一方面由于办学时间较短，科层化组织结构比较明显，学校比较重视内部管理；另一方面由于学生素质普遍比本科院校低，加强学生教育管理是重头戏，学生参与学校治理的程度比本科院校更低。

---

① 任羽中，吴旭，杜津威，吴浩.中国特色现代大学治理问题研究[M].北京：人民出版社，2017：68-69.

② 孔丽苏.大学生参与高校内部治理的理论思考[J].求实，2013(2)：273-274.

③ 姚佳胜.论大学治理的学生参与[J].黑龙江高教研究，2016(4)：121-122.

七、社会参与度不高

职业教育与经济动态、产业发展、市场需求及职场履历等的联系最直接、最密切，因此必须要调动培养端和用人端两方面的积极性。从培养端讲，应该结合用人单位需求和科学技术发展动态，及时适度地调整教育内容和教育形式。从用人端讲，有责任也有义务关注职业教育，将技术发展动态、市场发展趋势和人才需求变动等信息反馈给教育部门，甚至应该派员参与院校的教学活动。① 因此，现代职业院校是一个开放的系统，行业、企业、社区、家长等都应参与学校决策、管理、人才培养、质量评价与监督等治理活动。虽然目前多数职业院校也设立了董事会、理事会、职业教育集团、专业指导委员会、家长委员会等治理机构，吸收行业、企业、社区、家长代表等利益相关者参与学校内部治理，但往往形式大于内容，只是通过会议形式把大家召集来开开会，听听报告，座谈座谈，会后该怎么办还怎么办。郭静(2016)对行业企业参与高职院校治理情况的调查显示，仅有 20.8%的院校建有理(董)事会，理(董)事会的作用普遍以咨询为主、占 43.8%，能够发挥决策作用的仅占 18.8%。从理(董)事会成员结构来看，政府部门人员比例过高，行业、企业和其他社会组织的话语权相对较弱，其中，政府部门人员占 58.8%，行业人员占 29.4%，企业人员占 11.8%，科研机构、其他职业院校、普通本科院校、社区、其他社会组织均无一席。而且，在没有建立董(理)事会的院校中，近一半(49%)的院校也没有建立由行业、企业部门等多部门人员共同参与的联席会议制度。② 其原因主要是由于政府没有出台相应的、有可操作性的利益相关者参与职业院校内部治理的法律法规和政策措施，利益相关者参与职业院校内部治理的权益得不到体现，内生动力不足，热情受到遏制。而职业院校为了生存和发展，又非常希望利益相关者参与职业院校内部治理，形成“剃头挑子一头热”的尴尬局面。因此，职业院校参与式治理合法性的再建构，应充分调动职业院校和利益相关者两个方面的积极性，在民主、自治与法治三个原则的统领下，通过相对完善的制度建设来提升职业院校参与式治理水平和推进多元主体治理秩序的重塑。③

---

① 胡卫.职业院校亟待扩大办学自主权[J].上海教育评估研究，2014(3)：2.

② 郭静.高职院校治理能力提升的现实困境与优化路径——基于 73 所高职院校的实证研究[J].国家教育行政学院学报，2016(6)：37-38.

③ 孙云志.高职院校参与式治理合法性的建构与多元主体秩序重塑[J].教育与职业，2015(36)：11-12.

第二节　职业院校内部治理能力提升的标准和路径

职业院校内部治理能力提升的标准是指职业院校内部治理能力怎样才算是提升了,而提升的路径则是指我们怎样做才能够提升职业院校内部治理能力。关于这方面的研究,国内职业教育专家学者从不同角度提出了不同的观点。我们可以在上述对影响职业院校内部治理能力提升因素分析的基础上,借鉴各位专家学者的观点,提出职业院校内部治理能力提升的标准和路径。

一、国内主要研究观点综述

2013 年党的十八届三中全会审议通过的《中共中央关于全面深化改革若干重大问题的决定》,首次在中央文件中提出国家治理体系和治理能力现代化命题,教育治理体系和治理能力现代化是国家治理体系和治理能力现代化的重要组成部分,职业院校治理能力现代化是加快现代职业教育发展的必然要求。2014 年国务院颁布的《国务院关于加快发展现代职业教育的决定》明确提出"职业院校治理"的理念,要求"职业院校要依法制定体现职业教育特色的章程和制度,完善治理结构,提升治理能力"。2015 年教育部印发的《职业院校管理水平提升行动计划(2015—2018 年)》,要求职业院校"坚持依法治校,建立和完善现代职业学校制度,以强化教育教学管理为重点,进一步更新管理理念、完善制度标准、创新运行机制、改进方式方法、提升管理水平,为基本实现职业院校治理能力现代化奠定坚实基础"。职业院校内部治理能力提升研究,成为职业教育界研究的热点问题,职业教育专家学者见仁见智,提出了许多有价值有见地的真知灼见。

白维(2014)认为,完善职业院校治理结构,提升治理能力,一要充分认识治理的重要性;二要完善现代职业学校制度,发挥学校主体作用;三要坚持校企合作原则,调动行业企业积极性;四要落实各级政府职责,提升发展保障水平;五要鼓励社会力量参与,强化第三方评估。① 胡正明(2015)认为,治理能力是在治理过程中为了实现治理目标而制订和执行制度的能力,具体表现为制度的形成能力、实施能力、调适能力、学习能力和创新能力。在高职院校内部治理中,为了实现共同治理、开放治理和分类治理,应该从制度的形成、实施、调适、学习和

① 白维.完善职业院校治理结构提升治理能力[J].中国职业技术教育,2014(21):165.

创新等方面入手，提升内部治理能力。首先是提升制度形成能力，即高职院校联合利益相关者制定治理制度的能力。参与制定制度的各利益相关方代表的素质、高职院校的办学目标和人才培养目标以及高职院校的办学自主性等是影响这种能力形成的关键因素。其次是提升制度实施能力，即高职院校将治理制度付诸实践的能力。这种能力的形成取决于高职院校的校领导、中层干部和基层管理人员的素质以及制度实施的程序化和透明化程度。再次是提升制度调适能力，即在内外环境压力条件下对制度进行微调以使其更好适应发展需要的能力。这种能力的形成需要高职院校治理者具有开阔的视野和开放的思维。最后是提升制度学习和创新能力。制度学习能力是指高职院校学习、借鉴国内外其他院校优秀制度，制订、完善本校制度的能力；制度创新能力则是指高职院校不断调整和完善现有治理制度，以联合利益相关者共同行动，更好实现学校办学目标和人才培养目标的能力。这两种能力紧密联系，同步进行、相互促进。① 雷世平、姜群英(2015)认为，高职院校治理能力现代化是指高职院校治理体系和治理能力适应现代社会发展要求的进化过程，具体是指以高职院校治理体系为依托，借助制度、机制、政策、技术等因素，促使高职院校多元治理能力保持协调进步、务实高效的一种趋向与动态过程。高职院校治理能力的现代化表现为治理主体的多元化、治理制度的体系化、治理方式的民主化、治理手段的统筹化以及治理环境的协同化。② 张铭(2016)认为，中国高职教育的发展已经步入了“新常态”阶段，提升院校治理能力是适应职业教育新常态的必然要求。新常态下高职院校内部治理能力提升的新路径是，培育新常态下提升高职院校内部治理能力的新生态；制定新常态下高职院校内部治理能力的新制度；打造新常态下高职院校内部治理结构的新局面；抓住新常态下高职院校制度改革的新契机。③ 接剑桥、张弛(2017)认为，健全治理结构，增强内部治理能力是新形势的要求；创建符合职业教育特点的治理机制是提高职业院校内部治理能力的前提；完善高效的内部运行机制是提高职业院校内部治理能力的基础；积极探索重要领域的改革是提高职业院校内部治理能力的关键。④ 韩刚、周振刚(2017)认为，要优化高职教育治理结构的路径，赋予高职院校充分的办学自主权，正确

---

① 胡正明.高职院校内部治理的独特性及其实现路径[J].中国高教研究，2015(5)：94.

② 雷世平，姜群英.高职院校治理能力现代化的内涵及其衡量标准[J].职教论坛，2015(31)：42-45.

③ 张铭.新常态下高职院校内部治理能力提升的路径[J].哈尔滨职业技术学院学报，2016(3)：11-13.

④ 接剑桥，张弛.职业院校内部治理能力提升路径研究[J].教育理论与实践，2017(12)：27.

处理学术权力与行政权力的关系，调整理顺政治领导和行政领导权，重视民主参与监督体系的建设，建立健全行业企业有效参与治理的机制，实现治理制度的体系化与治理结构的优化，提升高职院校治理能力。①

二、职业院校内部治理能力提升的标准

我们认为，职业院校内部治理能力主要包括决策能力、执行能力、监督能力和评价能力。那么，职业院校内部治理能力的提升应当是这四个方面能力的提高。

（一）决策能力的民主科学化

决策民主化指在决策过程中充分发扬民主，广泛听取意见，按照民主程序进行决策；决策科学化指在科学的决策思想指导下，按照科学的决策规律，遵循科学的决策程序，运用科学的决策方法进行决策。决策民主化是决策科学化的前提和基础，只有在充分发扬民主、集思广益的基础上做出的决策才是科学的，正所谓“有事好商量”“众人拾柴火焰高”。公办高职院校实行党委领导下的校长负责制，中职学校实行校长负责制，也就是说，高职院校党委和校长是决策主体，中职学校校长是决策的主体。这就需要高职院校党委和校长、中职学校的校长具备民主科学的决策能力。尤其是当前信息多元、爆炸的大数据时代，如何依据党和国家的教育方针和法律法规，经济社会发展对职业教育提出的新要求，结合学校办学治校实际，对学校重大事项做出科学、客观、准确的判断与决策，考验着学校领导的智慧和能力。因此，职业院校领导认真贯彻落实党和国家的教育方针和法律法规，具备和实现决策能力的民主科学化，是职业院校内部治理能力提升的重要标志。

（二）执行能力的公开法治化

执行是将决策无条件地落实到位。俗话说“三分决策，七分执行”，决策要发挥作用，关键在于执行。贯彻落实学校党委、行政部门的意图，要讲实情、出实招、办实事、求实效，力戒空谈，力戒做表面文章。要最大限度地优化执行环境，减少权力、人情对政策、制度的干扰，确保学校各项政策和制度得到公开、公平、公正的执行。同时，要依法依规严格执行，做到落实法规不变通，履行程序不走样，遵循步骤不减少，每项工作都有法可依、有章可循。如果做不到依法依

① 韩刚，周振刚.高职院校治理能力提升的变革创新研究[J].哈尔滨职业技术学院学报，2017(2)：16.

规严格执行和落实，制定再多的法律、规章和再好的政策，也无法解决现实中的各种矛盾和问题。

（三）监督能力的严格规范化

法国古典管理理论学家亨利·法约尔曾说过，权力与责任是一对孪生物，人们对权力的喜爱恰似对责任的畏惧。法国思想家孟德斯鸠指出："一切有权力的人都容易滥用权力，这是万古不易的一条经验。有权力的人们使用权力一直到遇有界限的地方才休止。"为了阻止权力滥用的倾向，就需要对权力实行制约和监督。在职业院校内部治理过程中，不论是决策权力、行政权力，还是学术权力都需要实行监督。监督就要严格，就要依法、以纪、以章、以规办事，铁面无私，一视同仁。正人先正己，监督者先要监督自己。要对监督执纪过程中的关键点和重点环节进行明确规范，把监督执纪权力关进制度笼子，通过严格审批、集体研究、明确要求等措施，有效管控监督执纪过程中的风险点。

（四）评价能力的客观标准化

在职业院校内部治理过程中，决策形成后要迅速执行，而执行的情况怎样、绩效如何，都需要及时予以评价。评价是一个运用标准对事物的准确性、实效性、经济性以及满意度等方面进行评估的过程。评价对于修正、调整、改进决策，提升决策的民主科学化水平，保证决策的顺利执行具有十分重要的意义。评价要客观公正，不能掺杂主观好恶的因素。评价是一个非常复杂的过程，它本质上是一个判断的处理过程，必须要制定科学的评价标准，就像用尺子去度量物体的长度一样，尺子的刻度必须要准确。

三、职业院校内部治理能力提升的路径

针对上述对职业院校内部治理能力不足的分析和提升标准的判断，我们认为公办职业院校应当建设"产权清晰、权责明确、政校分开、管理科学、产教融合、校企合作"的现代职业学校制度，完善"党委领导、校长办学、教授治学、民主监督、社会参与"的内部治理结构，以提升职业院校内部治理能力。

（一）落实学校办学主体地位，扩大学校办学自主权

我国《民法总则》第三章第五十七条规定，"法人是具有民事权利能力和民事行为能力，依法独立享有民事权利和承担民事义务的组织"。既然国家有关法律法规和政策都承认职业院校是法人组织，那么职业院校就应该是一个独立地享有民事权利和承担民事义务的实体，而不是政府附属的行政机构。对公办

职业院校来说，政府只是投资主体，而不是办学主体，学校才是自主办学的主体，享有自主管理的权力。因此，政府对公办职业院校的管理要从微观管理转向宏观管理，从直接管理转向间接管理，从行政管理转向依法治理。在依法保障对职业院校教育经费足额投入和其他资源供给的同时，通过参与制订和完善职业教育法律法规和政策措施并督导落实，扩大职业院校在专业设置、自主招生、人才培养模式改革、课程选择、教师招聘、机构设置、人事管理、收入分配等方面的办学自主权，支持职业教育发展。职业院校自身必须履行依法办学的社会责任，提升内部治理能力，提高办学治校水平，使以财政投入为主体的社会资源产生最大化的社会效益。2017 年 3 月，教育部等五部门印发《关于深化高等教育领域简政放权放管结合优化服务改革的若干意见》(教政法〔2017〕7 号)，在高校学科专业设置、编制及岗位管理、进人用人环境、教师职称评审、薪酬分配、经费使用、内部治理、监管服务等方面，给高校松绑减负、减除烦苛，让学校拥有更大办学自主权，这对高职院校落实办学主体地位，扩大办学自主权，必将起到积极的推动作用。落实职业院校的办学自主权，关键是要解决好“最后一公里”的问题，因为公办高职院校多由市级人民政府主办，只有市级人民政府根据国家法律法规和政策要求，制定出具体的落实办法并大力推进，各高职院校结合本校实际制定出实施细则并全力实施，才能确保国家各项改革措施落到实处。对于中职学校来说，国家也要从法律层面确立中职学校的法人地位及其相应的权利和义务，依法保障中职学校校长办学自主权的落实。

（二）打造高素质干部职工队伍，提高办学治校能力

首先，学校各级领导干部和广大教职员工要树立现代职业院校治理理念。美国学者勒温(Lewin)认为，在组织变革中，人的变革是最重要的。组织要实施变革，首先必须改变组织成员的态度。由管理转变为治理，不只是一个概念上的区别，而是观念、思维方式及行动方式的一个大调整。管理是垂直的，自上而下的，由学校管师生，科层制、行政色彩较浓。而治理则强调各个主体是平等的、合作的，它突出的是师生的主体地位，强调的是民主、协调、沟通，关注的是学校活力的激发，使校内各主体的主动性、积极性、创造性充分调动起来。因此，职业院校实现从管理到治理的转型，首先需要从学校领导到师生员工在思想观念上来个大转变，让师生真正理解学校治理的重要性，并能以主人翁的姿态，主动参与到学校内部治理过程中来。其次，要加强领导班子和教职员工队伍建设，大力提高素质能力。毛泽东同志曾指出，“治国就是治吏”。邓小平同

志强调，办好中国的事情，关键在党，关键在人。习近平总书记指出，治国之要，首在用人。职业院校内部治理能力能否提升，关键在于学校各级领导班子办学治校能力和教职员工队伍素质能否提升。一定要把学校各级领导班子建设好，尤其是校级领导班子特别是党政一把手要配强配顺。我国公办高职院校实行党委领导下的校长负责制，中职学校实行校长负责制并发挥党组织的保障监督作用，这是我国公办职业院校内部治理体系的根本，只能坚持和完善，不能改变。欧美等国职业院校内部治理的经验只能作为参考，不能照抄照搬，否则就会造成水土不服。但是，我们不能因此就将不懂教育的人硬塞到学校领导岗位上来，这样将会贻误教育大计。教育有教育自身的规律，职业教育作为跨界的教育其自身规律更加明显。苏联著名教育家苏霍姆林斯基曾指出："领导学校，首先是教育思想上的领导，其次才是行政上的领导。"2017 年 1 月 13 日，中共中央组织部、教育部印发的《高等学校领导人员管理暂行办法》明确提出，高校"党委书记和校长应当符合社会主义政治家、教育家的标准"。职业院校的领导要具备把握办学方向的能力、营造发展环境的能力、引领事业发展的能力、创新运行机制的能力、实施科学管理的能力。要通过规范选拔任用、健全体制机制、加强自身修养、改进领导方式、严格监督考核等途径，不断提高职业院校各级领导干部办学治校能力。同时，要教育、引导、激励广大教职员工树立主人翁意识，关心、支持、参与学校治理，积极为学校治理能力提升献计献策。

（三）建设以章程为核心的制度体系，形成依法治校制度保障

推进国家治理体系和治理能力现代化，要把国家各项事业和各项工作全面纳入依法治国、依宪治国的轨道。那么，提升职业院校内部治理能力，实现职业院校治理能力现代化，就要把职业院校各项事业和各项工作全面纳入依法治校、依章治校的轨道。2014 年 6 月，《国务院关于加快发展现代职业教育的决定》（国发〔2014〕19 号）提出，职业院校要依法制定体现职业教育特色的章程和制度，完善治理结构，提升治理能力。只有建立起科学的工作制度、有效的激励制度和完善的约束制度，才能提高决策力和执行力。大学章程是一所大学的"宪法"，于大学外部法律关系而言，它是政府引导支持大学改革和发展的依据和边界，也是社会参与大学治理的载体；于大学内部法律关系而言，它是规范大学内部秩序的"组织法"。① 无论是高职院校还是中职学校，都要建立健全一个

① 黄汉升.深化校内管理综合改革完善大学内部治理结构[J].世界教育信息，2014(4)：57-59.

于法周延，体现职业教育特色，以章程为核心的全面、系统、科学的制度体系，使学校各项工作都有章可循。在学校章程和规章制度建设中，要特别明确学校党委和校（院）长的责权，建立健全《党委会议议事规则》《校（院）长办公会议议事规则》和《党政联席会议议事规则》，正确处理好“党委领导”和“校长负责”的关系，正确处理好党委书记和校（院）长的关系，建立健全党委统一领导、党政分工合作、协调运行的工作机制。坚持民主集中制原则，严格实行“集体领导、民主集中、个别酝酿、会议决定”的议事和决策基本制度，凡“三重一大”决策事项，必须由党委会议集体研究决定。党委书记要主动协调党委与校（院）长之间的工作关系，支持校（院）长开展工作。学校领导班子应经常沟通情况、协调工作。目前，多数职业院校按照教育部“2015 年要在全国全面形成一校一章程新格局”的要求，制定了学校章程。但是，需要指出的是章程建设是由章程创作、章程核准、章程实施、章程监督、章程修订五个紧密联系的环节构成的循环往复过程，“章程建设”并不因“章程创作”形成章程文本而停止，相反，大量的工作是章程文本形成之后的实施、监督和修订等环节。要通过依据章程这一“母法”，建立健全和不断完善学校各项规章制度，形成以章程为核心的制度体系，构建起依法办学治校的制度支撑，才能推进职业院校内部治理能力的提升。

（四）高度重视学术组织的作用，建立学术权力运行机制

教授治学是中国特色现代大学制度的特质，是大学区别于政府、企业运转模式的显著特征。教授治学的基本内涵是以教授为主体的教师共同体在学术研究、人才培养、学科建设、学风维护、学术评价、学术审议和学术决策等学术领域行使权力的大学理念和治理结构。其本质在于建立学术权力、行政权力和政治权力分立制衡的治理机制，以实现大学校园的协商议事和学术自由。① 伯顿·R·克拉克指出：“专业的和学者的专门知识是一种至关重要的和独特的权力形式，它授予某些人以某种方式支配他人的权力。”②职业院校尤其是高等职业学校要正确处理行政权力和学术权力的关系，尊重学术权力，给学术权力应有的地位，发挥学术权力在学校内部治理中的作用。通过建立健全学术委员会等学术组织，建立起学术本位的“教授治学”管理体系和运行机制。要参照《高等学校学术委员会规程》（中华人民共和国教育部令第 35 号）依法设立学术委员

① 熊艳，郭平.教授治学的演进：内涵及本质[J].教育发展研究，2012(21)：87-90.

② 〔美〕伯顿·R·克拉克.高等教育系统——学术组织的跨国研究[M].杭州：杭州大学出版社，1994：121.

会，健全以学术委员会为核心的学术管理体系与组织架构；并以学术委员会作为校内最高学术机构，统筹行使学术事务的决策、审议、评定和咨询等职权。鉴于职业院校正高级以上专业技术职务的人员比较少，且个别特色专业甚至连副高级专业技术职务的人员都没有，可适当放宽对学术委员的职称要求。同时，鉴于职业院校与行业、企业联系广泛的特点和校企“双主体”合作育人的要求，职业院校学术委员会成员还应吸收行业、企业中具有高级专业技术职务的专家甚至是能工巧匠参加。另外，职业院校还可设立教学工作委员会、教学指导委员会、教授会和专业建设指导委员会等学术组织，以发挥其在学校学术治理方面的作用。

（五）完善以教代会为主体的民主监督结构，构建全方位监督体系

一是建立以教师为主体的教职工代表大会制度，依法保障教职工参与民主管理和监督，维护教职工合法权益，让教职工知校情、参校政、议校事、督校务。特别要采取激励措施调动教代会代表提案的积极性，鼓励教职工参与学校治理。二是建立以工会为主体的教职员工权利救济机构和学生申诉委员会，畅通师生诉求表达渠道。三是建立学生代表大会，让学生参与学校民主管理和监督。将学生纳入学校共同治理的范畴，通过选举学生代表列席与学生自身利益相关的校务高层会议，鼓励学生为学校治理献计献策。在近年核准发布的大学章程中，学生参与力度明显加大，许多学校都明确了学生可参与校务的权利，有的学校甚至明确学生可参与调查处理学校人员违反校纪行为等。四是建立学校领导联系系（部）、中层领导联系班级、教职员工联系学生制度，经常深入系（部）、班级、学生宿舍，与师生谈心交流，广泛听取师生的意见和建议，解决师生反映的问题。五是充分发挥纪检、监察、审计、信访在廉政风险防范中的作用，运用好监督执纪“四种形态”，加强对重点领域、重点岗位和关键环节的监督检查；强化审计监督，在拓展内审范围，加强内部控制的基础上，引入第三方审计，增强财务信息透明度，解决内部审计独立性差的问题，对资金使用情况进行有效监督，提高资金使用效率。同时，要强化审计后整改，建立健全防控风险的长效机制；重视信访工作，及时处理信访件，做到“件件有着落，事事有回音”。六是加大党务、校务公开力度，扩大公开内容和范围，主动接受师生员工和社会的监督。

（六）搭建政、行、企、研等多方合作办学平台，构建外部参与学校内部治理机制

现代职业院校是一个开放型系统，具有耗散结构的特性，在其办学进程中，

其内部治理与外部治理必须协调，通过与系统外进行能量交换来增加办学活力。现代职业院校治理结构必须保持系统的开放性，优化治理结构，完善治理功能，提高治理绩效，才能提高治理水平。① 因此，职业院校必须主动打破学校内部自我决策的传统治理模式，积极搭建政府、行业、企业、科研院所、校友、社区、家长等多方参与学校决策和管理的开放平台，以提升内部治理能力。一是职业院校尤其是高职院校要按照《普通高等学校理事会规程(试行)》(中华人民共和国教育部令第37号)，建立学校理事会制度。理事会是由办学相关方面代表参加，支持学校发展的咨询、协商、审议与监督机构，是高等学校实现科学决策、民主监督、社会参与的重要组织形式和制度平台，在学校治理中具有重要的作用。二是建立紧密型职业教育集团，发挥集团化办学优势。开展集团化办学是提升职业院校治理能力，完善职业院校治理结构的有效途径。职业院校要积极牵头建立或参与职业教育集团，鼓励国内外职业院校、行业、企业、科研院所和其他社会组织等各方面力量加入职业教育集团，让这些外部利益相关者参与职业院校内部治理，以促进职业院校内部治理能力提升。在集团化办学过程中，职业院校特别要加强校企合作，因为校企能否深度合作是职业院校发展的关键和瓶颈。2018年2月，教育部等六部门联合印发了《职业学校校企合作促进办法》，对职业学校与企业合作的形式和促进措施等提出了明确的要求，必将对职业学校校企深度合作给予有力地促进，职业院校应主动作为，借势发展。三是通过建立校友会、社区居民委员会、学生家长委员会等组织，发挥校友、居民和家长在学校内部治理中的作用。四是引入第三方评价，建立学校自我评价与社会第三方评价相结合的教学质量综合评价体系，客观、真实地评价学校教学效果，促进教学改革，建立奖惩机制和快速反馈机制，及时将评价信息提供给决策者和执行者，促进教学改革和内部治理能力提升。《国家教育事业发展"十三五"规划》指出，要构建科学的职业教育评价制度。支持行业组织开展职业学校人才培养质量评估，完善学校、行业、企业、研究机构和其他社会组织共同参与的职业教育质量评价机制。完善职业教育质量年度报告制度。鼓励企业、用人单位开展毕业生就业质量、满意度等评价。提升人才培养和行业需求的吻合度。② 目前，我国已建立了比较完善的高等职业教育质量年度报告制度，高等职业教育质量年度报告是国家推进高等职业院校履行责任担当、加强自觉自律、

① 王维华.基于开放型办学的现代职业院校治理结构研究[J].经济研究导刊，2014(25)：232-233.

② 国务院.国家教育事业发展"十三五"规划[Z].2017.

宣传发展成绩、接受社会监督的制度安排。各高职院校必须按照教育部的要求，突出专业群建设、教师队伍建设、治理能力建设、内部质量保证体系建设、学生综合素质培养与评价、服务国家和地方经济社会重点发展战略的相关情况，实事求是地做好年报的编制、发布和报送工作，自觉接受教育主管部门和社会的监督。同时，自2012年以来，由全国高职高专校长联席会议委托，上海市教育科学研究院和麦可思研究院共同编制的高职质量年报已经连续发布七年。七年来，报告始终坚持需求导向、坚持第三方视角、坚持创新发展，逐步形成了由学生成长成才、学校办学实力、政策发展环境、国际影响力和服务贡献力构成的“五维质量观”，探索建立了不同维度质量评价的指标体系，持续引导高等职业教育强化内涵、提升质量，成为社会了解高等职业教育的重要窗口。

第三节 职业院校内部治理能力提升范例

如何加强职业院校内部治理能力建设，才能提高内部治理水平呢？黎明职业大学的做法给我们以重要启示。该校以创新人才培养为主线，弘扬“爱国、求真、自强、笃行、奉献”的黎明精神，完善“党委领导、校长负责、教授治学、二级管理、三会协同、民主监督”的治理结构，构建“思想发动、顶层引动、项目带动、创新驱动、绩效拉动、制度推动、责任促动”的动力机制，以实施“五个工程”为抓手，聚焦内涵式发展和开放性办学，大力推进从严治校、质量建校、特色立校、创新兴校、制度管校、人才强校和开放办校，学校治理体系不断完善，办学治校能力有效增强，2016年、2017年蝉联福建省高职高专发展潜力综合排名第一，福建省示范性现代职业院校建设工程年度考评为A类之冠。

加强治理能力建设 提升创新发展水平

黎明职业大学

一、党建引领工程：加强党建思政工作，强化党对学校工作全面领导

校党委树立“抓好党建是本职，不抓是失职，抓不好是渎职”的责任意识，健全党建与思政工作机制，为推进学校治理体系与治理能力现代化提供精神武装和组织保证。

着力完善党委领导下的校长负责制。围绕好路子、好班子、好队伍、好机

制、好业绩“五个好”和高校党委职责要求，健全学习型党组织建设、民主集中制建设等制度，全面加强党委班子自身建设。制定党委领导下的校长负责制实施细则，修订党委会、校长办公会议事规则，实行重要职能部门负责人和二级学院代表列席党委会制度。党委书记和校长以党性为重、以事业为重、以发展为重，在重大决策前对思路、在敏感问题前对认识、在体制机制前对制度，同心向前看、勠力谋发展、交心做搭档，带动党委班子和干部队伍团结奋进。以开展“三严三实”专题教育和“两学一做”学习教育为契机，组织开展治理能力建设年、综合改革发展年和优质工程建设年系列主题活动，抓好高职专题、校级课题、示范校建设问题的调研。注重顶层设计，组织编制五年发展规划及若干专项规划，提出了“师生本位、文化育人、开放融通、创新发展”的办学理念，明确了“服务区域产业转型升级创新发展，服务师生成长成才创新创业”的办学定位，确立了“建设示范性现代职业院校，争创全国优质高职院校”的发展目标，把握正确的办学方向。

坚持围绕办学抓党建、抓思政。聚焦全面从严治党，严格履行管党治党、办学治校主体责任，强化各级党员干部“一岗双责”责任体系。每年召开两次党建工作会议和思政工作会、群团组织建设会，把党建工作纳入学校办学工作总盘子，融入示范工程、人才培养、文化传承等工作；制定《党建工作考评管理办法》《宣传工作考评办法》等，形成党委组织部署、党总支立项落实、党支部目标管理、党员亮岗履职的党建工作格局。以贯彻全国高校思想政治工作会议精神为契机，坚持以立德树人为根本，制定《意识形态工作责任制实施细则》《师德师风考核办法》和《三全育人工作管理实施办法》，强化师生思政工作，发挥思政课教学主渠道作用，构建第二课堂教育体系，开展“黎明大学·泉州心长征”等系列活动，加强黎大官方微博微信、易班、油菜花工作室等平台建设。由于党建工作的推力、引力和保障力功能有效发挥，为学校办学注入强大动能，2016 年学校发展实力、发展质量等 13 项指标排名位居全省同行首位，获得 20 项市级以上集体荣誉，省教育部门和泉州市领导 20 多人次莅校指导，福建日报等媒体报道学校办学新闻 300 多篇次。

以改革创新精神推进示范校建设。相应召开总结动员会、工作推进会、专题研讨会，制订和完善一系列管理、服务和考评制度，将示范校建设纳入学校办学总盘子，融入“十三五”规划、年度工作计划和各年度主题年活动方案，同时将学校改革创新的任务要求注入示范校建设，在对标、找差、融合、苦干上下功夫。一是吃透上级精神，把握示范要求，完善顶层设计，做好项目规划；二是实施目标引领，强化标准建设，推进优质管理，做到精益求精；三是注重问题导向，坚持过程管理，及时调整完善，切实补齐短板；四是坚持全校动员，确保全员参与，强化责任体系，营造浓厚氛围；五是把握创建重点，坚持项目带动，推进系统建设，形成规模效应；六是致力创新提高，抓住内在规律，做强特色亮点，完善内部机制；七是扭住内涵发展，推进开放办学，强化载体作用，提升办学水平。

二、校章实施工程：围绕学校章程核心，优化内部治理体系

以制定、实施学校章程为契机，加强宏观管理和文件梳理，不断完善制度体系和治理机制，推进各项事业持续健康发展。

坚持章程的核心地位，完善制度体系。学校章程获省教育部门核准发布后，着力建立"立体式"校章学习机制，成立章程学习实施领导小组，以法律专家辅导、知识竞赛、纳入学生必修课等形式，强化依法治校理念。建立"透析型"制度审查机制，及时启动制度"废改立"，逐一梳理制度文件150多个，逐步形成标准严谨、流程清晰、监督有据的现代大学内部治理制度体系。建立"愿景式"校章执行机制，结合实施五年发展规划，将章程要求具体化、实体化，进一步发挥章程在依法治校中的基础性作用。

健全"三会协同"机制，强化民主监督。成立由海外侨亲、企业家和各界贤达组成的董事会，多方汇聚教育资源，为学校开展校企合作、国际合作牵线搭桥；成立由地方政府部门和行业企业领导组成的战略理事会，为学校专业建设、产教融合校企合作、人才培养模式改革等提供决策指导；成立由高职教育专家组成的发展委员会，作为咨询顾问机构议事议教议政。完善教代会制度，制订《教代会实施细则》《教代会提案工作办法》，成立二级工会；实行校领导联系民主党派制度，推行学代会提案制，实行校领导与学生季谈会"黎青之声"制度；成立党务校务公开领导小组，印发《校务公开标准化建设方案》；修订《学术委员会章程》，进一步发挥学术委员会作用。

推进校院二级管理，建设办学主体。按照简政放权的原则，实施《二级学院管理体制实施细则》，先后3次将人、财、物管理权限下放到二级单位，扩大院(部)办学自主权，构建了校院两级制度体系。制订《管理水平提升行动计划(2016—2018年)》《行政监察实施办法》，建立任务清单责任制度，实行目标管理和过程监控，规范二级学院权力运行。完善学院党政联席会学习、议事制度，党总支纪检委员列席学院党政联席会，强化"三重一大"督查督办。推行一院一策、一院多策，激发学院创新发展、特色发展。

三、教学改革工程:固化教学中心地位,深化教育教学改革

强化"一切为了教学,一切服务教学"的理念,构建党委决策、校长主管、教授治学、院系主体、部门协同、社会参与的人才培养工作体系,建立专业、课程设置动态调整机制,推进产教融合校企合作和教育教学改革。

四个优先,落实教学中心地位。坚持顶层设计优先,召开季度党委教学务虚会、教学工作指导委员会会议和学期教学工作会议,实行校领导联系院(部)、听课、教师访谈等制度,及时解决教学困难问题;坚持政策配套优先,设立教学成果奖、教学名师奖、教坛新秀奖等,引导教师将研究项目融入人才培养,将研究成果转化为教学内容,实行师德师风"一票否决制";坚持经费保障优先,设立专项经费支持专业建设、课程与教材建设、实践教学、创新创业等;坚持人员选配优先,将精兵强将选配到教学一线,及时招聘教学急需人才,注重从教学一线选任干部,支持教师合理流动和挂职锻炼。

多方协同,创新办学体制机制。作为秘书长单位,牵头开展福建省石化、建筑两个行业教指委工作;牵头组建泉州市职业院校联盟,在4所优质中职学校设立黎大分校;牵头组建泉州市建筑职教集团,参与机械制造等5个职教集团;与华中科技大学泉州智能制造研究院共建工业机器人应用研究所,与华为公司共建"信息与网络技术学院"。按照"专业群服务产业群、专业链服务产业链"的思路制定专业发展规划,组建专业群建设指导委员会,将54个专业调整为36个,对接地方产业发展的专业格局基本形成。

三创引领,深化教育教学改革。成立创新创业学院,探索建立跨院系、跨专业交叉培养创新创业人才的路子;开设创新创业专题课、选修课和在线共享课程,构建"通识教育、专业教育、创新实践、创业实战"一体化的"三创"教育体系。深化课程改革,依托真实生产和服务项目,共建校企课程开发团队。开发微课等"颗粒化"资源,建设结构化网络课程,"互联网+教学"初步成形;开发本土化课程和校本教材,推进公共课层次化、应用化改革;应用工科、服务类专业实践课时占比分别超过60%、55%,专业岗位群达到全部契合。适应生源多样化特点,实行分层次、模块化、翻转课堂、理实一体化等教学。

三全育人,促进学生成长成才。"一主线六融合"构建黎明文化生态圈,打造"三全育人"升级版。成立黎明文化研究团队和巴金文化研究所,编印《黎明精神教育读本》,开设24门相关课程。融合了人力、科技、资金、设施等资源要素,建设"两场三馆四园"和4个大师(名师)工作室、5个"海丝文化"传承机构。

组建81个专业导师团、69个素质拓展团，通过健全教工量化育人、学生导师团育人、政行企校协作、家校联动和学生自我教育等机制，形成学校、企业、家庭、社会四方主体协同育人局面。以文化品牌、创先争优、人本关怀、实践养成、文化推广5个平台为载体，推进多维全程育人。文化育人的特色经验被写入福建省高职教育质量年报的典型案例，荣获省高职教育教学成果奖特等奖，由专业新闻媒体作了专题报道。

四、队伍建设工程：完善教工培养机制，增强思想专业素质

学校把落实“师生本位”，促进教工成长作为提升治理能力、提高办学水平的内在要求，推进“定编、定岗、定责”工作，实施事业、感情、待遇、环境“四个留人”。

改革职称评选，强化绩效导向。完善职称改革的系列规定，将师德表现作为首要条件，提高教学业绩的比重，将实践教学能力、质量工程建设、技能竞赛、决策咨询等纳入评审指标。2016年教师职称评聘，有185人次晋级。成立公开选拔竞争上岗工作领导小组，实行“能力适应型、工作需要型、结构优化型、素质调整型、末位淘汰型”干部轮岗交流制度，探索成立人力资源交流中心，试行干部能进能出、能上能下机制，形成以发展论英雄、以绩效论英雄、以贡献论英雄的选人用人导向。改革高层次人才引进与管理办法，学校入选泉州市人才高地。推进社会服务，成立“黎大智库”，开展71项纵向课题和28项省情、市情研究，对32类科学研究和技术服务行为或成果予以奖励，实现教师服务能力建设由碎片化向系统化转变。

强化教育培训，提升综合素质。实施干部精准培训，与市党校等市直部门开展合作办学，利用暑期开展四个班次219人的规模培训。健全教工进修、挂职锻炼、双师认定的师资培养制度，实施“双师三能”“校企双师互聘”“卓越人才引领”“教师发展激励”等计划，双师素质教师达84.6%。建立名师培育机制，构建“教坛新秀、专业带头人、教学名师和领军人才”梯级教师队伍，引进技术能手、“非遗”传承人入校设立技能大师工作室。

完善“三定”方案，实施综合考核。成立教师发展中心，构建校内激励、关怀、帮扶机制。在做好内设机构和二级学院定编、定岗、定责的基础上，改革、完善以岗位职责为核心、以贡献大小为导向的绩效工资分配体系，实现了全体教工的履职情况、业绩水平与个人收入直接挂钩。实行分层次分类别干部360°考核，建立可量化的科级以上干部考核评价体系，实施差异化的教工综合考核方案，实行二级单位分类考核，开展党建、宣传、班主任、专业主任、学工、安全等专

项工作考评，及时兑现考核结果，激发干事创业激情。

五、质量保障工程：推进责任体系建设，提升质量监控水平

学校特别重视质量监控保障体系建设，以落实“两个责任”为统领，拓展系统监控与服务功能，搭建共享统一的质量监控保障平台，实现全面管理与系统协同。

强化一岗双责，落实人人有责。按照省委“五抓五看”的要求，完善党委领导下的校长负责制、校领导分工负责制、中层领导干部部门（学院）责任制，完善部务会、处务会、党政联席会制度，层层签订责任状，落实“一岗双责、党政同责”。分类型分层次细化教工工作职责，构建目标管理、压力传导机制，初步形成了人人有责、人人履责的制度体系和工作机制。

创新执纪方式，落实过程管理。修订《权力运行流程图》，对30个重大事项和示范校建设进行督查督办；实施“一学院（部门）一方案”预算编制方式，实行经费管理和使用考核项目化，2016年项目经费执行率达143%。制定《基建工程项目管理办法》《物资采购办法》《资产设备处置办法》《报废仪器设备处置实施细则》等，有效防范财务风险。建立常态化内部审计制度，对科研经费等12个重大项目和12个学院、部门进行内部审计，并以党委发文落实立项整改。成立招投标领导小组、项目采购工作小组和工作（项目）督查小组，制定《工程项目第三方服务管理办法》，确保纪检监察全程参与。注重惩防结合，落实“四种形态”，做到任前谈话、提醒谈话、诫勉谈话、立案查处并举，一年来查处干部12人。

构建质保体系，落实综合治理。聚焦“五纵五横一平台”标准，启动内部质量保障体系建设，构建“五位一体”人才培养质量监控评价体系。推行网格化管理，完善“横向到边、纵向到底”的校园安全防控工作新模式。建设OA系统和智慧学习平台，建成校园ERP系统，推进治理建设信息化、数字化，学校入选全国职业院校数字化校园实验校。全面推行标准化建设、精细化管理、优质化服务、机制化运作和无界化落实，着力提升内部质量保障水平。

到此已穷千里目？谁知才上一层楼！黎大在治理能力建设上作了一些探索和实践，取得了一定成效，但也还存在一些不足和问题。“十三五”时期，黎大将按照省教育部门和上级的部署要求，认真学习借鉴兄弟单位的经验做法，以实施创新发展行动计划、管理水平提升行动计划和建设全国职业院校数字化校园实验校为契机，进一步完善治理结构、提升治理能力，在新的起点上推进示范性现代职业院校建设工程，在新的起点上提升办学科学化水平。

第四章　职业院校内部治理结构与治理机制建设

一般说来，职业院校内部治理结构与治理机制可以概括表述为：职业院校内部利益相关者参与学校决策的结构和过程，它包括学校党政之间，学校与职能部门、教学科研单位之间等机构的设置及其之间的权力配备、运行、监督的机制和机理。职业院校内部治理结构的设计是职业院校内部治理的基础，内部治理的着力点就是要明晰各权力主体的职责，使其既相互分立，又相互制衡。而完善职业院校内部治理机制，就是要平衡职业院校内部学术权力、政治权力、行政权力和民主权力之间的关系。

第一节　职业院校内部治理结构建设

本节重点阐述职业院校内部治理结构的内涵及意义，回顾我国院校内部治理结构的历史演变过程，分析我国职业院校内部治理结构的现状及存在的问题，进而有针对性地提出职业院校内部治理结构改革的路径。

一、职业院校内部治理结构的内涵及意义

2013 年，党的十八届三中全会提出，全面深化改革的总目标是“完善和发展中国特色社会主义制度，推进国家治理体系和治理能力现代化”。对教育领域来说，就是要全面深化教育领域综合改革，推进教育治理体系和教育治理能力现代化。在教育领域中，职业教育是区别于普通教育的重要类型和体系，《国务院关于加快发展现代职业教育的决定》中提出要“加大职业教育制度创新”“完善现代职业学校制度”。2015 年 8 月 28 日，教育部印发了《职业院校管理水平提升行动计划(2015—2018 年)》(以下简称《行动计划》)，提出了职业院校治理能力现代化建设的实施路径和推进方法。

近年来，随着我国职业教育的快速发展，职业院校内部治理能力问题也成为学者们关注和研究的热点。如何理解职业教育治理体系与治理能力现代化

的本质，如何有效推进职业教育治理体系与治理能力现代化，如何深化职业院校内部治理结构改革等理论与实践问题，成为职业教育在新的发展态势中需要关注的重点。

（一）学校内部治理结构的内涵及构成

学校内部治理结构是个历史范畴，并没有一个统一规范的最有效率的治理结构。作为一种兼具职业性和教育性双重特性的职业教育类型，职业教育的内部治理结构既具有普通教育的共性特征，也具有与自身的职业教育相匹配的独立特性。基于职业教育的内涵研究及发展规律和职业院校的办学特点，目前学者们对职业院校内部治理结构的内涵研究仍然是关键，不同学者从不同视角对职业院校内部治理结构的内涵进行了界定。有的学者认为，从利益相关者的角度来看，职业院校内部治理结构是决策权、执行权以及监督权在职业院校内部的各项分配。① 有的学者认为，职业院校内部治理结构不仅包含正式制度，也包含职业院校内部治理的组织文化。有的学者认为，从制度的形成视角来看，职业院校内部治理结构是指在办学权与所有权相分离的基础上，关于职业院校内部的组织结构设置、权力配置以及各方利益相关者之间权责关系的制度安排。②内部治理结构的主要功能是规范内部政治权力、行政权力、学术权力和民主管理权力等权力主体的行为，协调相互之间的关系，为实现学校发展创设良好的内部环境。与普通学校不同的是，职业院校治理结构具有职业性和技能性双重特性。虽然没有统一定论，但国内学者大多认为职业院校内部治理结构是强调职业院校内部权力在不同主体之间的分配与调解。

从传统意义上看，学校的组织机构是以“管理”为中心来设计的，突出学校组织中垂直型、等级型的权力结构，其目的是保证学校的平稳运行和教学质量，但是这样的组织机构在今天会遇到更多的问题。相对于“学校管理”而言，“学校内部治理结构”是一个“年轻”的研究论题。它并不依赖于自上而下的权力统治，而是依靠多元主体的共同治理与权力分享，形成一种共享型的权力结构。内部治理则是多主体之间的相关利益在职业教育中的调整和分配，并相应地统筹带动职业教育内部要素改革。

因此，从内涵上看，学校内部治理结构是学校内部各利益主体在共同参与学校治理过程中所形成的法权关系及其运行机制，是以教师、学生、家长等为代

---

① 林春明.高职院校内部治理现状与改革对策[J].教育与职业，2015(34)：9.

② 董仁忠.高职院校治理结构研究[J].教育发展研究，2011(7)：57-75.

表的各利益相关方权力和责任在学校组织设计中的直接呈现，也是学校组织系统、决策系统、执行系统、监督系统、评价系统的制度及运行逻辑的布局设计，是一所学校办学思想、文化价值的隐性表达。从外延上看，学校内部治理结构是学校组织体系与运行机制的集合，要对各种主体的责任、权力进行明确的定位，形成相互支撑、相互制衡、相互促进的内部结构，从而构成合理的学校管理体制。

职业教育是一项涉及多方利益者的庞大教育系统，不仅需要政府和学校的通力合作，还需要行业、企业、社会组织等市场主体的共用参与，职业院校要结合职业教育特点和院校实际情况构建学校内部治理结构，充分体现政府、学校、行业、企业等多元主体参与的内部治理结构，正确处理政治权力、行政权力、学术权力和民主权力的关系，努力构建开放、多元主体共治的治理模式。由于职业院校具有公益性特征，其治理结构与公司制企业治理结构有着根本差异；同时由于职业院校具有职业性特征，其治理结构也有别于其他类型的高等学校、普通中学以及公益类事业单位。

综上所述，可将职业院校内部治理结构分为决策、执行、评价和监督四个部分，形成决策权、执行权、评价权、监督权既相互分离又相互支撑，既相互制衡又相互促进，既相互独立又相互呼应的现代权力运作系统。

1. 决策机构

决策是以质量为核心的内部治理结构，也是谋求办学质量提升的第一步。决策机构的主要任务是依照教育教学规律、人才市场需求状况和学生实际，对学校发展方向、提高办学质量的各项举措进行科学决策。

学校的决策按任务性质可分为四个层面，分别由不同的决策者来完成。一是学校党委或校长决策。对于高职院校来讲，由于实行党委领导下的校长负责制，所以，学校“三重一大”事项（即重大决策、重要人事任免、重大项目安排和大额度资金运作）都应由学校党委集体做出决策；对于中职学校来讲，学校“三重一大”事项也应由以校长为首的学校领导班子集体做出决策。当然，由于中职学校实行校长负责制，校长是学校行政事务的最高也是最终决策者。但对于中职学校党内事务的决策，则应当遵循个人服从组织、少数服从多数的原则，校长无最后“决断”权。二是教职工代表大会决策。教职工代表大会是学校民主管理的基本制度，也是现代职业学校制度最重要的组成部分。一般来说，学校发展方向性的重大事项、推进人才培养质量提升的重大工程、与教职工利益相关的重大改革，都应由教代会来决策。三是校务委员会决策。学校教育教学过程中的事务性、常规性工作的决策可通过校务委员会来进行。四是专业委员会决策。对促进学校发展和办学质量提升具有重大影响的专业性决策，可交由相关专业人员组成的专业委员会来承担，如学校发展规划、专业设置、课程结构、专业人才培养方案、教学质量考核、教科研成果评审、年度财务预决算等。这样既能将学校的行政权与学术权有效区别开来，又能增强决策层相应的学术支撑，提高旨在保证质量的各项决策的科学性、合理性和实效性。

2. 执行机构

执行是整个治理结构体系中最为重要、最为关键的部分。决策要能在质量提升中发挥作用，关键在于执行。执行机构的主要任务是将决策无条件地落实到位。学校促进质量提高的各项决策都要通过校长为首的行政系统来落实，行政系统执行有力，促进人才培养质量提升的举措就能落实到位，办学质量提升就能取得应有的效果。要保证执行到位，学校行政系统要依据具体任务做好决策执行计划的制定、检查、反馈三个环节的工作。

3. 评价机构

评价在以质量为核心的治理结构链条中起承上启下的作用，决策形成后要迅速执行，而对执行过程和效果的评价，是修正、调整决策及其决策的依据，也是提升决策科学性水平的保证。评价机构的主要任务是对决策的科学性、决策执行的效果进行评价，并进行反馈。评价的任务可通过吸收行业、企业、参与学校质量监控的机构来落实，也可委托第三方来进行。但目前，第三方评价还处于成长之中，评价还应更多地通过自评或委托原有的质量评价机构来进行。评价对决策科学程度的提高和决策执行力的提升具有重要的作用，客观公正的评价能对决策者、执行者产生激励作用。要保证评价能在内部治理结构中发挥应有的效果，必须建立基本的奖惩机制，建立快速反应的反馈机制，及时将评价的相关信息提供给决策者和执行者。

4. 监督机构

监督在以质量为核心的治理结构链条中处于十分重要的地位，监督质量的高低，涉及决策及其执行的状态和效果。监督的主要任务是对决策及其执行的状态、过程进行检查和控制。其既有对提高办学质量举措的纠偏，也有对权力运行模式和方式的控制；既有对决策科学性和执行效果的检查，也有廉洁从政、风清气正的要求。监督要在学校可持续发展、质量提高过程中发挥更大的作用，一要完善相关制度，依据制度进行监督和纠偏，尽可能减少主观色彩浓厚的随意现象；二要依据目标和标准进行监督，切忌没有标准、没有目标的主观随意；三要制定合理的程序，按程序进行监督，避免监督者的无序作为和无良表现。

决策、执行、评价、监督是学校内部治理结构的四大组成部分，缺一不可，它们之间职能不同，手段不一，但目标一致，都是为了促进办学质量的提高。学校在完善内部治理结构时，必须同等对待，不能厚此薄彼，否则就不能发挥好治理结构的整体功能。

（二）完善学校内部治理结构的意义

《国家中长期教育改革和发展规划纲要（2010—2020 年）》突出了建立现代学校制度的目标要求，把深化校内管理体制改革、完善学校内部治理结构作为重要任务提了出来。党的十八届三中全会进一步提出了深化教育领域综合改革、推进学校治理体系和治理能力现代化建设的任务要求。教育领域的综合改革，是我国全面深化改革的重要领域之一，完善学校内部治理结构是深化教育综合改革的重要举措。职业院校内部治理结构是学校内部权力关系运行的基础，是权利分配和利益诉求的重要考量，对于落实学校办学主体地位，激发学校办学活力，加强内涵建设，提升教育质量，推进教育治理体系和治理能力现代化具有重要意义。

1. 完善内部治理结构是扩大职业院校办学自主权的客观要求

教育改革开放从扩大办学自主权，到建立法人制度，再到现代学校制度建设，直至目前的推进治理能力现代化，不仅要激发发展的活力，更重要的是构筑起保障活力的体制环境和治理结构，实现持续和科学发展。① 完善学校内部治理结构是《国家中长期教育改革和发展规划纲要（2010—2020 年）》作出的重要部署，是我国职业教育综合改革的重要内容，也是职业院校改革发展的重要任务，是建设现代学校制度的核心内容。内部治理结构的完善是职业院校办学自主权落实与扩大的关键，也是推动学校生存与发展的重要力量。完善学校内部治理结构与扩大办学自主权是共存的，办学自主权须由规范的治理结构来保障和约束，要通过依法治校、按章管理使每一所学校都能有效行使自己的办学自主权和承担相应责任。只有当学校既有自我发展的自主权，又有适当的自我约束机制，并能适应和推动社会的发展时，学校的科学发展才能真正实现，才能激发学校办学活力，从而真正实现学校办学自主权。②

2. 完善内部治理结构是推动学校改革创新和构建利益共同体的关键举措

我国职业教育的发展正面临着重要的战略转折阶段，从注重规模发展进入

---

① 马陆亭.完善高等学校内部治理结构[J].现代教育管理，2014(7).

② 白维.完善职业院校治理结构提升治理能力[J].中国职业技术教育，2014(21).

到注重质量内涵发展的新时期，职业教育体制改革势在必行。完善内部治理结构是职业教育改革发展的必然选择，也是适应面向社会办学的客观需要。从有利于治理的角度来审视职业院校内部管理体制，已经成为职业教育改革的攻坚重点。通过职业院校内部治理结构的优化调整，来审查职业院校内部管理体制机制，应对多元利益主体的关注和参与，明确多元主体的各自职责和权力，形成决策权、执行权、评价权与监督权既相互制约又相互协调的治理结构，实现管理的规范化、程序化和有效协调，使职业院校内部运转通畅高效。

3. 完善内部治理结构是推进学校治理能力现代化的核心要义

党的十八届三中全会提出全面深化改革的总目标是"完善和发展中国特色社会主义制度，推进国家治理体系和治理能力现代化"。职业教育治理体系是国家治理体系的一个重要组成部分，完善职业院校内部治理结构是推进职业院校治理能力现代化的重要体现。职业院校是一个相当复杂的组织，同时又是一个高度分权的组织。当前，我国教育改革已经进入"深水区"，职业院校办学规模不断扩大，职能不断拓展，其内部组织机构愈加庞大和复杂化，管理的难度加大，加强内部治理十分必要。完善职业院校内部治理结构，建立现代职业学校制度，成为职业院校治理的现实诉求，可以有效推进职业院校治理科学化和规范化。

二、我国学校内部治理结构的历史演变

虽然学校内部治理结构的概念在《国家中长期教育改革和发展规划纲要(2010—2020年)》和党的十八届三中全会后，才在国家政策层面正式提出，但1949年后，在学校内部治理结构变革嵌入学校管理改革的进程中，有关决策、执行、监督权责和治理主体的规定等不断发生着变化。

(一)中职学校内部治理结构的历史演变

1949年后，我国公立中小学(含中职学校)的管理体制经历了多次变革，大致有校务委员会制、校长责任制、校长负责党支部保证监督、党支部领导下的校长分工负责制、党支部领导下的校长负责制等。1995年，中小学校长负责制以法律的形式被确立下来。这个发展历程是"一长制"和"委员会制"的较量与抉择，也是党支部和校长之间关系的不断调整。

1. 学校内部治理结构初步形成阶段(1949～1956年)

1949～1951年，在军事管制的条件下，学校实行校务委员会制。校务委员

会是学校的最高管理机关，它是集体领导制度和民主集中制的体现。校务委员会制的实施有利于决策的民主化、科学化，能提高决策水平及办事质量，但一定程度上也容易产生极端民主和无人负责的现象。1952 年 3 月，教育部颁发的《中学暂行规程（草案）》和《小学暂行规程（草案）》规定："中小学实施校长负责制，校长负责领导全校工作。"各中小学基本确立了以校长负责为领导体制，下设教务、总务、教研组等部门的学校内部治理结构，但并未强调家长、社会的参与管理，未设立监督机构。这种体制，对于当时贯彻党和国家方针政策，提高工作效率方面，发挥了很好的作用。但是，由于缺乏民主管理和监督机制，出现了校长个人独断专行的现象。①

2. 学校内部治理结构调整阶段（1957～1984 年）

在整风"反右"运动和"文化大革命"时期，学校领导体制经历了由党支部领导制，到校长全面负责制，再到党支部领导下的校长分工负责制。1957 年整风"反右"后，中小学普遍建立党支部，实行党支部领导下的校长负责制，突出了党对学校的领导作用。但由于党政职责不清，出现了党政不分，以党代政的现象，学校党支部所扮演的角色由全面领导转为保证、监督的角色。

1962 年颁布的《全日制中小学暂行工作条例草案》规定："校长是学校行政负责人，学校设教导处、总务处、校长办公室，学校党支部对学校行政工作负有保证和监督的责任。"这成为我国中小学组织机构的典型模式。教职工代表大会作为教职工参与学校民主管理的形式逐渐形成制度，这一阶段的学校内部治理结构仍未提及学生、家长、社会的参与管理，教职工代表大会未真正发挥民主管理的作用，监督机制缺乏。1978 年教育部重新规定：中小学实行党支部领导下的校长分工负责制，学校一切重大问题必须经过党支部讨论决定，执行决议时，实行分工负责。②

3. 学校内部治理结构拓展阶段（1985 年至今）

随着政治经济体制改革的发展，我国的学校内部治理结构不断得到拓展。在中小学校实行校长负责制的基础上，教职工代表大会制度逐渐健全，教职工参与管理和监督不断受到重视。1995 年施行的《中华人民共和国教育法》对学校自主管理进行了规定。1996 年的《小学管理规程》和 2003 年的《教育部关于加强依法治校工作的若干意见》，则对社区、家长参与学校管理和监督进行了强

---

① 滕媛.中小学内部治理结构变革的路径依赖与突破[J].中国教育学刊，2016(4).

② 王宁宁.我国公立中小学内部治理结构研究[D]上海：华东师范大学，2008.

调。2010 年 7 月，教育部印发的《中等职业学校设置标准》第九条明确规定，中等职业学校实行校长负责制。2010 年 5 月，教育部印发的《中等职业学校管理规程》第七条明确规定，学校建立校长全面负责行政工作、党组织保障监督、教职工民主参与管理的内部管理体制。学校建立党组织，并确保党组织发挥监督、保障和参与重大决策的作用。2010 年 7 月发布的《国家中长期教育改革和发展规划纲要（2010—2020 年）》和十八届三中全会《关于全面深化改革若干重大问题的决定》这两个政策文件，不仅对学校自主管理、社会参与和监督进行了规定，且明确要求完善学校内部治理结构。至此，学校自主权得到加强，内部治理结构的完善受到重视。但是，由于我国中小学校长负责制的配套制度还不够健全，以此为基础构建的学校内部治理结构也难以达到教育现代化的要求。现实中，党组织参与哪些“重大决策”，没有界定清楚，中职学校往往会造成校长一人说了算，党组织“监督、保障和参与重大决策的作用”难以发挥；学校中层领导的权责关系不明晰；学生、教师、家长参与管理和监督的权利并未真正得到落实。在新时代，中职学校内部治理结构面临着诸多挑战，需要在实践中不断完善。

（二）高职院校内部治理结构的历史演变

新中国成立后，我国公立高校（含高职院校）内部治理结构演变经历了三个阶段。

1. 以大学内部领导体制变革为中心的大学治理探索阶段（1949～1977 年）

（1）实行校长负责制（1949～1956 年）。1949 年后，中央对高等教育实行“维持原有学校，逐步加以必要的与可能的改良”的总方针，采取接管、接收、接办，然后加以改造的方法。1950 年 4 月，教育部指出：“凡已由中央人民政府任命的高等学校一律实行校长负责制。”1950 年 8 月，《高等学校暂行规程》第十九条规定：大学及专门学校采取校（院）长负责制，校（院）长领导高校的全盘工作，并直接向党和国家负责。将校长负责制正式纳入其中，规定校长代表学校、领导学校一切教学研究及行政事宜，校长负责制的形成蕴含着自上而下强制性管理方式的确定。

（2）实行党委领导下的校务委员会负责制（1956～1961 年）。1958 年 9 月，中共中央、国务院在《关于教育工作的指示》中明确规定：一切学校应当接受党的领导，在一切高等学校中，应当实行学校党委领导下的校务委员会负责制。

（3）实行党委领导下的以校长为首的校务委员会负责制（1961～1970 年）。

1961 年 9 月，中央教育部颁布的《教育部直属高等学校暂行工作条例》明确规定："高等学校的领导制度是党委领导下的以校长为首的校务委员会负责制。高等学校的校长，是国家任命的学校行政负责人，对外代表着学校，对内主持校务委员会和学校的经常工作"。条例规范了包括大学内部管理结构在内的诸多方面，充分肯定并要求大学实行校务委员会负责制。委员会负责制的确立及之后《高教六十条》的规定，改变了校长负责的体制，直接影响到了大学管理体制的深刻变革。

(4)实行党委领导下的工宣队为主的革命委员会负责制(1971～1976 年)。1971 年 4 月，中央批转的《全国教育工作会议纪要》规定："学校实行党的一元化领导，在党委的统一领导下，充分发挥工宣队的政治作用，革命委员会是权力机构"。

2. 以大学内部管理体制变革为重点的大学治理改革阶段(1978～2009 年)

(1)实行党委领导下的校长分工负责制(1978～1985 年)。教育部于 1978 年 10 月颁布的《全国重点高等学校暂行工作条例》规定："高等学校的领导体制是党委领导下的校长分工负责制，校长是国家任命的学校行政负责人，对外代表学校，对内主持学校的经常工作。""高等学校的党委委员会是中国共产党在高等学校中的基层组织，是学校工作的领导核心，对学校工作实行统一领导""要支持以校长为首的全校行政系统指挥行使职权，并监督检查他们的工作。"

(2)实行党委领导下的校长负责制，同时试行校长负责制(1985～1989 年)。1985 年 5 月，《中共中央关于教育体制改革的决定》颁布，提出"扩大高等学校的办学自主权。"在大学内部，党的绝对权力转变为配合监督校长保证办学方向的作用，大学开始实行校长负责制的管理体制。1988 年 4 月，国家教育委员会出台了《关于高等学校逐步实行校长负责制的意见》，开始进行校长负责制试点。至 1989 年初，全国已有 100 多所高等学校实行了校长负责制，包括北京师范大学、中国人民大学、浙江大学、同济大学等名校。

(3)统一实行党委领导下的校长负责制(1989～2009 年)。1989 年 7 月，党中央下发了《关于当前高等学校工作中几个问题的意见》，明确提出"在今后一个相当长的时期，高等学校仍应实行党委领导下的校长负责制"。1989 年 9 月，党中央又发出了《中共中央关于加强党的建设的通知》，明确指出：在加强党的基层组织建设中，企业的任务是继续执行和不断完善厂长(经理)负责制，而在高等学校，则实行党委领导下的校长负责制，明确规定，试行校长负责制的范围不再扩大。通知强调指出"无论实行何种领导体制，党委都是学校的政治核心，全面领导思想政治工作，管理干部，同时支持行政领导独立负责地工作，力戒包揽行政事务。要努力建设一支精干的、专兼结合的思想政治工作队伍。校党委应配备专职书记或副书记，较大的系应配备专职总支书记，年级应配备做学生工作的专职干部”。1990 年 7 月，中共中央正式颁发了《关于加强高等学校党的建设的通知》，通知重申，高等学校实行党委领导下的校长负责制，并规定了党委的七项主要任务。1993 年 2 月，中共中央、国务院发布的《中国教育改革和发展纲要》正式提出要“使高等学校真正成为面向社会自主办学的法人实体”，但同时强调“实行党委领导下的校长负责制的高等学校，党委对重大问题进行讨论并作出决定，同时保证行政领导人充分行使自己的职权”。1995 年 3 月颁布的《中华人民共和国教育法》正式确认“学校及其他教育机构具备法人条件的，自批准设立或注册登记之日起取得法人资格”。1996 年 3 月，中共中央印发了《中国共产党普通高等学校基层组织工作条例》，对高等学校领导体制作了进一步的规定。高等学校实行党委领导下的校长负责制，并明确了党委和行政系统的工作职责，这是一个更加明晰的工作制度。直至 1999 年 1 月 1 日开始实施的《中华人民共和国高等教育法》，确认“高等学校自批准设立之日起取得法人资格。高等学校的校长为高等学校的法定代表人”。同时，将党委领导下的校长负责制以国家法律的形式固定下来，规定“国家举办的高等学校实行中国共产党高等学校基层委员会领导下的校长负责制。中国共产党高等学校基层委员会按照中国共产党章程和有关规定，统一领导学校工作，支持校长独立负责地行使职权，其领导职责主要是：执行中国共产党的路线、方针、政策，坚持社会主义办学方向，领导学校的思想政治工作和德育工作，讨论决定学校内部组织机构的设置和内部组织机构负责人的人选，讨论决定学校的改革、发展和基本管理制度等重大事项，保证以培养人才为中心的各项任务的完成”。从此，党委领导下的校长负责制在全国公办高校推行，也牢固确立了高校党委的领导核心地位。《高等教育法》同时还规定：“高等学校的校长全面负责本学校的教学、科学研究和其他行政管理工作。”“高等学校设立学术委员会，审议学科、专业的设置，教学、科学研究计划方案，评定教学、科学研究成果等有关学术事项。”“高等学校通过以教师为主体的教职工代表大会等组织形式，依法保障教职工参与民主管理和监督，维护教职工合法权益。”这种背景下，探索“党委领导、校长办学、教授治学、民主监督”的运行机制成为大学法人治理结构改革的突破口。

3. 以中国特色现代大学制度建设为主旨的大学治理完善阶段(2010 年至今)

2010 年 7 月，中共中央、国务院颁布实施《国家中长期教育改革和发展纲要(2010—2020 年)》，提出要落实和扩大高校的办学自主权，完善高校治理结构，完善中国现代大学制度。2013 年 11 月，党的十八届三中全会发布的《中共中央关于全面深化改革若干重大问题的决定》中提出，要加快转变政府职能，全面正确履行政府职能，“创造条件，逐步取消学校、科研院所、医院等单位的行政级别”，建立事业单位法人治理结构。2013 年 11 月，教育部首批核准了中国人民大学等 6 所高校的章程，并规定全国所有高校要在 2015 年底前完成章程的制定。在这种改革大浪潮下，探索如何完善公办高校法人治理结构，真正扩大和落实高校的办学自主权，加快建设现代大学制度，成为高等教育实现内涵式发展的必然要求。

三、职业院校内部治理结构的现状及存在问题

我国职业教育正在由规模发展向内涵发展转变，办学功能由单一教学向科研、社会服务等多方面拓展，对职业院校治理水平提出了更高标准，其管理能力面临着前所未有的挑战。但是，缘于地方性、传统性、层次性等诸多因素，目前我国职业院校内部治理结构主要存在以下问题。

（一）各种权力交叉混淆

职业院校内部治理结构主要由四种权力构成权力体系，包括决策层面的政治领导权力、操作层面的行政执行权力、监督层面的民主制约权力和学术管理中的学术权力。各种权力在不同利益主体之间的分配和运行状况会对职业院校的内部治理效率和水平产生直接影响。由于在法律和政策层面对党委和校长的职权界定不清，以至于在职业院校内部治理中存在着决策权、执行权和监督权相互交叉、重叠，以党代政、党政不分的现象，甚至党委、行政各行其是，不能形成治理合力，教师和学生的监督权也得不到真正落实。目前，职业院校对四种权力关系在横向和纵向层面上的认识还有不同的看法，从党委、行政、学术（教学）的横向层面看，在决策层对党、政、学的划分比较明确，系（部、组）一级相对模糊，存在政治权力、行政权力、学术权力、民主权力边界很难界定，相互交叉、重叠，从领导层、管理层、基层纵向层面看，权力过于集中在学校领导层和管理层，系（部、组）等基层学术组织权力缺失，民主监督乏力。

（二）科层制集权式管理明显

职业院校普遍实行“金字塔”式的科层管理体制，从院校领导到内部行政机构领导，都设置了相应级别的行政领导职务，各级管理人员也拥有相应的行政级别，层层对上负责，实行高度集中的垂直管理结构。内部组织机构和职能往

往相互交叉，权力过于集中，职能划分过于宏观，系部办学自主权不足，管理重心无法实质下移，管理效率不高。按照行政化的思维和方式管理和影响教学、科研和专业建设等。① 这种以“贯彻执行”为主要内容的行政管理体制，管理层次多，决策层缺少相应的学术支撑，执行层疲于应付，执行力度不足，监督层在某些问题的考虑上缺少全盘意识，不能很好地实现学校的办学思想和教育价值。不仅不利于调动广大教职员工参与学校治理积极性，形成平等、宽松、自由的学术环境，还不利于形成民主监督、权力制衡的机制。

（三）行政权力与学术权力失衡

目前，我国职业院校内部治理结构总体上是以行政权力为主导模式，学术权力相对弱化，甚至产生学术权力政治化、行政化的现象。重要事项的决策权高度集中在行政领导，教授、专业带头人、教学骨干的话语权没有得到充分发挥，行政权力大于甚至代替学术权力，严重挫伤了教师们的积极性和创造性。虽然高职院校建立了学术委员会，但官本位思想仍然存在，行政权力影响决定学校的教学和学术事务，导致行政权力泛化，学术机构几乎成了咨询机构，教师工作热情不高，也使决策在执行上缺乏群众基础，培养学生的创新能力和实践能力的落实难度较大。

（四）多元主体共同参与治理程度低

产教融合、校企合作是职业教育办学的基本模式，是培养高素质劳动者和技术技能人才的内在要求，也是办好职业教育的关键所在。职业院校必须与行业、企业紧密联系与合作，职业教育的发展需要社会多方主体参与。“治理”理念倡导职业院校利益相关者对职业院校治理权利的共享，引导各利益相关主体通过协商、对话、合作等方式积极参与职业院校公共事务的管理，从而扩大职业教育的公共利益，提升职业教育的质量。职业院校利益相关者包括学校的投资者、校长、管理者、教职员工、学生及其家长、政府、行业、企业等，大部分职业院校设立由校领导主要负责的校企合作组织机构，但往往仍以学校思维为主进行校企合作或跨界治理方面的制度设计，不能与政府、行业、企业进行有效沟通与对接，实际作用发挥有限，对学校决策的影响力有限。党代会、教代会、学术委员会和学代会等作为学校决策与民主监督的机构，学校组织体系之外的利益相关者很难参与进来，功能发挥十分有限。

---

① 刘维俭，董仁忠.公立高职院校法人治理结构若干缺失[J].职教论坛，2010(31)：41-43.

(五)民主参与和监督权力发挥受限

职业院校在行政上的隶属关系造成了职业院校内部治理结构、管理人员更多只是对上级部门负责,而较少受校内师生的制约与监督。尽管职业院校内部一般都设有学术委员会、教职工代表大会等由教授及其他成员参与治理的机构,但由于缺乏明确的职责界定和运作程序规范,很多情况下监督的权力范围有限,不能真正起到监督作用。这样,势必会造成各利益相关群体缺乏对学校目标和任务的认同感,影响其参与决策的积极性与有效性。

四、职业院校内部治理结构改革路径

在新时代,职业院校必须适应新旧动能转换对培养高素质技术技能人才的需求,站在战略化、现代化、全局化的高度,以现代治理理念为引领,完善内部治理结构,实现治理能力现代化。在职业院校内部治理结构改革实践中,完善"党委领导、校长办学、教授治学、民主监督、社会参与"的内部治理结构,处理好党委集体领导与校长负责的关系、行政权力与学术权力的关系、学术组织之间的关系以及学校与学生之间的关系,建立多元主体参与、多方合作共治的扁平式治理结构。

(一)正确认识内部治理结构各项权力,理顺各种权力关系,构建相互制衡的权力运行体系

1. 正确认识内部治理结构权力含义及权力类型的界定

职业院校内部治理结构是由政治权力、行政权力、学术权力和民主权力组成的权力体系。政治权力是核心,即在政治上赋予党委领导权力,包括把握社会主义办学方向,树立教育观念和管理理念,安排制度的顶层设计等;行政权力是关键,即以行政管理体制为基础,以行政管理职能为依归,由行政机构或行政人员所行使的一种法定权力。行政权力的核心是校长,在管理上赋予校长行政权力,实施依法行政、科学管理;学术权力是根本,它是专家学者依据其学术水平和学术能力,对学术事务和学术活动施加影响和干预的力量,即在科研教学上赋予教授(教师)的权力;民主权力是途径,是以一定组织为形式的民主管理和监督的权力,通过以教师为主体的教职工代表大会和以学生为主体的学生代表大会等组织形式,依法保障教职工和学生参与民主管理和监督的权利,维护教职工和学生的合法权益。规范内部政治权力、行政权力、学术权力和民主权力等权力主体的行为,协调相互之间的关系,是完善学校内部治理结构的关键。

学校内部党的政治领导、校长的行政职权、教授的学术权力和师生的民主管理权力，构成学校治理结构的基本要素，与之对应的是四种主要内部组织结构，即中国共产党基层组织、行政组织、学术组织和群团组织。四种权力的构建状态，能够反映党委与行政、教师与学生、学校与院系等各利益相关方的相互关系，体现学校的价值追求和办学意志，决定学校组织目标的实现。①

2. 理清三种权力关系

内部治理结构权力结构的构建主要是确定好权力主体、界定好权力边界，要体现职能分离、机构分设、监督制约的要求。具体来说关键是理清三个方面的权力。第一，自主权。各方面自主范围内的事务不应受到外部制约，当然自主前提是良好的自治，比如教师的学术研究、学术群体和基层学术组织开展正常学术活动的自由等。第二，决策权。主要是明确公共权力行使的主体，或者明确相关主体应该行使的公共权力，其中关键是针对行政事务和学术事务的决策，保证行政权力和学术权力各有所属、互相协调，现实中当然更突出的是明晰相关学术组织的学术决策权力。第三，约束权。职业院校内部治理必须体现利益相关者的充分参与，他们在参与过程中，既可以直接参与决策，更重要的是发挥监督制约的权力，为了使这种权力制约更具有组织性和代表性，就必须赋予教代会、学代会等组织的民主监督权力，并切实纳入学校内部权力结构构建中。

3. 内部治理结构的基本原则

首先，要遵循科学治理原则，科学治理是指遵循职业教育发展规律，运用科学理念、科学思维和科学方法与手段来处理职业教育体制机制改革问题。第二，是坚持民主治理原则，民主治理原则是指发扬社会主义民主，尊重职业教育利益相关者的意愿，尊重他们平等参与的权利，使他们积极、主动地参与到职业教育办学、管学过程中来，协同治理职业教育各项事务。第三，还要遵循依法治理原则，只有依法推进职业教育治理，遵循法治要求建立健全职业教育治理体系，提高职业教育治理能力，才能保证治理的合法性、有效性和可持续性。第四，遵循过程治理原则，加强总体设计和环节、要素控制，使治理体系和治理能力现代化一以贯之，成为职业教育改革与发展的重要推动力量。科学治理是内部治理的根本要求，民主治理是内部治理的根本保证，依法治理则是内部治理的基本规范。

---

① 余立.我国高校内部治理结构的探讨[J].北京教育，2017(3)：24-28.

(二)推进管理重心下移,完善扁平化治理结构

现代管理学认为,在一个组织体系内,管理者的管理幅度总是有限的,当组织规模扩大到一定程度时,在管理层次不变的情况下,如果上级给下级授权,使管理重心适当下移,管理幅度可以加大,反之,管理幅度应适当减小,否则就会影响管理效率。目前随着职业教育的发展,传统的集权式内部管理体制受到了极大的挑战,如何改革和构建与职业教育快速发展相适应的学校内部管理体制,已成为学校管理者们特别关注的重要问题。

按照分级管理、重心下移、权责利对等、放权与调控相结合的原则,职业院校自身办学特点和办学实际情况,以专业群建设为依托,逐步取消行政级别和行政化管理的倾向,取消科层制的行政权力,简政放权下移管理,突破传统的垂直管理模式,构建学校宏观管理、职能部门分工协调、系部成为管理实体的办学新模式。深化系部二级管理体制改革,扩大系部以及基层学术组织的自主权。按扁平化的组织模式调整系部设置,明确学校、系部的职责与职权,调整管理跨度,减轻校级职能部门日常事务负担,下移管理重心,简政放权、适度分权,赋予系部更多的人事权、财务权、资源配置权和管理权等,增强系部自我发展的动力和能力。同时,要改善职能部门的管理方式,进一步简政放权,优化管理服务程序,加强部门协调,提高服务效率和水平。提高学校管理效能,提高学校整体办学水平和办学效益。①

学校层面则侧重于宏观战略发展的决策、政策制定、教育资源配置等,并通过监督、评估和服务等宏观调控手段对系部进行管理。系部负责具体实施教学科研计划、专业课程建设、人才培养、学生管理、社会服务等事项。对于一些全局性工作,如安全稳定、招生就业、校园文化建设等,由学校层面确定保证学校健康发展的关键指标并对系部进行考核。

(三)完善教师为主导的学术治理机制,进一步发挥学术权力的作用

完善职业院校内部治理结构中一个重要问题是如何看待学术权力,处理好行政权力与学术权力的关系。针对目前职业院校在学术权力与行政权力的关系处理上存在的问题,要改变这种权力关系现状,使两者之间形成合理互补,才能达到完善内部治理结构、构建现代学校制度的目的。为此,要实现行政权力与学术权力的适度分离、权力重心的适度下移以及权力适当分散,以规范职业

---

① 庄西真.论学校的治理[J].当代教育科学,2009(14):3-7.

院校行政权力和学术权力的运行。作为学校主体的教师，不仅是学校学术性的承载者，更是学术权力的捍卫者。尊重教师的学术权力、充分发挥教师在学校重大决策中的参与权，不仅是对学校本质属性的坚守，而且是建设现代学校制度的题中之义。

在处理学术权力和行政权力的关系时应坚持二者分别掌管学校事务的原则。行政权力主要实施教学、科研和其他行政管理工作，学术权力负责对有关学术方面的重大问题进行审议和决策，构建一个行政权威的宏观协调与学术权威的微观协调相结合的职业教育治理模式。

1. 健全以学术委员会为核心的学术管理体系与组织架构

在学校层面上统合学术力量，按学术自治、分工负责的原则，建立学术委员会、教学委员会等学术组织，构建教师共同体，完善学术权力运行的组织架构和运行机制。在系部层面上，成立包括企业专家在内的系部教授委员会，作为本单位改革与发展的重大问题以及学术、教学、职称评聘事务的咨询、审议与决策机构。

2. 完善教师为主导的学术治理机制，不断强化学术权力

在学校《章程》中明晰行政权力与学术权力的边界，明确学术委员会的权力、义务和职责，从学术委员会的组成、委员的遴选方式到议事规则、决议落实与督办追责，都需要有严格的程序性规定。落实学术委员会在职业院校治理结构中的应有地位，明确界定其审议、评定事项及咨询范围，完善学术委员会常设工作机构，健全学术委员会的工作制度和运行机制，分离学术管理与行政管理的责权，保障学术权力按照学术规则相对独立行使。提高学术委员会的治理能力，重点是提高学术委员会集体和委员个人的治理能力。营造有利于学术委员会工作的环境和氛围，让其拥有教育教学改革、管理的话语权，同时赋予学术委员会对教师评价、职称考核、岗位聘任等更多的管理职责，以发挥促进教师专业成长，深入推进课程与教学改革的作用，切实提高学校教育教学质量。

3. 强化学校行政权力的服务功能

加大学校行政组织改革力度、强化学校行政组织服务功能，是建立学术权力本位、完善学校治理结构的关键。在行政管理事务方面，学校应从整体上强化各职能部门及工作人员对各系部、教研室教学科研活动的服务意识，理顺彼此间的分工合作关系。

（四）完善多元主体参与、多方合作共治的开放治理结构

职业院校内部治理结构的利益相关群体主要包括行业、企业、教师、学生、

家长、校友、社区等,完善职业院校利益相关者协同发展的组织模式及其运行机制,对各机构的职责任务、议事规则、成员组成方式和遴选办法等进行明确,确保学校各项管理活动按规依章顺利运行,是十分必要的。

1. 协调处理好各利益相关主体之间权力关系,强化多元主体权力协调与制衡

加大利益相关者在学校治理中的参与度,推进教师、学生等利益相关者组织建设。准确定位职业院校党政机构、校务委员会、学术委员会、教育教学委员会、教师、学生、行业、企业、家长委员会等各方主体在职业院校内部治理的职能定位、职权范围、决策程序、监督督办程序等,建立科学的管理体制机制和运行保障制度①,做到有章可循、有法可依,突出共同治理,实现政治权力、行政权力、学术权力、民主权力之间的职责清晰和分权制衡,建立党委政治领导、校长行政负责、教授学术自治、师生民主参与和监督的多元内部治理结构。让办学利益关系者享有一定的参与管理权、知情权和监督权,享有更多的教育获得权,开放办学,提高融合办学资源的能力,实现教育社会化。

2. 完善利益相关方代表组成的民主决策机构

针对办学主体多元的特点,职业院校要创新办学体制机制,建立由教职工代表、行业代表、企业代表、学生代表、校友代表、社会知名人士代表、社区代表、家长代表等多方参与的理事会或校务委员会,积极探索理事会或校务委员会的组织形式和运行规则,完善理事会或校务委员会章程,明确理事会或校务委员会在学校治理结构中的作用、职能,增强理事会或校务委员会的代表性和权威性,健全与理事会或校务委员会成员之间的协商、合作机制;为理事会或校务委员会及其成员了解和参与学校相关事务提供条件保障和工作便利。

3. 发挥专门委员会的作用

学校成立各专门委员会,负责拟订制度和工作方案,由系部及职能部门执行。专门委员会包括学术、专业建设、校企合作、师资队伍建设、学生发展、资产后勤、综合事务、质量管理等类别。职能部门只作为具体执行部门,负责落实校党委或校长的决定,提供相应层面的服务和指导。

4. 完善学生自主管理组织

学校的良性运转离不开学生的积极参与,学校高度重视学生参与学校治理,牢固树立以学生为本理念,让学生真正成为学校的主人。一是学校搭建起以团委、学生会、学生事务委员会统筹下的校级、系部、班级立体化学生自主管

---

① 杨建国,刘晓波,朱小蓉.高等职业院校内部治理结构研究[J].当代职业教育,2012(10):4.

理体系。二是本着学生事务学生办的原则，通过项目管理、督评管理等落实自主管理。学校充分发挥学生会、学生社团联合会等学生组织的作用，吸收学生参加到后勤管理和膳食管理委员会等机构中，让学生参与监督管理；让学生参与教学管理中的评教活动，评教结果作为教师教学质量评价的重要指标之一。三是完善学生权益保障机制，确保学生参与学校相关工作决策，涉及学生的规章制度修订、人才培养方案修订，均应吸收学生代表参与，充分听取学生的意见和建议，保证学校出台的制度、政策、工作方案等能体现学生意愿，反映学生心声。

（五）落实民主管理，健全监督机构

1. 完善民主管理的权力机构，促进学校治理的监督

民主管理常常是一种科学有效的管理和监督手段。教代会和学代会是学校师生参与学校民主管理和监督的基本组织形式。教代会是学校管理体制的重要组成部分，是全体教职工行使民主权利、依法参与民主管理和监督的基本形式；是学校领导听取教职工意见，科学民主决策的重要渠道；是学校民主管理的具体体现。学代会是学生行使民主权利和参与学校管理的基本形式，代表全校最广大学生的意志，维护全校所有学生的合法权益。

首先，要健全教代会和学代会代表常任制，在重要（或相关）事项决策前，应建立征求常任代表意见的决策程序，可考虑常任代表列席校（院）长办公会，增强决策的民主化和透明度。其次，要完善代表提案制度，建立师生向代表反映问题的常态化渠道，常任代表可以就提案问题落实情况直接向相关责任部门问询，并督促解决。再次，要建立健全系部二级教代会和学代会制度，发挥师生对系部学术事务和行政事务的监督作用。

2. 完善校内参与民主管理与监督机制

一是完善校长办公会制度。明确将学校党政班子作为核心成员，教师代表、学生代表、家长代表、社区代表等根据决策事项需要，作为利益相关方参加校长办公会，参与学校决策。完善多元参与的校内治理体系，加强议事协商，积极探索师生代表参与学校决策机构的机制，充分发挥群众团体的作用。

二是建立家长委员会制度。成立三级（校级、年级、班级）家长委员会，完善相关议事规则，凡涉及学生利益的事项均需及时召开会议通报情况。搭建学校、家庭沟通互助桥梁，不断扩大家长对学校办学活动和管理行为的知情权、参与权和监督权。

三是完善党务校务公开公示制度。通过党务校务公开栏、学校大会等，将

学校相关工作情况、涉及师生切身利益的事项进行公开公示，主动接受教师、学生、家长、社会和主管部门的监督。

3. 健全社会参与监督机制

一是依法健全社会参与监督机制。依法建立健全社会参与学校管理机制，积极探索试行引入社区、家长、媒体等社会各界广泛参与、多形式介入的监督机制。积极探索扩大社会参与学校管理的渠道和方式，逐步扩大社会参与学校管理的广度与深度。积极探索引入第三方评价，完善社会化评价体系。

二是健全面向社会开放办学机制。建立学校和社会资源开发、应用和共享制度。充分发挥社会教育资源在学校教育教学中的作用。职业院校要着重健全行业企业有效参与治理的机制，深化校企合作和工学结合，提升行业企业等市场主体在职业院校治理中的参与度，积极争取行业企业在专业设置、教学指导、提供实习岗位、改善实习实训条件、加强“双师素质”教师队伍建设等方面的支持。职业院校要积极有序参加当地的社会公益活动，向居民有序开放体育文化设施，在服务社区和居民的同时，提升学校的社会知名度和美誉度。

总之，建立起一个由多元主体组成、多方合作共治，民主、开放的扁平化治理结构，形成规范、透明、高效、顺畅的运行机制，横面维度上实现政治、行政、学术、民主四种权力关系平衡，纵面维度上实现校（院）系（教研室、组）两级管理模式创新，外部维度上实现政校行企合作共治，只有这样才能形成规范而充满活力的职业院校内部治理结构。

第二节 职业院校内部治理机制建设

职业院校内部治理结构是职业院校治理系统内部构成要素及其相互关系，而要素之间的相互关系表现为一定的契约关系，这些制度安排决定着各要素之间的约束和激励，即所谓的职业院校内部治理机制。职业院校内部治理结构和内部治理机制共同构成职业院校内部治理系统，制约着职业院校内部治理能力的提升。

一、内部治理机制的内涵及特点

（一）内部治理机制的内涵

1. 什么是内部治理机制

“机制”一词最早源于希腊文，原指机器的构造和工作原理。后来生物学和医学通过类比借用了这个词汇，在分析生物的功能时，常常要分析其机制，也就是要了解其内在工作方式，包括有关生物结构组成部分的相互关系，以及其间发生的各种变化过程的物理、化学性质和相互关系。在社会生活中，人们把“机制”这一词引申为根据事物要素之间变化的原理，为了保证组织目标的顺利实现，而有意识安排的组织设计。按系统理论而言，机器、生物体、人体都是系统，机制就是系统的构成及其运行方式，或者说，机制是系统的构成和要素间的本质联系。职业院校内部治理机制，就是不同利益相关者在职业院校内部治理过程中，相互制约、相互影响的内在运作方式及发挥系统整体功能的工作机理。

2. 治理机制、治理结构、治理理念之间的关系

如上所述，不同利益相关者在职业院校内部治理中的角色制度性安排，只有通过彼此之间的内在有机联系方式才能最终实现。因此，职业院校治理结构与治理理念和治理机制是密不可分的，三者之间的关系可以表述为：职业院校治理理念是职业院校治理结构的灵魂和统帅，职业院校治理结构是职业院校治理理念的具体体现，而职业院校治理机制则是职业院校治理结构发挥功能和职业院校治理理念得以实现的保障，治理结构只有与治理理念和治理机制协同一致，才能使各个治理主体呈现整合的趋势，从而产生强大的治理合力，使职业院校治理效率得到最大限度地提高。当前，创新治理机制作为职业院校治理改革的重要内容，成为治理理论研究的重要关注点。

（二）内部治理机制的特点

1. 系统性

学校内部治理机制是一个完整的有机系统，由若干个具有不同特点和功能的子系统构成，各个子系统之间相互配合、相互协调，共同组合形成了保障治理机制各项功能得以实现的内在结构和作用体系。

2. 自主性

自主性是指学校能主动地根据内外部环境的变化，享有更大的自主权，自觉地按照学校现状与发展要求，建构内部治理机制，以实现自身发展目标。

3. 民主性

职业院校是由多元主体结合起来的系统，各个主体都有其活动范围和利益诉求。因此，建立内部治理机制，使各个不同群体都参与学校的治理，这样既可以保证学校各项决策的科学性，又能充分反映校内不同群体的需求，增强教职

员工及其他群体对学校的向心力和认同感。

4. 职业性

职业院校只有构建起体现职业教育特色的内部治理机制，依托产业办专业，办好专业促产业，加强与行业、企业的紧密合作，产教融合、校企合作、工学结合之路才会越走越宽广。因此，必须建立健全多元参与的治理机制，保证行业、企业有平台、有机会、有兴趣、有利益，积极参与职业院校的行政管理事务和学术事务，依法保障行业、企业有效参与职业院校治理，才能实现资源共享、优势互补、协调发展、合作共赢。

5. 开放性

随着全球治理理念的发展，现代职业教育治理理念的开放性发展要求愈来愈明显，我国职业院校内部治理必须适应这种变化，树立开放性的治理理念，学习借鉴发达国家和地区职业院校内部治理的成功经验，结合职业院校办学治校实际，创新治理机制，完善治理结构，提高治理绩效。

二、影响内部治理机制的因素

现代职业教育治理体系涉及的核心元素主要有治理关系、治理权力、治理规则、运行机制等。治理关系中渗透着治理权力，治理规则和治理制度成为治理权力的承载体。

（一）治理关系

关系是人和人或事物之间的某种性质的联系。在职业院校内部治理过程中，一方面需要处理好政治权力、行政权力、学术权力、民主权力四种权力之间的关系，科学行使权力，按规则行使权力；另一方面也要处理好内部各层级之间的权力分配和协调，包括党委书记和校长的职责分工，学校与其部门和基层教学组织的职权界限，教师权力和学生权力等。通过完善学校章程，健全议事规则、决策程序、管理规章制度和工作运行机制流程，达到合理分权、有效制衡、民主保障的目的。

（二）治理权力

所谓权力是根据行使者的目的去影响他人行为的能力，其内容包括主体、客体、目的、作用和结果等方面。职业院校是一个多层次、多主体的组织系统，决定了其权力主体的多元化与权力客体的多样性。从现代治理理论来看，从学校治理所涉及的权力来看，涉及政治、行政、学术、民主四个方面，职业教育所涉及的权力主体（利益相关者）是多元的，包括企业、行业、教师、学生、家长以及校友等利益相关者，职业教育中的利益和权力格局呈现多元特点。完善职业院校内部治理机制关键是科学合理地建构政治权力、行政权力、学术权力、民主权力之间的权力关系及其相互制衡的权力运行机制。

职业院校应科学分配党委、行政、学术委员会、教职工代表大会、学生代表大会等在职业院校治理中的职责权限，形成清晰的权力边界，充分地向包括教师、学生及其家长、校企合作单位以及其他参与者在内的学校利益相关方进行放权、授权，建立政治—行政—学术—民主参与权力的耦合协调机制，实现政治权力、行政权力、学术权力、民主权力之间的职责清晰和分权制衡，保障利益相关者之间的政治权、行政权、学术权、监督权的合理运行，建立"党委领导、校长办学、教授治学、民主监督、社会参与"的内部治理结构，才能满足不同利益群体的需求，保障教师、学生、家长及其他社会参与者的知情权等应有权力。

（三）治理规则

治理规则就是关于如何治理的一系列规定，包括章程、条例、制度、规程等。内部治理规则服务于内部治理结构和内部治理机制。按照完善学校内部治理结构的要求，应明确界定党委会、校长办公会、学术委员会、教授委员会、教职工代表大会、学生代表大会等各利益相关方的权利、义务与责任、议事规则与决策程序和制度、监督督办程序、治理信息公开制度等，保障系部合理权力的"依法"行使，确保学校各项管理活动按规依章顺利运行，才能提高服务水平和效益，并实现自我约束、自我完善和自我发展。

（四）运行机制

运行机制是指实施的程序和过程，是制度内部各要素之间彼此依存、有机结合和自动调节所形成的内在关联和运行方式。运行机制包括制度和运行的程序，制度主要解决什么事能干、什么事不能干的问题，程序主要解决怎么干的问题。运行机制是治理机制的重要支撑，包括有效的行政权力运行机制、健全的教授治学机制、科学民主的保障机制，也包括其相互之间的分权与制衡机制和监督机制。

三、职业院校内部治理机制存在的问题

从治理结构与治理机制的关系来看，有效的治理机制是治理结构发挥功能的保障。因而，职业院校内部治理结构问题存在的直接原因是有效治理机制的

缺失,通过对内部治理机制沿革的发展来看,协调和平衡职业院校各治理主体之间关系的具体的治理机制不是缺少就是低效,内部治理机制已经越来越不适应现代职业教育迅速发展的需要和各利益相关者的利益诉求。

(一)职责划分欠明确,权力机制分配失衡

长期以来,我国职业院校实行的是行政权力主导的管理模式,以书记、校(院)长为首的行政领导,校级职能部门和系部行政部门形成了自上而下的科层体系,决策权力主要集中在学校层面,系部一级权力相对较小。内部各部门(包括机关职能部门和系部、学生群体)在权力分配上权责不对等,定位不明,职责界限不清,管理重心没有实质下移,管理效率低下,尚未建立起科学有效的责、权、利相统一的运行机制,缺少各种权力有效的制衡机制。难以平衡好党委领导权、校长行政权、教授学术权、师生民主监督权、社会参与权的关系,难以实现多种权力的有效和有序运行。

(二)关系协调欠到位,行政权力与学术权力之间缺乏有效的协调机制

在职业院校的内部治理机制中,科层管理和教授治学是相辅相成的,与之相对应的行政权力、学术权力也应该相互补充、相互平衡和相互促进。然而,在行政权力和学术权力的不断博弈中,学术权力始终处于弱势地位,甚至产生学术权力政治化、行政化的现象。当前学术权力的弱化是不争的事实,学校内部行政权力与学术权力也缺乏协调机制,与此同时,由于学校内部教授治学、参与决策的机制尚不健全,进一步加剧了学校内部行政权力与学术权力的不均衡。

(三)运作程序欠规范,缺乏利益相关者有效参与内部治理的机制

从职业院校内部治理结构来看,学校利益相关者参与治理还没有引起足够重视,缺乏相应参与的有效治理机制。一是教职员工和学生缺乏参与学校实质治理的机制。虽然设有教代会、学代会等内部教职工、学生民主参与学校治理的机构,但却往往有名无实,形式大于内容,并不能真正起到教职工、学生参与学校治理的作用。二是缺乏行业、企业、家长、社区等利益相关者有效参与学校治理的机制,这些利益相关者基本参与不了学校决策,很难发挥外部监督的作用。

(四)民主管理乏力,监督机制不健全

监督机制指的是组织内部各个利益相关者之间的制约与协调。在职业院校中也设置了一些监督机构,例如,学校纪检监察审计部门、校务委员会、学术

委员会、教职工代表大会、学生代表大会等，但是从目前执行监督权力的过程来看，效果并不理想。更多的只是履行咨询议事职能，不能真正起到监督的作用，导致同级之间的监督难以进行，没有从根本上达到权力的监督与制衡。

四、职业院校内部治理机制的完善

（一）完善内部治理机制的原则

完善的内部治理机制要遵循以下原则：以现代教育理念和先进管理理论为指导，以师生发展为本，形成决策、执行、监督、评价的多元自主管理体制机制，能够真正使“权力放到位，角色定好位，关系理顺位”，调动不同利益相关者参与办学的积极性，激发学校办学活力，促进学校自主发展。

1. 以人为本原则

以人的需要为基础，把关注的重点放在人的发展上。教师、学生是学校教育教学工作的实际承担者，是学校重要利益相关群体，在课堂上掌握着教育教学的主导权，甚至是决定权。在机制完善中，学校就要把教师的问题、学生全面发展放在优先考虑的位置上，最大限度地调动全体教职工的工作积极性和创造性，有利于全体学生的全面发展，实现学校的教育目标。

2. 权责对等原则

这是管理的基本原则，也是构建内部管理运行机制的内在需要，同时也是判断运行机制科学性的重要方式之一。内部治理机制建设的主要内容就是权利的划分和利益重组，需要遵循权责对等原则，做到责、权、利相统一，充分调动学校以及基层教学组织的办学积极性，巩固教学工作的中心地位，在人员设置、教学组织结构的调整以及管理权限的划分中坚持教育教学优先的原则，使教育教学工作能高效进行，以促进学校治理能力的提升。

3. 整体协调原则

明确各权力主体的性质、工作范围、工作内容、工作职责、工作流程以及常规沟通渠道和工作交流制度，内部既有分工，又有合作，有利于发挥组织整体功能，相互支撑、相互协调、相互衔接，协调一致。①

4. 持续发展原则

内部治理机制的完善要因校制宜，既要能透彻地了解学校的现状，又要具

---

① 刘青.高校二级学院内部管理体制机制研究[J].管理观察，2014(26).

有相当的前瞻性，能充分考虑到学校未来发展与变化的趋势。把当前的需要与长远发展的需要结合起来，既注重当前的需要，更注重学校未来发展的需要，注重学校发展的可持续性。

5. 分权制衡原则

分权是依其职能对权力进行划分和分配，是权力制约的前提。其目的是通过权力配置，使权力关系明晰化、规范化。实行分权不仅要科学界定不同机构的权力，而且还要科学界定不同层级的权力，依法明确各种权力的地位、职责和权限，以实现权力的合理配置；依法明确各种权力的行使规则、程序和界限，以保证权力的合理运行；依法确立各种权力之间的沟通方式和制约关系，以促进不同权力之间的互补与牵制。所谓制衡，就是通过职能分解、机构分设和人员分工，实现对权力的赋予与对权力制约的赋予对应对等，以便当一种权力偏离正常轨道时，与它相对应的权力能够自行予以制止。

（二）构建权力协调与制衡机制，平衡四种权力

职业院校内部治理机制的关键在于理顺各主体间的权力关系，促进学校内部各种治理权力的协调与制衡，破解职业院校内部治理体系面临的“权力困境”，建立以学校内部权力运行制约和监督体系为支撑的权力协调与制衡机制。健全各种内部机构组织规则、议事规则、管理流程与办事程序等，形成健全、规范、统一、有效的制度体系，保障办学自主权的有序运行。实现纵向治理、横向治理、内部交互治理融通，寻求各种权力的平衡与共治。

1. 界定四种治理权力的职权边界，规范治理权责

以学校政治权力、行政权力、学术权力和民主权力等权力要素为核心，以“学校事务流”为载体，对政治权力、行政权力、学术权力、民主权力的边界及运行规则进一步明确，增加操作性与约束性。在职权分配上，进一步界定党委会、校长办公会、学术委员会、教职工代表大会等在学科建设、学术事务中的职能定位、职权范围，进一步理顺学校党组织与行政、学术权力与行政权力、学校与教工、学校与学生、教师与学生、管理与服务的关系，形成各种权力相互制约平衡又协调运行的格局，完善党委领导、校长治校、教授治学、民主管理的管理体制。

2. 完善以权力主体为主，权力客体为辅的权力整合模式

政治权力主体是学校党委及基层党组织，客体是学校内部重大事务的领导权和决策权，运行方式以强制指令为主。行政权力主体是以校长为首的由各级科层组织和各类行政人员组成的行政管理系统，权力基石来自于主办者的行政

授权。客体是学校履行人才培养、教学科研、社会服务等职能中的各种行政事务，运行方式以等级服从为主，其典型特征是系统性与整体性。学术权力的主体是学术人员及其学术组织，其主体是多元的，权力基石来自于知识及本学科的专业性，学术权力的客体是学术事务，其典型特征是学术性，强调民主协商管理。民主管理与监督权力的主体是教代会及工会，客体是教职工重大利益事务。正因各自管理对象的特殊性，各种权力应扬长避短，分工负责，共同参与学校治理。

3. 完善以公共利益为载体的权力协调与制衡机制

以分事行权、分岗设权、分级授权为原则，建立和完善内部权力协调与制衡机制。健全以学校利益相关主体相互制衡的民主协商机制。既要关注党委的政治权力、校长为首的行政权力，更需重视教授的学术权力、学生自主学习的权力、教职员工为代表的民主管理与监督权力，实行"党委集体领导，书记政治治理，校长行政治理，教授学术治理，学生学习自治，教职工民主治理"的多元参与的利益相关者共同治理模式，让多种权力平等地参与学校治理。同时，建立健全相互监督的机制来制衡各权力主体的行为，在各自的轨道上健康运行、平衡发展。进而形成科学的权力制衡机制，实现协同效应，构建和谐学校。

（三）构建高效有序的权力运行机制，平衡决策权、执行权与监督权的关系

1. 健全科学民主的决策机制

决策机制关注的是决策权在内部各个利益相关者之间的分配格局，依据治理理论，各权力主体之间的有效沟通和协调是科学决策的重要前提。一是建立决策制定的调研机制和决策执行效果评估监督与反馈机制。依法明确、合理界定学校内部不同事务的决策权，依法明确决策机构的职权和议事规则，形成高效有序的议事体系和有效的决策反馈系统，以确保多元办学主体的利益得到体现。二是搭建多种形式的沟通平台，建立科学有效的师生利益诉求表达机制。在各级决策机构中增加广大师生、家长代表的话语权，让利益相关者参与学校的重大决策。三是建立重大决策的论证评估机制。进一步健全决策程序，有关学校的重大决策事项必须经过公众参与、专家论证、风险评估、集体研究决定等程序，建立学校重大决策、重要合同和文件的合法性审查机制。四是强化集体领导决策，建立约束机制。学校把决策过程和决策权力划分为提议权、审议权、定议权等部分，在决策机制上分离提议权、审议权和定议权，归属不同的组织和机构，提议权充分发扬民主，定议权坚持集中制，并建立起相应的制约机制，确

保决策的公平、公正和科学。①

2. 建立规范有序的执行机制

执行机制是实施决策方案、实现决策目标的保证。一是调整机构设置，降低管理重心。根据学校改革的实际需要，打破传统的科层式管理模式，对原有的组织结构进行调整、优化，减少管理跨度和层次，实施项目扁平化管理模式，降低管理重心，调动系部和教研室（组）等基层教学组织的积极性，进一步推进教研室（组）的目标管理责任制。二是坚持以人为本，进行绩效管理。战略执行层面，按照决策的目标和方向，分解任务，细化目标，制定行动路线图。管理执行层面，建立科学、完善的管理制度，明确责权关系，依法行政。业务执行层面，科学设计执行机制和流程，以效益为目的，简化流程；以需求为导向，优化流程；以科学管理为中心，规范流程；以强化约束为手段，严控流程。三是构成权力矩阵，建立责任制度。通过权利与责任清单管理，明确不同主体在不同管理事务、管理环节上具有的权利、义务和职责，构建由不同主体、不同部门构成的权力矩阵，推动落实首问责任制、限时办结制等，加强各部门行政效能建设。充分调动中层干部与教师的工作积极性与主动性，使学校有限的人、财、物等达到最佳组合。四是完善多元评价及激励机制。健全完善人力资源管理体制机制，完善部门考评体系和管理人员考核激励机制。建立以学校自我评价为基础、以教育督导评价为主导、积极引入社会组织专业评价的多元评价制度，激发学校自我监督、自我发展的内驱力，积极发挥督导评估的反馈、促进、鉴定、导向和监督功能。

3. 建立有效制衡的监督机制

监督机制是权力制衡的有力保证，是保证学校正常运行的重要机制。一是建立科学的监督机制与问责机制。完善党内监督、行政监督、群众监督、社会监督四位一体的全方位监督体系。在重大决策执行过程中，学校要跟踪决策的实施情况，了解教职员工、学生、家长对决策实施的意见和建议，全面评估决策执行效果，并根据评估结果决定是否对决策予以调整或者停止执行。二是完善师生代表参与学校民主监督的机制。扩大有序参与，加强议事协商，充分发挥教职工代表大会作为教职工参与学校民主管理和监督主渠道的作用，扩大教职工对学校领导和管理部门的评议权、考核权。积极拓展学生参与学校民主管理的渠道，进一步改革完善学生代表大会制度，推进学生自主管理。充分发挥教职

① 母中旭.高职院校利益相关者多元内部治理结构探究[J].职教论坛，2016(25).

工代表大会、共青团、学生会等群众组织在民主监督机制中的作用。三是引入社会参与和监督机制。完善与社区、有关行业、企业组织合作共建的体制和机制，更多地引入社会资源，健全制度，扩大社会参与的广度与深度。四是完善校务公开与社会报告机制。落实学校信息公开办法，健全学校信息公开工作机制，保证教职工、学生、社会公众对学校重大事项、重要制度的知情权。进一步探索学校社会报告的机制与程序，积极探索互联网、大数据时代教育信息的数字化发布机制，兼顾线上和线下，使公众及时获得学校相关信息。

（四）构建多元主体参与内部治理机制，平衡内部利益相关者的关系

加大利益相关者在学校治理中的参与度，推进教师学生等利益相关者组织建设，突出共同治理，让办学利益关系者享有一定的参与管理权、知情权和监督权，享有更多的教育获得权。①

1. 学生、家长参与的内部治理机制

一是建立并完善学生参与治理的机制。学校充分尊重和保障学生权益，搭建起以团委、学生会、学生事务委员会统筹下的校级、班级两维立体化学生自主管理体系。建立健全各种制度规范，确保学生参与治理在培养、激励等方面制度化，在学校职能工作管理上保证信息输送渠道畅通，从宏观整体、微观局部对学生参与管理进行合理安排，统一指挥和协调。具体来说，就是建立学生代表大会制度，建立听证会制度，成立学生申诉处理机构，建立校长座谈会制度等，对食堂饭菜定价、教学质量监督、奖学金公正性评定，以及学生违纪处理等事关学生切身利益的有关事项进行讨论表决，切实维护学生利益。二是学校充分考虑家长对子女教育的关注，与家长保持经常而密切的联系，建立起双向参与、共同合作的机制，如建立家长委员会、建立信息发布制度等。保障家长对学校、教师的教育教学、管理活动实施监督，提出意见、建议的权利。②

2. 企业、社区参与的内部治理机制

产业是职业教育的源头活水，职业院校的办学离不开行业企业的支持与参与，必须制定校企合作管理制度，成立校企合作管理机构，形成对话、交流、合作的长效机制。学校与社区及周边单位建立良好关系，为社区提供力所能及的服务。建立利益表达、协商和保障的利益调整机制，实施开放治理，探索校外各界人士参与学校决策的方式与途径。共同治理教育事务并促进教育公共利益最

---

① 盖馥.现代职业院校治理结构优化的策略探索[J].辽宁高职学报，2015(5)：4-6.

② 郭健，邱同保.论公办高职院校内部治理机制与外部环境建设[J].教育与职业，2011(23).

大化。

3. 教师参与的内部治理机制

一是向教师充分放权，重视教师的权利，加强教代会制度建设，增强广大教师的管理监督权，最大程度调动广大教师参与学校各项事务管理的主动性与创造性。二是完善教师为主导的学术治理机制。完善学术委员会常设工作机构，健全学术委员会的工作制度和运行机制，分离学术管理与行政管理的责权，保障学术权力按照学术规则相对独立行使。建立科学的学术评价体系和考核评估制度，形成科学民主高效的学术管理体系，让其拥有教育教学改革、管理的话语权。三是关心教师成长，为教师的发展搭建多种平台。关心教师成长和身心健康，维护教师权益，保障教师地位，不断优化教师成长发展的人文环境。

通过办学利益相关方的有效参与，学术委员会和教授的学术权力、教代会和学代会的民主管理权力的落实，服务专业群的系部及职能部门设置调整，以线上固化制度、流程为主，线下协商、调解为辅，形成规范、透明、高效、顺畅的运行机制。

（五）构建以学术发展为核心的权力系统，平衡学校内部行政权力和学术权力的关系

1. 建立扁平化的学术组织体系

一是健全以学术委员会为核心的校、系（部）及基层学术组织。管理重心下移，激发基层学术活力，把大部分权力从学校高层下移到基层学术组织，降低管理重心，探索“课题组长负责制”“项目负责制”“学术带头人制”等扁平化的学术组织，调动教师的积极性和创造性。二是要明确学术组织的组成、权限和运行规则。三是加强横向、纵向学术组织之间的沟通与联系。不仅要明晰学术组织和职能管理部门之间的关系，而且要明晰学术组织和学校、系部之间的关系，还要明确学术组织及其成员在处理学术事务中的责任，统筹协调各类学术组织力量，逐步建成系统完整的学术组织体系。通过共治的制度安排，让学术专家引领学校的学术事业进步，而不是学校的办学事务都由行政权力说了算。尊重学术自由，营造宽松的学术氛围与环境。

2. 健全学术委员会的决策机制

完善以行政权力为径，学术权力为纬的网状运行路径，学术权力侧重于对学术事务的管理，行政权力侧重于对非学术事务的管理，重大事务则由两种权力共同协商决策。行政权力来服务和保障学术的发展，用学术权力来支撑政治

力和行政力的运行。这样行政权力和学术权力既相互独立，又相互依存，共同保证学校这一学术性专业组织的架构化，从机制上避免了行政权的过多干预。当前，正确处理行政权力与学术权力的关系，当务之急在于尊重学术（技术）规律，尊重和重视学术权力，赋予学术群体参与学校管理与决策的权力。学术委员会应当真正成为高职院校学术事务的最高决策机构，在教学评价、科研及技术推广应用、专业建设、职称评定、考核评奖、课程设置、教材建设、师资培养、教师聘任等方面有关的学术事务由学术委员会进行管理。①

第三节　职业院校内部治理结构与治理机制建设范例

青岛华夏职业学校作为青岛市首批现代学校制度建设的试点单位之一，以建立"多元合作共治"现代学校治理机制为重点，以承担山东省重大招标课题"职业院校内部治理能力提升研究"为契机，将现代学校制度建设理念融入办学全过程，从改革学校内部治理结构、保障章程有效落实、健全校本管理运行机制等方面入手，多方协同、综合施策，实现了"办学利益关系人"权力的回归，健全了依法办学、自主管理、民主监督、社会参与的治理体系，确保"权力放到位，角色定好位，关系理顺位"，激发了办学活力，提升了学校治理能力，逐步由学校管理走向学校治理。本节介绍青岛华夏职业学校在现代学校制度建设方面的经验和做法。

一、做法与过程

（一）以课题研究为契机，构建现代职业院校制度

2015 年 3 月，作为山东省 11 项重大招标课题中标单位中唯一的一所中职学校，学校牵头研究，与德州职业技术学院联合攻关山东省教育科学"十二五"规划 2015 年度重大招标课题"职业院校内部治理能力提升研究"，分别于 2016 年 3 月和 2017 年 1 月举行了开题会和中期成果验收，对"办学利益关系人"理论视角下的职业院校治理体系和治理能力建设提出若干思考与意见，为职业院校治理能力提升提供启示。

---

① 雷世平.我国高职院校治理结构存在的问题及其优化研究[J].职教通讯，2013(10):36.

(二)深化治理体制改革,实现“办学利益关系人”权力回归

为进一步理清学校基层党组织与学校行政,学术权力与行政权力,学校与教工、学生、社会等内外关系,学校从治理体制、沟通渠道、权力分配、专业建设四个方面提升治理能力。

1. 创新学校内部治理结构,构建“一体三翼”治理体制

构建以校长负责制为主体,以教工代表大会、校务委员会、家长委员会为三翼的“一体三翼”治理体制,将“三翼”作为“校长负责制”的辅助决策系统,形成“决策、执行、监督”三权相互制衡又相互配合的多元治理结构。近年来,学校重点深化校务委员会实践,充分发挥校务委员会在多元治理结构中的作用。制定校务委员会工作规程,建立了《校务委员会工作例会制度》《沟通联系制度》《议事规则》等三项配套制度。2016 年,针对校企合作新情况,校务委员会企业委员提出校企合作开展工程造价与审计专业现代学徒制试点,会后校企多次深入对接,共同完成申报材料,最终获批青岛市第一批现代学徒制试点项目,并扎实有效推进试点工作。

2. 建立“三个议事会”畅通沟通渠道,维护教职工、学生、家长的合法权益

学校建立并实施教职工、学生、家长议事会制度,及事前回避、事后反馈机制,增强师生的民主参与意识,让越来越多的师生愿意为学校的发展建设出谋划策。2016 年,在充分调研的基础上,学生议事会共征集 69 条提案,家长议事会共提交 52 条提案,教职工议事会提交谏言书 22 份。针对教职工期盼解决的热点问题,学校决定在新学期实施以“新理念、新模式、新课程、新课堂、新评价”为主体的“五新”教学改革行动,以此为抓手提高教学质量,产生了强烈反响。议事会成为学校师生、家长民主参与学校管理的重要渠道,促进了学校从“管理”向“治理”的转变。

3. 建立学术委员会制度,让专业的人办专业的事,推动学术权力和行政权力的适当分离

2015 年初,学校着眼于促进教师专业发展和教育内涵发展,优化内部权力配置,成立了学术委员会。委员会成员全部经学校教代会选举产生,共 11 人,其中中层以上干部仅有 2 人,其余 9 人全部为一线骨干教师。制定了学术委员会工作章程,明确了工作职责。学术委员会独立组织顺利完成了 2016 年学校专业技术人员职称初评推荐和教师职务晋升等工作,不受学校行政权力的干预。学术委员会的成立,让专业的人干专业的事,让教师获得更多话语权,从而

实现了行政权力向学术权力的横向分权。

4. 成立专业建设与开发委员会，整合资源，促进学校专业精品化发展

专业建设与开发委员会邀请行业专家、企业技师、高校教授和学校专业带头人共同参与，定期召开会议，负责对学校专业建设、课程改革、队伍建设、技能训练等方面的工作进行全方位的指导。校企共同群策群力，顺利完成了由学校牵头的《山东省中职学校金融事务专业教学指导方案》的编写，得到同行广泛认可。

（三）健全保障机制，确保学校章程落实到位

1. 健全以学校章程为核心的学校治理制度体系

学校作为青岛市首批章程核准学校，以章程为统领，在广泛征求师生意见的基础上，认真研究、逐条疏理，进行了规章制度的“留、改、立、废”工作，共修订制定制度 145 个，基本形成了以章程为核心，包括学生管理、教职工管理、治理结构与运行机制、教育教学管理、招生就业管理、后勤安全管理、资产财务管理、外部关系管理八个部分学校管理制度体系，让学校各方面工作，各岗位、各议事机构均有“法”可依、有章可循。

2. 以管理权限清单制度提升现代学校制度建设水平

学校作为青岛市管理权限清单制度首批试点单位，将管理权限清单制订作为学校章程细化实化、权限职责运行规范和保障各主体参与学校治理制度化的重要抓手，扎实推进。经过动员部署、全面梳理、汇总初审、审核上报四个阶段，广泛征求教职工、学生和家长、校务委员会意见，经学校法律顾问合法性审查，由校长办公会审议通过，并经市教育局审查，建立起一单一表一图一制度“四位一体”的管理权限清单模型，形成以权限目录、权限运行流程图和权限运行全程资料为主要内容的完整管理权限清单制度体系，并于 2016 年 10 月 17 日公布实施。体系包括教学管理、学生管理、干部教师管理、资产财务管理等 5 大类 35 项。学校还以清单制订为契机，将人事改革与管理权限清单制订有机融合，有效提升整体效能和服务能力，连续五年获得“青岛市人事示范岗”。

3. 建立质量发展报告制度和规划自评机制

学校自 2013 年起建立质量发展报告制度，依据学校章程和发展规划开展自评，探索建立“自我诊断、反馈、改进”机制，增强学校自我诊断、自我改进、自主发展的适应能力。在评价内容上，坚持定性与定量相结合、动态与静态相结合、全面与重点相结合、绝对量与相对量相结合的原则，从学校基本情况、学生发展、质量保障、校企合作、社会贡献、举办者履职、特色创新、主要问题及改进

措施八个维度进行评价。在评价的参与主体上，将更多的评价权交给办学咨询委员会、校务委员会、家长委员会、校企合作委员会、校友会等组织，让更多的“办学利益关系人”参与评价。在评价方式上，采取专题性会议、网络调查、档案检查等方式。2016 年学校质量发展报告在《青岛日报》上刊登，既接受社会的监督和指导，也向社会展示了学校的办学成就。

（四）健全校本管理运行机制，确保下放管理权限的有效承接

1. 完善重大事项决策程序

把民主参与、专家论证、风险评估、合法性审查、集体讨论决定作为学校重大决策的法定程序，明确党总支会议、校长办公会议的议事规则，合理地界定了学校内部不同事务的决策权，推进学校决策的科学化、民主化、法治化。

2. 搭建民主监督平台

在完善教代会、校务委员会、家长委员会、学代会等民主监督组织运行机制的基础上，通过校长接待日、校长聊聊吧、校务公开、家长助教、学校开放日等渠道，拓展教职工、家长及社会各界人士参与学校民主监督的途径。对于涉及全体师生利益的评优、晋职、年度考核、贫困生救助等热点问题，及时进行公开，自觉接受全校师生及社会的监督。

3. 建立关键领域的权力运行机制

学校作为青岛市基建维修设备自主采购试点单位，制定了《青岛华夏职业学校采购管理暂行办法》，成立了专门的采购工作小组，针对设备类和基建维修类项目，确定不同的采购程序，并最终通过招投标方式购买第三方服务。由学校提需求、设标准、定流程，把具体的事务交给第三方，让学校从繁杂的采购环节中解脱出来，既专业又高效，还有效防范了廉政风险。

4. 创新学生自主管理机制，实现学生事务学生办

学校搭建校级、班级两维立体化学生自主管理体系，设立学生校长助理、学生事务委员会，采取项目管理、督评管理的方式，放开手脚，让学生自行策划毕业典礼、艺术节、运动会、“变形空间”等实践活动，提升了学生自主管理能力。仅 2017 年，学生校长助理共提交议案 50 余份，学生事务委员会提出建设性意见和建议 110 余条，学生自主管理能力在实践中不断提升。

（五）开放办学，创新办学质量多元评价体系

学校成立督导室，从学生、教师、干部、学校考核评价入手，构建上下衔接、左右协调、各方互动的多元评价体系。

1. 完善学生及班级多元评价体系

形成了学生德育学分多元评价体系及班级量化考核体系。

2. 完善教师、教辅人员及教研组室多元评价体系

通过月督评、学期督评、全年督评，采取自评、组室推荐与学校考评相结合，形成了教师教育力提升评价体系。

3. 完善干部多元评价体系

形成了中层干部督评、党支部督评制度。

4. 构建学校多元评价体系

建立学校办学情况督导自评和社会评价制度，形成了办学咨询委员会、校务委员会、家长委员会、校企合作委员会、校友会等社会评价体系，进一步增强学校治理能力。

二、成效与反响

（一）“职业院校内部治理能力提升研究”课题的辐射和影响力扩大

2015 年 3 月，学校牵头研究，与德州职业技术学院联合攻关山东省教科院重大招标课题“职业院校内部治理能力提升研究”课题，重点从“为什么要进行职业院校内部治理能力提升研究、如何提升职业院校内部治理能力、职业院校内部治理能力效能如何评价”三个纬度进行系统研究和探索，把守理论前沿，厚植实践根基，突出治理效能。并于 2016 年 3 月、2017 年 1 月分别举行了开题会和中期成果验收会。在课题研究引领下，学校自身的现代学校制度建设工作由理论向实践、由表层向内涵稳步推进。

（二）唤起学校发展的内动力，取得一流的办学成绩

经过多年的实践探索，学校始终扭住“以人为本、依法治校、科学管理、内涵发展”的关键节点不松手，凝心聚力，创新发展，以人为本的管理理念更加巩固，现代学校制度逐步完善，办学行为更加规范，办学活力显著增强，办学质量不断提高，依法治校、自主办学、民主管理的运行机制基本建立，多元参与的质量评价与保障体系不断完善，学校的自身吸引力、核心竞争力和社会美誉度明显提高。学校先后荣获首批“国家级重点职业学校”“全国中等职业学校德育工作先进单位”“全国语言文字工作示范学校”“山东省文明单位”“山东省教育系统先进集体”“山东省‘德耀齐鲁’示范基地”“山东省民主管理先进单位”“山东省教学管理先进单位”“山东省师德建设标兵单位”“山东省职成教教科研示范学校”

"山东省职业教育先进集体""山东省依法治校示范学校""山东省中小学安全文化建设重点研究基地"等90余项国家、省、市级荣誉称号。

（三）改革典型经验受到认可，发挥示范带头作用

自2012年起，学校陆续承担了青岛市教育局中小学校章程制定规程、现代学校制度建设、办学自主权下放、基建维修设备自主采购、管理权限清单等项目的改革试点。2017年3月，青岛市教育体制改革领导小组办公室编发的《教育体制改革专报》(第99期)，刊发了学校在现代学校制度建设工作中的经验和做法；学校承接了2017年青岛市职业学校办学质量提升工作现场会，并进行了学校管理工作经验介绍，受到了与会领导的好评；在2017年青岛市教育局暑期党政培训班上做现代学校制度建设典型发言；《嬗变：由学校管理走向学校治理》案例申报第五届全国教育改革创新典型案例，并已被编录于2017年10月《当代教育家》杂志中；先后有多家外地学校和单位到学校学习现代学校制度建设；在青岛市管理权限清单试点会议作经验交流，并多次到兄弟学校做经验交流；参加国家行政学院到青岛调研管办评分离座谈会，并提供调研资料；山东大学法学院肖金明教授到学校进行现代学校制度建设评价体系调研，给予了较高评价；青岛日报专题报道了学校"三个议事会"建设经验，多家媒体报道了学校管理权限清单制度建设经验。

第五章　职业院校内部治理主体素质建设

人是社会经济活动的主体，是生产力中最积极、最活跃的因素。对于职业院校内部治理来说，一支由高素质的人员组成的治理队伍起着至关重要的作用。因此，职业院校不断加强内部治理队伍的素质建设，有效调和各治理主体之间的矛盾冲突，提高各类人员的专业化水平，激发工作热情，是职业院校内部治理能力提升要认真探讨的重要问题。

第一节　职业院校内部治理主体素质要求

要做好职业院校内部治理主体的素质建设工作，首先必须要搞清楚职业院校内部治理主体有哪些，其次是要弄明白各类治理主体应该具备什么样的能力素质。本节将围绕这两个方面的问题进行探讨。

一、内部治理主体的组成

1963 年，美国斯坦福研究所提出了“利益相关者(stakeholder)”的概念，学者弗里曼认为，利益相关者是指那些能够影响组织目标实现，或者被组织目标实现的过程所影响的任何个人和群体。现代职业院校是一个典型的利益相关者组织，它的利益相关者是既受职业院校发展影响，又影响职业院校发展的群体、个人或组织，主要包括政府、学校、行业、企业、管理人员、教师、学生、家长、科研机构、参与职业培训的个人、社区、社会公众等等。依据利益相关者与职业院校的密切程度，我们可以把职业院校利益相关者分为四个层次，即核心利益相关者(包括教师、学生和管理人员)、重要利益相关者(包括政府、家长)、间接利益相关者(包括与学校有契约关系的当事人，如企业、行业、科研机构、参与职业培训的个人)和边缘利益相关者(包括当地社区和社会公众等)。现代职业院校的治理工作，其实就是要维护和满足各利益相关者的利益要求，也就是应当把利益相关者纳入职业院校共治治理范畴，这将是职业院校治理理论创新与治理结构改革的趋势和要求。

在众多利益相关者中，与职业院校中心工作最为紧密、影响力最大的利益相关者是职业院校内部的管理人员、教师和学生。就职业院校内部的管理人员与教师、学生等核心利益相关者的关系而言，最大化地满足学生的价值需求和期望，提高学生的满意度和学习热情，是实现职业院校可持续发展的基础，同时建立与教师之间的良好关系也能提升职业院校人才培养质量和教学水平。另外，政府通过制定有利于职业院校发展的政策，家长对职业院校办学的监督，也是影响和促进职业院校发展的重要因素。为方便对职业院校内部治理的理解，也可以对职业院校的众多利益相关者进行另一种归类划分。参与学校内部运行与管理或受学校内部运行与管理直接影响的利益相关者，主要有学校管理人员、教师、学生、家长等，可以称为内部利益相关者，而政府、行业、企业和科研院所等是学校的外部利益相关者。与之相对应的，职业院校治理的主体构成如果是由内部利益相关者组成的，那么与之相关的治理工作，我们可以称之为职业院校内部治理；反之，如果是由外部利益相关者参与进行的职业院校治理工作，则称之为职业院校外部治理。职业院校内部治理对职业院校的发展起着决定性的作用，因此，这里我们主要讨论职业院校的内部治理。

职业院校内部治理是指职业院校协调学校管理人员、教师、学生和家长等内部利益相关者的关系，以达成提升工作效率，顺利完成工作任务、事务等目标，使得多方利益的需求得到协调而采取合作行为的持续过程。现代职业院校内部治理的主要特征之一是多元互动、有效制衡的权力运行机制，如设立由学校管理人员、教师、学生和家长等各方人士的代表组成的校务委员会，在遵循法律法规和政策规定的前提下，对学校在办学、管理和发展等方面的重大决策进行审议，既保障了教师、学生的合法权益，也维护了家长的利益关切，保证了学校决策的正确性、科学性。再如通过建立教职工代表大会实行民主监督，建立学生代表大会和家长委员会来广泛征求相关利益方的意见建议，以实现学校内部权力的分配与制衡，等等。

二、内部治理主体的素质要求

为了保证职业院校内部的民主科学决策、依法公开执行、严格规范监督和客观标准评价等优化治理模式的高效运转实施，必须提升内部治理主体的能力素质。所以，我们需要明确内部治理主体需要具备哪些素质要求。具体来说，主要应具备以下几种素质。

（一）勇于改革创新的精神

职业院校由“管理”走向“治理”，看似一字之差，却凸显了管理理念的升级。相对“管理”而言，“治理”更强调主体的多元性、参与性、协同性。优化职业院校内部治理结构，就是要实现对权力的合理分配，明确各自职责，在院校内部形成决策权、执行权与监督权既相互制约又相互协调的机制。这对于以前职业院校管理的从上到下、领导层高度集权等表现来说，无疑是一场革命。美国学者勒温（K.Lewin）认为，在组织变革中，人的变革是最重要的。因此要实施职业院校内部治理结构改革，作为内部治理的各个主体来讲，首先需要有要变革提升的要求，有破旧立新的勇气和创新发展的精神，特别是学校领导层要有勇于放权的胸襟，而广大师生和家长要有参与和监督的意识。

（二）积极参与治理的意识

一个组织要实施变革，首先必须改变组织成员的态度。由管理转变为治理，不只是一个概念上的区别，而且是观念、思维方式及行动方式的大调整。管理是垂直的，自上而下的，由学校管师生，科层制、行政色彩较浓。而治理则强调各个主体是平等的、合作的，它突出的是师生的主体地位，强调的是民主、协调、沟通，关注的是学校活力的激发，使校内各主体的主动性、积极性、创造性充分调动起来。因此，职业院校实现从管理到治理的转型，需要从学校领导到师生及家长在思想观念上来个大转变，让内部治理各主体真正理解学校治理的重要性，并能以主人翁的姿态，主动参与到学校内部治理中来。

（三）必备的政治、管理和法律知识

职业院校内部治理能力的提升，不仅取决于内部治理主体的动机要求和参与意识，更重要的还应该包含治理主体参与治理的质量，这就要求内部治理主体必须具有过硬的政治素养、必要的管理知识素养，懂得与职业教育密切相关的法律法规等。具体来说，一是应掌握马列主义、毛泽东思想、邓小平理论、“三个代表”重要思想、科学发展观的基本原理，系统领会习近平新时代中国特色社会主义思想的精髓要义，特别要深刻理解习近平总书记就加快发展职业教育做出的重要指示，能够自觉地运用这些理论来指导自己参与学校内部治理工作实践，以确保学校办学发展始终按照正确的方向前进。二是应理解现代学校治理的新思想，如民主化思想、科学化思想、系统性思想、适应性思想、有效性思想、人本思想和校本管理思想等，能够用科学的思想去指导学校治理行为。三是应明确我国现行的各种法律法规，尤其要掌握有关的教育法规，坚持依法治校、依法治教，使内部治理走向法治化轨道，凸显现代学校治理特征。四是应学习掌握科学的管理知识，能够在专业管理知识的指导下，遵循管理规律和学校发展规律，实施科学治理，保证学校治理质优高效。

（四）较强的决策和执行力

职业院校领导层要特别具备民主科学的决策能力。尤其是当前信息多元、爆炸的大数据时代，如何依据党和国家的教育方针和法律法规，结合学校办学治校实际，对学校重大事项做出科学、客观、准确的判断与决策，考验着学校领导的智慧和能力。执行是将决策无条件地落实到位。俗话说“三分决策，七分执行”，决策要发挥作用，关键在于执行。要坚决贯彻落实学校党政决策的意图，讲实情、出实招、办实事、求实效，力戒空谈，力戒做表面文章。要最大限度地优化执行环境，减少权力对政策、制度的干扰，确保学校各项政策和制度得到公开、公平、公正的执行。

（五）善于监督与评估反思的能力

法国思想家孟德斯鸠指出：“一切有权力的人都容易滥用权力，这是万古不易的一条经验。有权力的人们使用权力一直到遇有界限的地方才休止。”为了阻止权力滥用的倾向，就需要对权力实行制约和监督。在职业院校内部治理过程中，不论是决策权力、行政权力，还是学术权力都需要实行监督。监督就要严格，就要依法、依纪、依章、依规办事，铁面无私，一视同仁。广大教师、学生和家长们严格规范的监督是学校内部治理水平提升的重要保障。另外，以客观公正的标准对学校各项工作开展情况进行绩效评估，并作出适当的反馈修正，也是科学治理的重要方面。在职业院校内部治理过程中，决策形成后要迅速执行，而执行的情况怎样、绩效如何，都需要及时予以评价。评价是一个运用标准对事物的准确性、实效性、经济性以及满意度等方面进行评估的过程。评价对于修正、调整、改进决策，提升决策的民主科学化水平，保证决策的顺利执行具有十分重要的意义。内部治理主体应具有客观公正且不掺杂主观好恶的评估态度和能力，并根据评估结果及时反思反馈，这样才能促进内部治理能力的提升。

第二节　职业院校内部治理主体矛盾与调和

职业院校内部治理主体之间存在多种矛盾关系，如党政之间的矛盾、干部教师之间的矛盾、师生之间的矛盾等等。这些矛盾的存在会在学校改革发展中产生很多不良影响，使学校治理结构失灵、办事效率低下。认识这些矛盾，能及时发现和协调这些冲突，对提升职业院校内部治理能力十分重要。本节将围绕职业院校内部治理主体之间的矛盾表现和协调解决两个方面进行探讨。

一、职业院校内部治理主体矛盾的表现

职业院校内部治理主体存在着多种矛盾关系，包括管理者之间的矛盾，如党政领导之间的矛盾，正、副职之间的矛盾；教师和干部之间的矛盾；教师和学生之间的矛盾等。主要存在以下几种矛盾冲突。

(一)党政之间的矛盾

我国公办高职院校实行党委领导下的校长负责制，校长作为学校的法人代表，主要承担着行政管理以及教学和科研等方面的工作，但前提必须是服从党委的领导。因此，高职院校的内部治理是以党政两套工作机构同时运行，分别配备两套机构人员，导致了这种负责制成为了一种党委领导下校长和书记分工负责制。所以在高职院校的治理结构中，校长并未实现学校的全面管理，在责任承担上也难以负全责。这也导致了高职院校的治理结构中出现了政治框架与法律框架的双重架构。从前者来看，组织部门在领导班子排名中通常按书记、校长、副书记、副校长的顺序进行。而在后者来看，高职院校的校长作为学校的法定代表人主持高校行政工作，只有校长才能够签署相关法律文件。所以，从法律框架与政治框架来看，学校内部治理结构出现了党政两个“一把手”的双峰对峙现象。在学校的管理活动中，这种政治框架与法律框架的不协调，造成在处理某些问题上会出现党政不和、书记与校长两者矛盾冲突的现象。具体来讲，这一矛盾关系最常表现的形态是某一方的“专权”。特别是因为高校有“党委领导下的校长负责制”规定，于是有些党委书记对其理解为党委书记的位置要高于校长，在对高职院校进行管理时，出现了党委书记不仅手握处理校内党政事务的权力，还包揽了学校的教学活动、科学研究，甚至学校日常行政事务管理等责任，只把校长视为“副书记”，这一现象直接导致的结果就是校长应有的权力被架空，在某些问题的解决上并没有决策权。党政之间的矛盾不仅表现在校级层面，而且在系部依然存在。中等职业学校实行“校长负责制”，党政矛盾则又转而表现为有的校长绝对化地解读了“校长是学校的法定代表人”这一身份，全权包揽了学校大小行政事务，甚至连党务工作也抓在手里，把书记定性为“摆设”。这两种情况都会导致在职业院校的内部治理当中，存在书记与校长

之间互相干涉或者互相推诿责任，导致学校治理过程中出现多个领导共同处理同一问题，党政"一把手"各有决策，造成内耗过多，使得学校资源过度消耗；或两者互相推脱责任，结果作为党委、行政领导的个人只关注各自手中的权力和责任的大小多寡，而将有关学校未来发展的各种活动摒除在外，直接导致的就是学校在办学过程中会出现办学效率低下等问题。同时，作为学校管理工作的高层如果意见不统一的话，不能够把处理问题的意见准确地传递给下级。同样，当下级遇到问题时，找不到陈情对象，严重的问题得不到足够注视。在这种情形下，低层管理者的管理积极性必定会受到挫伤。

（二）正、副职之间的矛盾

在职业院校的管理团队中，无论是教师团队、科研团队还是行政管理团队中，都存在着正副职之间的关系。一般情况下，正职扮演的角色是领导者、决策人，而副职扮演的角色是参谋者、协助者。正、副职之间可能存在的矛盾是，正职一是刚愎自用，将"一把手"理解成为专权，一旦领导班子中出现不同声音尤其是来自副职的不同意见就将其认定为不团结、不配合等。二是越俎代庖，忽视集体讨论的意见，将非本职工作强行独揽到手中，对副职进行打压，导致副职不能够充分发挥自己应尽的职责。副职通常一是正职选用"自己人"担任副职，副职处于"报恩"心理，往往甘当"秘书"，不敢行使手中的权力；二是从组织外部推荐进来的，一旦表现的有能力，极有可能引发正职的信任危机，导致越权或者正副之间关系僵硬。另外副职也可能有诸如难以认定自身位置等定位不当的问题，这种定位不当容易使实际管理工作中出现虚位或者越位的问题。除了定位不当，亦步亦趋也是副职应该防止的问题，其主要表现在不能够真正指出正职在管理中的错误，不敢说或不想说，从而影响领导班子整体的工作效率。

（三）教师与干部之间的矛盾

在职业院校内部治理中，教师推崇"学术自由"，习惯于自由和自律，而不是"被控制"，这与受我国传统文化中"官本位"思想的影响仍然较大的、在处理问题过程中表现出领导姿态、喜欢"控制"而不是"服务"的管理干部之间存在着矛盾。另外，由于我国公办职业院校在历史发展过程中长期作为政府的附属，所以其管理权往往也表现为国家行政管理在教育领域的延伸，所以自上而下的行政管理集中在学校之中，行政理念、"科层制"根深蒂固。这样就导致了教师希望能够充分被重视，行使自己的学术权力，认为干部应该为教师服务。而干部则认为教师和学生一样，在行政管理系统中都应该是被管理者。这种矛盾关系，导致两者缺乏有效合作或“外行”指导“内行”的矛盾。这些问题的存在严重影响了学校的教学、科研和日常管理工作的顺利展开。

(四)教师与学生之间的矛盾

在职业院校中，师生关系是最基本的人际关系，在日常的教学中，教学过程是教师教和学生学的双边活动。在工具论、知识论盛行的今天，职业院校过分强调知识的传授，于是课堂就变成了教师将大量提纯与精炼过的理论知识严格按照教学计划传授给学生的一种冷冰冰的教学模式，这一模式过分强调了教师教的中心地位。教学关系就是，我讲，你听；我问，你答；我写，你抄；我给，你收，这就使学生的主体地位难以得到应有的彰显。进而，学生的逆反心理就开始出现，有些学生从心理上出现厌烦的情绪，对教材的单一、教法的单调、内容的枯燥乏味提出质疑；有的学生产生逃避心理，逃课、玩手机、趴睡、厌学等情况。另外，在日常的管理过程中，教师和学生往往处于对立面。就学生而言，当今独生子女相对较多，他们有的从小养成了娇气、任性、独尊、自私、逆反等习惯，同时也有善于发现问题和处事热情等特点。职业院校的学生大都文化基础较差，学习能力一般，学习主动性比较欠缺，对于理论学习缺乏信心，积极性不高。但他们思想活跃，动手能力强，往往课堂上萎靡不振，课外却生龙活虎，所有这些特点都应该被教师所理解和掌握，才能因势利导、因材施教。否则，由于教师主体长期受传统文化影响，往往容易以“管理者”身份出现在二者的关系之中，使二者之间难以交心，出现隔阂和不满，进而引发相互矛盾。一方面会影响学生的个性化发展及创新精神的培养，学生的主体意识被剥夺；另一方面学生不能够客观准确地对教师做出评价，对教师的教学情况不能够理性评估，掺杂过多个人情感因素，引发教师教学兴趣不高，导致教学质量下降。

二、职业院校内部治理主体矛盾的调和

引起上述矛盾关系的原因主要是权力分配不均、治理主体不全面、民主程度不高等因素造成的。这些矛盾关系的存在严重阻碍职业院校的和谐发展，调和内部治理主体之间的矛盾关系对提升职业院校内部治理能力至关重要，必须有效进行沟通，以使其缓解与调和。

(一)理顺党政领导的权力关系

在高职院校中，要真正理解与领悟“党委领导下的校长负责制”。“党委领导下的校长负责制”确立了党委在学校的领导核心、政治核心地位。党委是学

校的最高领导集体。必须明确党委的领导是“党委集体领导”，不是“党委书记领导”。从本质上讲，作为党委代表的书记和法人代表的校长手中握有的权力并无实质上的差异，都是为了学校能够正常有序地健康发展而存在的。其中党委的主要职责在于保稳定、谋全局、用干部、管方向、抓大事、促发展等方面。党委领导更多应该体现在政治、思想、组织方面的领导，通过党委领导来真正实现党的政策、理论、方针、路线在学校中有效贯彻执行。而作为法人代表的校长职责应该主要集中在学校的行政管理领域，尤其是教学和科研等活动，与此同时负责学校财务、人事、后勤服务等行政指挥权的实施。“党委领导下的校长负责制”是集体领导和个人分工负责相结合的制度，是党的民主集中制原则在学校层面的体现。学校重大事项、重要干部任免、重要项目安排和大额资金使用“三重一大”事项的决策应由学校党委会议集体讨论决定，而将执行权授予校长。

无论是高职院校实行党委领导下的校长负责制，还是中职学校实行校长负责制，校长的工作都是在党的领导下进行的。校长应在思想上树立党的意识，增强组织观念，在党的领导下充分履行校长的职责，发挥导引作用、凝聚作用和协调作用；在政治上执行党的路线、贯彻党的教育方针，代表学校维护学校合法权益，行使统一指挥的学校行政权力；在组织上接受党委的集体领导和上级教育行政部门的管理、指导和监督。

在具体实施过程中，书记既然负责了宏观层面的事务，就不要干涉微观层面的具体实施；校长既然明确了自己的执行权力，就要服从党委集体的决定。高职院校系部“三重一大”事项决策也要由党政联席会议集体决策，系部党总支书记负责党的领导和师生思想政治工作，系部主任负责教学、科研等行政工作。同样，在中职学校中，校长与书记都是学校领导，校长是法人代表，处于中心地位；书记是党的领导，发挥政治核心和保证监督作用，应支持校长履行行政职权；校长和书记应分工合作，各负其责，共同把学校办好。

（二）建设职业化的管理干部队伍

首先要转变管理理念，树立服务意识。在管理过程中，应该摒弃“官本位”思想，使原有存在于管理之中的指挥与领导意识不断淡化。其次，要对管理队伍实现职业化建设，通过学习、教育、培训等形式使其理论知识得以提升，尤其是用现代职业院校管理知识与技能，不断实现其为教学与科研服务的思想。再次，应该不断强化管理队伍的职业性，实行规范的职员制及聘任制，通过制度体系的完善，尤其是岗位选任、考核以及职责等内容的制度体系建设，进一步规范和强化管理队伍。

（三）提升师生民主意识和主体意识

一是加强教职工代表大会的职能。教职工代表大会作为教职工群众行使民主权利的重要组织和民主管理学校的重要形式，有权听取校长的报告、学校的改革方案、工作计划、教职工队伍建设等重大事项；有权审议通过教职工奖惩办法和基本规章；有权决定教职工福利待遇和绩效奖励分配的原则和办法；有权监督学校各级领导干部，包括表扬、奖励、推荐、评价。发挥教职工代表大会的作用就是对教职工参与学校治理的最大肯定。现实中，教职工代表大会经常被置于可有可无的地位，严重影响了教职工在学校治理方面的主动性，也损害了教职工应享有的治理权，造成教职工对学校的不满无处可说，激化了教职工和学校间的矛盾。只有正确看待教职工代表大会的地位，给予充分的尊重，授予充分合理的治理权限，才是解决相关矛盾问题的所在。二是增强学生的治理主体意识。无论是高职院校，还是中职学校，其首要职能都是人才培养，办人民满意的教育从某种程度上来说就是办学生满意的教育，而学生对教育的满意度在很大程度上取决于对教师的满意度。学生的视角对于学校治理有着非同寻常的意义，学生的视角不同于教师，学生拥有对教学效果评估的绝对发言权。虽然学生的评价不能作为教师是否合格的唯一标准，但还是能为教学的良好发展提供很好的参考意见。当学校在做某些决策时，如果能听取学生意见，那么制定的决策就会更加符合学校的运行实际。

（四）加强权力监督，制约权力滥用

首先，民主监督是学校民主执政的重要内容。职业院校要切实保证校内师生的法定权利与主人翁地位，从而有效保障师生实现民主监督的权力。所以，学校应该强化重要事项与问题的决策透明度，强化民主集中制，完善校内的各种监督组织，畅通监督渠道。其次，民主监督是学校科学决策的重要途径。通过教职工民主监督，会使教职工的意见和建议融入学校重大问题的决策中，转化为制度和规定，实现重大问题决策科学化。再次，民主监督是学校预防和惩治腐败的重要措施。学校各级领导要增加办事的透明度，扩大教职工的知情权、参与权、咨询权、质疑权，使各项改革措施和领导者的行为方式建立在民主的基础上，这样就会形成一种预防和惩治腐败的强大合力。所以，实行民主监督是加强学校党风廉政建设的重要举措，是促进依法治校，实现学校重大决策科学化、民主化的必由之路，也是职业院校从管治走向善治的路径选择。

第三节　职业院校内部治理主体素质提升

为什么要提升职业院校内部治理主体的素质？哪些因素影响到职业院校内部治理主体素质的提升？怎样才能提升职业院校内部治理主体的素质？这是本节需要探讨的问题。

一、职业院校内部治理主体素质提升的必要性

与职业院校内部利益密切相关的学校领导层、教师、学生和家长等是职业院校内部治理的主要参与者，他们就是职业院校内部治理的主体，其中最重要的主体应该是学校领导层和教师，其素质提升对职业院校内部治理能力提升至关重要。

1. 内部治理主体素质提升是教育现代化的要求

教育现代化对学校领导层和教师的要求越来越高。培养具有创新精神和实践能力的人才，首先必须有一批忠诚于党的教育事业，富有献身精神、广博知识、治学严谨、锐意进取、勇于创新的干部、教师队伍。

2. 内部治理主体素质提升是学校发展的要求

干部、教师是学校教育的实施者，也是学校创建特色、推进素质教育、促进学生全面发展的关键人物。一支优秀的干部、教师队伍，是学校的宝贵财产和无形资产，是学校最丰富、最有潜力、最有生命力的资源。一所学校唯有拥有了最好的干部、教师，才能办成最好的学校。

3. 内部治理主体素质提升是教师自身发展的要求

教师走上了教育这个行业，就要在这个行业中去充分展示自己的才华，就要不断地充实、提高、发展自己，就要在这个行业中充分实现自己的价值。时代的发展、知识的更新、教育的进步、教学方式的转变等等，都需要教师有良好的自身素质和高超的教学、管理水平。

4. 内部治理主体素质提升有利于学生和家长的成长

著名教育家福禄贝尔曾说过："国民的生命与其说操在当权者手中，不如说握在母亲手中。"的确，一个称职的家长，就要善于扮演多种角色，可以是严父、可以是慈母；可以是良师、也可以是益友；可以是生理保健医生，也可以是心理医生；可以是图书管理员，也可以是教练员。在学生需要的时候，扮演的角色越多，与孩子的感情越深，在孩子心中的形象就越高大。作为学校内部治理主体

之一的家长，参与学校管理的过程，既是自我发展提高的过程，也是与学校形成合力，共同培养教育好学生的过程。

二、影响职业院校内部治理主体素质的因素

管理人员作为学校管理制度的制定者和执行者，在学校管理环节中起着十分重要的作用，因此管理人员的素质是决定管理水平的最主要因素。但是，从目前的情况看，一些学校的整体管理水平还不能适应学校的发展需要，主要表现在思想素质不高，服务意识淡薄；政治素质不高，大局意识不强；业务素质不高，责任意识欠缺等方面。这种现象的产生既有主观因素又有客观因素，既有个人原因也有学校原因。

（一）主观原因

一直以来，从事管理工作的人员大都强调从实践中总结经验方法，不太重视管理理论的学习，普遍认为管理是“软”的东西，理论可学可不学，不会影响学校管理的质量。而学校层面，又往往对管理人员素质的提高重视不够，放松甚至忽视了对管理人员的培训。这两个层面的因素交织在一起，造成了学校一线管理人员理论水平偏低、素质不高的现象。

（二）客观原因

职业院校管理人员管理经验相对缺少。近几年，一些学校引进了大批具有硕士及以上学位的研究生进校工作，并培养他们逐步走上管理岗位。他们年轻、有活力、学历高，这是优势；然而他们又普遍缺少管理经验，再加之他们不具有职业院校的教育背景，对职业院校教育发展规律把握不够，从客观上影响了职业院校管理水平的提升。

三、职业院校内部治理主体素质提升的方法

（一）内部治理主体素质提升的基础

要想提高管理水平，就必须培养一批高素质的管理人员，这是提升学校整体管理水平的基础。从一些学校管理人员现状来看，提高管理人员的素质应着重从以下六个方面抓起。

1. 要高度重视管理人员素质的提高

管理是质量的根本保证，管理者管理水平的高低决定着学校的办学水平和效益，左右着学校前进和发展的方向，影响学校工作的全局，也影响着教师的教

学行为和教育观念。因此学校领导要把提高管理人员素质提到应有的高度,要像抓教师素质建设那样,抓好管理人员的素质建设。必须从行政意识、岗位意识、角色意识、大局意识、服务意识、责任意识、质量意识、创新意识等方面着力提高学校管理层的综合素质。可以采取集中面授、名校观摩、跟岗培训、专题研究等相结合的方式,针对学校不同管理岗位负责人分层分类开展专题研修。围绕集团化办学、校企合作、现代学徒制、学校治理、中高职衔接、专本贯通、专业设置与建设、教师队伍建设等内容,重点提高学校管理层的改革创新意识、决策领导能力、依法办学和治校能力,为学校培养一批素质高、知识面宽、组织协调能力强、精通现代学校治理的"教育家"型管理者。

2. 注重管理人员专业化建设

近年来,职业院校规模迅速扩大,职能内涵日益丰富,面对日益繁杂的行政事务及日益加大的管理链条,非专业化的人员难以开展有效的管理工作。因此,加强管理人员系统的管理基础理论学习和基本功训练显得愈加重要。学校要制定相应的政策或制度,鼓励管理人员结合其本职工作开展管理科学研究。同时要适当地从专业技术人员中选拔管理人才,有计划有步骤地培养一批既具有教学科研工作经历,又有较强管理工作能力和一定学术水平且热心管理工作的人员充实到学校的重要部门和关键岗位,从整体上提升管理人员的专业化水平和创新能力。

3. 要重视管理人员的培训

职业院校应当加强对行政管理人员的培训和思想教育,给他们创造学习和研究的机会,促使其树立良好的服务意识。只有不断提高专业能力,为教师提供高效优质的服务,才能更好地履行职责,使教师群体理解行政管理工作的价值、专门性和不可替代性,为自身工作赢得尊重。

4. 分层次打造高素质教师团队

一是专业带头人领军能力研修。组织职业院校具有中级以上职称、主持过相关科研教改课题或项目的专业带头人,采取集中面授、返岗实践、再集中面授交替进行的方式进行培训,重点提升教师的团队合作能力、应用技术研发与推广能力、课程开发技术、教研科研能力,培养一批具备专业领军水平、能够传帮带培训教学团队的"种子"名师。二是"双师型"教师专业技能培训。组织职业院校不同层次和基础水平的"双师型"教师,采取集中面授与网络研修相结合的方式,进行专项培训。开设专业教学法、课程开发与应用、技术技能实训、教学实践与演练等专题模块,重点提升教师的理实一体教学能力、专业实践技能、信息技术应用能力等“双师”素质。三是优秀青年教师跟岗访学。组织职业院校有发展潜力的优秀青年教师到省内外国家级（省级）重点学校、示范学校等优质学校，采取听课观摩、集体备课与案例研讨、参与教科研项目等方式，以“师带徒”模式进行跟岗访学，通过全面参与培训学校的教育教学实践和管理工作，帮助教师更新教育理念，提升教学能力、研究能力和管理能力，解决教育教学中的实际问题。

5. 落实立德树人根本任务，培养社会主义建设者和接班人

德育是教育的灵魂，培养合格公民，首先是解决培养什么人、如何培养人的关键问题。要培养学生学会做人，坚持育人为本，德育为先，把社会主义核心价值体系融入国民教育全过程，全面提高学生的综合素质；作为教育工作者必须更新人才培养观念，树立人人成才的观念，引领学生学会学习，努力提高学生的学习兴趣，鼓励学生的批判思维和创新精神的培养；树立健康第一的思想，不断增强学生的体质，培养学生积极向上的健康心态，养成健康人格；提高学生的审美能力和艺术修养；加强劳动教育，培养学生劳动技能和社会实践能力。同时要针对职业院校特点，尊重个人选择，鼓励个性发展，树立多样化人才观念。为每一名学生成才服务，为每一名学生提供适合的教育，使其成为对社会的有用之才。培养学生树立终身学习观念，为持续发展奠定基础。尊重人才成长发展规律，关注人才成长这个连续的过程中的能力培养，促使学生学会认知，学会做事，学会共同生活，学会生存。提升学生的学习能力、实践能力、创新能力、表达能力、与人沟通的能力，把学校教育与人才培养系统工程结合起来，在教学实践中探索研究如何把学校、家庭、社会密切结合起来，培养学生的持续性、多样性发展。

6. 以提升家长素质为核心，大力加强家长队伍建设

学校要组织开展形式多样的家庭教育实践活动，提升家长素质，发挥家长作用，形成合力，共同促进学生健康成长。一是学习家教知识，提升家长素质。可以集中培训，学校组织骨干教师参加家庭教育讲师培训，定期为家长举行家教知识讲座；也可以家长自学，学校编写家庭教育校本教材，丰富家长教育能力提升的途径，增强家长教育能力的针对性；还可以交流经验，定期召开家教经验交流会，编纂《家庭教育经验文章汇编》，促进家长总结、交流家庭教育经验。二是保持家校沟通，密切家校联系。定期召开家长会、家长委员会工作会议，向家长报告学校教改动态和办学情况，汇报学生在校情况，要求家长认真履行监护人职责，勇于承担教育子女的责任，积极配合学校教育子女。三是参与学校管

理,发挥主体作用。向家长发放征求意见表,收集广大家长对学校办学的意见和建议,让家长参与管理,使家长成为学校的主人。

（二）内部治理主体素质提升的前提

建立科学合理的管理机制是提高管理水平的前提。科学合理的管理机制应该包括目标管理机制、竞争激励机制、问责机制。目标管理机制主要起着引导管理行为方向的作用,竞争激励机制主要是推动管理目标实现的动力机制,而问责机制则是目标实现的一种监督机制。三者分别在事前、事中、事后发挥各自的作用,建立“三位一体”的管理机制是提高职业院校管理水平的前提。

1. 目标管理机制

目标管理作为先进的现代科学管理方法,其制度化、规范化是一个重要特征。新时代要有新目标、新要求和新作为。职业院校应制定科学的目标体系,并建立与之相适应的一整套规范化的管理制度和科学化的管理方法,如严格的教学管理制度,科研管理制度,管理考核制度,教学质量、产学研结合、质量监控考核体系等。目标管理要把目标具体分解,通过岗位责任制落实到每个基层单位和个人,激发每位教职工的积极性和自我控制意识,改变学校内部存在的分工不科学,责、权、利脱离,内耗多,工作效能低的现象,增强每个人的政治责任感,强化忧患意识,树立宗旨意识和服务意识,打破干与不干一个样、干好干坏一个样、吃大锅饭的局面,给每位教职员工创造一个显示自己才华、展示自身才能,充分发挥主观能动性,平等竞争的机会和平台,从而使具有真才实学、德才兼备、锐意改革创新的优秀人才脱颖而出,并促使其不断地学习新知识,掌握新技术,提高政治理论、业务素质、教学质量和科研水平。

2. 竞争激励机制

没有竞争就没有压力,没有压力就没有动力,没有动力,提高管理人员的积极性就无从谈起。当前,职业院校部分管理人员安于现状,不求上进,其重要原因就是缺乏竞争、缺少压力,没有竞争激励机制进行约束。所以,必须引入竞争机制,建立公平竞争、优胜劣汰的管理激励机制。形成能者上、平者让、庸者下的竞争格局,在全校造成一种竞争氛围,从而提高管理人员的积极性。通过竞争上岗、择优聘任、末位淘汰,形成管理人员能上能下、待遇能高能低的良性运行机制。要强化岗位,淡化身份,变身份管理为“岗位”管理。在管理人员的使用和奖励上,要提倡能力导向,使有能力者得其职;要提倡业绩导向,使有业绩者得其酬。

3. 问责机制

问责制度是依法治校的重要制度，是衡量依法治校水平的重要标志。目前，个别学校在管理中也逐步建立了问责制。比如有的学校由于管理不到位，而导致教学事故、安全事故或食品卫生事故等的发生，采取问责制之后，对相关人员进行相应的处理，他们因此而引咎辞职或被降级使用，收到了良好的效果。问责制的建立能极大强化管理人员的责任意识，对那种“见到利益抢着要，遇到问题躲着走”的人有很大的触动。职业院校建立问责制度，必须下大力气做好两项工作。一是要本着与时俱进的原则，对学校现有规定进行认真清理，该废除的要废除、该修改的要修改、该整合的要整合，以增强其针对性和可操作性。二是要本着开拓创新的原则，有针对性地稳步推进学校相关制度建设，既要着力解决有关问责规范的空当问题，又要着力解决现有问责规定的细化和配套问题，还要着力解决确保所有问责规定都能够得到有效运用和执行的问题。

四、内部治理主体素质提升的必要条件

职业院校要适应发展需求，遵循管理人员成长规律，以提升岗位胜任力为重点，制订并实施学校管理队伍能力提升计划，不断提高管理人员的专业化水平。根据教育部颁布的《职业院校管理水平提升行动计划(2015—2018 年)》对管理队伍能力建设行动的要求，职业院校内部治理主体素质建设应做到以下几点。

(一)明确能力要求

按照国家对职业院校管理人员的专业标准和工作要求，围绕学校发展、育人文化、课程教学、教师成长、内部管理等方面，结合学校实际和不同管理岗位特点，细化校(院)长、中层管理人员和基层管理人员的能力要求，引导管理人员不断提升岗位胜任力。

(二)加强培养培训

以需求为导向，以能力要求为依据，科学制订各类管理人员培养培训方案，加强管理人员全员培训；搭建学习平台，建立分层次、多形式的培训体系，做到日常培训与专题培训相结合，在职学习与脱产进修相结合，理论学习与经验交流相结合，不断提升管理人员的政治素质和业务能力。

(三)强化激励保障

坚持民主、公开、竞争、择优的原则，选拔聘用管理人员，拓展管理人员的发

展空间和上升通道，形成有利于优秀管理人才脱颖而出的机制；积极推进以岗位能力要求为依据的目标考核，把考核结果与干部任免、培养培训、收入分配等结合起来，强化管理人员的职业意识，激发管理人员干事创业的内在动力。

各级教育行政部门要把职业院校管理骨干培养培训纳入国家和省级校长能力提升、教师素质提高等培训计划，统筹实施，组织开展管理经验交流活动，搭建管理专题网络学习平台，为职业院校管理队伍能力提升创造条件。

第六章　职业院校内部治理制度建设

俗话说："不以规矩，不能成方圆。"没有制度建设就谈不上治理。制度建设在学校治理过程中起着举足轻重的作用，它使治理工作有章可循、有制可遵、有据可依、有度可持，为逐步实现学校治理民主化、科学化、规范化、制度化，提供了可靠保证。章程是学校的"宪法""根本大法"，也是"母法"，它上承国家法律法规，下启学校规章制度，其他规章制度都要依据章程进行建设。职业院校内部治理不仅是建立健全制度的过程，更是严格执行落实制度的过程。

第一节　职业院校章程建设

随着依法治校进程的加快，依法制定和完善学校章程，已经成为职业院校当前面临的迫切任务，是学校从传统人治走向现代法治、从自上而下的行政管理走向上下互动的和谐善治，实现学校治理的民主化、科学化、规范化、制度化的重要举措。

一、职业院校章程建设的意义

（一）章程建设是党和国家依法治校的必然要求

随着我国教育的发展以及国家法制化进程的推进，依法治校越来越重要。而职业院校章程作为学校的"宪法"，无疑对于依法治校具有举足轻重的地位。教育部先后发布《关于加强依法治校工作的若干意见》《全面推进依法治校实施纲要》《高等学校章程制定暂行办法》等文件，对学校章程建设提出了明确要求。《关于加强依法治校工作的若干意见》中提出："学校建立依法决策、民主参与、自我管理、自主办学的工作机制和现代学校制度；加强制度建设，依法加强管理。学校要依据法律法规制定和完善学校章程，经主管教育行政部门审核后，作为学校办学活动的重要依据。"《全面推进依法治校实施纲要》要求："加强章程建设，健全学校依法办学自主管理的制度体系。"《高等学校章程制定暂行办法》指出:“章程是高等学校依法自主办学、实施管理和履行公共职能的基本准则。高等学校应当以章程为依据,制定内部管理制度及规范性文件、实施办学和管理活动、开展社会合作。”

(二)章程建设是学校依法治校的先决条件

职业院校制定学校章程要依据教育法、高等教育法等相关法律法规,遵循法制统一、坚持社会主义办学方向的基本原则,以促进改革、增强学校自主权为导向,着力规范内部治理结构和权力运行规则,充分反映广大教职员工、学生的意愿,凝练共同的理念与价值认同,体现学校的办学特色和发展目标,突出科学性和可操作性。章程在学校制度体系中具有基础性和准则性作用,规范和统领学校各项管理制度,是学校行为的基本准则,对于推进依法治校具有重要意义。

(三)章程建设是规范学校自主办学的法律依据

《国家中长期发展规划纲要(2010—2020年)》规定:“推进政校分开、管办分离;落实和扩大职业院校办学自主权,建设依法办学、自主管理、民主监督、社会参与的现代学校制度,构建政府、学校、社会之间新型关系。”章程是职业院校办学的纲领性文件,是学校成为法人组织的必备条件,是规范学校自主办学的法律依据,是处理学校与政府、社会及内部关系的基本准则。职业院校在章程建设中,可以通过对举办者与学校的权利与义务的规定来依法落实学校办学自主权,以充分发挥学校的主动性,实现学校自我发展。

(四)章程建设是理顺学校管理关系的重要基础

从目前职业院校的内部治理环境来看,普遍存在机构臃肿、办事效率低下、管理制度和重大决策可行性论证评估制度不健全、责任不到位等现象。学校自我发展的能力不够强,在一定程度上存在权责不统一、自我约束机制不健全、权力滥用、一味争权等问题;学校行政化、官僚化倾向日趋严重,学术权力与行政权力关系失衡,行政权力泛化,学术权力淡化,政治权力、行政权力、学术权力和民主权力四种权力结构不平衡,权力制衡机制不健全,权力边界不清晰等问题也有一定程度的存在。职业院校通过章程建设,可以理顺学校内部管理关系,规范和制约权力运行,保障各利益相关者的合法权益,提高工作效率和办事效益,进而提升内部治理水平。

二、章程建设促进内部治理能力提升机理

章程建设是章程创作、章程核准、章程实施、章程监督与章程修订五大环节

前后衔接、循环往复的过程。章程创作是基础，章程核准是保护，章程实施是关键，章程监督是保证，章程修订是要求。通过章程建设这五大环节的循环往复，促进职业院校内部治理结构的完善，提升职业院校内部治理能力。

(一)章程创作构架职业院校内部治理结构

在章程创作过程中，职业院校必须研究党和国家的法律、法规，尤其是贯彻落实教育法、高等教育法、职业教育法、《高等学校章程制定暂行办法》(教育部第 31 号令)和相关法律法规要求，学习借鉴国内外同类院校章程创作的经验和做法，广泛征求相关部门、行业、企业、专家、校友和广大师生的意见和建议，经过反复推敲、斟酌、修改之后，提出较为成熟而具有特色的章程草案。然后经过教职工代表大会讨论、校长办公会议审议和学校党委会讨论审定等环节，审核条款是否与法律法规相抵触；是否充分体现各利益主体的权利和义务关系；是否符合学校办学实际、体现学校办学特色；是否做到办学理念的传承与创新实现有机统一；是否做到文本结构符合逻辑，各条款必要和可行，用语规范、准确，等等。章程创作重构内部治理结构，完善党委领导下的校长负责制或校长负责制等制度，明确学校办学主体地位、突出系(部)重心地位、彰显教师主导地位、体现学生中心地位，全方位规范内部治理行为，为提升内部治理能力奠定坚实的基础。

(二)章程核准确立职业院校章程的立法属性

章程经学校党委会审定通过后，呈送教育行政部门核准，教育行政部门依据法律、法规和有关制度，聘请专家对章程文本进行合法性审查，提出修改意见。职业院校吸收教育行政部门的审核意见，进一步完善章程文本，确保内部治理主体全面、治理方式科学有序、内容条款表述准确。当职业院校对章程文本再次修改后，教育行政部门依法对职业院校章程予以核准，章程文本就具备了法律效力和法律约束力。至此，职业院校符合其章程的办学行为则受到法律的保护，违反其章程的办学行为，教育行政部门有权进行干预和处罚，避免内部治理的随意性和个人凌驾于章程之上的行为。

(三)章程实施规范职业院校内部治理行为

章程建设过程中往往存在重建设、轻执行的问题。为了破解这一难题，必须强化章程实施，完善配套措施，增强可操作性。首先，要加强对章程建设的领导。从外部层面看，职业院校主管部门要对职业院校章程建设提出明确要求，推进章程建设常态化。从内部层面讲，职业院校党政主要领导首先要作执行章程的表率,支持相关利益主体依章维护权益、履行义务,并明确牵头部门的职责,将章程建设列入学校年度工作计划,推进章程建设不断深入。其次,要精心策划对章程的学习宣传。章程核准后要号召全体师生认真学习,利用校园网、微信、QQ、校报、校刊、广播电视等各类校园媒体,多角度展示章程建设的内容、特色、亮点、成果等,营造浓厚氛围,促进章程建设观念深入人心。再次,以章程文本为基础构建学校制度体系。根据职业教育发展的新形势、新要求,完善党委领导下的校长负责制或校长负责制、教代会制度、学术委员会制度等学校重大制度安排,同时督促校内各部门、各单位对照章程文本认真梳理各自工作职责,按照章程要求对原有各项规章制度进行废、改、立,形成以章程为核心的新的制度体系。最后,推进规章制度的固化和实施。导入学校形象识别系统(CIS),对学校的办学定位、办学理念、指导思想、“一训三风”等理念识别系统(MIS),校规校纪和各种规章制度等行为识别系统(BIS),校徽、校旗、校歌、校名用字等视觉识别系统(VIS)进行固化,增强章程的吸引力和实效性,调动全校师生章程实施的积极性,用章程规范内部治理行为。

（四）章程监督促进职业院校内部治理落到实处

为了有效地落实章程,必须加强章程监督,形成内部权力监督机制,防止权力滥用或不作为。章程监督包括内部监督和外部监督。内部监督包括领导监督、党务校务公开监督、纪检监察及督查监督、考评监督等。领导监督,是指学校领导坚持党委领导下的校长负责制或校长负责制,按照章程和有关制度,执行党委会议、党政联席会议、校(院)长办公会议及“三重一大”决策制度,推进科学民主决策;将章程建设和依法治校工作列入重要议题,定期调度有关情况。党务校务公开监督,是指将章程建设作为党务校务公开的重要事项,相关部门(单位)及时公开工作开展情况,接受师生和社会监督。纪检监察及督查监督,是指发挥信访渠道、监督热线及新媒体平台的作用,接收广大师生关于学校章程实施情况的反馈信息。考评监督,是指发挥考评机制的作用,将依法依章办事作为党员干部和教职工评先树优的重要指标,作为各部门(单位)年终绩效考核的重要内容。外部监督,是指政府、企业、社会、家长的监督,尤其要充分发挥政府的监督作用,通过政府主管部门定期督导职业院校章程建设进展情况,总结经验,分析不足,反馈信息,推进职业院校依法治校进程。当前,可将职业院校章程建设的评估结果纳入优质校建设项目评选和验收的重要指标,以调动职业院校落实章程的积极性。

(五)章程修订完善职业院校内部治理结构

韩非在《韩非子·五蠹》中提出“世异则事异，事异则备变”的主张，意思是世界改变了事情也就随之改变，事情改变了那就需要对变化进行准备。唯物辩证法认为，一切都是运动的，而运动是发展的过程，其主要原因就是事物内部矛盾的发展。从这一角度看，面对内外形势的变化，职业院校及时修订完善章程也是章程建设的应有之义。比如，随着国际化办学的深入开展，职业院校有必要取长补短，吸收国际同类院校先进的办学理念，完善内部治理结构。再比如，目前，多个省份已经完成高等职业院校章程的核准，但是由于教育部又新近印发《普通高等学校理事会规程(试行)》(中华人民共和国教育部令第 37 号)，而原核准章程文本中较少或者没有涉及这些内容。因此，应及时修订章程文本，建立政、校、企、行利益共同体，加强产教融合、校企合作。同时，作为“母法”的学校章程也应该具有相对稳定性，特别是当前职业院校章程已被核准的情况下，可以三年为一个周期，由教育主管部门统一组织职业院校进行章程修订，保持核准文号的连续性，不断把“章程建设”引向深入。职业院校根据有关规定和程序，启动章程建设新一轮循环，通过章程修订，增强章程的针对性和时效性，进一步完善内部治理结构，推进职业院校内部治理能力提升。

二、职业院校章程建设应注意的问题

(一)要彰显职教特色

1. 体现行业、企业在人才培养中的独特作用

“产教融合、校企合作、工学结合、知行合一”是职业教育人才培养的必由之路。因为学校本位的职教实施体系，在教学内容、实训设施、专业师资上，具有三个靠本身无法克服的缺陷：不管学校的教学内容如何先进，与生产、服务一线所应用的最新知识、最新技术、最新工艺相比，总有距离；不管学校的实训设施如何先进，与生产、服务一线最新生产设备相比，总有距离；不管学校的专业课师资如何“双师型”，与生产、服务一线技术专家、操作能手相比，总有距离。这些“致命缺陷”只有靠“校企合作”才能克服。[①] 高等职业院校的章程必须载明行业、企业在高职人才培养中的责任和权利，明确行业、企业参与专业人才规格定位、教育目标设计、课程体系建构、课程标准评审、教学模式改革、教学资源开

① 石伟平，徐国庆.世界职业教育体系的比较[J].职教论坛，2004(1)：21.

发、教学团队与实践基地建设、教育质量评价等方面的要求。

2. 强化缓解劳动力供求结构矛盾的职能

职业教育本来就是一种面向人人、面向社会的教育，面对国家实施的走中国特色新型工业化、信息化、城镇化、农业现代化道路的政策，推动信息化和工业化深度融合、工业化和城镇化良性互动、城镇化和农业现代化相互协调的发展战略，职业院校理所当然要在产业工人技术升级、农村劳动力转移、国民素质提升中发挥作用。职业院校的章程必须强化在缓解劳动力供求结构矛盾中的职能，明确成人技术教育、技能培训的责任，自觉服从、服务于国家学习型社会、终身教育体系的建设。

(二)要明确办学定位

1. 办学理念

一个学校的办学理念如果能够形成于内部认识的高度一致，对外交流的充分开放，内外发展的协调有效之上，则“追求一流教育”就有了良好的起点。[①] 学校章程要融进学校的办学理念，包括办学指导思想、办学宗旨、办学定位、发展策略等，以形成全体利益相关者统一的目标、愿景和意志。特别是办学定位要准确，职业院校的办学定位应立足区域经济社会发展需要，面向生产服务一线培养高素质技术技能人才。

2. 办学使命

确立为师生员工充分认同的办学使命，是职业院校积聚力量、激发斗志、办出质量、彰显存在价值的客观要求。章程要明确培养高素质技术技能人才的指导思想和目标，明确专业设置与调整、招生计划编制的原则和程序、专业建设的内容要素和方法要素，明确全面素质教育的任务和途径，明确人才质量测量、分析与改进的意义和要求；章程要确立学校教育教学和应用技术研究的前进方向；章程要确定学校开展社会服务工作的目的和思路，指明开展社会服务工作的基本方式和路径等。

(三)要体现利益相关者的权利义务

利益相关者共同治理是现代职业院校治理发展的不二趋势。不仅如此，学生的生存和发展依赖于其对各利益相关者要求回应的质量。职业院校的利益相关者不仅包括校内的教师、管理干部、服务人员、学生、家长，还包括学校的举

---

① 寿韬.大学校园文化的设计与实践[M].北京：中国林业出版社，2004：80.

办者、管理部门、合作行业和企业、社区及校友等。只有理顺利益相关者之间的关系，建立利益相关者共同治理的体制机制，才能充分发挥每一个利益主体的作用，最大限度地实现学校的办学目标。学校章程要把握不同利益相关者的需求，准确厘定他们在学校发展中的地位、作用，明确他们的权利、义务，以实现利益相关者价值观念、利益诉求和权力配置的平衡，激发他们在学校建设、稳定、改革和发展中的“正能量”。

第二节　职业院校管理制度建设

著名教育家夸美纽斯说过，制度是学校一切工作的“灵魂”，“哪里制度动摇，哪里便一切动摇；哪里制度松垮，哪里便一切松垮和混乱”①。哈佛大学荣誉校长陆登庭说过：“哈佛的成功主要是形成了一种明确的办学理念，一套系统的制度和机制，所以即使现在没有校长，哈佛一样可以正常运转。”所以，建立健全既符合党和国家法律法规和政策规定，又体现学校章程要求的系统完备的规章制度，加快管理制度化、制度流程化、流程信息化的职业院校内部控制体系建设，对于提升职业院校内部治理能力至关重要。

一、职业院校管理制度建设的意义

职业院校管理制度，是指学校为了保证教育教学活动的有效进行，防止和纠正错误与舞弊，在校内职能分工基础上建立相互制约、相互联系的措施和制度。职业院校加强管理制度建设对于提升内部治理能力具有重要的意义。

（一）管理制度建设是职业院校实现办学效益的客观需要

在社会主义市场经济体制下，职业院校为社会培养高素质技术技能人才，实现社会效益的同时，也应实现一定的经营管理目标，从而为学校的持续发展积累基础。近年来，在职业教育取得了跨越式发展的同时，也出现了一个较为突出的问题——财务风险。办学规模的急速扩大给职业院校带来了沉重的债务负担。多数职业院校为解决资金问题大举外债，而巨额的负债却在无形中增加了学校的财务风险，财务风险的存在极大地制约了职业院校持续健康发展。为此，职业院校在办学过程中必须加强管理制度建设，发挥内部控制在避免浪

---

① 夸美纽斯.夸美纽斯教育论著选[M].北京：人民出版社，1990：242.

费和损失、增收节支、降低成本、降低财务风险等方面的突出作用，为职业院校办学创造一个良好的发展环境。

（二）管理制度建设是建立现代学校制度的重要内容

建立现代学校制度是职业院校改革发展的目标之一。建立现代学校制度，其中一个重要内容就是完善学校管理制度。管理制度是人类经济社会发展到特定阶段的产物，伴随着现代经济关系日益复杂化的趋势，内部控制已经成为加强组织管理的重要手段，在这一过程中，管理制度成为内部控制的重要内容。职业院校管理制度要求形成激励和约束相结合的管理体制，以实现学校的自我约束。

（三）管理制度建设是加强国有资产管理的必然要求

对于公办职业院校来讲，其资产属于国有资产。学校国有资产的管理是一项常规性的工作，在实际操作过程中，部分职业院校存在着管理混乱、职责不清等问题，因此，必须切实做好学校国有资产的管理，防止国有资产流失，这就需要加强学校管理制度建设。

（四）管理制度建设是预防职务犯罪的迫切需要

随着我国高等教育体制改革的深入和高校独立法人地位的确立，高校的自主权越来越多，高校领导和职能部门的权力也越来越大，而对这些权力的制约，却没有及时有效地跟进。尽管高校反腐倡廉的活动已开展起来，但对其内部权力的监督和制约仍与要求存在较大差距，体制不完善、法规不健全等问题，使个别领导一旦大权独揽，就会将学校的发展机遇当成谋取个人利益的机会，走向腐败。① 职业院校虽不及普通高校体量大、权力大，但职务犯罪案例也屡见不鲜，甚至有不断增加之势。要预防和治理职业院校职务犯罪，必须从制度建设入手，建立科学完备的内控体系，完善权力监督和制约机制。

总之，职业院校建立健全科学完善的管理制度，可以使学校管理有章可循、和谐有序，可以为师生的职业生命成长和学校的改革发展保驾护航，可以为学校管理走向科学化、制度化、规范化奠定坚实的基础。

二、职业院校管理制度分类

职业院校管理制度按事权主要分为教育教学管理类、学生管理类、干部教

① 顾建亚.现代大学治理的内部监督制约机制研究[M].杭州：浙江大学出版社，2017：5-6.

师管理类、财务资产管理类、其他事项管理类。

1. 教育教学管理类

教育教学管理是学校管理的重心，是稳定教育教学秩序、提高教学质量的保障。作为学校的中心工作，教育教学管理既要行使行政管理职能，保证和服务于教育教学工作，更要行使学术管理职能，规划、设计、组织好教学科研工作，严格规范地实施学校的教育教学管理和科研工作，从而积极稳妥地推进教育教学改革和科研，为学校的发展服务。同时需要有一支高素质的教师队伍，这支队伍不但要有合理的年龄、专业、学历、职称、性别、“双师”素质等结构，还需要有从事教育管理相关的理论和业务知识，与岗位相关的组织能力、决策能力、协调能力，掌握现代教育技术手段。教育教学管理制度主要包括学校人才培养方案制定、课程开设、教材开发、授课时间调整、教学改革项目确定、教学成果认定、教学基本建设管理、教学行政管理、教学研究与教学改革管理、应用技术研究等方面的制度。

2. 学生管理类

学生管理是对学生从入学到毕业整个在校期间的管理。学生管理工作一直是学校教育工作的关键环节，学生管理水平直接关系到学校的育人水平和可持续发展能力。职业院校学生管理制度是对学生在校期间学习、生活、行为的规范。学生管理制度在学生管理工作中发挥着越来越重要的作用，已成为学生管理部门进行有效管理不可或缺的组成部分，是学校学生管理的基础。结合职业院校的具体情况，要制定学生管理规定、学籍管理规定、学生行为规范、学生课外活动管理规定、班级量化考核管理规定、团支部量化考核管理规定、学生资助管理办法、奖学金发放管理办法、学生申诉委员会制度、学生顶岗实习管理规定、毕业生就业工作办法、学生创新创业管理办法、学生会章程、学生社团章程等相关制度和细则，并以此为依据对学生进行管理。在学生管理制度建设过程中，要体现以人文本、立德树人，重视学生全面发展，推进素质教育，增强学生自信心，满足学生成长需要，促进学生人人成才。只有如此，才能实现立德树人、培养高素质技术技能人才的目标，使学生教育管理达到事半功倍的效果，真正回归教育的本质。

3. 干部教师管理类

干部教师管理工作的开展需要有与之相适应的制度予以配合。干部教师管理制度是对干部和教师队伍进行管理的一系列规章、办法的总称。干部教师管理制度的建设对于干部教师队伍的建设有着显著的影响，是干部教师队伍建设的重要环节和制度保障，是提高干部教师队伍整体水平，提高教育教学质量，推动学校内涵发展、科学发展的重要途径。因此，在实际教育教学管理过程中，学校要对干部教师队伍管理进行深入细致的研究，及时根据学校的实际情况和干部教师队伍的现状，对有关管理制度进行改革和完善，进而提升制度的针对性和有效性。干部教师管理制度主要包括学校领导选聘、内部机构设置、中层干部选聘考核和职务晋升、教师选聘、教师职务评聘、教师考核、绩效工资方案制定、干部教师评先评优、干部教师国内外进修学习考察等制度。

教师优则学校优，教师强则学校强。只有建设“有理想信念、有道德情操、有扎实学识、有仁爱之心”的“四有”教师队伍，才能建成品牌学校。政治路线确定之后，干部就是决定的因素。建设一支“信念坚定、为民服务、勤政务实、敢于担当、清正廉洁”的干部队伍，是办好学校的关键。在干部教师管理制度建设上，要体现这些要求。

4. 财务资产管理类

学校财务资产工作是整个学校工作的重要组成部分，财务资产制度建设是学校财务资产管理工作的基础，建设现代职业院校，提高学校资金使用效益，防范化解财务风险，防止国有资产流失和闲置浪费，必须加强财务资产管理制度建设。学校各项资金的安排、使用，要贯彻执行党和国家的有关方针政策，要为学校各项工作服务，为广大师生员工的学习、生活服务。认真贯彻执行党和国家的财经方针、政策、法令，维护财经纪律，保护公共资财的安全，根据上级有关规定和学校具体情况，编制和执行学校的财务计划，拟订学校财务和资产、物资管理的具体制度、办法、措施。通过做好记账、算账、报账工作，调查、研究、分析、考核资金使用效果，积极参与经济决策。学校能否搞好财务制度建设，依据国家有关法律、法规和财务制度，结合学校的实际情况，及时制定或修订各种学校财务资产制度，直接决定学校内部财务资产制度是否健全、合理，决定着学校财务资产管理水平的高低。财务资产管理制度主要包括学校财务人员规章制度、学校财务工作实施细则、学校账务处理程序制度、学校教育经费管理制度、学校财务稽核制度、学校原始记录管理制度、学校财务收支审批制度、学校收据管理制度、学校银行支票管理制度、学校差旅费培训费管理办法、学校公务卡管理使用规定、学校政府采购预算、财务决算管理制度、学校自主采购工作流程与制度、学校资产管理办法等。

5. 其他事项管理类

除以上四个方面的管理制度外，学校管理者还要建立健全其他与学校办学相关的制度，通过这些制度的实施，带领和引导广大师生员工，充分利用校内外资源和条件，整体优化学校教育教学工作，保障学校教育教学活动的顺利开展。这些制度主要包括学校发展规划和年度计划制订制度、章程修订和规章制度制订制度、“三重一大”决策制度、党的工作制度、行政工作制度、群团工作制度、安全保卫制度、基本建设制度、社会服务制度、学校信息化建设制度、校务委员会制度、家长委员会制度、校企合作制度、国际交流与合作制度等。

三、职业院校管理制度创新

（一）职业院校管理制度创新的必要性

制度是一种稀缺性资源，因为它不具有专利性，是一种公共品，可以“搭便车”，人们可以简单地模仿由别人创造的制度安排，而无须付费，这样，进行制度创新的人就缺少激励，这类稀缺可视之为利益驱使下的制度稀缺。另外，从制度的可移植性来看，正式约束容易移植，而非正式约束由于内蕴传统和历史积淀，其可移植性就差得多。因为，一种非正式规则尤其是意识形态能否被移植，其本身的性质规定了它不仅取决于所移植对象的技术状况，更多地取决于后者的文化传统对移植对象的相容程度。因此，学校的发展首先依赖于内部决策者和管理者不断更新的理念。从更严格的意义上来讲，对于一个勇于创新的团体或管理者而言，意识和理念往往成为正式制度安排的理论基础，因此，在观念上，要求我们立足于未来，不断以发展的眼光来看待和解决发展过程中出现的各种矛盾。其次，从学校管理总体上来看，缺少一种开放机制，与外部环境缺乏一定的沟通。随着学校组织边际的不断扩大，在理念上理应打破原来狭隘封闭的藩篱，整合现有资源，不断汲取兄弟院校办学的长处，根据学校实际对学校的管理制度进行“修正”或进行有效的创新。当然，这必须基于学校逐年积累建立起来的校园文化环境，更基于以人为本的管理理念，使学校的管理工作做到潜移默化，润物无声。

（二）学校管理者应树立创新兴校的理念

学校管理者支配和引导各个群体的行为，他们是否具有创新素质将直接制约和影响学校的发展和走向。管理者没有创新精神，就不会产生促进学校发展的战略思考；没有创新人格，就不能果断接纳创新建议，更不会激发全校教职员工的创新潜能，制度创新也就无从谈起。为此，教育管理者必须把创新作为基本的兴校理念，积极转变教育观念，不断提高自身创新素质，及时发现和开发蕴藏在广大教职员工身上潜在的创造性品质,并尽可能采取多样化的活动方式,不断激励和鞭策全体教职员工,正确引导和促进教职员工创新能力的发展。

四、职业院校管理制度的执行

机制是制度赖以实践的保障,完善而稳定的实施机制的建立将有利于团体运行内部交易费用的降低,将会使制度具有较强的可操作性,并具有长期优化运作的意义。它为落实依法治校、确保学校教育教学质量的不断提升提供保障。但不可否认的是,在某些部门的实施中存在着"两张皮"的现象,其原因主要还是存在实施机制的有效性问题。所以,为了实现学校的管理目标,将制度落到实处,必须建立与之相适应的实施机制。

(一)创设制度执行保障机制

从学校实际情况出发,首先,应创设决策保障机制,可专设一支决策智囊团,定期研究和解决学校管理方面出现的新问题和新对策,必要时制定新制度。其次,要形成一整套与之呼应的监督机制,比如制度实施过程中的校务公开监督机制、良好的督导机制、有效的激励机制等等。再次,要制定好善后处理机制,形成一种"凡事有规则、凡事有负责、凡是有处理"的实施机制。最后,要创设自动协调机制,协调不同管理线条间的部门合作,达到工作效率的最大化,学生利益的最大化,使学校走上良性发展的轨道。

(二)加强规章制度宣传教育

制度作为人们"行为道德"的底线,只有建立在自觉的基础之上,执行时才有深厚的根基。因此,必须加强对规章制度的宣传,不仅要让广大师生员工明确规章制度的目的和意义,了解规章制度的内容和要求,更重要的是要使广大师生员工形成对规章制度的自觉,自觉遵守规章制度。一是强化学习培训。把制度学习培训纳入学习型学校建设内容之一,组织师生员工认真学习规章制度,明确自己该做什么、不该做什么、应该怎么做,违反了有哪些后果,自觉做到知制度、守制度、护制度。同时,加强制度执行的指导力度,及时解决制度执行中出现的问题,提高制度的执行力。二是倡导落实文化。培育良好的落实文化,激励和引导师生员工提高制度执行力,努力营造"遵守制度光荣、违反制度可耻"的浓厚氛围,着力建设求实文化、责任文化、诚信文化、细节文化,让每位师生员工自觉养成实事求是、勇于负责、诚实守信、重视细节的良好习惯。三是常抓警示教育。敲响预警钟,打好预防针,相关部门要对发生的违规案例进行深度剖析，找准违规的症结，分析违规的原因，在一定范围内进行通报，作为反面典型材料予以教育警示，让大家充分认识不执行制度对集体和个人所造成的危害，从而真正把制度转化为行为准则和自觉行动，努力形成尊重制度、服从制度、执行制度的良好氛围。

（三）着力提高管理者的执行力

孔子曰："子帅以正，孰敢不正。"意思是说，为政者带头走正路，还有谁敢不走正道呢？学校管理者的角色不仅仅是制定决策和下达命令，更重要的是必须具备执行力。因此，校级管理者首先应充分掌握执行的知识。执行是一门学问，把握科学的执行原则是提升管理者自身执行力的必要条件。同时，要加强执行能力训练，执行能力包括专业能力、创造能力、应变能力、细节能力，其中尤其要注重细节能力的培养。注重细节将有助于管理者做出恰当的决策，提高其威信。最后，明确自身定位。许多管理者认为执行是中层干部和教师的事情，自己的角色就是领导者.就是出谋划策。事实上为达成学校目标，管理者除了要向教职员工明示学校目标并赋予各个部门及教师应达成的任务外，更要不断地思考如何有效地运营学校并采取行动，从而充当执行角色。①

校长是学校的领导者和第一管理者。陶行知说过："校长是一个学校的灵魂，要想评论一个学校，先要评论它的校长。"俗话说，一个好校长就是一所好学校。校长不仅要带头遵循和执行学校的规章制度，而且要引导教师自觉按制度办事。对违反规章制度的行为要坚决制止和纠正，必要时给予适当的惩罚。"良药苦口利于病"，对于任何人来说，严格的管理最初都是一种痛苦：往往是被管理者怨声载道，施管者必须忍受来自各个方面的压力，而施管者只有顶住这些压力才能把严格的管理实施下去，从而打造高效的工作环境与学习环境。

中层管理者集执行者和领导者两种角色于一身，对上是执行者，对下又是领导者，在学校内部起到承上启下的作用。如果学校的中层管理者不能起到承上启下的作用，那么，学校的战略思维、重要信息将无法延伸到神经末梢——基层教职员工。如果没有中层的执行力，学校的执行体系将是海市蜃楼，不可操作。学校的中层好比人的腰，如果腰软了，再发达的头脑也没用。② 因此，提高学校中层管理者的执行力，对学校规章制度的落实非常重要。

---

① 苏天从.学校管理中执行力的研究[D].福州：福建师范大学，2008.

② 冉亚辉，易连云.论学校中层干部的管理与培养[J].河北教育，2007(7)：43-45.

（四）强化对制度执行的监督

严格有效的监督是制度执行力的“防火墙”和“倍增器”。没有监督，制度就成了不带“电”的高压线，只有加强监督，制度才有震慑力。一是健全督察机构。成立学校规章制度落实监督小组，选拔讲原则、敢碰硬的同志负责抓督察，学校要充分授权，落实专项经费，为督察小组及督察人员“护航”。同时，要创造人文关怀环境，让督察小组人员有想头、有干头、有盼头，使其履职尽责、真抓实干。二是整合督察力量。部门（单位）自身督导与专门督察小组相结合，建立“分流承办、归口负责、整体协作”的运作模式，对涉及多个部门（单位）参与的督察事项，明确牵头部门，加强沟通协调，共享督察成果，推动制度执行。三是创新督察方式。坚持督察工作抓经常、常规督察抓规范、重点督察抓突破、综合督察抓协调、重难督察抓反复，既注重督察结果、又注重督察过程，既注重集中检查、更注重经常督察，既注重静态督察、更注重动态督察。通过督察手段，始终绷紧制度执行这根弦，让所有师生员工都能自觉严格执行制度。

（五）加大制度执行问责力度

认真解决制度执行不力这个根本性问题，把问责“利剑”指向不执行的人和事，在“问责风暴”中强力推动制度落实。一是建立责任追究机制。坚持问事必问人、问人必问责、问责问到底的工作制度，细化首问负责制、限时办结制、责任追究制的具体操作规则，完善制度执行责任追究制和制度执行考评体系，将制度落实情况列入部门（单位）和师生个人的年度目标考核内容，并把考核结果与选拔任用、评先树优挂起钩来，做到奖罚分明。二是查处破坏制度执行的行为。对所有破坏制度、有意干扰制度执行的行为，不管是谁，都不能“网开一面”，要从重、从严追究责任；对于明目张胆地“触高压线”的人和事，“露头”就查，严格问责；对变通执行制度，打擦边球、钻漏洞的行为，及时查处，防微杜渐。三是从严责任追究。问责既要对事、更要对人，要“问”到具体人头上，对不正确执行相关制度、不认真履行相应职责的部门（单位）和师生个人，采取发整改通知、书面通报、黄牌警告、问责追究和量化考核等措施，从而让人敬畏制度，使其不敢不执行制度。要建立健全制度执行监督机制，对制度执行进行责任分解，明确责任部门和具体责任人，对有令不行、有禁不止、随意变通、恶意规避等行为，坚决追究相关人员的责任。

第三节　职业院校管理权限清单制度建设

职业院校推行权力清单制度，有利于全面落实校长负责制与学校办学自主权，加快健全学校自主发展、自我约束的运行机制，实现权力运行的规范化、科学化、民主化，有助于加快现代学校制度建设，不断增强学校办学活力和发展内生动力，提升学校内部治理能力。本节结合青岛华夏职业学校的实践经验，介绍权力清单制度建设。

一、职业院校管理权限清单制度建设的意义

推行权力清单制度是在党的十八届三中全会审议通过的《中共中央关于全面深化改革若干重大问题的决定》（以下简称《决定》）中首次提出的。《决定》提出“推行地方各级政府及其工作部门权限清单制度，依法公开权力运行流程”，明确将强化权力运行制约作为全面深化改革的重要一环抓牢、抓实。根据教育部《关于深入推进教育管办评分离促进政府职能转变的若干意见》（教政法〔2015〕5 号）精神，为实现教育治理体系和治理能力现代化，认真贯彻落实教育法律法规，按照系统完备、科学规范、运行有效的原则，实施管理权限清单制度，必将对全面推动学校管理权限依法、规范、公开运行，加快建设现代学校制度，形成决策、执行、监督相互协调、相互制约的现代教育治理结构，维护广大师生员工的合法权益，推动学校依法自主办学提供强有力的保障。

（一）权限清单制度是建立责任型、法治型、服务型学校的必然要求

学校行政职能转变、工作人员作风转变无疑是现代化学校治理的必然要求，更是民心所向。责任型学校对手中权力的运用要严谨慎重，知道应做什么、怎么做，责任意识强烈；法治型学校是用制度约束行为，依法行政、规范管理，力求事事有章可循，法治意识强烈；服务型学校注重公共管理和社会服务职能，注重为广大师生服务的质量和效率以及服务后的反馈，服务意识强烈。推行权限清单制度在实践上促进了学校管理理念的转变，其功能不仅仅是罗列学校管理的权力，重要的是重新整合梳理职能，该管的抓紧，其他的放手给相关部门，使学校责任更加明晰，管理操作更加规范，服务更有效率，从而大大提升建设责任型、法治型、服务型学校的进程。

(二)权限清单制度是学校深化行政体制改革,简化审批流程和环节的重要契机

学校深化行政体制改革,简化审批流程和环节,既是政府的要求,更体现了全体师生的心声。大力推进办事流程简化优化和服务方式创新,在服务方面,强调便利性,全面梳理和公开学校人事管理权限清单目录,坚决砍掉各类无谓的证明和烦琐的手续,针对群众期盼解决的热点难点问题和公共服务中的不足,主动提供优质服务,变“学校端菜”为“群众点菜”,既可以为广大师生提供更加人性化的服务,又可以不断激发学校各级领导干部干事创业的动力和活力。

(三)权限清单制度是建设廉洁学校,助推党风廉政建设和反腐败斗争的重要一步

十八大以来,在党中央持续高压和百姓支持拥护下,大批贪污腐败官员落马,弘扬了正气,提振了士气,稳定了民心。而推行权限清单制度正是着重治本的一步棋,可以从源头上防止贪污腐败,将权利的管控范围、手段方式等内容向社会和百姓公布,不给手中有权人员留暗箱操作和权力寻租的机会。这种制度的设立是党风廉政建设和反腐败斗争走向高级和本质阶段的标志,预示着从人治到法治的转变,制度的约束是牢靠的,不会随着外部环境的影响而改变,这恰恰是我国行政体制改革的目标和内生动力,所以权限清单制度的推行必将持续带来正能量、正效应。

二、职业院校管理权限清单制度建设流程

(一)强化领导,明确分工

成立权限清单制度建设工作领导小组,下设办公室。领导小组成员主要由部分学校领导班子成员、中层干部和学校法律顾问组成,全面领导学校权限清单制度建设工作。领导小组组长主要牵头负责总体建设工作,副组长主要按分管工作职责统筹相关项目的实施,成员具体负责各分管部门处室相关清单的制定。办公室主任负责统筹协调权限清单制度建设各项工作。

(二)依托清单,健全机制

1. 规范实施依据,让清单制度建设工作有章可循

加强对国家、省、市相关文件的梳理、遴选,确定具有权威性的相关文件作为事实依据。例如,《中华人民共和国教育法》《中华人民共和国教师法》《事业单位人事管理条例》,山东省教育厅、山东省人力资源和社会保障厅《关于进一

步加强中小学教师考核工作的指导意见》(鲁教师发〔2015〕4 号),青岛市人力资源和社会保障局、青岛市教育局《关于进一步深化教育人事分配制度改革加强教师队伍建设的实施意见》(青人〔2013〕38 号)等,通过学校法律顾问进行审核,确保清单制度建设的合法性、合理性、科学性。

2. 完善工作流程,让清单制度建设工作扎实推进

将管理权限清单工作流程作为现代学校制度建设工作不断深化的载体,可以凸显清单制度建设工作的规范化、流程化、特色化。具体流程如下:成立组织、确定原则——广泛调研、制定方案——提交通过、进行公示——专家论证、风险评估——形成方案、审议通过——上报批准、备案实施——及时修订、动态运行七个模块流程。

3. 明确承办部门和监督机构,让清单制度建设工作落地管用

每一项管理权限清单中,均要明确承办部门和监督投诉机构。通过分解工作任务,明确承办部门,使每一项工作任务都能落实生根;通过设立两级监督投诉机构并公开联系方式,使每一项工作任务均在民主监督中有效开展。

4. 建立台账,系统规划,使清单制度建设工作高效推进

建立工作台账,分解工作任务,落实责任部门,确定完成时限,提出完成的标准、成果要求,确保清单制度建设工作高效推进。

三、职业院校管理权限清单制度建设示例

结合现代学校制度建设相关要求和内容,职业院校管理权限清单制度建设主要分为以下 5 大类 35 小项。包括教育教学管理类[学校校本教材开发和学校课程开设、学校授课时间调整、学校课程及教学改革项目确定、校内教学成果认定、学校对外合作(含校企合作)];学生管理权限类(学生招录、学生综合素质评价、学生干部选拔、学生评先评优、学生处分、学生资助、学生代表大会产生、学生社团产生);干部教师管理权限类(副校长选聘、内部机构设置和中层干部选聘、教师选聘、教师职务评审和聘任、教师考核、绩效工资方案制定、教师评先评优、教师处分、教职工代表大会产生、学术委员会产生、干部教师国内外学习考察);财务资产管理权限类(学校经费收支管理、学校经费预算管理、学校资产管理、学校图书设备采购、学生装、学生公寓物品选购、基建项目招标和施工管理);其他事项管理权限类(学校发展规划和年度计划制定、学校章程修订和规章制度制订、学校重大改革、建设项目决策、校务委员会产生、家长委员会产生)。职业院校管理权限清单制度建设示例见表 6-1。

表 6-1 青岛华夏职业学校管理权限事项表

类别:教育教学管理权限

事项名称	学校课程及教学改革项目确定
类别	教育教学管理
实施依据	1. 教育部《关于全面深化课程改革落实立德树人根本任务的意见》(教基二〔2014〕4号) 2. 青岛市教育局《关于深化中小学课程改革的意见》(青教通字〔2015〕92号)
工作流程	1. 建立课程及教学改革项目机构,制定课改方案:成立由分管校长牵头的教学改革工作组,制定课改方案。 2. 听取师生意见并组织论证:通过学生事务委员会等形式听取师生意见并组织论证。 3. 作出社会稳定风险评估:对可能影响社会稳定的因素开展系统的调查,科学的预测、分析和评估,制定风险应对策略和预案。 4. 向教代会报告:向教代会报告课程改革实施方案。 5. 提交校务委员会审议:学校校务委员会审议并通过课程改革实施方案。 6. 提交校长办公会决定:校长办公会研究决定是否实施课程改革方案。 7. 报市教育局审批:将改革方案报请市教育局相关部门审批。 8. 公布:向全校师生及家长公布课程门类、施教教师及课时安排
承办部门及联系方式	青岛华夏职业学校教务处:0532—66993937
监督投诉机构及联系方式	青岛华夏职业学校办公室:0532—83713114 青岛市教育科学研究院:0532—89092823
备注	

类别:学生管理权限

事项名称	学生综合素质评价
类别	学生管理权限
实施依据	1. 国务院《关于深化考试招生制度改革的实施意见》(国发〔2014〕35 号) 2. 教育部《关于全面深化课程改革落实立德树人根本任务的意见》(教基二〔2014〕4 号) 3. 教育部《关于印发中小学生艺术素质测评办法等三个文件的通知》(教体艺〔2015〕5 号) 4.《山东省中小学生德育综合改革行动计划(2015—2020 年)》(鲁教基发〔2015〕7 号) 5.《山东省学生体质提升计划(2014—2018 年)》 6. 青岛市教育局《关于加强和改进中小学德育工作的意见》(青教通字〔2014〕19 号)
工作流程	1. 制定评价方案草案。依据国家、省市关于学生综合素质评价政策、文件精神,在广泛征求学生、家长意见的基础上,形成《青岛华夏职教中心学生发展手册》。 2. 组织论证并作出社会稳定风险评估。 3. 提交校长办公会决定。 4. 组织实施。 (1)组织学习:由学校组织培训班主任,将方案内容进行解读,然后由班主任组织各班学生学习。 (2)学生选层:学生根据方案,结合自身具体情况,选择目标层次。 (3)过程检查、反馈:各班级如实记录学生日常表现,及时反馈,督促学生改进。 (4)汇总表现,核算成绩:根据学生表现,以及学生所选层次,按照方案规定,进行成绩的核算。 5. 公示用于招生的评价依据材料。 6. 班主任审核签字。班主任将学生的表现及成绩如实反馈给学生,学生核实无误后签字确认,同时班主任审核签字。 7. 公示用于招生的评价结果。在一定范围内公示评价结果。 8. 建立档案。将学生所有成绩及表现记录,记入学生档案

（续表）

事项名称	学生综合素质评价
承办部门及联系方式	青岛华夏职业学校学管处：0532—83719711
监督投诉机构及联系方式	青岛华夏职业学校办公室：0532—83713114 青岛市教育局职业教育处：0532—85912178
备注	

类别：干部教师管理权限

事项名称	教师选聘
类别	干部教师管理权限
实施依据	1.《中华人民共和国教育法》 2.《中华人民共和国教师法》 3.《教师资格条例》 4.《事业单位人事管理条例》 5.《事业单位公开招聘人员暂行规定》 6.《教育部关于进一步做好中小学教师补充工作的通知》（教师〔2009〕2号） 7. 人事部教育部《关于深化中小学人事制度改革的实施意见》（国人部发〔2003〕24 号） 8.《山东省事业单位公开招聘工作规程》（鲁人社发〔2015〕6 号） 9.《关于进一步做好事业单位公开招聘工作的通知》（鲁人社字〔2015〕84号） 10.《青岛市事业单位公开招聘考试工作规程（试行）》（青人办发〔2009〕146 号） 11.《市教育局直属学校选聘 * 届紧缺专业毕业生和免费师范毕业生工作程序和要求》

（续表）

事项名称	教师选聘
工作流程	1. 制定选聘方案(含岗位计划、选聘条件、面试工作方案等)。 2. 报教育局核准备案(岗位计划及条件需核准,面试工作方案需备案)。 3. 市教育局公布招聘简章(不少于7个工作日) 4. 组织报名。学校按照招聘简章规定的时间和报名方式受理报名。 5. 现场资格审查。根据招聘简章公布的招聘条件和要求,按照《简章》规定的资格审查提供材料对应聘人员提供的证书、证明等进行核实。 6. 面试和笔试。学校制定面试方案,按照招聘有关规定自行组织。全程录音录像。进入笔试人员须在规定时间登录笔试报名网站,报名参加笔试。 7. 考察。根据成绩,学校按照岗位要求和德才兼备标准,全面了解参加考核人员思想政治表现、道德品质、现实表现以及回避制度执行等方面情况。填写《招聘单位考核应聘人员情况表》,并按照规定要求上报。 8. 体检。考核合格人员按规定参加体检,体检标准参照录用国家公务员体检标准。 9. 公示与聘用。考试、体检、考核后,确定拟聘用人员,并在市教育局相关网站进行公示,公示期为5个工作日。学校和聘用人员按规定签订合同。 10. 由市教育局报市人社局审核备案。 11. 组织办理报到,与教师签订聘用合同
承办部门及联系方式	青岛华夏职业学校办公室:0532－83713114
监督投诉机构及联系方式	青岛华夏职业学校工会委员会:0532－66993910 青岛市教育局教师工作处:0532－85912935
备注	

第四节 职业院校内部治理制度建设范例

自2012年1月1日《高等学校章程制定暂行办法》(教育部令第31号)施行以来,我国高职院校陆续启动了章程制定和核准工作。截至目前,高职院校已基本完成章程制定工作,并经省级教育行政部门核准后执行。但是,随着经济社会的发展,高等职业教育形势也发生了很大变化,高职院校的章程亦应根据变化了的形势启动章程修订。许多中职学校至今仍没有制定学校章程,应当抓紧制定。本节介绍德州职业技术学院章程建设的基本经验,供读者参考。

2015年1月9日,山东省教育厅核准了《德州职业技术学院章程》(核准书第5号),标志着作为全省第一批高校章程建设的5所试点高校中唯一一所高职高专院校,德州职业技术学院(以下简称"德州职院")章程建设赫然走在全省高职高专院校前列。自2015年3月以来,先后有淄博职业学院、潍坊职业学院、广东文艺职业学院等7所省内外高职院校到德州职院考察学习章程建设经验,发挥了示范引领作用。

一、德州职院章程建设的过程

德州职院是2005年11月1日经山东省人民政府批准、教育部备案的专科层次的公办全日制普通高等职业学校,学校由原德州市技术学院、德州财贸经济学校、德州粮食学校、德州广播电视大学及德州经济学校组建而成。2005年5月申报建立德州职院时,学校筹建班子就在德州市人民政府的指导下,依据相关法律法规制定出台了《德州职业技术学院章程(试行)》,并作为成立德州职院的申报材料之一呈报山东省教育厅。学校成立后,该校章程(试行)几经修订,2008年11月15日,在该校首届教职工代表大会上,审议通过了《德州职业技术学院章程》,成为该校第一部具有"法律意义"上的章程。之后,该校以学校章程为"母法",先后制定出台了170多项岗位职责和管理制度,编辑成70余万字的《德州职业技术学院管理制度汇编》,使学校在短短三年时间里,原五校迅速达到组织、人事和思想的融合,教育教学和管理服务逐步走向规范化、制度化、科学化的轨道。先后荣获山东高职高专第一所"平安校园"、第一个"廉政文化示范点"、全国首批"示范鉴定所"、毕业生就业率在全省同类院校中连续五年位居第一等诸多"第一"。2008年被国家人社部确定为"国家高技能人才培养示范基地";2009年以优异成绩通过教育部高等职业院校人才培养工作评估;2012年被国家人社部确定为"国家高技能人才培训基地";2013年被山东省教育厅、山东省财政厅确定为“山东省技能型人才培养特色名校立项建设单位”。学校未建，章程先行。章程建设在推进学校依法治校、民主管理、科学发展进程中发挥了重要的引领保障作用。

2010年7月，《国家中长期教育改革和发展规划纲要（2010—2020年）》发布，加强高等学校章程建设是教育规划纲要在完善中国特色现代大学制度部分提出的一项重要任务。2011年11月，教育部以第31号令的形式颁布了《高等学校章程制定暂行办法》，全面规范了高等学校章程制定的原则、内容、程序以及章程的核准与监督执行机制。2012年3月，山东省教育厅下发了《关于学习宣传、贯彻落实〈高等学校章程制定暂行办法〉的通知》（鲁教法字〔2012〕1号），提出要在部分高校进行章程建设试点。德州职院党委一班人认真学习了通知精神，敏锐地意识到高校章程建设和作为试点高校的重要意义，迅即向山东省教育厅递交了申报章程试点高校的请示。2014年3月，山东省教育厅将德州职院列为第一批完成章程制定并报送核准的四所高校中唯一一所高职院校。

2014年4月，学校成立以校党委书记和校（院）长为组长的学校章程建设领导小组，下设办公室；制定了《德州职业技术学院章程建设工作方案》和《德州职业技术学院章程编写提纲及任务分工》，通过前期调研、准备资料、分工起草、征求意见、职代会讨论、校长办公会议审议、党委会议审定、报市政府同意、省教育厅组织专家论证、根据专家意见进行修改、形成章程核准稿、省教育厅核准等阶段，2015年1月9日山东省教育厅核准了德州职院章程。德州职院开山东高职高专院校章程建设之先河，起到了示范引领作用。

二、德州职院章程建设的基本经验

（一）上级支持、学校重视是章程建设的前提

山东省教育厅领导对德州职院章程建设给予大力支持和热情帮助，多次请教育部及高校专家对章程文本提出修改意见，当面点评指正，对章程文本的锤炼起到至关重要的作用。

德州市人民政府始终关心和重视德州职院章程建设工作。2012年3月，学校提出申报章程试点高校的请示后，德州即以市政府的名义向省教育厅提交了书面请示，为学校获批“全省高校章程建设试点高校”起到了积极的推动作用。在章程修订过程中，市政府分管副市长亲自过问，并协调市教育局、市人社局等部门参与该校章程草案座谈讨论，为学校章程建设付出了辛劳。

学校党委、行政把章程建设作为该校“山东省技能型人才培养特色名校建设”的重要内容之一，列为“一把手”工程。成立了以校党委书记、校(院)长为组长的章程建设领导小组，选拔得力人员组成精干高效的章程建设领导小组办公室，负责章程文本起草工作，组织校内外专家学者和广大师生员工包括离退休人员，听取意见和建议，召开教职工代表大会讨论，专题召开校长办公会议审议，专题召开党委会议审定。章程建设饱含了领导的心血，发挥了集体的智慧，凝聚起筑梦的共识。

(二)与时俱进、善于学习是章程建设的基础

高校章程是高等学校的“根本大法”。高校章程建设必须与依法治国基本方略、现代职业教育体系建设、技术技能型人才培养目标有机结合，必须体现时代特色。在章程制定过程中，必须认真学习党和国家有关法律法规、相关文件精神，及时吸收其丰富的精神内涵。比如，2014 年 10 月 15 日，中办印发的《关于坚持和完善普通高校党委领导下的校长负责制的实施意见》，明确了党委与行政议事决策制度，这在章程中要有所体现。再如，2014 年 10 月 17 日，中共教育部党组《关于深入推进高等学校惩治和预防腐败体系建设的意见》(教党〔2014〕38 号)中明确要求，要“在大学章程中明确学校纪委和监察机构的监督责任”。因此，章程中一定要明确学校党委党风廉政建设的主体责任和纪委的监督责任，学校纪委的职责一定要作为专条来写。还有，2013 年 8 月 15 日，《教育部关于同意武汉长江工商学院修订章程的批复》(教发函〔2013〕120 号)中指出：“学校原章程中除学校名称外涉及学院的均改为学校。”有的高职高专院校设有二级学院，若学校层面也叫“学院”，二级学院也叫“学院”，就容易混淆。

(三)功底扎实、班子得力是章程建设的关键

大学章程是高校具有法律性质的文件，表述要规范，文字要严谨、通顺、简练、清楚，标点符号也要运用正确。因此，组建一个文字功底扎实的得力起草班子，就显得格外重要。例如，有的高职高专院校章程草案中出现“向毕业生颁发学历证书和学位证书”的语句，这显然是不正确的。因为，《中华人民共和国学位条例》规定：“高等学校本科毕业生，成绩优良，并达到一定学术水平者，授予学士学位。”高职高专院校专科毕业生目前是不能授予学位证书的。再如，有的学校的章程草案写成：“根据《中华人民共和国教育法》、《中华人民共和国高等教育法》、《高等学校章程制定暂行办法》及其他有关规定，制定本章程。”而按照 2011 年发布的中华人民共和国国家标准《标点符号用法》(标准号 GB/T

15834—2011)之规定,“标有书名号的并列成分之间通常不用顿号”。

(四)依法依规、照章办事是章程建设的根本

高校章程建设要依据有关的法律法规,内容要合法,不得与党和国家的法律法规相抵触,特别是要符合《高等学校章程制定暂行办法》的要求。章程应该包括的十项内容一个都不能少;章程的编排要按照“编、章、节、条、款、项、目”进行,不能乱;该明确的事项如党委领导、校长负责、民主管理、教授治学一定要明确,不能省;章程制定的程序要合规,民主公开,不能杜撰。一定要充分听取包括离退休人员在内的广大师生员工、校内外专家学者、第三方评价机构以及学生家长等各方面的意见和建议,交学校职代会讨论,校长办公会议审议,校党委会议审定,经主管部门批准,报省教育厅核准。

(五)体现特色、兼容并蓄是章程建设的灵魂

高职高专院校章程建设在学习借鉴本科高校和兄弟院校章程建设经验的同时,要特别注意通过章程彰显、维护本校的办学特色。德州职院在章程建设中,抢抓德州市被山东省人民政府确定为全省唯一省级职业教育创新发展试验区、学校作为市政府确定的高职教育改革试点学校和山东省技能型人才培养特色名校立项建设单位的发展机遇,体现地方高职院校为区域经济社会发展服务的特色。章程序言开宗明义地指出,学校“以为区域经济社会发展培养技术型和高层次技能型人才为己任,努力建设技能型人才培养特色名校”。章程第五条规定“学校办学定位是立足德州,面向生产服务一线培养技术型和高层次技能型人才”。为突出学校“一校两牌”(德州职业技术学院和德州市技师学院)、高等职业教育和技师培养融合发展的办学特点,章程第四条规定“学校依法开展高等职业技术教育、预备技师培养培训及依托电大系统举办远程教育,实施高等职业教育和技师培养融合发展、人才培养和社会培训并行并重、常规教育与远程教育相互结合、规模效益和内涵提升双轮驱动的发展战略”。办好职业教育的关键是“深化产教融合、校企合作”,章程第二十六条规定“学校遵循‘资源共享、优势互补、人才共育、互惠双赢’的原则开展校企合作,创新校企合作体制机制,推动行校、企校、校校深度合作,实现教育与行业、产业的紧密衔接,达到资源共享、优势互补、共同发展的目的。”章程第六十六条规定“学校充分发挥德州职业教育集团和德州职业技术学院校企合作理事会与社会沟通联络的桥梁作用,积极探索建立学校理事会制度,健全社会支持和监督学校发展的长效机制”。所有这些都体现了学校有别于本科院校和其他高职高专院校的个性特色。

三、章程建设助推学校内部治理能力提升

德州职院高度重视章程和规章制度建设对学校内部治理能力提升的助推作用。2015 年初,在学校章程经山东省教育厅核准后,学校立即启动章程宣贯、实施和监督工作。同时,启动规章制度“废、改、立”工作,将 2015 年作为学校“规章制度建设年”,以章程为“母法”,将 2005 年整合建校以来形成的规章制度全面修订完善,经过历时一年时间的努力,形成了 70 余万字的《德州职业技术学院管理制度汇编》(修订版),印发全校施行,进一步规范了学校内部治理行为。随后,学校导入 CIS,对外宣传学校办学方针及展现学校整体形象与实力,对内加强学校内涵建设、全面提升学校整体办学水平,指导规范学校运作和师生活动。设计制作了《德州职业技术学院 CIS 手册》,将学校理念识别系统(MIS)、行为识别系统(BIS)和视觉识别系统(VIS)进行固化,成为师生的行为准则。

2018 年 2 月,学校在实施山东省教育科学“十二五”规划 2015 年度重大招标课题“职业院校内部治理能力提升研究”过程中,总结章程建设经验,写成《章程建设:职业院校内部治理能力提升之助推利器》,发表在《职教通讯》2018 年第 4 期上。文章创新性地提出了“章程建设过程论”,认为“章程建设”不等于“建设章程”。“建设章程”是由制定章程的利益相关主体酝酿、起草、修改章程文本的过程;而“章程建设”则是由章程创作、章程核准、章程实施、章程监督、章程修订五个紧密联系的环节构成的循环往复过程,章程创作是基础,章程核准是保护,章程实施是关键,章程监督是保证,章程修订是要求。“建设章程”仅仅是其中的一个环节,即“章程创作”。而“章程建设”并不因“章程创作”形成章程文本而停止,相反,大量的工作是章程文本形成之后的实施、监督和修订等环节,“章程建设”贯穿职业院校内部治理全过程,推进职业院校内部治理能力提升。这对高职院校章程建设具有重要的理论价值和实践意义。

近年来,德州职院通过章程建设和规章制度完善,逐步建立起“以制度规范流程,以流程优化管理,以管理防控风险”的治理机制,有力地促进了学校内部治理能力的提升,学校办学水平显著提高,知名度和美誉度不断提升。2015 年被教育部评为“全国毕业生就业典型经验高校 50 强”;2016 年被山东省教育厅确定为“山东省技能型人才培养特色名校”;2017 年被教育部评为“全国创新创业典型经验高校 50 强”。三年上了三个大台阶,跻身全省高职院校第一方阵。

面向新时代,学校正以习近平新时代中国特色社会主义思想为指引,围绕服务山东省新旧动能转换综合试验区和京津冀协同发展示范区建设,奋力开启新征程,朝着建成特色鲜明、全省优质、全国一流高职院校目标迈进。

第七章　职业院校内部治理信息化水平提升

以教育信息化带动教育现代化，是我国教育事业发展的战略选择。没有教育信息化，就没有教育治理能力现代化。职业院校要把教育信息化摆在支撑引领职业教育现代化的战略地位，采取切实措施，进一步增强加快职业教育信息化进程的责任感、紧迫感和使命感。近年来，随着国家对教育信息化工作的重视以及计算机和信息技术的普及与发展，职业院校内部治理逐步采用信息化手段来实现治理效能的提升。

第一节　职业院校内部治理信息化整体设计

职业院校提升管理信息化水平，必须树立管理信息化理念，根据国家对教育信息化的要求，结合学校实际，明确学校信息化建设的目标，对学校信息化建设进行整体设计，然后对学校信息化所需软硬件进行建设，并培训师生员工熟练运用信息化手段进行教学和管理。

一、职业院校内部治理信息化理念

当前有很大一部分职业院校虽然十分积极地将信息化管理平台纳入学校治理中来，但其更注重教育技术在学校教育中的应用，而轻视了信息化管理平台在学校教育管理中的重要作用。要想推进职业院校管理信息化水平提升，必须转变相关人员的理念，让其意识到信息化管理不仅仅是将教育信息技术简单地应用到职业院校教育管理中，而是通过信息化管理，构建一个集教学、科研、管理和学校生活于一体的信息化管理平台，实现整个教育全过程的信息化，从而有效提升职业院校教育教学质量和管理水平。同时要加强对教育信息化管理理念的学习，深化对其规律性的认识，转变职业院校管理理念，并结合中高职院校实际，制定配套完善的信息化建设方案，保障其严格执行。另一方面，要定期组织相关工作人员开展教育信息化管理知识及理念的培训，强化其对信息化管理理念的认同，提升其信息化管理技能，从而在日常教育信息化管理工作中，积极保障教育信息化管理的高效实施，努力提升职业院校信息化水平。

近年来在国家大力发展职业教育的政策引导下，职业教育投入不断加大，规模不断扩大，随之而来的就是在管理等方面也出现了诸多问题。比如，不少学校虽然生源爆满，但内部管理混乱，教育教学质量上不去，办学效益不高，缺乏应有的影响力和公信力。职业院校要想逐步从规模发展转向内涵发展，打造品牌效应，提升学校竞争力，加强管理是关键。在新形势下，要适应职业教育改革和创新的发展趋势，不断提高管理效能，做到教育教学的规范化管理和精细化管理，推动职业院校治理能力现代化，势必要从信息化建设和应用入手。目前，各校普遍存在教师人员少、工作事务多、管理难度大的问题，管理信息化完全适合目前学校管理实际，依托信息化手段，可以极大提高工作效率，有效提升管理水平，这是职业院校发展的必由之路。

二、职业院校内部治理信息化实施依据

自 2010 年起，国家先后出台了一系列政策鼓励促进教育信息化发展。先是明确信息技术在促进教育发展中的积极作用；其次明确了教育信息化的目标任务，明确信息技术在教育领域的地位要由以往的“辅助”提升转化为“支撑与引领”；继而明确鼓励学校利用数字教育资源探索、加快教育的创新与升级；2016 年又进一步具体部署了落实教育信息化工作的原则、发展目标、主要任务以及保障措施等。①

2010 年 5 月，国务院审议通过的《国家中长期教育改革和发展规划纲要(2010—2020 年)》提出：“信息技术对教育发展具有革命性影响，必须予以高度重视。把教育信息化纳入国家信息化发展整体战略，超前部署教育信息网络。”这是我国首次在官方文件中提出信息技术对教育发展具有“革命性影响”的论断。

2012 年 3 月，教育部印发的《教育信息化十年发展规划(2011—2020 年)》指出：“职业教育信息化是培养高素质劳动者和技能型人才的重要支撑，是教育信息化需要着重加强的薄弱环节。大力推进职业院校数字校园建设，全面提升教学、实训、科研、管理、服务方面的信息化应用水平。以信息化促进人才培养模式改革，改造传统教育教学，支撑高素质技能型人才培养，发挥信息技术在职业教育巩固规模、提高质量、办出特色、校企合作和服务社会中的支撑作用。”

2015 年 1 月，教育部印发的《职业院校数字校园建设规范》提出：“数字校园

---

① 钱晓丽.网络时代高校提升大学生法制教育实效的两个维度[N].大众日报，2018-10-18(13).

是指以网络为基础，利用信息技术将学校的主要信息资源数字化，并实现网络化的信息产生、管理、传播和使用方式，从而形成信息化、智能化的校园环境，其内涵为：良好的网络、通讯和信息技术的普及应用是建设数字校园环境的基础；基于网络的数字化信息与知识的产生、管理、传播和使用方式是数字校园的基本特征；数字化与网络化渗透在学校教学、科研、管理、公共服务、学校文化生活以及对外服务等各个方面；根本目标在于创新人才培养、科学研究、教育管理、文化传承和社会服务的模式，促进职业教育教学的改革发展，提高学校的办学水平，从而适应教育现代化的要求。职业院校管理信息化的实施应秉承信息技术与教育教学深度融合的理念，注重学生信息化职业能力的全面提升，增强教师信息化教学能力与素养，促进职业院校改革与发展目标的实现。”

2015 年 8 月，教育部印发的《职业院校管理水平提升行动计划(2015—2018 年)》指出：“职业院校要以落实《职业院校数字校园建设规范》为重点，加快信息化技术系统建设，建立健全信息化管理机制，增强信息化管理素养和能力，促进信息技术与教育教学的深度融合。”强调要求职业院校要建立健全“信息化管理机制”。

2015 年 9 月，教育部印发的《高等职业教育创新发展行动计划(2015—2018)》提出：“顺应‘互联网＋’的发展趋势，构建国家、省、学校三级数字教育资源共建共享体系。校级资源根据院校自身条件补充建设，突出校本特色。研制资源建设指南和监测评价体系，在保证公共服务基础上鼓励围绕应用成效展开竞争。探索建立高效率低成本的资源可持续开发、应用、共享、交易服务模式和运作机制。”

2016 年 6 月，教育部印发的《教育信息化“十三五”规划》指出：“当前，云计算、大数据、物联网、移动计算等新技术逐步广泛应用，经济社会各行业信息化步伐不断加快，社会整体信息化程度不断加深，信息技术对教育的革命性影响日趋明显。”“‘十三五’期间，全面提升教育质量、在更高层次上促进教育公平、加快推进教育现代化进程等重要任务对教育信息化提出了更高要求，也为教育信息化提供了更为广阔的发展空间。”要“深入推进管理信息化，从服务教育管理拓展为全面提升教育治理能力”。

三、职业院校内部治理信息化建设目标

《国家中长期教育改革和发展规划纲要(2010—2020 年)》提出要加快教育信息化进程的战略部署，切实推进职业教育广泛、深入和有效应用信息技术，不

断提升职业教育电子政务能力、数字校园水平和人才信息素养，全面加强信息技术支撑职业教育改革发展的能力，以先进教育技术改造传统教育教学，以信息化促进职业教育现代化。

社会在发展，在信息化高度发展的今天，要保持学校的竞争力和可持续发展力，单纯的课堂讲授已不能满足社会各类人员终身教育的发展趋势，网络的方便高效快捷，都让我们深切感受到信息化是实现教育现代化的必由之路，信息技术进入校园是提升学校综合实力的必要条件，充分利用计算机技术、网络通讯技术对学校的教学、科研、管理和生活服务等所有信息资源进行全面的数字化，并科学规范地对这些信息资源进行整合和集成，构建一个集教学、管理、服务、沟通为一体的数字化教育环境，最终实现教育信息资源合理配置和教育管理、教学过程的全面信息化，构建数字时代新的学校教育方式。

数字化与网络化渗透在学校教学、科研、管理、公共服务、学校文化生活以及对外服务和国际交流合作等各个方面，职业院校应全面实现这几方面的数字化，逐步向智能型校园迈进。面对当前整个教育信息化的发展形势，要充分利用"教育资源公共服务平台"资源，通过调动学校的优秀师资力量投身基础教育信息资源建设的积极性，在学校内部实现资源共享、互动教学，形成多层次、多功能、交互式的基础教学资源服务体系，推动学校教育的可持续发展。人人可享有优质教育资源的互联网学习环境，全面提升适应学校"互联网＋教育"时代的全员信息化素养，形成网络化、数字化、个性化、终身化的教育体系和人人皆学、处处能学、时时可学的学习型生态校园。

通过强化管理信息化整体设计，制定和完善数字校园建设规划，做好管理信息系统整体设计，建设数据集中、系统集成的应用环境，实现学校人事、教学、科研、学生、后勤、安全等学校各类数据管理的信息化和数据交换的规范化，促进信息化技术与学校教育教学和管理工作的深度融合。

（一）通过信息化应用，加强基础设施和管理平台建设，构建信息化管理网络

制定符合学校信息化建设的长远规划和各阶段具体实施规划，来指导全校信息化建设。不断完善基础建设，建设和完善学校校园网，加强学校基础设施建设，购置服务器、核心交换机等硬件设施，建设好学校的网络硬件环境。加强软件平台建设，建设和完善学校的门户网站，及时向社会发布学校的各类信息，服务校内师生和社会公众；建设办公 OA、教学管理、网络教学平台、数字化教学资源库、校园一卡通、智能后勤服务平台、移动图书馆，实现网上办公和提供多

种信息服务，提高管理效率，有效保障师生人身和财产安全。整合教育教学资源，将学校课程和校园文化内容及其他教育教学资源整合到数字化校园平台的建设中，逐步深化和渗透网络环境下教学活动的有效开展。

（二）通过信息化应用，提高教育教学和教科研效益，造就一批创新型的教师

以人为本、面向服务、信息互通，提供及时、准确、高效、随时随地的校园信息化服务，提供满足跨部门的业务管理和面向全校用户便捷的信息服务。提高教师教育技术水平，提升教师信息素养和信息技术运用能力。推进信息化条件下的校内办公和应用服务，促进网络教研。利用现代化教育技术培养研究型教师，丰富教师的学习体验，改变教师的思维模式和教学方式。

（三）通过信息化应用，提升教育质量，培养富有信息素养和新型学习方式的学生

通过信息化技术，以网络自主学习平台为学生提供多种多样的学习方式，调动学生自主学习意愿，使教学内容更具有实践性。利用网络和信息化教育资源，积极开展网络思政，对学生进行思想政治教育，教育学生文明上网，合理利用网络，远离网络游戏和低级趣味的东西。利用信息课程的教育契机，培养学生的信息化素养，提高学生信息化应用能力，指导学生通过微信、微博、QQ、博客、校园网站等平台，提高信息技术应用方面的能力。发挥信息化管理效能，探索新时代学生教育管理的途径。在现代教育技术的指导下，让学生真正成为学习的主人，通过信息技术教育的帮助，从学生自身发展需要出发，建立起适应学生发展的创新型学习模式。

（四）通过信息化应用，规范数据管理、采集和分析方法，做好历史数据和信息的收集与整理工作

提高数据收集的准确性、有效性和实时性，为领导层进行相关决策提供全面、科学、准确的信息支持。建立基于信息化的管理制度，成立专门机构，确定专职人员，建立健全管理信息系统应用和技术支持服务体系，保证系统数据的全面、及时、准确和安全。

（五）通过信息化应用，增强为师生服务的主观意识，设计和搭建校级管理信息系统

职业院校管理信息化整体设计是利用先进网络和信息技术，以各种应用服务系统为载体，为领导及广大师生提供综合信息服务的系统工程。要加快建设教学信息资源库，包括多媒体素材库、教案库、课件库、试题库、专业资料库等，

以保障网络教学的需要。同时,资源库还应为师生提供全文检索、属性检索,提供资源的增减与归类,还可以提供压缩、打包、下载等功能。要优化现有管理流程和管理机制,提高学校行政管理效率,节约管理成本。强化管理人员信息化意识和信息化应用能力培养,提高运用信息化手段对各类数据进行记录、更新、采集、分析,以及诊断和改进学校管理的能力。

信息化需要一个漫长的过程,不可能一蹴而就,各校只有树立起信息化管理理念,科学规划和设计数字化校园平台,建设并推广应用适合学校管理和发展实际的综合业务系统,不断提高管理者和使用者的信息素养,才能真正促进学校管理系统化、规范化和精细化,提升学校内部治理能力,增强学校竞争力。

四、职业院校内部治理信息化建设过程

《国家中长期教育改革和发展规划纲要(2010—2020年)》明确指出:"信息技术对教育发展具有革命性影响,必须予以高度重视。""要加快学校管理信息化进程,促进学校管理标准化、规范化。"抢占教育发展的制高点,以信息化促进学校管理的现代化,提升办学水平,是将学校做精做强的最佳选择和必由之路。

德国著名社会学家彼德·博夏德在其名著《为什么我们越来越快》中强调,"社会发展的加速,信息技术的发展,日益改变着人们的生活方式、行为习惯甚至价值观,影响到管理、生产、交往与学习等方方面面,波及所有追求更快、更广、更高的领域"。在信息化的今天,学校管理者必须与时俱进,更新理念,依托信息化促进管理现代化,加快学校管理信息化的进程。

(一)提高认识、转变观念,建立信息化管理理念

一是要建立信息化管理理念。信息化管理绝不是简单地建立各种信息平台,而是通过信息化带动学校管理的创新。首要的是人的观念问题。要提高认识,不断转变观念,融入新时代的变革大潮,适应新技术的发展,需要各职业院校能站在学校战略发展的高度,重新审视学校积淀的文化、理念、管理制度、组织结构等,建立信息化的管理理念,充分利用信息技术手段,将信息技术融合到新的管理模式和方法中,有效提高管理效能和工作效率。

二是提升学校信息化领导力。学校信息化建设和应用,领导是关键。教育信息化领导力在很大程度上影响和决定一所学校信息化建设的进程和水平。管理信息化是一把手工程,校长是学校管理的组织者、指挥者,管理能力体现学校领导班子的治理能力,高水平校长能够创造一流管理、带出一流队伍、建成一

流学校。要推进职业院校管理信息化，实现学校的教育现代化，教育行政主管部门必须高度重视学校校长信息化领导力的提升。要通过多种形式的培训，提高校长对信息化管理重要性的认识，提升其对信息化价值的认知能力、信息化工作的调控能力和信息化绩效的评估能力，带头运用信息化管理手段，强力推进学校信息化建设和应用。

（二）建立健全职业院校信息化组织机构与体系

一是组建专门化的组织机构。为保障数字校园的实施，学校应当组建专门的信息化组织机构。首先，必须成立以校长为组长，副校长和各部门负责人为成员的信息化建设领导小组，负责制定学校信息化及数字校园的有关政策、制度和规划，研究决定学校信息化及数字校园建设、管理、实施工作中的重大事项，统筹、协调全校信息化工作；其次，要设立信息化办公室，负责数字校园规划的实施，包括数字校园建设、管理、运行维护、用户服务与培训，以及数字资源建设、现代教育技术培训等。

二是建立健全数字化校园标准规范体系。信息化是全局性工作，需要全体人员参与其中。一要明确数字化校园各项标准与规范，包括管理、实施、维护等标准和规范，制定相应的信息化管理规章制度和信息化激励政策，鼓励各部门（单位）利用信息技术创新管理模式，鼓励教职员工利用信息技术创新教育教学模式。二要发展包括教师、学生、管理人员、信息化建设人员、运行维护人员等的“建”“管”“用”的信息化人力资源体系，促进校园数字化稳步推进。三要完善信息化建设与应用机制，包括规划与建设机制、人员培训机制、经费保障机制、研究与发展机制、信息化评价与考核机制等，保障数字化校园顺利建设和高效应用。四要健全运维管理体系和安全保障体系，保障校园信息系统安全可靠运行。

（三）顶层设计，统一规划，分步实施，逐步到位

信息化建设是一个非常复杂的系统工程，职业院校要编制信息化校园建设和应用中长期发展规划，科学规划未来发展和达到目标应采取的措施。

一是科学规划与设计。职业院校要切实从教育信息化促进管理规范化、实现教育现代化的目标高度，对校园信息化进行顶层设计和统一规划，确定信息化校园建设目标、建设思路、建设内容及具体措施，包括对学校发展战略的理解、现状分析与诊断、建设目标的确立、业务流程重组和优化、任务分解、实施策略和保障措施。信息化建设的第一步是网络平台搭建和基础设施建设，要紧扣“实用、好用”的原则，以网络平台建设为核心，创设教学管理新平台；以基础设

施投入为重点，不断优化教育教学辅助手段。网络平台建设要创新举措，重实用。学校网络平台是信息化建设的主阵地，信息化平台既包括硬件资源，也包括软件资源和制度建设。网络平台既可由学校相关部门研发，也可与实力雄厚的企业共建，其内容可包括校园网、各类教学资源的集合。它是集政务公告、管理办公、资源建设与共享、自主学习等功能于一体的平台，要使之具备较强的实用价值，更好地服务于教育教学。基础设施建设要加大投入，讲求实效。信息化基础设施建设需要有充足的经费投入作为保障。学校经费一般来源于三个渠道，即政府投入、项目争取、学校自筹。在加大经费投入的同时，要提高资金利用效果，讲求实效。要避免“重硬件，轻软件”的投入现象，很多职业院校在进行信息化建设时投入了不少资金，但是大部分资金还是集中在采购硬件设备上，在虚拟化与云计算软件、教学管理及应用软件等方面的投入较少，于是就会出现这样的窘境，虽然采购了大批设备，但是设备利用率很低，没有将云计算和虚拟化等最新技术运用到教育信息化中。

二是结合实际，分步实施，逐步到位。信息化校园的建设要考虑学校的实际情况和发展需求，以满足教育教学的需要为根本出发点。在具体方案制定中要做到“总体规划、整体解决、分步实施、适度超前、重点突破”，遵循“大规划、分步走”由点到面逐步推进的方针，从学校各个部门（单位）及相关领域的实际需求出发，决定建设的阶段目标及技术路线，全盘考虑校园信息化的所有问题，选用具有灵活性、兼容性和可扩充性的一揽子解决方案，保护前后期投资，减少应用补丁，确定和实施具有学校特色的信息化校园建设方案。

三是明确重点，逐步提升，培养适应教育信息化要求的师资队伍。教育信息化的使用对象是教师，服务对象是学生。发挥信息化设备的作用，使之有效地辅助于教学，是质量提升的一个重要策略，关键还在于教师的观念转变与运用能力的提高。教学团队的信息化教育理念、认知观念、应用能力是否能跟上信息化技术更新的步伐，是信息化建设与实施的核心问题之一。因此，在注重硬件更新的同时，必须要有重点、有步骤地提升教师的操作水平和创新意识，使其达到善变观念、善用工具、善用资源、善用教法、善于科研、善于沟通、善于入群。要通过各种途径，力促教师信息化理念养成、信息化方法提高和信息技术的应用。

以统一思想认识为引领，加强组织与落实。信息化建设任重道远，必须加强学习，提高思想认识。学校领导层的思想认识要到位，要充分认识到信息化建设对促进教学模式的转变，对提升学校内部治理能力的重要作用，并加紧宣传和落实。全体教职员工要不断地分阶段地组织学习，从而提高思想认识，让大家能真正理解教育信息化建设的重要性、艰巨性、实践性、技术性，增强大家参与建设的积极性、主动性、创造性、持续性。

以科研促进教师善于思考，实现观念现代化。教师教学的生命力和吸引力只有在陈旧中更新，在问题中反思，在反思中教研，在教研中反哺，才能转化为前进的推力和发展的动力。为了帮助教师形成正确的信息化教学理念，切实开展教科研工作，依托教研、课题、项目多个途径，促进教师教学观念的更新及善于思考的习惯养成。通过教研活动，全体教师讨论专业建设中存在的问题，并形成教研成果，结合信息化建设项目，由专人执笔，形成电子文稿进行正式发表。通过课题申报，紧扣信息化选题，每个课题组都在主持人的带领下有序开展学习和研究，在课题研究过程中，教师信息化素养有了进一步提升，网络信息的搜索、PPT 的制作、电子文稿的上传下载、课题资源的共享等工作的完成，使教师得到锻炼和成长。通过信息化建设项目申报和立项，既可解决部分建设资金问题，更重要的是通过教师的全程参与，对信息化应用的理解更加深入。

以培训促进教师善用工具，实现方法信息化。信息化教学不仅强调的是光、影、音等媒体形式手段的综合运用，更强调要集视觉型、听觉型、运动型学习为一体，强调的是多种教学途径的有效联通，融合教学规律，要变单一的“听中学”为“疑中学”“做中学”，变灌输型的讲授课为合作探究型的授导课、探究课。培训方式主要是校本培训与校外专业培训相结合，集中学习与个人自学相结合，达到提高理论与操作水平，提升信息化应用能力。校本培训主要是通过校内专家和专业教师讲解信息化建设、应用等方面的理论知识，讲解一些软件的应用及信息化设备的使用等；校外专家培训主要讲解信息化建设的做法与经验，对教师提出的疑问时进行解答等，既可以解决观念上的问题，也能从应用角度学习相应的知识。通过不间断地培训与学习，教师在课件制作、视频处理、资源平台应用等方面的能力也会取得较大的提高。

以竞赛检验教师的应用能力，实现教育信息化。信息技术并不等于教育技术，将思考转化为行为，将技术转化为教学力，才是教育信息化的内涵所在。职业院校要以省、国家级信息化教学大赛为契机，注重培养教师的教育技术应用和开发能力，学校应选派专人负责、团队参与，指定专人培训，对报名参赛的项目要全程辅导，及时帮助解决问题。通过竞赛形式，可锻炼一个团队的信息化应用能力，同时也为全校树立典型。教师观念的转变、方法的更新、技术的提升，势必会促进学生创新意识的培养、专业学习能力的提升，最终会转化为学校办学内涵的丰厚，教学质量的提升。

总之，教育信息化可以说是一场革命，它改变了教育者的思维定式，改变了学习者的认知方式，改变了师生间的关系和教学形态。这场革命将职业教育引领到了一个新高度、新境界，积极参与其中是我们的历史使命，更是一种教育行为的自觉。要适应教育信息化的发展趋势，努力克难求进、全力以赴，以提升办学质量为己任，倾力打造一个装备信息化、管理人文化、思想现代化的新校园。

五、职业院校内部治理信息化建设思考

职业院校管理信息化建设，主要包括在学校教育信息化建设过程中，所需要的各种人力、物力及财力资源等的整合和有效利用，要想实现职业院校信息化管理，就必须在围绕职业院校教育信息化总体目标的前提下，强化对学校教育信息化资源的管理，通过整合及合理分配各类资源，优化资源配置，提高各类资源的利用效率，从而有效提升学校教育信息化管理水平，实现学校教育教学水平的提升。具体来说可从以下几种资源的管理着手。

一是人力资源管理。众所周知，人才是第一资源，实现教育信息化，人才是关键。要想高效实现教育信息化管理，不仅要具备优质的硬件资源，还要从有效管理人才资源着手。一方面，学校相关领导要定期组织教职员工开展教育信息化管理理念及信息化管理技能等的相关培训，以提升教职员工的信息化管理意识及管理水平；另一方面，要制定相应的保障制度，严格要求教职员工按照制度去落实信息化管理工作，并严格对其进行考核，对于考核优秀的教职员工，予以相应奖励，对于考核不合格的教职员工，予以相应处罚，从而提升教职员工在教育信息化管理工作中的热情，强化其责任意识，进而高效实现职业院校信息化管理。

二是财力资源管理。学校管理信息化建设需要巨大的经费支持，因此职业院校相关领导要将管理信息化建设经费纳入学校运营经费中，并制定合理的经费比例，保障信息化管理实施过程中拥有足够的经费投入，同时还要严格考核经费收支的各个环节，科学合理地利用资金。此外由于财政拨款尚不能完全满足学校管理信息化建设需要，学校领导要拓展经费来源，合理引进社会投资，保障学校管理信息化建设顺利进行。

三是网络资源管理。网络资源管理方面，主要是要注意教育资源共享以及保障学校管理信息化建设过程中的信息安全，相关工作人员要定期对学校管理信息化平台进行检查维护，及时排查系统存在的故障，并予以修复，以保障学校管理信息化工作的顺利开展和学校信息安全。

最后，要想提升职业院校管理信息化水平，提高职业院校教育教学水平，还必须在管理信息化建设工作中，严格遵循统筹规划原则、统一标准原则及共建共享原则等。

总之，职业院校管理信息化建设水平的提升是一项长远工作，只有转变职业院校管理人员和广大教职员工的信息化管理理念，强化对职业院校各类信息化资源的管理控制，才能有效保障职业院校管理信息化工作的高效实施。

第二节　职业院校内部治理信息化运行机制建设

当前，我国职业院校信息化运行机制建设存在着信息化管理职能偏低、信息孤岛现象严重、信息运行缺乏保障、信息化评价与考核开展不充分等问题。针对这种现状和问题，必须将以人本高效的管理机制、通畅安全的运行机制和科学长效的评价与考核机制，作为我国职业院校信息化运行机制建设的主要内容和目标，并采取相应对策。

一、强化内部治理信息化的整体顶层设计，健全各系统模块的信息共享

职业院校管理信息化首先需要有整体顶层设计，随着信息化技术的广泛推广和应用，教育领域的信息化发展也是突飞猛进，需要整合既懂教育又有技术的专家团体，根据职业院校专业、场地、师资、资金等各方面进行合理规划。信息技术的软硬件既不能大而全，超出职业院校所需的应用领域，又不能局限于现有的技术框框，需要了解当今社会教育信息化的领先概念，努力打造软硬水平适应职业学校现在和将来一个时期的需求。硬件设备需要适度超前，软件应用可以不断升级提升，防止有限的资金投入到无限的虚无高端产品上。信息化教育产品也有一个不断探索发展的历程，从来就没有永远先进、一劳永逸的软硬件产品，需要根据职业学院自身的发展需求，有针对性地购买服务及开发产品。另外，也要防止购买已经淘汰落伍的产品混入职业院校，成为鸡肋和摆设，不能发挥其潜在功能。例如，在前几年，很多职业院校都为教师建立了个人博客，希望教师博客能够成为师生互动和增进学术交流的平台。但经过这几年的发展看，博客已经成为“过客”，很少有人关注博主的动态，现在更多的开发平台是利用手机 APP 软件，而为建博客投入的人力物力成为很大的资金浪费。

在学校信息化顶层设计中，硬件设备需要不断更新换代，软件产品需要大的开发合作单位相互协调运作，开发应用周期很长，需要专业人员在实践应用

中不断摸索前进。好的应用平台和云计算存储等，凡是经过实践检验是过硬产品的，即使价格贵一些，也要购买增添，防止东一榔头，西一锤子，产品之间不兼容，软硬件之间存空隙，看似高大上，其实是参观、考察的面子工程。为了防止将学校信息化搞成“面子”工程，就需要前期顶层设计，杜绝资金和设备的巨大浪费。系部、专业之间可以共享公用资源，例如骨干网络、云服务器、专业服务器、软件平台等。专业领域需要建立各自独立的网络空间，权限管理、智能共享成为职业院校管理信息化的必经之路。职业院校信息化程度的高低，取决于顶层设计的好坏，领导、专家需要投入大量精力建立起高效运行的决策机制，通过多种途径搞好顶层设计，让职业院校管理信息化大厦有牢固的基石。

二、建立信息化管理机制，成立专门机构，确定专兼职人员

建立信息化管理机制，需要职业院校人力资源部门合理配置人员，成立学校网络中心，分级负责各系部的软硬件设备。各系部专业教师在教学实践中对信息化的应用程度不尽相同，很多专业教师会加入到信息化的应用中来，也只有专业教师在教学实践中才能体会到信息化的优势，发现和发挥专业特长，完善专业软硬件的改进和升级，对软件设计、思路、应用、改进提出建设性意见，便于在今后的升级改造中加以改进。同时，尽管各专业的应用差异很大，但专业之间的互补、信息化管理的共享还是有共性的，提倡信息化管理人员和教师的轮岗和调换。

信息化管理专职人员不宜太多，网络中心负责整个校园的网络安全，包括软硬件的维护，防病毒攻击即黑客攻击，做好网络与信息安全防范处置预案，保障网络的正常运行。信息化管理的兼职教师队伍可以适当扩大，兼职教师根据专业不同，可以管理相对熟悉的专业门类和专业应用平台，对专业软件的开发、应用、升级提出建设性意见。特别是热爱信息化发展的年轻教师，他们对新生事物往往比较感兴趣、头脑灵活、动手能力强，是发展信息化管理的主力军。在知识经济时代，知识和技术更新的速度越来越快，人类的知识总量和外延也不断扩大，一位专业教师想在有限的时间内掌握无限的专业知识几乎是不可能的事情。同时，知识的有效性持续时间将会变得更短，今天是领先的产品，明天可能就会淘汰。一个教师在青年时期学习掌握的知识只能是后来学习的基础，特别是信息化管理应用，不可能享用一辈子，就需要不断学习、终身学习，这成为现代社会人们生存和发展的必然要求。当今信息时代，信息化管理渗透到学校教育教学和管理的每一个角落，更加需要信息化管理人员具有高度的创新性，成

为有很强的自学能力和信息检索、分析、处理、获取、甄别能力的新型个性化人才。

三、加强对管理信息化制度的学习宣传，强力抓好落实

没有规矩不成方圆。职业院校管理信息化制度的落实是实现管理信息化的保障，好的制度只有落到实处才能发挥其作用。越是现代化的管理制度，越需要广大教师去认知、学习和贯彻。同时，由于教育信息管理制度的技术特殊性，更需要一以贯之、持之以恒地坚持到底，方能发挥制度的效用。在传统的教育管理模式中，学校的教育管理是统一的标准模式，并把不符合标准的学生拒之门外，同时把入学后的学生按照统一的标准来要求，培养的学生也几乎是一个模子刻出来的，很少根据学生的特点进行个性化培养。我国古代教育家孔子提出的“因材施教”思想很难得到体现。信息技术进入教育领域，学校将打开各种枷锁，抛弃以往的教育模式，注重研究学生的个性需求，开设各种网络选修课程，将不受时间、空间和地域的限制，通过信息技术网络的扩展，影响到社会的每一个角落。手机 APP 软件的推广应用，更是成为每位学生学习的终端，学校如果能够提供知识丰富、内容恰当、应用灵活的课程软件，每个学生可以在任意时间、任意地点自由的学习、工作和生活。在这样开放宽容的教育制度下，是不是就不需要用信息化制度进行管理，而任其发展了呢？答案当然是否定的。网络安全在当今社会越来越成为严重的社会问题，作为教育的一方净土，在网络安全上没有特殊性，更需要教师、学生按照信息化管理制度去办事，不能做有害社会的网络“蛀虫”。社会上经常发生的网络安全案例，时刻提醒广大师生，信息化制度必须加以引导、宣传，让每位师生知晓其重要性，防微杜渐。

四、建立健全管理信息系统应用和技术支持服务保障体系，保证系统大数据的全面、及时、准确、安全

管理信息系统应用和技术支持服务保障体系关系到学校信息化管理的成败，要保障学校系统数据的全面、及时、准确与安全，首先是信息化管理中教学资源的丰富性和共享性要健全，相比以前教学的主要载体——书本，其信息负载量少，而网络时代教学资源的载体是网络，云服务、大数据是当今网络发展的急先锋，自媒体时代人人都是网络终端，都可实现现场直播，信息具有时效性、超视距性、交互性、个体性、超媒体性、信息的反馈性等特点，这就要求技术支持保障体系要满足时代的要求。经常看到有些学校官方网站信息几个月甚至几年没有更新，可想而知，其信息管理系统也不会有实质性的应用。在信息时

代，需要师生广泛参与到信息互动和信息共享中，共同维护好信息数据的安全、高效。

在云服务、大数据时代，信息安全越来越成为必须解决的首要问题。微信、支付宝等金融支付手段的广泛应用，客户在享受方便灵活的金融服务时，最担心的是自己的资金安全，毕竟作为新生事物的电子交易往往给不法分子提供可乘之机，同时，人们对互联网知识的缺乏也容易引起安全方面的事故。教育领域虽然安全任务有所不同，但同样存在安全漏洞，特别是学校主服务器的安全防护更应该加强，防止重大、重要数据的损害和丢失，有些数据的丢失是金钱无法挽回的，所以，主服务器在硬件建设上需要建立双备份机制，不能因为资金等问题，把重大数据置于危险之中。硬件设备不会保证百分百的安全，也不会永远正确，其漏洞的修复需要网管人员在实践中不断地摸索和创新，学习最新的防范方法和技术，形成规范的应用安全手册，引导师生正确应用信息技术，保证学校网络安全。

第三节　职业院校内部治理信息化应用能力提升

信息化对职业院校内部治理能力提升的作用是多方面的。如网上协同办公系统能极大地提高行政管理效率，支撑多校区办学管理服务；大数据分析有利于学校领导适时了解学校各方面情况，做出正确决策；迎新离校系统简化了学生办事流程，方便了学生网上办事；师生利用校园网、微信、移动手机等可以及时对学校治理提出合理化意见和建议；校园一卡通的应用极大地方便了学生学习和生活；智能后勤服务能够实现网上报修，极大地节省了时间，提高了效率；移动图书馆极大地方便了师生阅读；物联网资产管理系统可以有效提升资产管理效率；人脸识别技术在考勤管理、考试管理、安全管理中的应用，不仅可以提高管理效率，而且还可以有效保障师生人身和财产安全等等，这些信息化应用能力的提升都对职业院校内部治理能力提升具有不可估量的作用。

一、职业院校内部治理信息化应用能力提升的着力点

（一）运用信息化深化课堂教学改革

21 世纪是信息时代，当今社会各行各业或多或少都会应用信息化，都要受到现代信息技术的影响。很多教育专家指出，信息技术只有与学校教学、改革、

创新紧密联系在一起，才能取得较好的使用效果。教育专家针对信息化应用的研究证明，在传统的教学模式环境下，信息化对学校教育并没有产生重大而有深远意义的作用。美国教师联合会主席艾伯特说："除非以一种新的方式使用这些技术，否则仍是没有什么效果的。让学生安静地坐着观看录像，并不比听教师讲效果好，让他们在计算机上填空也并不见得比在考卷上填空好。"未来的教育必然是基于网络环境的更加开放的教育，是更加重视学生个性化和多样性的教育，是引导学生主动探究和快乐学习的教育，是让所有孩子都能享受到优质教育资源的教育，是更加强调终身学习的教育，是更加智慧的教育。① 教育信息化改革，必须重新认识教与学、教师与学生的地位、学生与教师的相互关系。利用信息化深化课堂教学改革，重点应做好以下几个方面的工作：①班级教学由大班额向小班化、小组化转变，学生在学习过程中主要以个人或小组的形式进行学习。②从教师大课堂传授型教学活动，向教师辅助、指导、引领方面转变，通过互联网技术，教师在教学过程中指导和鼓励学生去发现问题、思考问题、独立解决问题。让学生主动学会如何写文章，构思完成计划，教师的指导作用包括选择、建议，如何运用各种技术手段来查询、收集资料或进行实验活动等。③传统教学中教师更喜欢所谓的好学生，而在信息化教学活动中，教师要面向全体学生，要对全体同学负责，根据不同学生群体提出不同的建议、项目、作业，使每位学生的能力都得到极大的发挥。④让每位学生都得到尊重，都有机会"发言"，电子邮件就可做到这一点，让班级的学生都得到个别辅导。⑤评价方式的转变，信息化条件下的评价，不一定以考查学生记忆了多少知识为标准，应着重检查学生的行为思考方式和解决问题的方法，提倡发散思维，也许没有唯一正确的答案，但只要能够自圆其说，提出个人的论点并辅以必要的论据的学生都是好学生。⑥改变传统教学中以分数高低排名的班级竞争模式，提倡合作学习、共同完成小组任务，以任务驱动，发挥学生个人的内部动机，让学生参与到集体活动中来，互相讨论、甚至互相"攻击"，在辩论中证明自己观点的正确。⑦转变传统教学过程中统一的教学内容，让每位同学按照个人兴趣、爱好、特长选择课程内容、选择学习材料、选择学习方法。⑧改变传统教学中主要是文字材料、语言符号为主的刺激方式，取而代之的是图像、图形、动画、语音、模拟、味蕾为主要传递方式。当然，任何新技术改革，在克服旧的矛盾的同时，也往往会产生新的问题与挑战，我们应正确予以应对。

---

① 雷朝滋.教育信息化：从 1.0 走向 2.0[J].华东师范大学学报(教育科学版)，2018(1)：102.

(二)实现后勤管理信息化,提升后勤工作效率

在信息技术广泛应用于职业院校的同时,职业院校后勤服务管理系统,不仅可使管理人员从复杂的管理流程中解放出来,将大量的信息有效而及时地进行整理和统计,同时可使后勤管理人员在运用信息化平台的同时,得到有价值的信息,并能在管理工作中获得一定的体验,实现自我价值。职业院校后勤管理信息化建设本着“以人为本”的理念,将后勤管理系统进行信息化改革,可使学校实现手机 APP 模式的信息化后勤管理。职业院校后勤管理要面临不同的环境和不同专业的众多学生,这给后勤管理带来了一定的困难。因此,职业院校后勤管理的信息化建设要实现信息的数字化建设,把后勤信息以数据的形式进行整合并呈现出来,数字化的信息包括学生的基本信息、学生的家庭信息等。职业院校后勤管理信息化建设要实现沟通性管理,实现管理者与学生之间的有效沟通,加强沟通的时效性。整个后勤管理系统要以核心功能模块为主,调用学校学生基本信息,成为一个数据整合中心,实现对后勤信息的收集和整理,将数据存储在计算机的数据库中,数据库中的数据要包含学生详细的个人信息,同时还包括学生的档案和各种有效的资料,如后勤诚信体系等。学校后勤信息不仅仅要呈现在学校网站的主页上,同时,也要在后勤管理信息化平台上呈现出来,要确保信息的时效性,并将信息公开化,便于管理。对所有的学生进行统一管理,将管理的权利交予学校相关负责人,并将平台上的信息进行定期的检查和整合。例如,每一年当新生报到时,学校都要对宿舍进行整体安排,运用信息化系统可以实现住宿费的自动化管理、宿舍安排的智能化调配,确保学生都办理了校园一卡通。可以将学生办理学生证和乘车卡的信息进行准确的记录。通过新生报到,基本完成对学生基本信息的采集,对今后学生登陆各系部选课走班等学分制管理打下良好基础。同时,学生可以对学校的后勤服务进行评价,例如对食堂饭菜质量和服务等提出合理化建议并进行评价。在传统的后勤管理模式中,对信息进行收集和整理,要在辅导员(班主任)不断地传达和重复的过程中,才能将后勤信息有效地传达给学生,传统的后勤管理方法时效性差、效率低,建立信息化平台进行后勤管理,就可以弥补传统后勤管理方法的缺陷。在建立职业院校后期管理信息化平台时,要建立核心功能和模块,建设学生后勤管理信息发布平台,提升后勤服务质量和效率。

(三)充分发挥信息化教学手段的作用,造就千千万万大国工匠

原子弹爆炸需要一个“临近质量”,当放射性元素的个体质量达不到“临近

质量”时，就不会发生链式反应，只有达到或超过这个阈值时，核素原子数目才能成几何级数增长，从而形成原子爆炸。人类的科学知识，经过几千年的发展到目前为止，已经到了“临近质量”，信息爆炸一触即发，生产力得到前所未有的提升，人类知识的总量成几何级数增长，新知识每隔几年就要翻番，特别是近几年智能手机的应用推广，已经颠覆了我们以前的观念。信息时代召唤信息人才，作为职业院校的师生，适应现代社会的变革，做时代的弄潮儿，成为我们义不容辞的责任。2018 年初，中美贸易出现摩擦，美国制裁中兴公司，扬言断绝 CPU 的供货，调查华为等高科技公司，阻止中国 2025 年制造计划。中国高科技受制于人，缺乏自己的核心技术而成为对方的把柄，中国有人才、技术、吃苦精神、完备的体制等等，为何就制造不出自己的“芯”？许多专家指出，不是我们设计不出，而是我们的制作工艺落后，在芯片领域没有大国工匠。芯片领域已进入 10 纳米空间，1 颗原子的大小大约为 0.1 纳米，在 10 纳米的情况下，一条线只有不到 100 颗原子，在制作上相当困难，而且只要有一个原子的缺陷，像是在制作过程中有原子掉出或是有杂质，就会影响产品的良率。我国缺乏自主培养的在纳米技术领域的高精尖人才，说到底还是我们的基础学科投入不足，根底是学校教育出现了问题。再好的产品设计图纸也需要技术工人去制作成产品，而职业教育正是培养技术工人的教育。在信息化时代的今天，如何培养出符合社会发展需求的技术技能型人才，如何运用现代教育技术造就千千万万的大国工匠，成为职业教育届同行的普遍追求和义不容辞的责任，信息化教学是提高职业院校教学质量的必经之路。

二、职业院校教师信息化教学能力要求及制约因素

职业院校教师一般是拥有学士或硕士以上学位，能够接受现代教育技术、利用互联网技术、手机 APP 应用熟练的知识传播者、应用者、创新者和实践者，在当今信息爆炸时代，如果还是靠以前一支笔、一张嘴、一本书、一黑板等来传授知识，不仅社会、学校接受不了，学生也不会容忍现代版的孔乙已。职业院校由于更注重社会实践性、操作性人才的培养，对教师信息化教学能力提出了更高的要求。一是教师要具备信息化教学的基本技能，职业院校教师应该具有能够独立地设计、规划、解决专业知识的模块化传授技能，形成具有自身特点的电子教案，方便师生自学和共享，电子教案具有交互性、超链接、知识体系完整性等特点。能够利用学校提供的教育平台，及时与师生互动，解决学生反馈信息，检测学生知识应用水平，较好地发挥学校信息网络的功能，具备网络课程开发

的能力和水平，适应手机网络终端的及时通应用，真正实现我国古代教育家孔子提出的“因材施教”“有教无类”等教育思想。二是教师要具备终身学习的理念。教师在大学所学习的知识，随着时代的发展，有的会淘汰，有的会更新，有的会落伍，不存在永恒不变的真理。古希腊哲学家苏格拉底说过：“人不能两次踏进同一条河流。”河水在变，环境在变，时间在流逝，人在发展，技术在更新，一切都在变化发展中，作为职业院校的教师，为了适应现代社会日新月异的变化，必须树立终身学习的理念，赶上时代发展的步伐，顺应互联网迅猛更新的节奏，做时代的弄潮儿。1965 年，法国教育家朗格朗在巴黎召开的联合国教科文组织的会议上首次提出了“终身教育”的理念，从此以后，终身教育成为社会人发展提升的必备成才之路，在时间上，教育贯穿了人的一生，需要人们时时刻刻学习提升，无论年龄多大、知识多么丰厚渊博、学位多高，甚至是学界泰斗都需要终身学习。在空间上，正规的学校教育和非正规的家庭、社会、网络等教育互补。作为职业院校的教师，终身教育更应该成为每一位教师的基本发展理念。三是职业院校教师要有鲜明的个性特点，具有独树一帜的个人魅力，驾驭信息时空的定力和特质。在传统教学中，教师教和学生学都遵循“以教学为中心”的原则，在教育信息化时代，将改变为“以学生为中心”的原则。强调在“做中学”“学中做”，用建构主义思想开展教学活动，教师角色从主导者变为指导者，从无所不知的学者变为辅导者、资讯者和参与者。信息时代的教学模式在文化传承的同时更注重培训学生的个性、创造性和开拓性，让学生成为超越老师的新的教学范式，是信息化时代教学的最大成就。

“理想很丰满，现实很骨感。”职业院校由于学生能力水平等方面的差异，教师在实施信息化管理的同时，往往受到各方面因素的影响。首先是学生目标定位的差异，部分职业院校的学生，来学校的出发点就有问题，不是想来学校学习文化知识、掌握技术技能，为个人发展奠定基础，而是混文凭走过场，得过且过。教师即使用上浑身解数也难以铁树开花，这样的学生在各职业院校虽不是主流，但为数不少，且互相影响，教师要做好这部分同学的思想工作，引导他们树立正确的世界观、人生观和价值观。其次是学生能力的差异，职业院校的学生理论学习能力相对缺乏，研究性、理论性知识不太适合他们学习，但实践动手能力相对较强。在以信息技术为导向的学生学习能力提升中，教师要把握信息技术知识渗透的深浅，用通俗语言使学生能理解信息技术知识的要点，重点是提升学生的应用能力。另外，制约教师信息化教学能力提升的关键还是教师个人。我们经常看到，同样的选修课程，有的老师很受学生欢迎，而有的老师却被学生排斥。都说没有教不好的学生,只有教不好的老师。教师信息技术能力的差异,从某个角度决定了教师职业能力的不同。在职业院校有一个很特殊的现象,就是学生欢迎“同类人”,即学生喜欢年龄相近、爱好相仿、兴趣相投的老师,而年龄偏大,“学究型”教授、“师道尊严型”教师在学生中则不受待见,很多原因在于老教师缺乏新颖的知识亮点,特别是缺失信息技术的支撑。

三、职业院校内部治理信息化应用能力提升的途径和方法

职业院校管理信息化应用能力提升的途径和方法很多,最主要的形式是计算机辅助教学和管理、网络学习、手机终端、虚拟现实技术的广泛应用等。

计算机辅助教学设备已经普及到各种功能教室,利用授课课件、人机交互,动画展示等提升课堂教学效率,同时,可发挥后台服务器存储量大、数据完整、海量云计算等特点,充分发挥网络学习的功能。搜索引擎的合理利用,查询数据的有效实施,都能提升计算机辅助教学的效能。计算机多媒体网络的建立、使教育内容更加丰富和完善。学校可以根据专业性质的不同,遴选年轻好学、富有实践经验、专业能力强、教学生动活泼的教师授课,并将其授课录像制成教学软件,供学生选择学习。也可以根据学生反馈信息,不断修正学习内容和教学方法及内容,拓宽和加深相关学科(专业)的纵向知识,满足不同兴趣类型学生的网络学习。前几年风靡全球的哈佛大学公开课,就是典型的网络授课成功案例。心理学研究证实,在学习过程中,同时使用听觉、视觉,甚至味觉,能明显地提升记忆和理解的效率。由于多媒体技术同时提供了图形、图像、声音、动画、语言等交互性界面系统,学习者能够通过多种神经器官感知操纵控制学习,从而提高教育效果。

网络时代最显著的标志是人人都是自媒体,人生没有预演,都是现场直播,每一个个体都能成为撬动全球新闻的发布者,在这样一个智能手机普及,网络终端遍布每个角落的时代,智能手机成为职业院校信息化管理能力提升的关键。智能手机的应用推广也只不过是几年的事情,而它的集成高度、应用范围、影响领域必将颠覆人的认知,教育领域的应用必将发生翻天覆地的变化。手机进课堂宜“疏”不宜“堵”,在课堂上允许学生有序使用智能手机辅助学习,倡导“主动”学习和互动学习,有利于增强学生学习兴趣,有利于拓展学生知识面,有利于使学生即时接受社会信息。职业院校不同于中小学,在职业院校的课堂上可以允许学生利用手机查询数据资料,或利用手机作为终端反馈信息,有利于提高教学效果。

虚拟现实技术是仿真技术的一个重要方向，是仿真技术与计算机图形学、人机接口技术、多媒体技术、传感技术、网络技术、等多种技术的集合。虚拟现实技术借助于三维空间探索表现大千世界，从全新的视角窥视客观的世界，而非现实的“世界”，任你虚拟、漫游、猎奇、陶醉、幻觉……近年来，随着虚拟现实技术的不断发展，该技术已开始大量运用于教学当中。在工程类的许多课程当中，三维虚拟仿真的教学案例尤为多见。这些案例能直观地对课程教学内容进行全方位演示，从视觉传达、人机交互等方面弥补了传统教学视频的不足。① 例如汽车、飞机、轮船、电器等复杂机器的原理、组装、维修等都可以利用虚拟现实技术向学生展示、表现。像航空母舰、卫星导航、电子模型等产品，普通人也许永远见不到其真面孔，但在虚拟现实下，可以让我们看个够。像未来世界、充满幻想的电影作品等，都可以通过虚拟现实技术任意虚拟。

四、培训提升职业院校师生信息化应用能力，保证设备使用率

培训提升职业院校师生信息化应用能力需要在软硬件上下功夫，让老师能够了解学校的信息化建设框架，明白专业发展的方向，摸清学生对信息技术掌握的程度，有针对性地培训教师信息化某方面的技能，不求大而全的解决方案，能够因地制宜、循序渐进地掌握某一领域的信息化方向。自学为主，培训为辅，可通过加强教师继续教育学分的行政手段提升专业水平，同时给教师提供全方位的培训机会，扩展教师发展的新路子。充分应用互联网远程培训方式，基于网络的协调学习，共同完成某项学习任务，采用任务驱动、问题导向、专题研究、个案设计等培训模式，这样，教师对知识的建构是在与同伴间紧密的沟通、协调、合作中逐渐完成的，这也充分体现了建构主义学习理论的四大属性，即情境、协作、会话和意义建构。不仅对学生的教育要应用建构主义方式方法，在教师自身提升培训上也可首先进行尝试，利用情景、协作、会话等学习环境，发挥教师自身的能动性、积极性和创新性，最终有效地实现真正意义上的建构。同时，教师在远程网络培训中，可学会选择和利用资源，能够更多地学习新的方法，形成有效的认知策略，教师的学和教就成为有机的统一，达到培训提升的目的。在远程培训过程中，教师获得知识的过程也是对传统教学知识的再认知，网络协作学习能够通过自己的认识将知识重新编码，激发其创造性思维。教师

---

① 罗陆锋，孙爽，李国琴，杨慧.虚拟现实技术在技能实训教学考评中的应用研究[J].中国现代教育装备，2016(21)：89.

自主学习是提升教师水平的原动力，作为现代社会从事教育工作的知识分子，应该明白现代教育技术的作用和意义，为了适应现代教育对教师文化素质、专业素养的要求，职业院校的教师要不断提升自己的能力和水平，成为信息化时代的领航者。

职业院校学生信息化应用能力的提升具有时代特色，目前的在校生一般都具有信息化学习的能力和环境支撑，能够跟上时代的步伐。当然也需要教师的正确引导，防止信息化的负面影响扩大。提倡学生通过网络自主学习、信息共享、择业创业。学校信息化建设更应该聆听学生意见，关注学生对信息化的要求，满足学生对信息化时代软硬件配套建设的需求。

职业院校普遍存在现代教育设施设备空闲、利用率低的问题，原因之一是教师信息化素养有待提升，教师本身的信息化涵养程度不高，难以指导学生利用现代教育手段提升专业发展能力。同时，学校在建设教学设备、软硬件投入上要体现专业性和实用性，防止购入的设施设备成为政绩工程、形象工程，造成教育资源的巨大浪费。

五、制定激励制度，激发教师应用信息化教学手段的积极性和主动性

教师应用信息化教学手段能够提升教育效率，同时也增加了教师工作量，需要付出艰苦的脑力和体力劳动，人都是有惰性的，需要通过适当的激励机制，激发教师的主动性和创新性，使信息化教学能力成为当今教育的必备要求。

首先，学校要为教师创造一个运用信息化教学的物质环境，加大对软硬件的投入，为教师搭建信息化教学平台，教师必须将信息化教学平台充分运用到教学过程中。同时，在教师广泛应用的基础上，制定合理的奖惩措施，鼓励教师运用现代教育手段创新教学模式，大胆尝试最新科研领域。奖惩激励机制包括精神和物质层面的，只有教师体会到信息化教学的长处，教学能力水平得到提升，并获得相应的物质精神鼓励，才会形成良性循环。在信息化教学发展中，也存在着叠加定律，即当一位教师在某一教学过程中取得突破，那么，在以后的教学过程中获得突破的概率就会大大增加，当我们在信息化教学中打开某一重要缺口实现质的飞跃时，信息化教学的路子会越走越宽广，其中组织教师参加各种信息化比赛，以赛促练是很好的激励机制。要鼓励中青年教师参加国家、省、市、校信息化教学比赛，重在参与，在参与中提升教师的信息化教学能力。

第四节 职业院校内部治理信息化建设范例

校园信息化是以信息技术为基础,通过对校园网基础设施、教学资源和教育活动进行数字化整合而构建的信息化环境。青岛华夏职业学校高度重视校园信息化建设,制定出台了《青岛华夏职业学校智慧校园建设方案》,信息化建设的工作思路是:以"数字化校园软件管理平台"建设为抓手,进一步提高学校信息化基础平台的水平和信息化综合服务能力,积极参与教学资源库的开发建设,不断加强学校数字化教学资源的建设,提高资源利用效果,强化信息服务人才队伍建设,为学校的事业发展提供强有力的信息化支撑条件与服务保障。学校根据专业特色和发展规划,着重抓好基础数据建立、信息标准制定、核心应用及系统集成等方面的工作,打造"三个一",即"一张网(校园网)、一个平台(数字校园平台)、一个库(教学资源库)"。

一、设计原则

1. 开放性与标准化原则

应用平台是一个开放的且符合业界主流技术标准的系统平台,使得网络的硬件环境、通信环境、软件环境、操作平台之间的相互依赖较小。

系统建设符合我国相关部门制订的现行标准或即将颁布的最新标准,在统一身份认证中,安全策略、密码与安全设备选用、网络互联、安全管理等都符合我国信息安全法律法规。

2. 易操作性原则

系统建设遵循易管理、易使用、方便开发、易学习的原则。

3. 实用高效、可扩展原则

系统建设实用高效,能适应 IT 技术和学校业务的发展需求变化,系统实施过程中,能适应系统的结构和配置的变化。

4. 可扩充性及易升级性

适应应用不断拓展的需要,应用平台的软硬件环境有良好的平滑可扩充性。

5. 一致性原则

系统的体系设计遵循统一的标准,确保各个分系统标准的一致性,整个系统能安全地互联互通、信息共享。

6. 需求、风险、成本折中原则

系统设计在需求、风险和成本之间进行平衡和折中。同时，尽量保护学校的已有投资。

7. 整体规划设计原则

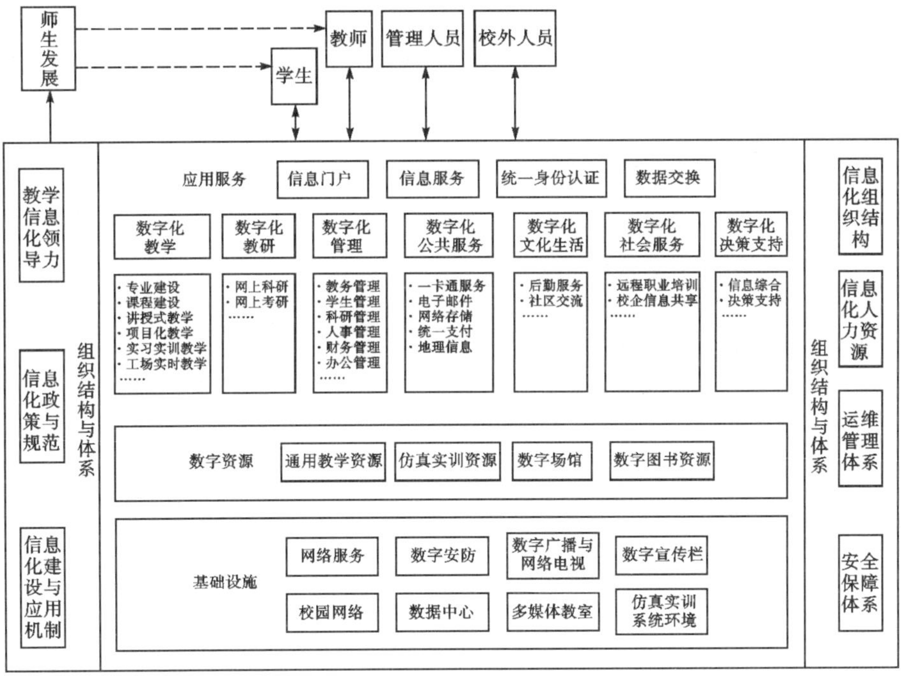

系统设计根据校方的要求，为学校以后的数字化校园系统建设保留接口，方便扩展，保证后期建设的顺利进行。

8. 可管理性和可维护性

整个应用平台是由多个部分组成的较为复杂的系统，为了便于系统的日常运行维护和管理，要求所选产品具有良好的可管理性和可维护性。另外可管理性和可维护性还包括对平台的自身要求。

二、建设程序

根据学校校园信息化建设任务书，学校主要从基础设施建设、管理应用平台、数字化教学资源库、运维与管理等方面进行建设。学校成立示范校校园信息化建设领导小组，具体负责信息化建设工作。

1. 基础设施建设

学校首先对现有网络进行摸底，弄清楚现有网络的布局。对照任务书，对网络中心机房进行维修改造，铺设防静电地板，安装空调。硬件方面，学校定位为实用性、扩展性。先后和几家硬件公司座谈，听取关于校园信息化硬件名称、参数、价位的介绍。通过和财政局、招投标办联系确立招投标的方式。经过紧张的施工，校园信息化硬件部分主要包括服务器、防火墙、核心交换机、光纤等安装到位，校园内监控设施同时安装。

2. 管理应用平台

主要是利用现代网络，架设管理应用平台。根据任务书，建设校园网、教务管理平台、网络教学平台等。

3. 数字化教学资源库

信息化领导小组和四个重点建设专业密切配合，借助校园管理平台，通过购置三分屏视频录播软件，让教师制作视频课件。同时积极联系购买一些成品课件。

4. 运维与管理

运维管理体系包括运维技术力量、管理人员、综合资源等几部分。通过运维与管理的标准化、流程化的管理方法，实现职业院校内部治理的信息化，专注于育人核心工作，达到事半功倍的效果。

5. 条件保障

为保证建设质量，学校成立了示范校校园信息化项目建设领导小组，领导成员包括电教中心所有专业教师和合作公司的主要人员。所有建设项目都按照方案的要求组织实施；软硬件系统建成后要通过测试；各技术文档和验收材料要完备，符合方案要求及附件规定的其他验收条件。

智慧校园建设的核心内容是支持学校教学模式和管理服务体系的技术系统。为了保障技术系统的顺利建设和有效应用，还需构建相应的组织结构与体系。学校数字校园为学生、教师、管理人员和校外人员等提供集成的学校数字化教学、数字化科研、数字化管理、数字化公共服务、数字化文化生活、数字化社会服务和数字化决策支持服务，同时，促进学校和教师信息化职业素养的全面发展。

构建人人互通的数字化学习空间，推动教学模式变革，提高人才培养质量；搭建在线协同工作平台，提升教师的“双师素质”和教科研能力；提供信息和数据的集成和分析服务，有利于管理效率和决策水平的提高；搭建虚拟校园社区，提升校园文化生活品质，促进优秀文化的传承；建设学校数字化社会服务体系，推动学校对社会开放。

职业院校信息化校园建设最终要实现师生基于教室、实训室、实习基地和网络开展混合式教学；实现办公自动化、管理流程、公共服务和校园文化生活的数字化，能够对社会提供网络化的教学与培训，帮助学生自主学习，特别是可以通过网络加强学生第三年校外顶岗实习期间的师生联系、校企联系和家校联系。教育教学方面，学校每年组织教师基本功大赛，举办课件制作、说课比赛、信息化教学比赛，使全体专业教师掌握必备的多媒体知识，提高信息化教学水平。

建设信息化校园，管理是关键、培训是前提、学习是根本、建设是保障、研究是动力、应用是核心，只有做好这些工作，才能真正实现以教育的信息化促进教育的现代化。学校在信息化校园建设过程中，根据实际情况，有计划、有步骤地进行，并在此基础上不断更新、发展，实现现代化、高质量、有特色、示范性的办学目标。教师要改变传统办公、教学模式，积极适应信息化教学模式。

三、整体设计目标

整体目标就是实现“一站式服务”和“六个数字化”等：

(1)一站式服务。

(2)数字化管理。

(3)数字化教学。

(4)数字化学习。

(5)数字化生活。

(6)数字化科研。

(7)数字化决策支持。

四、整体规划设计

一、一站式服务				
序号	应用服务类别	系统名称	简述	备注
1	一站式服务	学校综合服务信息门户网站	学校综合服务信息门户网站平台建设适合学校实际需求,突出学校办学特色,将成为学校信息资源的统一内网门户访问平台,为用户提供统一的访问入口。校园门户网站、教科研、招生就业、宣传思想工作、校园文化建设、党建、校企合作、社会服务、国际交流合作等,与数字化智慧校园身份管理平台有效结合后,为统一身份认证并在各门户中提供相关系统模块链接,用户只需从综合服务信息门户中登录一次,即可访问门户中集成的各种信息资源和应用系统	
2		智慧校园一站式服务平台	核心目标"链接",个性化学习和办公桌面,兼顾社交网络平台。个性化页面、模块化应用、多元化查询、应用集成。为了更好地满足各类用户的应用需求,为用户的使用提供便利,要为每个用户都提供个人工作平台。 通过模块化的方式实现或者整合学校智慧校园的各个应用,使其可以根据用户权限显示相应的功能,用户可根据需要自行加载和订阅所需的应用服务,形成个性化办公桌面	
3		校企合作平台	企业用户注册管理、企业招聘、在线调研、学生信息搜索与展示、共享资源展示。 企业用户自助建站系统及门户网站群管理、统一信息发布管理、统一门户生成和栏目自定义管理系统	
4		统一身份认证平台	为学校智慧校园平台构建一个完整统一、高效稳定、安全可靠的集中身份认证和管理平台。统一身份管理、目录服务、统一认证、单点登录服务、个人自助服务、平台运行监控工具、安全管理和会话管理、审计管理。 提供多种成熟的认证接口,支持多种语言的接口方式,包括Java、.Net、PHP、C、C++等。功能模块能定义服务提供者接口,支持第三方的服务提供者	

（续表）

序号	应用服务类别	系统名称	简述	备注
5	一站式服务	数据共享中心平台	数据共享中心是抽取、处理和存储各类共享数据，并为全校提供信息共享和交换服务，统一数据交换的接口，实现应用系统的集成和各个系统之间的数据共享、服务调用的平台。包含统一数据标准、统一数据集成、统一数据管理、数据同步、统一对外接口、数据共享和交换。 基础服务支撑平台，位于整个系统架构的底层，对基础设施进行封装，为上层不同的业务应用开发提供一系列的通用功能和基础服务，对外提供开放平台，基础服务和部分基础应用，同时包含提供第三方的开放平台。提供统一用户管理、统一应用管理，统一授信服务、统一权限服务，统一应用注册服务，统一 API 服务、统一日志管理、统一文件管理等，平台的目标是支持整个系统平台基于 SOA 的分层模块化	
二、数字化管理				
序号	应用服务类别	系统名称	简述	备注
6	数字化管理	迎新管理	新生报到管理、缴费管理与财务系统集成、收费代码设置完成后，财务部门就能根据最新的收费项目信息收取相应费用。还有助学贷款申请、费用减免申请、学费缓交申请等绿色通道管理；宿舍信息维护、分配、宿舍日常管理等宿舍管理	
7		教务管理	分班管理、教学计划管理、教学任务管理、考务管理、成绩管理、学生考证管理、教材管理、实训室管理、毕业审核管理、毕业离校管理	
8		排课管理	基础数据导入、课外安排、规则定义、手工预排、自动排课、手动调整、课表输出	
9		学工管理	学籍管理、评教管理、资助管理、社团管理、行为规范管理、文明班级管理、处分管理、评优管理、奖学金管理、三好学生管理、志愿者服务团队管理	

（续表）

序号	应用服务类别	系统名称	简述	备注
10	数字化管理	行政办公子系统	公文管理、公共信息管理、会议室管理、个人办公管理（统一消息中心、通讯录管理）。 通过可视化流程建模和设计工具以点击、拖拉图标等方式实现全站业务流程的自定义，并实现流程管理监控，使用者只需在电脑上填写有关表单，会按照定义好的流程自动往下跑，并可以根据需要修改、跟踪、管理、查询、统计、打印工作流程等，无纸化办公大大提高了效率	
11		招生就业	招生管理、招聘管理、顶岗实习管理、就业管理	
12		财务管理	收费科目和项目管理，学生相关财务业务管理、汇总查询管理、教师薪资管理	
13		资产能耗管理	固定资产管理、能源管理以及楼宇管理	
14		物资发放管理	物资类别、物资管理、发放任务管理、发放记录管理	
15		宿舍管理	基础设施管理、日常业务管理、值班管理、统计查询管理	
16		餐饮管理	食堂管理员管理、食堂基础信息管理、餐饮管理制度、原材料分类、原材料管理、原材料采购、菜品管理、每日采样管理、每周食谱、每日收费记录管理	
17		信息管理	新闻中心、校刊管理、校历管理、光荣榜、学校领导、优秀教师、优秀毕业生	
18		考勤管理	考勤管理对学校教师的上下班考勤信息进行维护和管理，包括考勤登记、考勤查询和考勤统计等，可以根据实际需要增加功能。考勤登记、考勤查询、考勤统计、PC端打卡、移动端打卡、请假登记、外出登记、考勤补录、考勤异常处理，支持自定义排班方式设置考勤排班、考勤总览，按照部门结构可以查看部门成员在某月当中的考勤记录	

（续表）

序号	应用服务类别	系统名称	简述	备注
19	数字化管理	师资综合管理	师资基本信息管理、教科研成果信息管理、培训信息管理、奖励信息管理、惩处信息管理、学历进修经历信息管理、企业实践经历信息管理、教职工薪资管理	
20		实训室管理	实训室管理、实训教学资源管理、实训设备资源管理	

三、数字化教学

序号	应用服务类别	系统名称	简述	备注
21	数字化教学	精品课程建设平台	旨在提升职业教育专业教学水平，推动学校精品特色专业建设和内涵发展，同时对任务引领型课程的全面实施起到示范作用，推进学校教学团队建设和教学模式创新，改革教学内容、方法和手段，促进优质教学资源的开发和利用。包含课程展示、课程编辑、课程申报、课程评价、在线活动支撑等。 视频资源管理，上传视频资源后，可以在任意时间点在线标注，支持在线虚拟剪辑视频；支持视频中任意时间点插入测验，可以在任意时间点插入测试题，包含单选题、多选题和对错题；可以在任意时间点插入和替换任意 PPT	
22		专业资源平台	以资源共享、在线学习为目的，以创建精品资源建设为核心，通过海量资源处理、高效资源管理、富媒体资源展示、便捷式课程开发以及多样化教学模式选择等手段，促进优质教学资源和培训服务资源的实时更新与广泛共享，提升广大学习者、培训者的学习兴趣与培训效果，进而使教学资源更好为教育教学服务。包含个人空间、资源发布、资源审核、视频点播、资源展示、资源评论、积分奖励、专题资源等。资源不再孤立，与精品课程云平台无缝对接，高效备课。 资源分享支持微博分享、微信分享、QQ 好友分享、QQ 空间分享、QQ 群分享等	

（续表）

四、数字化学习				
序号	应用服务类别	系统名称	简述	备注
23	数字化学习	数字化学习环境（智慧课堂）	以学生为主体、个人电子终端和网络学习资源为载体的，贯穿于预习、上课、作业、辅导、评测等学习各个环节，覆盖课前、课中、课后学习环境的数字化教与学系统平台。改变传统的教学模式和教学理念，支持翻转课堂、分层教学、协作学习、探究学习、主题研讨等教学模式，提高学生的拓展及创新能力。包含互动教室备课平台、数字教育课堂互动平台、数字教育测评系统、资源中心系统、终端应用管理平台。 手机、pad、卡跨终端设备支持，支持与智慧一卡通系统互联互通，支持基于卡的互动教学	
24		在线学习平台	以课程为中心，利用学生在线听课、在线阅读、在线提问、在线作业、在线考试、在线互动讨论、课后辅导、讨论、答疑、小组、目标激励、榜样激励、知识拓展等，支持学生行为管理、学习统计，从而达到辅助教学的作用。支持探究学习、项目学习等学习模式	
25		微课资源共享应用平台	传统网络教学资源的大而全、冗长以及难以在移动学习中直接试用，微课资源共享应用平台支持学校微课程的共建共享，为学生提供自主、探究、协作的智慧学习空间，为教师提供微课程制作、存储和使用的个人空间，并实现与手持移动设备的对接，能有效推进优质资源共建共享，促进教育均衡发展	

(续表)

五、数字化生活				
序号	应用服务类别	系统名称	简述	备注
26	数字化生活	移动校园	移动校园产品是移动端的智能化教、学、跟踪、办公和即时通信于一体的综合服务平台，为老师、学生、家长以及教职员工提供随时随地的办公、学习和通信服务。根据业务需要，用户可以自由扩展各类校园服务与功能，可以对接第三方开发的系统或移动系统，可增加更多的业务功能。 基于跨平台技术研发，支持苹果 IOS、谷歌 Android 等主流系统。 PC 端数字校园与手机移动校园业务无缝对接	
27		电子班牌	“智慧班牌”是以班级信息展示为主体，为学校量身设计的一款集射频卡技术、语音技术、多媒体技术、后台管理、考勤软件技术等为一体的综合性教育类产品，是“互联网+”时代下新型智慧校园的重要组成部分。具备多种模式、多种应用，支持后台自定义管理的班级展示类、交互类的一款软硬件高度结合的产品，为教师、学生提供互动查询的多媒体信息的终端，可作为校园、班级文化建设的集中展示体	
28		人工智能客服	具有与微信渠道、WEB 渠道、实体终端渠道等的智能交互能力，并支持未来其他渠道的智能交互接入。在线客户机器人提供会话服务、咨询服务、业务办理咨询、资源服务、策略服务及监控服务等多种服务功能；还可提供招生、咨询、查询等在线人工智能服务。 支持自然语义分析，要求通过 NLU(自然语言理解)的技术，实现智能客服机器人服务。 支持敏感词汇识别，敏感词汇是指避免用户代表回复内容中包含非法的、含义敏感的、容易造成误解的、对用户产生不良情绪反映的词汇，系统支持敏感词汇定义和过滤功能。 支持上下文语义分析，主语、谓语或宾语缺失情况都能处理。 应根据学校的运营管理需求，为学校定制化开发专属的招生智能机器人运营维护管理后台，管理后台的功能必须包括对知识库运维、统计报表分析等功能	

（续表）

六、数字化科研				
序号	应用服务类别	系统名称	简述	备注
29	数字化科研	教育教学科研项目管理平台	基于“统一流程管理平台”与“表单生成平台”形成多级组织架构、流程化的项目管理模式。包括重点学科（专业）、科学创新、教育科研、科技成果转化等科技项目的申报、专家评审、项目验收与统计汇总的信息化，切实提升了教科研项目科学管理水平	
30		网络教研平台	网络教研构建富有活力的教研生态环境，基于教研平台与培训平台打造研训一体化体系建设基础，实现网络教研成果课程化管理的研训模式。主要是由普通教师、名师、专家、专业负责人等发起一个教研活动，活动形式可以是主题讨论、视频点评、资源评价、小组协作等，学员可以进行讨论、点评等，并且教研活动中的资源可以进行在线预览、下载，并可同步到资源中心，资源的形式可以有直播视频、录播视频，文档、课程包、学生作品等多种形式，最终可生成教研统计报告、个人报告等	
七、数字化决策支持				
序号	应用服务类别	系统名称	简述	备注
31	数字化决策支持	大数据分析挖掘管理平台	大数据中心涵盖基础主题库、资源主题库、教研主题库、学习主题库、科研主题库、成长主题库、发展主题库、管理主题库等维度，对各智慧教育云应用系统中产生的生活、管理、教育等业务数据进行数据的采集、提取、转换、加载、管理和可视化报表，建立规范标准的数据传输接口。基础数据信息的收集和个性化报表反馈服务，为教育主管部门决策以及师生的个性化学习提供数据支撑。 平台具备完整的大数据处理流程功能，包括数据的抽取、清洗、整合、存储、挖掘建模、可视化。 大数据平台的所有操作，无须手工编码，支持全流程图形化，开发任意场景的大数据应用	

（续表）

序号	应用服务类别	系统名称	简述	备注
31	数字化决策支持	大数据分析挖掘管理平台	支持图形化开发流式大数据处理(spark streaming)。支持图形化调用主流数据挖掘算法，回归、支持向量机、朴素贝叶斯、关联规则、决策树等。 大数据教学平台的基础架构采用业界流行的 hadoop/spark 框架，满足 x86 服务器低成本水平扩充，支持 1000 台服务器以上 TB/PB 级数据处理能力。同时支持 java 编码方式和图形化操作方式开发大数据处理流程。兼容主流厂商的 hadoop 发行版，包括 Apache，Cloudera，Hortonworks 等。 支持常见的关系型数据库、NOSQL 数据库，能从中读数据，也可以把处理结果写入其中	
32		数据决策 KPI 系统	学校校长、领导、评估专家可以通过系统查询所有已配置显示的 KPI 指标数据。展示层以网页的形式显示各项指标的仪表盘和数据列表，用户可以直观地了解到各项数据指标的具体情况。初始化指标包含办学条件、校企合作、领导作用、经费支出、师资队伍、专业与课程建设、社会评价等指标，支持指标基本信息管理，指标因子管理，指标计算规则管理，评价标准管理	
33		教学质量管理系统	校领导负责制订评估计划及部署重大任务；管理者完成校领导布置的重要任务，分配具体任务给下属，并对各项指标进行评分；执行者主要执行校领导和管理层布置分配的任务；设置部门自评、校内互评、校长评价三种评价方式，便于进行综合全面的教学质量评估管理。根据任务执行情况，系统自动统计分析，并以仪表盘和图形方式进行动态呈现，直观清晰，为领导决策层提供强有力的数据参考	
八、硬件建设				
34	硬件建设	精品课堂录播系统	1 套	
35		服务器	1 台	

第八章　职业院校文化治理创新

国家治理主要包括经济治理、政治治理、文化治理、社会治理和生态治理几个方面，文化治理是国家治理的重要组成部分。党的十九大报告指出，要"坚定文化自信，推动社会主义文化繁荣兴盛"。教育部印发的《职业院校管理水平提升行动计划(2015—2018年)》指出：要"营造以文化人的氛围，从学校理念、校园环境、行为规范、管理制度等方面对学校文化进行系统设计，充分发挥学校文化育人的整体功能。"这实际上是对职业院校文化治理的内在要求。文化是一所学校的灵魂，以文化人、以文育人是教育的最高境界。文化治理是推动职业院校改革发展的内在驱动力，是创新职业院校内部治理体系的有效路径。职业院校必须深刻认识文化治理创新对提升内部治理能力的重要意义，大力开展学校文化建设。

第一节　职业院校文化与内部治理的关系

习近平总书记在十九大报告中指出："文化是一个国家、一个民族的灵魂。文化兴国运兴，文化强民族强。"由此可见，文化已成为激发民族凝聚力和创造力的重要源泉，在民族复兴、国家富强、社会进步过程中将提供坚强的思想保证、强大的精神力量、丰润的道德滋养。进入新时代之后，随着经济全球化进程的加快，文化影响力作为综合国力的重要组成部分，越来越成为国家之间综合国力竞争的重要因素，必须不断加强文化建设，激发全民族文化创造活力，提高国家文化软实力，为中国特色社会主义建设提供正确的方向保证、不竭的精神动力和强大的智力支持。本节重点界定职业院校文化的概念，探讨文化育人的价值和文化建设对内部治理能力提升的作用机理。

一、职业院校文化概念界定

(一)什么是文化

文化，从定义看，是一个动态的概念，也是一个历史的发展进程。目前有各种各样对文化的界定，但是还没有一个获得公认的、具有普遍意义的定义。从社会学的角度看，文化是一种社会现象，是人们在一定的社会条件下长期创造、积淀形成的历史产物。确切地说，文化是凝结在物质之中又游离于物质之外的，能够被传承的国家或民族的历史、地理、风土人情、传统习俗、生活方式、文学艺术、行为规范、思维方式、价值观念等，是人类之间进行交流的普遍认可的一种能够传承的意识形态。从哲学的角度看，文化是智慧群族的一切群族社会现象与群族内在精神的既有、传承、创造、发展的总和。它涵括智慧群族从过去到未来的历史，是群族基于自然的基础上所有活动的内容，是群族所有物质表象与精神内在的整体。

文化，有广义文化与狭义文化之分。广义的文化，是人类在社会历史发展过程中所创造的物质财富和精神财富的总和。可以说，文化既是一种精神价值体系，又是一种社会生活方式。它包括物质文化、制度文化和心理文化三个方面。物质文化是指人类创造的种种物质文明，包括交通工具、服饰、日常用品等，是一种显性文化。制度文化和心理文化分别指生活制度、家庭制度、社会制度以及思维方式、宗教信仰、审美情趣，它们属于不可见的隐性文化，包括文学、哲学、政治等方面的内容。狭义的文化，是指意识形态所创造的精神财富，包括宗教、信仰、风俗习惯、道德情操、学术思想、文学艺术、科学技术、各种制度等。

（二）什么是学校文化

学校文化概念的界定同文化概念的界定一样，众说纷纭，正所谓仁者见仁，智者见智。如从“学校文化”发源的西方语境来看，班克斯（Banks）认为学校文化是指一个学校群体成员的价值取向、信仰、态度和行为；加里·菲利普斯（Gray Philips）提出学校文化就是“一个学校的行为、态度和信仰”；瓦格勒（Wagner）认为经验、团队感、归属感和集体意识为学校文化。① 自 20 世纪 80 年代以来，我国专家学者对学校文化也进行了相关研究，如“学校文化是指学校发展过程中逐渐形成的组织成员共享的基本假设和信念以及稳定的生存方式，它们表现为学校组织成员共同遵守的价值体系和行为模式”②。有的认为学校文化是学校精神财富和物质财富的总和；学校文化是学校在教育、教学、管理过程中逐渐形成的特定文化氛围和文化传统；还有的把学校文化定义为学校教学及其他一切活动、观念形态和行为形态的总和等等。

---

① 郑金洲.教育文化学[M].北京：人民教育出版社，2000：3-24.

② 马延伟，马云鹏.课程改革与学校文化重建——一所学校的个案研究[J].教育研究，2004(3).

笔者认为，学校文化作为社会文化的有机组成部分，是以学校群体成员为主体，在教育教学和管理实践过程中，所共同创造、积淀和凝练形成的价值观念、思维方式、行为规范及其活动结果。学校文化以具有学校特色的精神形式、制度形式和物质形态为外部表现，并影响和制约着学校群体成员的活动方式、精神面貌与文化素养。

在教育理论界的研究和实践过程中，往往存在着把学校文化和校园文化相互混淆的现象。从共性和联系的角度讲，学校文化与校园文化都是学校的文化，因为无论是从学校创造主体、指导思想、目标方向还是从建设内容来讲，都有共同之处，二者存在着不可割裂的内在联系。① 笔者之所以把研究的重点放在学校文化而不是校园文化，其原因在于二者之间还存在较大区别。其一，从借鉴西方企业文化理论来讲，学校作为一种社会组织，其文化更强调学校概念的整体性、系统性；而校园仅为学校的一个部分或一个方面，是归属于学校组织的。其二，学校文化包含的内容更加全面，区别于校园文化的课外活动说、第二课堂说、氛围说等较单一的内容。其三，学校文化除了包括校园文化内容之外，还包括学校教学中心工作主阵地即课程文化资源的开发与外化，更加注重学校群体成员在学校文化建设中的主体作用，更加强调学校的教育、教学、管理与实施素质教育的有机结合。

（三）什么是职业院校文化

职业院校文化作为一种特殊的学校文化，是以学校群体成员为主体，以物质、精神、制度、环境和活动文化为主要内容，在长期职业教育教学和管理实践过程中，共同创造、积淀和凝练形成的价值观念、思维方式、育人模式、行为规范及其活动结果的综合体。教育部印发的《职业院校管理水平提升行动计划（2015—2018 年）》指出，要总结体现现代职教思想、职业特质、学校特色、可传承发展的校训和校风、教风、学风等核心文化……发挥其在学校管理中的熏陶、引领和激励作用。② 这就充分说明，职业院校文化深深植根于职业院校长期的办学理念之上，熔铸在职业院校的凝聚力、创造力、感召力和内聚力之中，以文化人、以文育人，引导学校师生自觉规范自身行为，满足职业院校文化的内在要求、价值评判，充分发挥学校文化育人的整体功能，不断增强职业院校文化软实

---

① 韦丽银.学校文化建设若干问题思考[J].玉林师范学院学报，2015(4).

② 教育部.关于印发《职业院校管理水平提升行动计划(2015—2018 年)》的通知[EB/OL].http://www.moe.gov.cn/srcsite/A07/moe_950/201509/t20150917_208794.html.

力，对提升职业院校内部治理能力，提高人才培养质量具有至关重要的作用。

二、学校文化育人价值探析

学校文化作为一种重要的区域、社区文化体，其本质属性就是发挥文化育人正能量，实现对被教育者的濡染与教化，而这种正能量即是学校所象征的精神、信念、信仰、价值观等等。这恰恰是学校文化育人功能的价值所在、主旨所在，换句话说，这也正是学校为什么要大力加强文化建设的意义所在。毫无疑问，文化建设对职业院校文化传承创新，发挥文化育人功能，提高文化软实力，培养高素质技术技能人才具有十分重要的作用。

（一）从"资源"的角度审视学校文化，即从"有用"或"价值"的取向来定位学校文化育人价值

所谓"资源"，是指自然界和人类社会中一切可被人类充分开发和利用的物质、能量和信息的总称。从这一角度来讲，学校文化无疑是一种对学校教育具有重要意义的"资源"，具有可开发、可利用价值，可以被用于促进教育发生、发展。就学校而言，学校文化充分凝结和体现了富有特色、与众不同的教育理念、教育信仰和教育价值取向，这是学校文化的核心所在。比如民国时期的蔡元培在北大就以"学术自由，兼容并包"的教育精神作为学校文化的核心要义，在学校教育教学、人才培养、学术研究中起到了"灵魂支撑"的作用，所培养出的一代代有志学子为国家富强、民族复兴、人民解放做出了重大贡献，这就是学校文化的育人价值所在。一旦特定的学校文化得以形成，它对学校教育的发生、发展将产生巨大促进和推动作用。如若学校文化是正向的、反映教育真谛的文化，那它的"教育作用"就是积极的。①

（二）从影响范围角度审视学校文化，即从辐射力的取向来定位学校文化育人价值

从广义的教育意义上讲，学校文化所蕴含的教育理念与办学精神的辐射影响力将会远远超出学校范畴。文化作为一种精神力量，它能够对某个区域乃至国家民众的思想、道德、行为产生重要积极作用，能够在人们认识世界、改造世界的过程中转化为物质力量，对经济社会发展产生深刻的影响。这种影响，不仅表现在个人的成长历程中，而且表现在民族和国家的历史发展进程中。学校

① 韦丽银.学校文化建设若干问题思考[J].玉林师范学院学报，2015(4).

作为文化的重要承载体，是传承与发扬民族优秀传统文化、社会主义核心价值观、民族精神与国民情感的基本场域，学校文化之中必然包含国家情怀、民族立场和社会使命感。所以，学校文化的育人功能是无处不在的，它是社会发展、人类进化的基本教育资源。①

（三）从文化的育人本质角度审视学校文化，即从作用力的取向来定位学校文化育人价值

学校文化的育人功能从本质上讲即是文化的育人功能。所谓育人，强调的就是文化对人的直接与间接的作用关系。学校文化育人功能的实现过程，其实质就是将学校文化作为一种精神、价值、思维、理念等构成的意识形态，通过校内各种载体对教育对象的濡染与教化过程。濡染是学校文化在特定环境下对人的潜移默化的影响、熏染，教化更加注重“人为性”即人为的教化，“教化是精神的引导和创造的结合，是启迪与自我建构的结合。”②人创造了文化，文化也在塑造着人。文化作为照亮人们心灵的火炬、引领人们前进的旗帜，能够丰富人的精神世界，能够增强人的精神力量，能够促进人的全面发展。职业院校只有充分发挥学校文化育人功能，积极开展健康有益的文化教育活动，努力为学生的健康成长提供不可缺少的宝贵精神食粮，才能培养造就高素质技术技能人才，促进学生的全面发展。

三、职业院校文化建设对内部治理能力提升的作用

习近平总书记在全国高校思想政治工作会议上强调：“要更加注重以文化人以文育人，广泛开展文明校园创建，开展形式多样、健康向上、格调高雅的校园文化活动……”这为新形势下更好地秉承文化育人新理念，落实立德树人的根本任务、为培养高素质技术技能人才提供文化支撑提出新的更高要求。当前，加快推进职业教育现代化，建设中国特色世界水准的现代职业教育体系，都迫切需要职业院校建设体现现代职业教育特色和学校办学特色的学校文化，充分发挥文化育人功能，推进职业院校内部治理能力提升。

（一）学校文化是提升职业院校治理能力的精神引擎

一个组织的文化通过对这个组织成员基本价值观的影响来引导他们的判

① 韦丽银.学校文化建设若干问题思考[J].玉林师范学院学报，2015(4).

② 韦丽银.学校文化建设若干问题思考[J].玉林师范学院学报，2015(4).

断和行为，从而实现组织目标。西方的“企业文化”理论指出：一流企业的主要特征是有一流的企业文化。美国著名管理学家沙因(Edgar H.Schein)指出，企业文化再造是推动企业前进的原动力。阿里巴巴集团董事局前主席马云曾指出，企业文化就是企业发展的DNA，它决定了你公司的性格和命运。上等公司治理靠文化，中等公司靠制度，下等公司靠亲友义气。学校文化是学校办学理念、治校精神、文化追求和精神风貌的体现，是大学文化的灵魂。一所大学是不是有品位的大学，在于它有没有塑造人格、凝聚人心、感召人情的大学精神。众所周知，“一训三风”为核心的学校办学理念是大学文化的灵魂所在，具有强大的导向、凝聚和激励作用。这也正是学校文化教育导向功能的充分体现。清华大学“自强不息，厚德载物”、北京大学“爱国、进步、民主、科学”的校训深深教育了无数莘莘学子报效祖国、为国争光，这无不充分证明了作为学校文化内化于心、外化于行的强大动力。

从某种程度上讲，学校文化建设是推进职业院校内部治理能力提升的动力源、助推器。职业院校只有在办学实践中积极推动文化育人工作创新，建设体现职业教育特色和学校办学特色的学校文化，充分体现自身独特的办学精神与育人特质，形成全校师生都共同赖以遵守的理想信念、价值取向、工作态度、道德规范，充分发挥校园文化所具有的教育导向功能、行为规范功能和融入渗透功能，使广大教职员工在办一所什么样的学校、怎样办好学校、培养什么样的人才、怎样培养人才等基本价值观方面有广泛的认同，才能激发学校改革发展的内生动力，调动教职员工的积极性、主动性和创造性，推进学校内涵建设，提高人才培养质量。

(二)学校文化是推进职业院校依法治校的精神体现

职业院校提升内部治理能力必须建立健全以学校章程为“母法”的各项规章制度，以制度来规范各利益主体的行为，构建和完善具有法治精神的现代职业院校治理体系，让学校治理照章办事，有章可循，有法可依，而学校章程和规章制度是学校制度文化的集中体现。制度文化是学校文化的重要组成部分，是物质文化和精神文化的中介，在协调个人与群体、群体与学校的关系，以及保证学校的凝聚力方面起着不可或缺的作用，深刻地影响着学校内部各利益相关者的物质生活和精神生活。作为学校文化的表现形式之一，规章制度是学校文化的刚性架构，是把文化感知、文化认同转化为文化自觉的强制性力量。职业院校通过制定和实施一系列规范完善、运转高效、切实可行的规章制度，可以有效规范各利益主体之间的责、权、利关系，明晰职业院校内部治理过程中决策权、执行权和监督权之间的相互制衡关系，覆盖教学、科研、管理、服务等各个方面，透过以“依法治校、科学管理、民主和谐”为主要内容的制度文化“硬约束”，使大家从内心自发地实现自我管理和自我约束，从而对全校广大师生员工思想及行为产生一定的规范约束作用，彰显职业院校这个跨界的教育类型本身所具有的特点，这就体现了制度文化在学校内部治理中的作用。

（三）学校文化是实现职业院校治理目标的精神动能

职业院校提升内部治理能力的最终目标是提高学校人才培养质量和水平，而学校文化则是实现化人、育人的雨露阳光。苏联伟大教育家苏霍姆林斯基说：“孩子在他周围——在学校走廊的墙壁上，在教室里，在活动室里——经常看到的一切，对于精神面貌的形成具有重要的意义。”在一个文化浓郁的校园里，教师的一言一行，学校的一草一木，校园的一角一景，都像清新的空气一样，沁润着学子的心扉。从实现职业院校治理目标角度来说，学生长期对学校文化耳濡目染，久而久之会产生深刻的内化教育影响。它把教育理念和教育意图通过一切尽在不言中、不留痕迹的教育方式，体现在各种喜闻乐见、丰富多彩的文化实践活动之中，通过网站、微信、微博、QQ、板报、专栏、广播、报刊、讲坛等宣传舆论阵地，创造着积极向上的舆论环境；通过举办文艺汇演、书画摄影展、节庆活动、社团活动、学术讲座等文化形式营造浓郁高雅的文化氛围；通过打造主题广场、人物雕塑、图片画廊等文化景点建设良好的育人环境，进一步强化人文景观的育人功能。职业院校只有建设符合职业教育特色和学校办学特点的学校文化，使学生对工匠精神形成高度认同，对劳动模范形成高度崇拜，对技能大师形成高度敬佩，对“进德修能”形成高度自觉，才能培养出高素质技术技能人才，从而实现职业院校的治理目标。

综上所述，伴随着高等教育规模的迅速扩张以及高等教育大众化趋势的迅猛发展，大学未来发展的关键已从硬实力的增长转向软实力的提升。对处在夹缝中生存、困境中发展的高职院校来说，通过打造文化软实力，使所有利益相关者对学校办学治校理念高度认同，从而大力提升内部治理能力，就显得尤为重要。而对于招生难、教学管理难、优质就业难的中职学校来说，以文化人、以文育人，彰显办学特色，就显得更为迫切。所以，职业院校必须适应新形势、新任务、新挑战、新机遇，打造特色学校文化，以文化软实力助力内部治理能力提升。

第二节　职业院校文化建设的目标和路径

党的十九大报告中指出:“文化是一个国家、一个民族的灵魂。文化兴国运兴,文化强民族强。”进入新时代,职业教育发展已实现了价值超越,职业教育的核心也正在加快从注重职业能力转变到职业素养,而职业素养的提升,需要优秀文化的引进和融入,更需要优秀文化的引领和促进。纵观我国职业教育的发展历程,将优秀文化引进职业院校,大力加强职业院校文化建设,加快培育和建设具有鲜明时代特色、较强价值引领作用的职业院校文化,加快推进优秀文化与职业教育的深度融合、互促共进,已成为新时代职业教育的必然趋势和重要方向。

一、职业院校文化建设问题分析

党的十九大报告重申,要不断推进国家治理体系和治理能力现代化。职业院校是国家基层治理体系和治理能力现代化的重要组成部分,加强职业院校文化建设是提升职业院校治理水平的重要途径。当前,职业院校之间核心竞争力的发展已从硬实力的增长转向软实力的提升,迫切需要通过打造特色学校文化,提升文化软实力,进而提升职业院校的内部治理能力。从某种程度上讲,文化育人是当前职业院校内涵发展、提升核心竞争力的必由之路。从现实情况看,随着改革开放的不断深入,我国职业教育取得了长足进步,但是有些职业院校在文化建设上存在推崇技能、弱化德育的误区,已经远远不能适应当前形势发展需要,客观上不同程度地影响了职业院校内部治理能力的提升。

(一)职业院校文化建设存在思想不重视、氛围不浓厚的问题

从职业院校自身看,有的职业院校文化建设的政治站位不高,有的对加强职业院校文化建设不够重视,没有充分认识到职业院校文化建设的重要性和紧迫性,没有把文化建设摆在职业院校建设的重要位置,影响了文化建设的有序推进。有的受传统观念的束缚、市场机制的影响,重基础建设、轻文化建设的倾向还比较明显。有的在硬件设施上的投入力度比较大,在文化建设等软件建设上投入明显不足,导致职业院校文化建设的基础比较薄弱。有的职业院校没有把文化建设与党建工作统筹起来进行整体谋划和推进,没有形成党建文化引领校园文化建设的工作格局,还没有形成党组织高度重视、各方协同、齐抓共管的

浓厚氛围。

（二）职业院校文化建设存在特色不鲜明、质量不够高的问题

从目前职业院校文化建设的现状看，虽然取得了一定成效，但与职业教育现代化的要求和培育大国工匠所需要的学校文化氛围要求相比，还有不小的差距。有的职业院校文化建设起点比较低，有的简单地把文体活动当成了文化建设。有关调查结果显示，职业院校各类文化建设活动比例分别为：文体活动占39.3%，青年志愿者活动占24.5%，社会实践活动占18.3%，学生科技活动占5.7%，其他占3.7%。这表明，职业院校文化建设活动中娱乐项目比重偏大偏多，紧密联系专业知识和技术技能训练，突出职业教育特色的科技文化活动比重偏小偏少。有的职业院校文化建设特色不鲜明，缺乏有效的载体，还没有形成各具特色的文化品牌；有的职业院校文化建设的内容缺乏针对性和实效性，总体质量还比较低，整体水平参差不齐。

（三）职业院校文化建设存在开放性不强、融合度不高的问题

总体来看，职业院校文化建设的开放性和融合度与职业教育面临的形势任务要求相比还有较大差距。在职业院校文化建设中，有的虽然体现了职业院校的自身特色，但是一些优秀的地域文化、行业文化和企业文化，特别是中华优秀传统文化、革命文化和社会主义先进文化，还没有得到有效的借鉴和吸收，文化内涵还不够丰富，这方面仍有很大的空间。有的职业院校文化建设相对比较封闭，还不够开放，有的甚至还处在“体内循环”的状态，文化的渗透力、凝聚力、引领力还没有得到充分彰显。近年来，职业院校在推进产教融合、校企合作方面，采取了一些措施取得了一些突破，但是文化建设与产业融合度还不够高，还没有贯穿到校企合作的各方面，有的甚至还存在文化建设与职业教育“两张皮”的问题，还没有形成相互促进、相得益彰的工作机制。

（四）职业院校文化建设存在人才储备不足、文化育人体系不健全的问题

从目前职业院校的实际情况看，教师队伍中熟悉文化建设的人才不多，推动文化建设的能力不足，直接影响和制约了职业院校文化建设的质量和水平。受历史和现实、主观和客观多方面因素影响，职业院校育人工作面临着师生对职业院校教育文化的认同感以及成长成才的自觉性、主动性和创造性不高，工匠精神缺失，发展潜力不足，职业院校教育品牌识别度、社会知名度较低等问

题，亟待形成富有职业院校特色的文化育人体系。[①] 具体来说，职业院校的育人体系不够完善，有的没有将文化育人体现和落实到具体的教学工作中；有的没有体现和落实到职业院校学生思想政治工作中；有的职业院校的专业布局不够合理，没有把优秀文化作为专业布局调整的重要内容，使得文化教育的成效不明显。

应该说，优秀文化是建设特色职业院校文化的思想源泉和价值源泉。卓有特色的文化建设，将是加快推进职业院校内部治理体系和治理能力现代化的价值引领。值得注意的是，当前世界多元文化激荡交流融汇，各种思想和文化相互交错，有吸纳又有排斥，有融合又有斗争，有渗透又有抵御，特别是经济全球化以及网络信息技术的飞速发展，使得各种思想和文化快速传播，影响着人们的思想观念和价值追求。从思想状况看，职业院校学生正处在世界观、人生观、价值观的形成阶段，在文化多元化的影响下，他们的思想观念也受到各种不良文化的影响和侵蚀，有的丢掉了优秀传统文化，有的对革命文化知之甚少，有的对社会主义先进文化充耳不闻，有的甚至"三观"出现了扭曲，这不仅对学生的全面发展和成长极为不利，也给职业院校的内部治理体系和治理能力的现代化带来了严峻的挑战。究其原因，是职业院校的文化建设缺少了优秀文化的基因和血脉，职业院校内部治理没有与优秀文化传承创新紧密结合起来。因此，亟须将优秀文化引入职业院校、融入职业教育，用优秀文化引领职业院校特色文化建设，培育符合优秀文化要求的价值观念、文化氛围，正确引领学生的思想观念和价值追求，凝聚起强大的正能量，进而为推动职业院校内部治理创造有力的思想环境和文化环境。

二、加强职业院校文化建设目标解析

弘扬优秀文化，推动社会主义文化繁荣兴盛，有利于增强中华民族的自豪感和荣誉感，进而增强中华民族的凝聚力，使中华民族的生命力更加强大。一个没有精神力量的国家难以自立自强，一项没有文化支撑的事业难以持续长久。职业院校如果不把优秀文化的引进和引领作为文化建设的主渠道，不把职业院校文化建设与行业文化和企业文化的融合创新放在首位，就难以形成新时代职业教育的精神力量，就难以彰显中国特色职业教育的时代特征。在加强职业院校文化建设中，必须明确文化建设的目标。

---

① 陈宝色，林尚平.创新文化育人引领科学发展[N].福建日报，2017-4-27(11).

(一)引领师生的价值理念,增强中国特色社会主义文化自觉和文化自信

党的十九大报告指出,文化自信是一个国家、一个民族发展中更基本、更深沉、更持久的力量。职业院校是我国优秀文化的重要传承者,在推动社会主义文化发展繁荣中扮演着重要的角色。加强职业院校文化建设,有利于职业院校的师生进一步了解中华民族优秀文化,树立正确的历史观、民族观、国家观、文化观,增强中国特色社会主义文化自觉和文化自信。职业院校是文化建设的重要阵地,是新文化的重要创造者,也是推动中华优秀传统文化创造性转化、创新性发展,继承革命文化,发展社会主义先进文化的重要实施者和推动者。在发展中国特色社会主义文化中,职业院校肩负着重要责任。加强职业院校文化建设,有利于职业院校突出特色,发挥职业教育在文化育人和文化传承创新中的基础作用,以高度的文化自信,更好地推动中国特色社会主义文化传承创新,用中华民族优秀传统文化、革命文化和社会主义先进文化育人,培养高度的文化自觉,构建优秀文化传承体系,把职业院校建设成为文化育人的高地,进而为建设社会主义文化强国贡献力量。

(二)推动优秀文化与职业教育紧密融合,强化学生职业素养培育

党的十九大报告指出,建设教育强国是实现中华民族伟大复兴的基础工程,必须把教育事业放在优先位置。要落实好党的十九大的重大战略部署,首先要正确认识文化与教育的关系,充分认识文化对教育的重要意义。文化与教育是相互包含、相互作用并互为目的和手段的关系。从社会的发展看,社会发展离不开文化,而优秀文化的传承和发展也离不开教育。职业教育是我国教育事业的重要组成部分,是建设教育强国的重要内容,职业教育质量的高低直接关系到教育强国的建设。加强职业院校文化建设,是新时代优先发展教育事业、加快建设教育强国的内在要求。可以说,优秀文化需要通过职业教育传承创新,职业教育需要用优秀文化来化人育人,两者相辅相成,密不可分。将优秀文化融入职业教育,有利于增强师生的文化认同,极大丰富职业教育的课程内容与教学方式,有利于优秀文化与职业院校教育的紧密融合,更有利于职业院校学生职业素质的培养与锤炼。当前,中国职业教育的一个突出问题,就是优秀文化教育的不足,有的流于形式,有的质量不高,有的甚至缺失,急需加大优秀文化引进和融入力度。这就需要加快将优秀文化融入职业教育发展,与落实立德树人根本任务紧密结合起来,在传承和发展优秀文化中提升职业教育的质量和水平,为发展教育事业、建设教育强国贡献职业教育的智慧和力量。

（三）提升职业院校服务中国特色社会主义文化建设的能力

通过把优秀文化引进职业院校，进一步提高学生的文化素养，促进学生的全面发展，加快完成把优秀文化纳入新时代职业教育的重点任务，从而创新职业院校人才培养模式，自觉用优秀文化引领和提高学生的职业精神和职业素养，促进有效就业、提高就业质量。把优秀文化引进作为职业教育专业结构调整、优化专业布局的助推动力，推动新时代职业教育特色发展。把职业教育与优秀文化人才培养紧密结合起来，借助优秀文化的感染力和辐射带动力，加快培养高素质技术技能人才，为特色产业、文化产业发展提供强有力的人才支撑。同时还要自觉把加强职业院校文化建设作为重点任务，深入挖掘优秀文化的丰富内涵，把优秀文化融入职业教育的教材体系，以优秀文化引领职业院校的核心价值建设，使优秀文化内化于心、外化于行，在弘扬、传承和创新优秀文化中，筑牢职业院校的思想根基、打造学生的人生底色。

（四）引导师生做社会主义核心价值观的坚定信仰者、积极传播者和模范践行者

加强职业院校文化建设，发挥优秀文化的作用，是加强职业院校思想政治建设的题中之义和重要内容，两者也是相互促进、有机统一的。思想政治工作归根结底是做人的工作，必须围绕学生、关照学生、服务学生。把优秀文化融入职业院校思想政治工作，就是要继承发扬优秀文化，把立德树人的成效作为检验职业院校一切工作的根本标准，真正做到以文化人、以文育人，不断提高学生思想水平、政治觉悟、道德品质、文化素养，自觉做到明大德、守公德、严私德，让学生成为德才兼备、全面发展的人才。要深入开展理想信念教育，深入挖掘革命文化和社会主义先进文化的丰富内涵，用共产主义远大理想和中国特色社会主义共同理想教育引导学生，切实解决好世界观、人生观、价值观的这个“总开关”问题，让红色基因一代一代传承下来、发扬光大，激励学生自觉地把个人理想追求融入国家和民族事业中，勇做走在时代前列的奋进者、开拓者。大力培育和弘扬社会主义核心价值观，充分发挥其在学生思想道德方面的引领作用，把其作为职业教育之魂，与职业教育紧密结合，使之融入职业院校教育教学、校风学风建设全过程，切实把社会主义核心价值观转化为学生的情感认同和行为习惯，引导职业院校师生做社会主义核心价值观的坚定信仰者、积极传播者、模范践行者。要把优秀文化落实到职业院校思想道德建设全过程，大力弘扬中华优秀文化中所蕴含的思想观念、人文精神、道德规范，结合时代要求继承创新，

让优秀文化在新时代职业教育中展现出永久的魅力和时代风采。要大力弘扬民族精神和时代精神，在职业院校中大力加强爱国主义、集体主义、社会主义教育，引导学生自觉牢固树立正确的历史观、民族观、国家观、文化观，特别是大力弘扬崇仁爱、重民本、守诚信、讲辩证、尚和合、求大同等思想观念，大力弘扬自强不息、敬业乐群、扶正扬善、扶危济困、见义勇为、孝老爱亲等传统美德，让这些文化基因在职业院校和学生的思想深处落地生根、开花结果。

三、加强职业院校文化建设路径探索

加强职业院校文化建设，是新时代职业教育面临的重大课题，也是新时代职业教育迫切需要落实好的一项重要任务。文化建设加强之于职业院校，既需要立足当前、着眼长远，在实践中探索创新，也需要在创新中不断提升，积极拓宽引进的有效途径，使优秀文化真正融入到职业院校办学治校的方方面面，在提升职业院校内部治理能力中起到应有的作用。

（一）把加强职业院校文化建设纳入职业教育发展总体规划

1. 把职业院校文化建设作为加快发展新时代职业教育的重点工作

习近平总书记在《在纪念马克思诞辰200周年大会上的讲话》中指出，我们要立足中国，面向现代化、面向世界、面向未来，巩固马克思主义在意识形态领域的指导地位，发展社会主义先进文化，加强社会主义精神文明建设，把社会主义核心价值观融入社会发展各方面，推动中华优秀传统文化创造性转化、创新性发展，不断提高人民思想觉悟、道德水平、文明素养，不断铸就中华文化新辉煌。加强职业院校文化建设，要全面贯彻落实习近平总书记的重要讲话精神，按照党的十九大的部署，坚持党对职业院校的领导，坚持社会主义办学方向，落实立德树人根本任务，进行整体规划、系统设计、有机衔接、有序推进，使职业院校文化充分体现时代性、把握规律性、富于创造性，使优秀文化薪火相传，发扬光大。当前，最为关键的就是坚持以马克思列宁主义、毛泽东思想、邓小平理论、“三个代表”重要思想、科学发展观、习近平新时代中国特色社会主义思想为指导，全面贯彻党的教育方针，深入贯彻落实《国家中长期教育改革和发展规划纲要（2010—2020年）》和《关于加强和改进中等职业学校校园文化建设的意见》等文件要求，把职业院校文化建设作为加快发展新时代职业教育的重点工作来抓，明确重点任务，改进工作方法，加强各方协调，强化组织保障，努力在加快体制机制创新上下功夫，确保职业院校文化建设始终沿着正确道路和方向有序推进。

2. 把职业院校文化建设作为全面推进职业教育现代化的必然要求

中国特色世界一流职业院校要有一流的学校文化作为支撑，建设一流的职业院校文化是全面推进职业教育现代化的必然要求。中国特色世界一流职业院校的文化建设，要坚持党建引领，加强党的领导和党的建设，加强思想政治体系建设，着力在政治领导、组织引领、能力引领、机制引领等方面创新突破，以党建文化引领学校文化建设，加强优秀文化与学校文化的融合，实现党建文化引领、优秀文化融入、校园文化建设的有机统一、紧密结合和联动发展。坚持以人为本、育人为本，坚持以文化人、以文育人，坚持改革创新、求真务实，遵循职业教育的基本规律，进一步创新把优秀文化引进职业院校的工作思路，把优秀文化全面纳入职业院校的章程和规章制度之中，形成制度约束，自觉遵循、有效落实，不断提升优秀文化和职业教育融合发展的质量，形成相互促进、共同推进的工作格局，进而提高职业教育的现代化水平。

（二）坚持把文化建设融入职业院校教育教学全过程

1. 融入教育教学全过程

把优秀文化融入职业教育教学，就是坚持优秀文化与职业教育融合发展，把弘扬优秀文化作为教育教学的重要任务，加强中华优秀传统文化、革命文化和社会主义先进文化教育，把优秀文化教育渗透于职业教育的各个环节，贯穿到职业教育的各个方面，加快提高学生综合素质，加快提升学生文化素养。把优秀文化融入职业教育教学，既要从实际出发，因地制宜地继承发扬地方文化、民族文化、行业文化和企业文化的优秀成果，又要创新实践路径，创造性地把优秀文化引进职业院校的课堂教育和实践教育，以改革创新精神推进学校文化建设，着力完善职业院校学生的道德品质，培育理想人格，提升政治素养。要坚持课堂教育与实践教育相结合，既充分发挥课堂教学的主渠道作用，又注重发挥课外活动和社会实践活动的重要作用。要构建优秀文化教育体系，紧紧围绕区域经济社会发展，更新课程内容、调整课程结构，开发特色教材，创新教育方式，丰富教育内容，鼓励开发特色课程、精品课程和校本教材，形成有利于优秀文化传承创新的教材体系、教学体系、管理体系，不断提高优秀文化教育在职业教育中的吸引力和感染力，增强优秀文化教育的针对性和实效性。要将弘扬中华优秀传统文化和现代工业文明有机统一起来，加强工匠精神和劳模精神的宣传和技术技能文化积累，开展劳模、技术能手、优秀毕业生等进校园活动，使学生学有目标，赶有方向，着力培养学生的职业理想与职业精神。

2. 融入校园文化活动全过程

要把优秀文化引进与职业院校校园文化建设一起谋划、整体推进，自觉把优秀文化的价值理念纳入到校园文化建设之中，丰富校园文化的内涵，提升校园文化的品质，彰显校园文化的特色。要因地制宜、因校制宜，组织开展丰富多彩的文化活动，用各具特色的平台和载体传承优秀文化，使优秀文化潜移默化地融入校园文化活动，进而培育具有鲜明时代特色的校园文化，不断提高职业院校文化建设的质量。要把优秀文化与加强校园精神文明建设紧密结合起来，贯穿到文明校园创建活动的各方面，引导学生自觉抵制腐朽落后文化的侵蚀，进一步推动和提升校园文明水平。要把优秀文化与加强校园治理紧密结合起来，充分发挥优秀文化的作用，把优秀文化融入校园治理的各项工作中，有效解决学校内部治理中的突出问题，既要解决思想问题，又要解决实际问题，用优秀文化统一思想、凝聚力量，激发师生员工的内生动力，用优秀文化的价值理念引导人、鼓舞人，及时理顺各种情绪、化解各种矛盾、消除各种不利因素，涵养和净化校园风气，促进职业院校内部和谐稳定。

（三）坚持把文化建设贯穿到职业院校建设的各方面

1. 着力加强党对职业院校文化建设的领导

职业院校文化建设需要各级党组织高度重视，进行强有力的领导和指导，牢牢把握党对学校文化建设的领导权。职业院校领导班子要坚持不忘本来、面向未来，自觉强化“四个意识”，坚定“四个自信”，自觉站在建设教育强国和文化强国的高度，把学校文化建设作为重要任务，摆上议事日程。深入研究学校文化建设的原则要求和思路对策，明确责任主体、工作措施和标准要求，建立健全党委统一领导、有关部门齐抓共管、各系部狠抓落实的工作机制。党委、政府有关部门要尽快出台扶持和鼓励职业院校文化建设的相关政策，对职业院校文化建设给予政策、资金等方面的支持。要深入总结职业院校文化建设的先进经验做法，加大宣传推介力度，充分发挥先进典型的示范带动作用，形成抓点带面、整体推进、全面提升的工作格局，使职业院校成为构筑中国精神、中国价值、中国力量的重要阵地。

2. 着力建设有利于学校文化发展的人才队伍

教师是人类灵魂的工程师，承担着继承发扬优秀文化的神圣使命，在继承发扬优秀文化中发挥着不可替代的重要作用。继承发扬优秀文化，职业院校教师首先要学习优秀文化，特别是深入学习、全面掌握、深刻理解优秀文化的丰富内涵。职业院校教师要坚持教育者先受教育，通过教研活动和继续教育等方式，促进教师教育观念、业务能力和综合素质不断更新提高，在本职岗位上、在课堂中带头传承优秀文化，努力成为优秀文化的传播者、践行者、引领者。要改进教师培养方式，把优秀文化作为教师培养的重要内容，大力加强师德师风建设，着力选拔熟悉优秀文化的教师到职业院校任教，形成鲜明的、正确的用人导向。要根据职业院校专业建设和发展需求，采取多种方式，聘请熟悉中华优秀传统文化、革命文化、社会主义先进文化、优秀地域文化、行业企业文化的专家学者、工程师、匠人和先进典型等担任职业院校兼职教师、专业带头人、学校顾问、名誉校（院）长等，为职业院校文化建设提供充足的人才保证。

3. 着力强化对职业院校文化建设的保障支持

切实在加强行业指导上下功夫，加强职业院校优秀文化教育教学指导委员会的组织和制度建设，进一步提升职业院校优秀文化教育行业指导能力，不断提高工作质量和服务水平，做到指导到位、服务有力。切实在建立健全优秀文化引进职业院校评价机制上下功夫，推进职业院校评价机制改革，加快建立社会、行业、企业、教育行政部门和职业院校等多方参与的优秀文化教育质量评价体系，改革完善优秀文化人才培养和使用相互衔接的多元评价机制。切实在加强经费保障上下功夫，加大投入力度，引导职业院校的教育经费向学校文化建设上倾斜，推动职业院校加大对优秀文化基础设施建设的投入力度，积极改善办学条件，为职业院校继承发扬优秀文化、推动优秀文化与职业教育深度融合、建设学校特色文化提供充足的资金支持。

（四）坚持把文化育人体系建设作为职业院校文化建设的着力点

1. 理念引领、顶层设计，打造特色文化育人体系

职业院校特色文化建设，要以社会主义核心价值观为引领，突出社会主流文化价值取向，体现现代职业教育理念，高点规划，顶层设计，坚持职业教育特色、聚焦文化育人、突出学校个性、实现学生全面发展四大原则，构建思政育人、文化育人、专业育人、实践育人“四位一体”的特色文化育人体系。比如，湖南环境生物职业技术学院构建了“三节一讲台”文化育人体系，其基本内涵是针对农林高职专业教育学生的主要问题，设计相应的第二课堂体系，由文化艺术节、学习节、技能节和石鼓文化大讲台四大部分组成。其中，文化艺术节——将专业教育与文化艺术活动结合为一体，不断提升高职学生审美修养和身心素质；学习节——通过各类学习竞赛和各种生活、学习型社团，倡导“自我教育、自我管

理、自我服务”学习模式；技能节——每年定期举办提升专业技能素质、营造强技氛围的一系列的技能竞赛；石鼓文化大讲台——举行专题讲座、对话访谈、专家学者“面对面”等活动，将科技文化、生态文化、志愿文化、公益文化、宿舍文化巧妙融合在学生的养成教育中，不断提高学生的思想道德素质。① 再比如，德州职业技术学院实施“特色校园文化建设工程”，建设“德能”特色校园文化，即以社会主义核心价值观为引领，培育弘扬工匠精神，体现职业教育特色和学校办学特色，融入地域文化、行业文化和企业文化，以“德”“能”为核心元素，以“崇德尚能、以德为先、德能兼修、德能并进”为核心内涵，由师生员工共同创造的涵盖物质文化、行为文化、制度文化、生态文化和精神文化的总和。在建设“德能”特色校园文化的同时，形成了以人才培养为主线，以提升育人质量为重点，以“3平台+3模块”课程体系为实施路径，以培养高素质技术技能人才为目标的“德能”文化育人体系。

2. 突出特色、产教融合，融入行业企业文化

党的十九大报告指出：“完善职业教育和培训体系，深化产教融合、校企合作。”职业院校文化建设需要取长补短，兼包并蓄，不断将社会上各类有益的文化元素、文化理念吸收到学校的文化建设中来，特别是对于职业教育这类跨界的教育类型来说，更要吸收地域文化和优秀的行业企业文化。职业教育具有跨界属性，主要表现为学校和企业之间存在着物理边界、社会边界和心理边界。学校和企业要对边界障碍主动突破，才能实现对职业教育的共同参与，形成校企“双主体”育人格局。职业院校文化建设要结合自身办学定位，突出自身特色优势，落实“课岗证融通、实境化历练”“现代学徒制”“卓越技师培养”等人才培养模式，坚持产教融合、校企合作，将优秀行业文化、企业文化融入学校教室文化和实训室文化中，大力弘扬工匠精神、劳模精神，使学生身临其境，强化学生对行业文化、企业文化认同感，实现与行业企业深层次、全方位、全过程“零距离”对接，只有如此，才能培养出符合行业企业要求的高素质技术技能型人才。比如，浙江建设职业技术学院（以下简称“浙建院”）在办学实践中以“文化育人”引领学校全局发展，坚持打造精品校园文化，并充分结合行业特点将校园文化与行业特色相融合，形成鲜明的育人特色。浙建院是浙江省唯一一所公办建设类高职院校，所开设的专业基本涵盖了建筑和房地产的主要领域，具有鲜明的行业特色。学校在办学实践中，逐步统一思想、形成共识，从建设行业的基本特

① 魏松.国内职业院校校园文化建设经典案例探析[J].文理导航(下旬)，2015(9)：68-70.

点出发，坚持“以能力培养为重点、以素质养成为根本”的办学理念，实现“鲁班文化、绿色文化、艺术文化、创新文化”四结合，将职业素养、职业品质、艺术修养、创新能力的培养融为一体，打造具有鲜明行业特色的校园精品文化，促进青年学生健康成长和综合素质的提升。① 再比如，德州职业技术学院突出以“德能”文化引领人才培养方向，从积淀、熏陶、内化、传承四个功能入手，突出学生职业道德教育和职业能力培养，着力培养学生的职业理想、职业精神和技术技能。通过开展优秀行业文化进系部、企业文化进班级、职业文化进课堂“三进”活动，设计制作了赋予“德能”文化内涵的标志性雕塑“中华德能鼎”和体现德州地域文化的“德州十大名人浮雕景观长廊”，建设“职场化”实训室，打造“仿真式”教学实训环境，按照企业“生产车间”的标准对实训场地进行文化策划与布置，发挥行业企业文化对学生“崇德尚能”的影响力和辐射力，促进学生对优秀地域文化、行业文化、企业文化的认同和优秀职业素养的形成。同时，邀请劳模、工匠、技术能手、首席技师、优秀毕业生等进学校“德能大讲堂”，开讲座、作报告、传技艺，引导学生见贤思齐，进德修能。

3. 彰显特色、提升内涵，培育特色文化品牌

近年来，在国家产业转型升级、新旧动能转换的大背景下，我国职业教育的在校生规模与人才培养质量都实现了“双提升”。当前职业教育已经进入了“提质增效”的现代职业教育改革发展新时代。职业院校针对职业教育的特点，注重内涵发展，突出培养质量，以特色学校文化引领人才培养方向，已成为时代发展的必然结果。比如，宁德职业技术学院抢抓中国职业教育快速发展的有利契机，围绕电机电器、茶叶等产业转型升级，找准区域发展需求，精准把握区域高职办学定位、不断夯实办学基础，实施“福建省示范性现代职业院校建设工程”，通过有计划、有步骤地开展“红土翻新绿，畲香满校园”的校园特色文化品牌建设，打造了以张天福茶文化为校魂的“绿色校园”、以闽东红土地文化为社会主义核心价值观核心平台的“红色校园”、以闽东畲族文化传承为传统文化特色的“畲香校园”等全省唯一具有民族特色的校园三大文化品牌，使校园文化特色日益鲜明，更加彰显闽东区域特色，为职业院校特色文化建设提供可借鉴的经验及成果。②

---

① 王怀宇.高职院校基于行业特色的文化重塑：“成才”走向“成人”——以浙江建设职业技术学院为例[J].职业技术教育，2017(17)：68-71.

② 郑雪源.现代高职院校特色文化品牌培育路径探究——以宁德职业技术学院为例[J].广西青年干部学院学报，2017(5)：41-44.

4. 与时俱进、大胆创新，培育职业院校文化建设新的增长点

习近平总书记在全国高校思想政治工作会议上强调，做好高校思想政治工作，要因事而化、因时而进、因势而新。与之相对应，职业院校特色文化建设也必须与时俱进，大胆创新，在丰富传统校园文化形式和内容的同时，不断培育校园文化建设新的增长点，走出一条具有职业院校特色的文化建设新路。比如，无锡科技职业学院地处吴文化发祥地——“至德名邦”古都梅里、无锡国家高新产业区，学校在文化育人实践中以社会主义核心价值体系为统领，以文化育人为宗旨，坚持科学精神与人文精神相结合，坚持尚德至善、崇文精技、创新高雅、健康文明的职业文化追求，坚持学校文化与优秀的地域文化、园区文化、社区文化、企业文化一体化发展，创新构建了以吴文化为依托、以德文化为核心的集党建文化、科技文化、书院文化、节日文化、廉洁文化、社团文化为一体的学校特色文化育人体系，走出了一条职业院校文化育人的独特发展之路，体现了职业院校特有的文化自觉和文化自信。①

第三节 职业院校文化创新与学生自主发展

2015年，教育部印发的《职业院校管理水平提升行动计划（2015—2018年）》中明确指出，要培养学生的自主发展能力，提升学生自我教育、自我管理、自我服务的能力。党的十九大指出，建设教育强国是中华民族伟大复兴的基础工程，必须把教育事业放在优先位置。适应当前新时代、新要求，加快职业教育现代化，落实立德树人根本任务，培养德智体美劳全面发展的社会主义建设者和接班人，是职业院校促进内涵发展、提高人才培养质量的必然要求。毫无疑问，培养学生的自主发展能力是职业院校实施文化育人创新行动、全面推进职业院校内部治理现代化、办好人民满意职业教育的应有之义。

一、职业院校学生自主发展能力

随着经济全球化进程的加速和我国社会主义市场经济的深入发展，竞争已经成为当前经济社会发展中的一种常态现象。物竞天择，适者生存。职业院校学生作为奋战在各行各业生产一线的主力军，要想在今后工作中获得一席之

---

① 王国忠，周雪梅.培育特色文化体系深化高职文化育人——无锡科技职业学院创新文化育人实践纪实[N].中国教育报，2017-3-27(10).

地，就必须全面增强自主发展能力，掌握更多的知识和技能，提高职业素养，以适应社会的需要及自身未来职业发展的需要。可以说，提升自主发展能力已成为职业院校学生增强自身竞争力的必然选择。

弗洛伊德人格理论认为，人由本能的本我、现实的自我和道德化的超我三部分组成。本我是人生而具有的本能。随着个体的生长发展，受现实的影响，自我从本我中分化出来，在现实原则的支配下，管制本我的冲动。随着个体对社会道德要求和行为准则的学习和内化，超我从自我中分化出来，根据道德原则指导自我，监督、管制本我，是人格中最后形成、最文明的部分。① 由此可见，从精神分析论角度来讲，自主发展就是一个人从本能的本我、现实的自我和道德化的超我三个阶段延续发展的过程。所谓自主发展能力就是一个人在顺利完成这一发展过程，实现个体延续发展中所体现出的能力。

笔者认为，学生自主发展能力就是指学生在一定的环境和条件下，通过自觉、主动、积极地获取有利于自身发展的信息，从而在实现自我教育、自我管理、自我服务过程中所形成的各种基本能力的综合。具有这种能力的学生突出表现为：态度积极主动，敢于正面困难挑战；科学条理，作风严谨，能合理安排自己的时间；宽容大度，具有团队精神；富有创新意识，具有强烈的探索进取精神。

职业院校内部治理能力提升的最终目的是提高人才培养质量，而提高人才培养质量的关键在于正确有效地激发学生自主发展的内在动能。如何有效提升学生的自主发展能力，是职业院校推进内部治理能力提升、实现内部治理体系和治理能力现代化必须面对和解决的永恒课题。文化创新，是社会实践发展的必然要求，是文化自身发展的内在动力。学生自主发展能力提升，从学校角度来讲，就是通过实施文化育人创新，推动学校内部治理能力提升，采取有效途径，唤醒、培养和激发学生自主发展意识，让学生在自主学习、自主管理、自主实践、自主创新等过程中获得实践锻炼，进一步提升学生自主发展能力，为学生今后步入社会、进入职场打下坚实的基础。

二、职业院校学生自主发展能力现状探究

近年来，职业院校在提升学生自我发展能力方面进行了一些有益探索，并取得了一些可喜成绩，但是与职业教育现代化要求和社会对高素质技术技能人才的要求相比，仍有不小差距和问题。针对职业院校学生自主发展能力现状及

---

① 林崇德.心理学大辞典(下卷)[M].上海：上海教育出版社，2003.

存在的问题进行分析梳理，主要表现在以下几个方面。

1. 学校提升学生自主发展能力的教育理念有待更新

教育理念是指职业院校对自身教育宗旨、教育使命、教育目标、教育要求、教育原则等内容所做的总结概括和基本定位。教育理念作为职业院校办学的指导思想，是学校文化的重要标志。由于教育理念具有鲜明的时代特征，这就需要职业院校根据经济社会发展形势的不断变化，做到与时俱进，及时赋予其新的思想内涵。长期以来，职业教育理念发展明显落后于中国经济社会飞速发展的时代要求，出现了一系列问题：教育理念的内容更新慢；关注知识传授和技能训练，忽视文化育人；关注学生毕业后是否就业，忽视就业后的持续发展；关注专业要求，对学生进行人才培养的“粗”加工，忽视了学生自主发展能力培育的持续性。① 根据 2016 年 6 月对山东省四所高职院校 480 名学生进行问卷调查显示，多数高职院校学生的学习方式仍较单一，传统学习方式仍占主导地位，学生自主管理学习方式的能力不足，主要表现在：高职院校学生的学习方式以自我为中心，50.1%的高职学生在学习过程中不会主动与他人进行探讨，严重影响了高职学生技能技巧的获得；实训基地利用率低，49.9%的高职院校学生在课下不会主动到实训基地进行专业技能练习；反省性学习方式的使用较少，调查中只有 55.5%的高职学生会主动对自己的学习行为进行反思，反思性学习的比重较低。②

2. 学校提升学生自主发展能力培养方式有待改变

一是职业文化理念与职业院校课程教育体系结合有待加强。由于我国现代职业教育发展起步较晚，职业院校课程体系的构建在很大程度上依然停留在传统的学科教育模式，尤其是产教融合、校企合作成为职业教育发展的瓶颈，行业文化进系部、企业文化进班级、职业文化进专业未能及时跟进，导致教师只能依托传统课程体系进行课堂知识传授，学生能力培养环节出现严重失位，传统“重教轻学”教学模式已经不能适应时代的需求。基于以学生自主能力培养为目标，以工学一体化实践为过程，以职业核心能力、行业通用能力、专业特殊能力三大模块来构建新课程体系，是当前职业教育教学改革的一个必然趋势。二是教学方法和手段有待更新。由于教育经费投入不够，专业教学仪器设备陈旧

① 赵翠敏.基于学校文化育人的高职学生自主发展能力的培育[J].现代职业教育，2017(7)：48-49.

② 李小双.高职院校学生自主管理状况研究——以山东省四所高职院校为例[D].辽宁师范大学，2016：42.

老化，校内实训基地、实验室、实训室等场所的职场化建设缓慢，导致职业院校教师不能针对学科特点使用最新的教学方式和技术手段，无法将行业（企业）价值观、先进的管理理念和制度文化渗透到专业教学、班级管理、学生服务全过程，不能将企业先进的技术设备投入到实践教学环节中。三是教学模式有待改进。传统教学模式下，学生已习惯灌输式教学，自主学习能力差。基于学生自主发展能力培养，教师应该努力从“以传授知识为主”的教学模式转向“以促进能力发展为主”的教学模式，积极推进教学工作的改革创新，广泛采用案例教学法、项目教学法、行动导向法、研究性学习等先进教学方法，充分发挥学生的主体地位，努力为学生营造自主学习的课堂氛围，引导学生独立思考和自主探究①，使学生在获得专业知识的同时，还能使学生在自我教育、自我培养中得到实践磨炼，从而进一步提高自主发展能力。

3. 学校提升学生自主发展能力管理模式有待完善

一是职业院校内部管理体制存在弊端。当前，职业院校大都采用“院、系、班”的传统层级学生管理体制，这种体制层级分明，责任明确，学生被置于严格的层级管理之中，学生缺乏自己管理学习、生活和业余活动的机会。在这一管理体制下，“重管理，轻发展”的学生管理理念占据主导地位，在学生活动安排上，缺乏创新思维，灵活性不足，提供给学生自主管理的机会较少，显然与当前国家大力倡导的职业院校实现学生自主教育、自我管理、自我服务的“三自”理念相背离。二是职业院校全员育人意识有待进一步提升。一方面部分职业院校担心让学生自主管理会弱化辅导员的这一角色、增加学校管理工作的难度，把辅导员角色等同于中学班主任，对学生采取“我决定你执行”或“我管理你服从”的传统班级学生管理理念。另一方面，多数职业院校专业教师在教学过程中，忽视和弱化了自己对学生自主管理的教育和引导的角色，仍然将自己作为知识的传授者，忽视了对学生开展全面发展的素质教育。当前随着职业教育课程改革深化，教师职能也正在发生变化，即由以前的传道授业者转变为学生学习的引导者和发展的促进者。② 三是职业院校学生社团建设亟待加强。学生社团日益成为职业院校中具有重大影响力和凝聚性的组织，是学校文化育人体系中不可缺少的一支生力军。一方面学生社团以其类型全、范围广、学生参与度

① 龚慧敏.“互联网+”时代下高职学生自主学习能力的培养[J].企业导报，2016(3)：117-118.

② 李小双.高职院校学生自主管理状况研究——以山东省四所高职院校为例[D].辽宁师范大学，2016：51.

高等特性使得它成为职业院校培养提高大学生自我教育能力的有效载体，学生社团建设作用日益重要。① 另一方面，学生社团建设也存在一些不容忽视的问题和不足，主要表现在学生自主性不强，社团活动目的不明确，“等”“靠”“要”的思想较为严重；学校对专业社团的建设支持力度不够，由于场地、设施、经费、专业指导教师缺乏等客观原因，社团活动难以上升到高层次、高品位的程度；社团活动流于形式，底蕴不足，有些社团只注重活动的频率，而忽视活动的主题、内容和效果，造成品牌效应的下降，影响社团的发展潜力。②

三、职业院校学生自主发展能力培养路径

当前，在职业教育服务经济社会发展、实现新旧动能转换、支撑现代产业体系构建、决胜全面建设小康社会的时代背景下，吸收和借鉴社会主流文化，融入时代文化、地域文化、民族文化、行业文化、企业文化，结合自身特质，建设底蕴厚重、内涵丰富、特色鲜明的学校文化，并以文化为载体，深化以文化人、以文育人，开展“三全”教育实践活动，让学生在自主学习、自主管理、自主实践、自主创新的过程中获得实践锻炼，进一步提升学生自主发展能力，已成为职业院校改革发展面临的重要课题。

(一)注重文化育人创新，激发学生自主发展能力提升的内生动力

《职业院校管理水平提升行动计划(2015—2018年)》中明确指出，要总结体现现代职教思想、职业特质、学校特色、可传承发展的校训和校风、教风、学风等核心文化，形成独特的文化标识，并通过板报、橱窗、走廊、校史陈列室、广播电视和新媒体等平台进行传播，发挥其在学校管理中的熏陶、引领和激励作用。这就充分说明，文化育人是当前职业院校加强内涵发展、提升核心竞争力的必由之路。

学校文化建设在以文化人、以文育人，提升人才培养质量中具有不可替代的重要作用，职业院校只有切实加强文化创新，树立正确的价值导向，营造良好的文化氛围，强化精神激励作用，形成学生自主发展能力提升的内生动力，才能在潜移默化中有效引导学生的思想品德、行为规范和生活方式发生深刻转变，使学生对学校文化形成高度认同和文化自觉，内化于心、外化于行，从而提升自

---

① 毛风华.高职院校学生社团建设与大学生自我教育能力培养研究[J].卷宗，2016(11)：419.

② 刘娜，万袁翔，姜晖.高职院校专业社团建设与发展的几点思考[J].教育教学论坛，2017(20)：240-241.

我教育、自我管理和自我服务的能力。重庆市中华职业学校利用中华职业学校(渝校)旧址的宝贵资源,挖掘黄炎培职教思想,打造了全国唯一的中华职业教育社社史陈列馆,成为黄炎培职教思想的研究传承基地。以黄炎培先生教育思想为核心元素,构建了学校文化四维育人体系(理念、课程、行为和环境),即以"立业立人"为核心元素的理念文化育人系统、以"虚实互证"为核心元素的课程文化育人系统、以"人格纪律"为核心元素的行为文化育人系统、以"感化影响"为核心元素的环境文化育人系统,发挥了校园核心文化的导向育人功能,以文化人育人取得明显成效,人才培养质量大幅提升。①

职业院校应该通过文化育人创新,将学校文化建设与学生自我发展能力培养的目标性、主体性和实践性有机结合起来,并将之融入职业院校教育教学全过程、全方位、全要素之中,通过学校文化的导向、激励、约束、调适等功能,教育引导学生认识到提升自我发展能力的必要性和重要性,激发学生自我教育、自我管理、自我服务、自我监督的积极性和主动性,从而使学生自主发展能力得到有效提升。

(二)注重育人模式创新,增强学生自主发展能力提升的可持续性

思想决定行为,行为决定习惯,习惯决定命运。优良的行为习惯是提升学生自主管理能力的基石。学生自主管理能力的培养和提升,则是基于学校特定的人才培养模式下实现的。所谓"人才培养模式"是指在一定的现代教育理论、教育思想和文化育人理念指导下,按照特定的培养目标和人才规格,以相对稳定的教学内容和课程体系,管理制度和评估方式,实施人才教育的过程的总和。② 随着科学技术突飞猛进的发展,社会对于生存于其中的个体素质的要求越来越高。职业院校应该适应时代要求,勇立潮头,积极承担起教学改革、人才培养模式创新的主体责任,以社会需求为导向,以学生全面发展为着眼点,创新人才培养模式,有效促进学生自主发展能力提升,为学生毕业后走上社会、成长为高素质技术技能人才打下坚实基础。辽宁城市职业技术学院作为辽宁省省级示范院校,在人才培养过程中坚持贯彻"双核心 3+3"育人模式,在人才培养目标确立、培养内容制定以及培养方法实施过程中,始终以"双核心"为重点,把

① 魏松.国内职业院校校园文化建设经典案例探析[J].文理导航(下旬),2015(9):68-70.

② 百度百科.人才培养模式[EB/OL].https://baike.baidu.com/item/%E4%BA%BA%E6%89%8D%E5%9F%B9%E5%85%BB%E6%A8%A1%E5%BC%8F/4675726..? fr=aladdin,访问日期 2018-2-28.

“双核心”培养理念落实到人才培养的全过程，提高了育人工作的系统性、整体性和协同性。“双核心 3+3”育人模式就是基于“全人教育”理念指导下的，以人本需求为核心，以社会需求为导向，以培养高素质技术技能人才为目标，以兼备“职业技能”和“职业素养”为主要教学内容，以分阶并进、分层培养、分块选修为主要教学方式，以专业教师、思政教师、学生管理人员等全员参与的多平台新型育人体系。其中，“职业技能”和“职业素养”是双核心。“职业技能”培养突出职业岗位能力和核心技能的提升，主要包含通用知识、专业知识、实践操作三个模块；“职业素养”培养突出素质教育与专业知识的融通性及学生未来岗位的发展，主要包含公民素养、通用职业素养、专业职业素养三个模块。“双核心 3+3”育人模式打破传统育人模式专业教学与学生教育各行其是的分割局面，注重职业精神与人文精神有机融合，技术素质与综合素质和谐共融，将专业教学工作与学生管理工作相结合，采用课上课下、校内校外、教授自修，多维对应、多元教学手段促进学生的思想道德素质、文化素质、专业素质和身心素质协调发展。①

（三）注重育人载体创新，激发学生自主发展能力提升的实效性

1. 创新“第二课堂”教育实践活动

一是建立学生日常行为规范养成教育的长效机制。围绕弘扬“一训三风”和遵守校纪校规，探索建立职业院校学生日常行为规范养成教育长效机制，增强学生遵守校规校纪的自觉性，优化育人环境。二是打造文化活动品牌。以第二课堂文体活动为载体，以社会主义核心价值观为引领，通过开展开学毕业典礼、入党入团、升国旗唱国歌等仪式和重大纪念日、民族传统节日、专业技能大赛和创新创业大赛、文体竞赛和社团活动、社会公益志愿服务以及社会实践与服务管理等校园系列主题教育活动，打造文化活动品牌，深入推进实践活动育人。三是推动专业文化与素质养成相融合。开展中华优秀传统文化、地域文化、民族文化、行业文化和企业文化进校园，传承中华民族传统美德，弘扬劳模精神、工匠精神和企业家精神，着力培养学生自主学习、自主管理、自主实践、自主创新能力。通过以上措施，努力营造积极向上、生动活泼、高雅文明、和谐健康的学校文化氛围，使学生在积极参与活动的过程中完善品格、发现知识、领悟人生、领悟社会、发挥潜能，全面推动自主发展能力的提升。②

---

① 王斌，张英杰，吴旭.职业教育“双核心 3+3”育人模式实践与思考——以辽宁城市建设职业技术学院为例[J].现代教育管理，2017(12)：64-68.

② 赵翠敏.基于学校文化育人的高职学生自主发展能力的培育[J].现代职业教育，2017(7)：48-49.

2. 建设高素质“双师型”教师队伍

《中共中央、国务院印发关于全面深化新时代教师队伍建设改革的意见》中指出：“全面提高职业院校教师质量，建设一支高素质‘双师型’的教师队伍。”众所周知，教师承担着传播知识、传播思想、传播真理的历史使命，肩负着塑造灵魂、塑造生命、塑造新人的时代重任。教师是学生自主发展能力培育的组织者与实践者，必须建设一支德才兼备、结构合理的师资队伍。一是强化师德建设。2016 年 12 月习近平总书记在全国高校思想政治工作会议提出的“四个统一”，是新时代对加快建设师德师风的四个基本要求。习近平总书记强调，要加强师德师风建设，坚持教书和育人相统一，坚持言传和身教相统一，坚持潜心问道和关注社会相统一，坚持学术自由和学术规范相统一，引导广大教师以德立身、以德立学、以德施教。只有坚持“四个统一”，扎实推进师德师风建设，广大教师才能完成塑造灵魂、塑造生命、塑造新人的时代重任。对于职业院校教师师德建设来讲，还应当特别强调人文关怀，人文关怀是职业院校教师师德建设的关键所在。人文关怀是对人的尊严、价值、命运的维护、追求和关切，其核心思想就是关心人，以人为本，重视人的价值。大爱是一流职业院校追求至善教育的最高境界，而对学生给予人文关怀就是大爱的具体体现，也是教师必备的职业道德。因此，在职业院校教师能力发展上，要把提高教师思想政治素质、职业道德水平、爱生如子的情怀作为首要能力予以培训提高和考核奖惩。同时，要建立师德投诉举报平台和师德重大问题报告制度，完善师德舆情快速反应机制。二是强化教师业务能力培养。要认真贯彻落实教育部、财政部《关于实施职业院校教师素质提高计划（2017—2020 年）的意见》和各省市出台的相关文件要求，通过培训提升和交流合作，切实提升职业院校教师队伍整体素质和建设水平，加快建成一支师德高尚、素质优良、技艺精湛、结构合理、专兼结合的高素质专业化的“双师型”教师队伍。三是加强辅导员队伍建设。贯彻落实《普通高等学校辅导员队伍建设规定》（教育部令第 43 号），加强辅导员队伍和辅导员工作室建设，保证辅导员工作有条件、干事有平台、待遇有保障、发展有空间，努力建设一支职业化、专业化、专家型的辅导员队伍，充分发挥作为学生成长成才的人生导师和健康生活的知心朋友的作用，为学生提供科学的职业生涯规划和就业指导以及相关服务，不断提高学生思想水平、政治觉悟、道德品质、文化素养，推动学生自主发展能力的全面提升。

3. 建设高标准实训基地和创新创业基地

首先是建设高标准实训基地，培养学生的自我发展能力。以爱国主义教育基地为依托，培养学生自我发展的政治思想基础；以企业实训基地为依托，提升学生的实际操作能力；以大学生社会实践与志愿服务实践基地为依托，提升学生自主实践能力；以大学生科技创新基地为依托，培养学生的自主创新能力。其次是建设高标准创新创业基地，培养学生创新创业能力。整合教育资源，按照“主题化、载体化、项目化”思路，创建集“创业教育、创业培训、创业服务、创新研究、成果孵化”于一体的开放型、服务型基地和创新创业教育、孵化平台，建设一批在校内外具有较高影响力的教育实践基地，夯实创新创业工作基础。再次是创新创业实训层级递进，政行企校密切协同育人。德州职业技术学院将创新创业教育融入人才培养全过程，构建起三坚持、四进阶、四结合、三联动的“3443”创新创业教育机制。“三坚持”指不间断推进创新创业教育。一是坚持学生在校期间“双创”教育不断线，打造普惠式“双创”教育平台；二是坚持“双创”教育课程循序渐进，促进“双创”教育开展；三是坚持分类指导、重点推进，开展个性化创新创业能力训练。“四进阶”指不断修订人才培养方案，推进人才培养模式改革。一是确定“基础实、素质高、能力强”的创新创业人才培养目标；二是将区域经济社会发展实际和专业建设目标深度融合，深入企业调研，写出人才需求分析报告；三是邀请高校学者、行业专家、企业能手“把脉会诊”，顶层设计人才培养方案；四是集合教学团队的集体智慧，精心编制人才培养方案，并在教学过程中根据学生和用人单位的反馈意见，不断修订和完善人才培养方案。同时，实施“课岗证融通、实境化历练”人才培养模式改革，构建公共基础平台、“德能”文化素养平台、专业通用平台和专业技能模块、技能大赛模块、创新创业模块的“3 平台＋3 模块”课程体系，构建基础技能训练、业务综合训练、技能大赛训练和实践课题训练的“4 层 4 训”实践教学体系，将“德能”文化教育、技能大赛训练、创新创业历练融入人才培养体系并计算学分，探索出平台共享、模块分立、“三课堂”全程育人的有效途径。“四结合”指深度推进创新创业课程开展。一是必修课程和选修课程相结合。面向全体学生开设包括 2 学分的必修课《大学生创新创业基础》和选修课《创业精神与实践》等课程在内的创新创业教育课程群；二是通识课程和专业课程相结合，通识课程全面融入专业课；三是线上和线下课程相结合，充分利用慕课、视频公开课等在线开放课程，共建共享优质创新创业教学资源；四是第一课堂和第二课堂相结合，促进学生创新创业能力的提升。“三联动”指开展创新创业教育实践活动。一是课赛融通，培养大学生创新意识与创业能力。组织学生积极参加“挑战杯”“互联网＋”等竞赛活动；二是建设多元化创新创业类学生社团，倡导个性化发展，成立了“联通未来青春创业社”等10余个创新创业类学生社团，为大学生个性化发展提供了多元平台；三是品牌活动百花齐放，科学引导创业。精心组织“大学生创新创业大讲堂”等活动，先后聘请中国双创委执行主任李朝平、山东省教育厅学生就业创业教育咨询中心主任李霞博士等专家做客大讲堂，引导大学生科学创业。德州职业技术学院“3443”创新创业教育机制，有力地促进了创新创业工作的开展，推动了学生创新创业能力的提升，学校被教育部授予“2017年度全国创新创业典型经验高校50强”。浙江建设职业技术学院基于行业特色打造校园精品文化，从建设行业的基本特点出发，依托浙江建设职教集团开展多元合作，坚持“以能力培养为重点、以素质养成为根本”的办学理念，实现“鲁班文化、绿色文化、艺术文化、创新文化”的四结合，将职业素养、职业品质、艺术修养、创新能力的培养融为一体，打造精品校园文化，形成鲜明行业特色，实现校企文化融合，有力推动了学生综合素质的提升。①

总之，职业院校只有将学校文化育人创新与学生自主发展能力提升实现深度有机融合，将学生自主发展的模式教育贯穿于人才培养全过程，全面推动学校在教育理念、课程制度、校园文化建设方面进行革新，更加关注学生个性的多样化发展需求，更加注重知行合一，更加注重开放融合的教育体系建设②，才能全面提升学校育人质量，全面提升学生自主学习、自主管理、自主实践、自主创新等自主发展能力，在今后的激烈的职业生涯竞争中立于不败之地。

第四节 职业院校文化育人创新案例

职业院校的文化内涵决定了职业院校人才培养的质量，也决定了职业院校的发展定位和办学特色。辽宁林业职业技术学院坚持以文化育人为引领，创新构建了姓“林”、姓“职”又姓“高”的“三姓合一”学校文化，形成了育人无形的“大课程”，促进了“全人”培养，具有鲜明特色，取得了显著成效。该校通过文化育人创新推进人才培养质量提高、提升职业院校内部治理能力的有效做法无疑给我们以重要启示。

“文化育人”是一个极其重要的时代教育思想，是教育的最高境界，因为它

---

① 王怀宇.高职院校基于行业特色的文化重塑：“成才”走向“成人”——以浙江建设职业技术学院为例[J].职业技术教育，2016(17)：68-71.

② 山东省教育厅党组书记邓云锋.加快推进区域教育治理现代化[EB/OL]_高校_光明网 http://edu.gmw.cn/2018-02/27/content_27829763.htm，访问日期2018-2-28.

无所不包、无所不在。文化育人的实质是在知识教育中，通过文化价值等因素的介入，打破各种知识人为的分离，沟通人与自然的人为屏障，消解科学知识造成的人与社会的分裂，让教育搭起知识、文化与人格完善的桥梁，以文化的有机整体，实现“文而化之”①。“全人教育”则是汲取孔子、陶行知、马克思、毛泽东等古今中外哲学家、教育家、政治家的教育思想，强调在健全人格的基础上，促进学生的全面发展，让个体生命的潜能得到自由、充分、全面、和谐、持续发展的重要教育理念。② 全人教育的目的就是培养学生成为有道德、有知识、有能力、和谐发展的“全人”，即“培养又红又专、德才兼备、全面发展的中国特色社会主义合格建设者和可靠接班人。”③在高等职业教育服务经济发展方式转变、支撑现代产业体系构建、引领职业教育科学发展的时代背景下，吸收和借鉴社会主流文化，融入时代文化，结合高职自身的独有属性和特征，形成底蕴丰富、富于生命力、特色鲜明的高职文化，并以文化为载体，深化文化育人，实践全人教育，已成为高职院校科学发展的重要主题。辽宁林业职业技术学院（以下简称“学院”）长期受林业行业文化、生态文化、绿色文化的熏陶，加之企业文化、职业文化、高等教育文化的浸染，多种文化交汇融合，形成了兼有林业文化、职业文化、高等教育文化等特征，姓“林”、姓“职”又姓“高”的“三姓合一”特色高职文化，构建了润物无声、育人无痕，以文化人、以文育人的“大课程”，形成了大音希声、大象无形的隐性教育体系，通过探索和实践“三姓合一”的优秀校本文化建设，全面深化了文化育人和“全人”培养。

一、姓“林”——汲取林业行业文化精髓，塑造底蕴丰富的绿色精神文化，形成全人培养的“大课程”之“根系”

从文化层次理论结构来看，精神文化居于物质文化、制度文化、行为文化之首，相当于人的精神食粮，孕育人的精神家园，决定人的精神状态、精神生活、精神本质。对于一所学校而言，精神文化是校园文化的灵魂，是全校的旗帜，具有引导全校师生共赴使命的价值导向功能，激励师生共同奋进的精神源泉作用，

---

① 章兢，何祖健.从“知识育人”到“文化育人”——整体论视野中的大学素质教育.高等教育研究，2008(11)：9-13.

② 全人教育[EB/OL].http://baike.sogou.com/v7845068.htm? fromTitle=%E5%85%A8%E4%BA%BA%E6%95%99%E8%82%B2.

③ 关于加强和改进新形势下高校思想政治工作的意见[EB/OL].http://guoqing.china.com.cn/2017-06/26/content_41098359.htm.

同时更具有凝聚组织之魂的重要功能。而学校精神，就是一种团队精神。学校精神一旦形成，就会展示出强大的内聚力。为此，学院高度重视精神文化铸造，60余年的文化积淀，形成了具有较强林业文化特征的独特精神文化，引领广大师生紧紧围绕学院共同的发展愿景奋力前行。

（一）形成特色鲜明的发展理念文化

理念文化是精神文化的内核。具有前瞻性、科学性、时代性、特色性的办学理念，往往承载着一所学校的终极办学价值和根本道路选择，是一所学校的顶层设计和宏观发展战略的高度浓缩和集中体现。辽宁林业职业技术学院充分利用自身特有的生态位，找准了姓“职”、姓“高”、更姓“林”这一“三姓合一”的特色办学定位，以建设“省内示范、行业一流、全国特色”高职院的“三步走”发展战略为引领，秉承“学生为本、人才强校、质量保障、突出特色、服务社会”的办学理念，坚持“林业为根、内涵为核、特色为旗、文化为基、服务为魂”的“五为”发展方针，构建“有德成人、有技成才、有职成业”的“三有三成”绿色人才培养体系，积淀了“前校后场、产学结合、育林树人”的鲜明办学特色。

正是这些先进的办学理念，使学院坚定不移地举起生态“大旗”，始终紧握辽宁区域经济社会发展的“土壤”。坚定立足生态建设及现代林业的“根基”，着力打造职业教育的“魂魄”，不断凝聚高等教育的“神韵”。经过60余年砥砺前行的成长变迁和底蕴丰厚的文化孕育，形成了“木气十足、林气旺盛、职味浓郁、三姓合一”的精神文化特质，成为指引学院科学发展的核心精神磁场，推动学院绿色、科学、可持续发展，树立了林业高职教育的品牌。

（二）积淀和谐共生的绿色价值文化

森林的生存法则是和谐共生。在长期的文化孕育中，学院不断融入以绿色、和谐、共生、环保为特征的生态文化，形成了学院特有的绿色价值选择特征。

一是走近榜样，军校共建，形成了奉献精神。学院与雷锋生前所在旅（原雷锋生前所在团）共建23年，传为美谈。雷锋生前所在旅每年9月派出教官团队义务为学院新生开展军训，不定期为学院学生宣讲雷锋生前事迹，指导“学雷锋、树新风”活动开展；学院免费承包了雷锋生前所在旅驻地的园区绿化美化工作；双方23年如一日保持密切联系，形成了血浓于水的军校情谊；学院修建了“雷锋园地”，经常在这里开展各种生动活泼的雷锋主题教育活动；全校师生多年坚持开展“雷锋存折续存”以资助贫困学子完成学业。园林系学生秦博杰拾到两万元现金多方寻找失主并最终完璧归赵，青年教师程春雨自己舍不得买冬衣却用微薄的工资义务资助多名贫困生，皆是雷锋精神育人的文明硕果，学院奉献之风蔚然形成。

二是走近一线，党群互动，形成了互助精神。学院实行院领导进系部、共产党员进班级以及大手牵小手制度，即每名院级领导联系一个系部，每名五年以上党龄的党员教师联系一个班级，每名中层以上干部联系一个重点帮扶学生，打造了和谐互助的绿色发展环境。

三是走近贫困学生，师生携手，形成了爱心精神。针对占学校学生总数30％的贫困学生这一弱势群体，学院通过建立“绿色通道”，开展捐资助学活动、党员教师谈心活动，捐赠成立“爱心超市”“亮点洗衣房”并向贫困学生免费开放等多种形式，用爱为贫困学生插上飞翔的翅膀，营建辽宁林业职业技术学院的爱心生态园。

这些倡导奉献、和谐的文化行为潜移默化影响着师生们的心灵，起到了润物无声的教育作用，促进了学院绿色、和谐校风的形成。

（三）建设以人为本的校园“家”文化

学院始建于1951年，在悠久的办学历史中凝聚了诸多中国传统文化和时代文化的优秀元素，其核心是以人为本、以学生为本、以职工为本。

一是建师生之家，给关爱给归属。学院常态化实施院领导值周值宿制度，即每个院领导每周带队轮值住校，深入二级院系和广大师生中，检查指导师生教学、学习、生活的各个环节，全方位调研师生对学校的需求，动态召开学生代表座谈会或随时随地与师生谈心，第一时间解决师生特别是学生中存在的问题和提出的建议，真正落实以学生为中心的人才培养定位；学院还通过工会建立“职工之家”，想职工所想、急职工所急，形成了“一人有事十人帮、一家有事百家忙”的优良传统，工会连续多年获得辽宁省“优秀职工之家”荣誉称号；学院浓郁的人情味道与和谐气息，正如树木成林、抱团生长，不断增加着职工的归属感和主人翁责任感。学院还通过校友会建设了“林业人之家”，形成了朴实厚重的行业情感文化和林业人同频共振的强大发展合力，增强了学院的社会吸引力和资源整合能力。

二是建激励机制，给福利给关怀。为了吸引更多的人才投身教育教学改革，学院坚持改革和发展同步，水平增长和福利提高同步。仅近五年来，学院就自筹资金近千万元为职工解决住房等重大福利待遇问题多项，解决了广大教职员工的后顾之忧；学院还制定了教学改革成果奖、科研成果奖、重大专项工作奖、专业技能竞赛奖、就业工作专项奖等各种奖励机制，鼓励优秀、宣传典型，推动了事业的改革创新。

三是建核心团队，给动力给能量。学院坚持人才强校，重点加强领导班子、中层干部、专兼职教师、辅导员（班主任）、党员和学生干部这六支核心团队建设。特别在2009～2013年，学院率先在省内高职院校中先后分三期开展了全员参与、历时四年的“全员教师职业教育教学能力培训与测评”创新行动，更新了全体教师的职教理念，全面提高了教师的职教能力，极大地调动了广大教师参与教学改革的积极性、主动性，有力地推动了学院整体教育教学改革和队伍能力素质提高，有力地推动了学院的内涵发展。

二、姓“高”——突出文化育人，打造优秀的大学校园文化，形成全人培养的“大课程”之“主干”

习近平总书记在2016年12月全国高校思想政治工作会议上指出，思想政治工作从根本上说是做人的工作，必须围绕学生、关照学生、服务学生，不断提高学生思想水平、政治觉悟、道德品质、文化素养.让学生成为德才兼备、全面发展的人才。做好高校思想政治工作，要更加注重以文化人以文育人。[①] 所以，“全人”培养的最高境界是营造一种文化，并以优秀育人文化为载体，构建“其大无外、其小无内”的文化“大课程”，高素质技术技能人才培养的关键则是从知识教育和技能训练走向文化育人。辽宁林业职业技术学院抓住“三风”建设等有效载体，全面深化了文化育人，实现了“全人”培养。

（一）发挥“三于”林职院精神，营造良好校风

一所高职学院的精神风貌往往体现了这所学校的内在发展能力和发展趋势。多年来，学院始终保持林木自强不息、向光向上的独特气质和办学风貌。特别是自2003年以来，学院克服了进入独立高职院校行列时间晚、高职办学经验不足、办学规模和条件有限、林业艰苦行业办学生源范围有限等一系列先天不足，激励全院教职员工抢抓机遇、迎难而上、团结拼搏、百倍努力，以“敢于争先、乐于实践、善于创优”的学院精神，实现了独立升格、创建省级示范院、建设行业一流高职院等跨越式发展，驶入了科学、高速发展的快车道。

---

① 习近平：把思想政治工作贯穿教育教学全过程[EB/OL].http://news.xinhuanet.com/politics/2016-12/08/c_1120082577.htm.

(二)全面深化教育教学改革,营造良好教风

良好的教风、先进的教学水平是教书育人的关键要素。学院林业技术、园林技术等六个重点专业及专业群分别构建和创新具有本专业特色的"全程项目化""N21"及订单培养、现代学徒制等工学融合的人才培养模式,有效促进了学生实践能力提升和职业综合素质培养;学院狠抓教育教学改革,率先在省内高职中开展了教师职业教育教学能力测评,组织完成了154门课程项目化教学改革的整体设计和单元设计,并形成了系统的理论成果;学院开展"百强课改",遴选重点专业优质核心课程共计95门正式实施了工学结合、教学做一体的项目教学课程改造,全部课程通过验收并取得可喜成果。

(三)构建"三全八育人"工作体系,营造良好学风

为了深入贯彻育人为本、德育为先的教育理念,学院在全员育人、全程育人、全方位育人的"三全育人"思想指导下,着力构建了教书育人、管理育人、服务育人、环境育人、实践育人、文化育人、党建育人、雷锋精神育人的"三全八育人"工作体系,把育人融入教育教学和校园文化建设、党建工作全过程,贯穿到人才培养的每一个环节,特别是根据专业培养目标的要求,加强在实习实训中的育人工作,连续七届规范开展全院学生专业技能竞赛活动,连续承办两届全国职业院校林业技能大赛,全面提高了学生"爱技术、精技能、善动手、成能手"的专业技能学习热情和专业综合素质水平,突出了学院全人培养的特色。

(四)践行社会主义核心价值观"三进",提升学生品德素养

培育和践行社会主义核心价值观,对于促进人的全面发展,实现中华民族伟大复兴中国梦,具有重要意义。习近平总书记在全国高校思想政治工作会议上的重要讲话中指出,要坚持不懈地培育和弘扬社会主义核心价值观,引导广大师生做社会主义核心价值观的坚定信仰者、积极传播者、模范践行者。① 社会主义核心价值观从三个层面分别提出了国家价值目标、社会价值取向和公民价值准则。学院深入推进社会主义核心价值观"三进"(进教材、进课堂、进头脑),重点从社会主义核心价值观的第三层面入手,即从着力培养学生成为"爱国、敬业、诚信、友善"的社会主义合格公民入手,建立大学生诚信档案;构建大学生德育考核体系;以理想信念教育为核心,着力发挥思想政治教育课堂主渠道作用,

---

① 习近平:把思想政治工作贯穿教育教学全过程[EB/OL].http://news.xinhuanet.com/politics/2016-12/08/c_1120082577.htm.

构建了以第一课堂为主渠道，以“明理讲座”等丰富多彩的校园文化活动为第二课堂，以社会实践、“明理学社”等思政社团建设为第三课堂的“三维统合”式社会主义核心价值观教育体系，德育润化功能不断深化。

（五）全面实施生态文明“三进”，培育学生生态文化素养

生态文明建设在“五位一体”建设中具有突出位置，在生态文明时代和全人教育理念下，生态文化素养对于当代大学生而言已成为重要的必备修养之一，而对于林业职业院校的学生而言，强化生态文化素养的培育更是文化育人的重要任务和题中之义。学院率先提出和全面实施生态文明进教材、进课堂、进头脑。学院牵头组织全国林业行业院校骨干人员编制《生态文明教育读本》；率先倡导在全国林业类职业院校中开设生态文明教育必修课；党委书记带头，在全校大一学生中全面开设和普及生态文明教育课；学院每一堂室外课的最后一项任务都是师生共同清理和带走身边的生活垃圾；在全省开展多次“育林树人杯”征文大赛，宣传环保意识；邹学忠教授组建了包括行业专家、学院部分骨干师生在内的 150 余人的林业科考队伍，历经 6 年，行程 3.5 万余千米，完成了辽宁省全部古树名木的调查，出版了《辽宁古树名木》，填补了辽宁省古树修史纂志的空白，并将《辽宁古树名木》引入大学课堂；学院组织成立了辽宁普通高中生态环保社团联盟，带领 40 个生态环保社团开展生态环保行动；学院组织开展了“迎全运、爱家乡、低碳环保我先行”大型公益活动，喜获全国梁希科普活动奖，是全国林业高职院校中的唯一一所。为深化生态文化育人，2013 年，学院牵头组建了全国高职教育研究会文化育人与生态文明建设工作委员会，在全国 1300 余所职业院校中首次搭建了生态文化育人的新平台，并成功开展了两届全国绿色高职教育论坛和全国生态文明建设主题摄影特训营等活动，在全国高职院校中发挥了生态文化育人的辐射影响。

（六）大力弘扬林业精神，强化学生行业素养

近年来，我国林业事业发展迅速，但随之而来的就是具有较强林业行业素养和技术技能的林业专门人才的匮乏和流失，主要原因是林业行业属于艰苦行业，具有建功慢、守岗难、留人难等客观特点，亟须一大批热爱林业和生态，能耐得住寂寞、吃得起辛苦，负责任有担当，团结奉献、有所作为的优秀大学生充实林业人才队伍并提升其整体能力素质和从业水平。根据林业行业对高素质技术技能人才培养的实际需求，学院凝练并提出了“吃苦耐劳、无私奉献、团结协作、有为担当”的 16 字林业精神，并通过将行业素质培养融入人才培养全过程，

对学生的行业素质水平实施重点考核，以“前校后场、产学结合、育林树人”为主线构建特色实践教学体系，坚持60余年无间断对全体学生开设劳动教育课等多项有效举措，着力培养和强化学生吃苦耐劳的林业人本色、无私奉献的林业人精神、团结协作的林业人智慧和有为担当的林业人品格，提早完成了林业院校学生和优秀林业人的角色转换与衔接，为学生毕业零距离上岗和在林业行业内对口就业、稳定就业奠定了坚实基础。

三、姓“职”——融合企业文化，营造浓郁的职业文化，形成全人培养的“大课程”之“枝冠”

职业教育是跨界教育，现代职业教育的显著特征是产教融合、校企合作，实现校企“双主体”育人。对于高素质技术技能人才的培养，除了来自校企的双师队伍、校企双课程、校企双基地等重要因素在校企双主体育人的过程中发挥重要作用外，育人无形的企业文化对培养学生的敬业精神、质量意识、安全意识、团队合作能力、创新创业能力等优秀职业素质更加重要。辽宁林业职业技术学院将企业文化渗透到人才培养、教育管理、科研服务的每一环节，以保障学生形成优秀的职业能力素质，成为优秀的职业人和企业人。

（一）企业文化进管理，打造特色专业文化

学院紧密结合区域经济发展和生态建设对高素质技术技能型人才的需求，以守住辽宁生态底线为立足点，做精“林业技术”核心专业；以服务辽宁城乡一体式大园林建设为指针，做强“园林技术”主体专业；以支撑辽宁林业产业大省建设为根本，做新“木材加工技术”强势专业；以打造辽宁旅游强省为依托，做优“森林生态旅游”特色专业；以重点专业为龙头，发挥整体拉动、联合牵动、典型带动作用，强力推进其他相关专业及专业群协调发展，形成了“市场定位准确、产学结合紧密、林业特色鲜明、发展稳健有力、品牌效益突出、社会服务显著”的重点专业及专业群建设新格局，全面提升了专业服务产业能力和服务“三林”（林业、林区、林农）水平。

（二）企业文化进课程，打造特色课堂文化

学院订单培养起步早、体系成熟、卓有特色，企业人员、企业标准、企业环境全要素融入人才培养全过程；特别是2015年，学院被确定为全国百所现代学徒制试点单位，以此为引领，有力促进了学校课程和企业课程的深度融合，学生优良的职业素质、专业技能在真实的企业环境和文化中潜移默化地孕育而成。开

展全员教师职业教育教学能力培训测评后，全院教师普遍采用项目教学、情境教学、小组合作、角色扮演等模式方法改革课程教学，特别是“百强课改”中95门教学做一体化课改课程重点选取和引进真实的企业项目，促进了对学生合作精神、质量意识、创新创业能力等综合职业能力素质的培养；学院还不定期举办企业名人讲座、优秀校友在校互动沙龙等活动，使学生动态接受企业文化熏陶；建校60多年来，学院始终将劳动教育课设为必修课，真正培养了学生守纪爱岗、勤勉上进、能吃苦肯奉献的良好职业习惯和优秀职业品行。

（三）企业文化进林场，打造特色实践育人文化

学院以占地6万亩的清原实验林场为中心平台，打造了全国林业高职中面积最大，功能最全，生产性、企业化程度最高，示范辐射作用最强的“四最”型核心“后场”；以“后场”为“育林树人”的实践载体，教师是经理也是教师，学生是员工也是学生，基地是现场也是课堂，形成了具有林业职业教育特色的“场校融合、产教一体、学训同步、道艺兼修”的实践教学体系，突出了高素质技术技能人才的实践能力和职业素质培养，特别是强化了林业人吃苦耐劳、热爱林业、低碳环保的行业精神和职业情操，凸显了学院林业人才培养的职业特色，在大学生职业素质培养和实践育人中取得了显著成效。

四、三姓合一，孕育优秀的林业高等职业教育品牌文化，形成全人培养的“大课程”之“果实”

我们观察森林和树木，不难发现优良的乔木往往有着抱朴守贞、中通外直的素质，不断茁壮成长、努力寻求顶端优势，用果实昭示生命、用生命涵养生存空间的阳光形象。长期受林业行业文化熏陶，辽宁林业职业技术学院在多年的职业教育改革与内涵建设中不断融汇和升华这种以优良乔木为特征的质量文化和品牌文化，以人才培养、文化传承为内涵和底蕴，以科研创新、社会服务为辐射和影响，形成了“内强素质、外塑形象、优品良能、自强不息、服务社会”的优秀成果文化。

（一）质量工程建设水平日益提高

目前学院已拥有教育部、财政部支持专业提升服务产业能力重点专业2个，全国行业重点专业2个，省级示范专业4个，省级品牌专业6个，辽宁省对接产业集群专业5个；拥有全国专业教学资源库2个，国家级精品资源共享课1门，国家林业局精品课1门，全国行业精品课3门，省级精品课11门；国务院特

贴专家2人,省级优秀专家1人,省级教学名师3人,省级专业带头人6人,省优秀青年骨干教师7人,省级优秀教学团队4个;拥有国家级实训基地3个,全国行业重点实训基地1个,省级实训基地5个,省级创新型实训基地4个。学院人才培养质量和质量工程建设水平居于全省和全行业同类院校前列。

(二)人才培养质量显著提高

近年来,魏京龙等9名同学分别荣获全国林科"十佳"毕业生,49名学生荣获全国林科优秀毕业生,在全国林业职业院校中排名第一。1000余人次获得国家级、省级专业技能大赛一、二、三等奖。学院招生的第一志愿报考上线率平均超过100%;毕业生平均初次就业率达到90%;毕业生年终就业率连年超过95%,是辽宁省就业创业示范校;毕业生在辽宁省林业行业中享有良好声誉,用人单位评价毕业生工作称职率和满意率达到90%以上,学院被誉为"培养林业技术技能型人才和林业基层干部的摇篮"。

(三)服务行业及社会水平明显提高

14年的高职办学和内涵发展,特别是坚持以文化育人为引领,着力打造和创新"三姓合一"的高职特色文化,构建基于全人培养的"大课程",使学院在校企合作体制机制创新、重点专业与专业群建设、人才培养模式创新与全人教育体系建设、内涵发展与教育教学改革、社会服务能力建设与生态文化创新等方面走在了全国同类行业院校以及省内同类高职院校的前列;学院"前校后场、产学结合、育林树人"的办学特色更加鲜明,服务"三林"(林业、林区、林农)能力明显增强;为林业行业企业和区域社会提供的人才支持、科研创新、技术服务和文化供给进一步扩大:学院被评为辽宁省首批职业教育改革发展示范校;被教育部评为全国高校毕业生就业典型经验高校50强、国家首批百所现代学徒制试点学校、全国林业行业类紧缺人才培养基地等;学院成为全国林业职业教育教学指导委员会副主任单位、全国森林资源分委员会主任单位、中国(北方)现代林业职教集团理事长单位、全国文化育人与生态文明建设工作委员会主任单位、辽宁省生态环保产业校企联盟理事长单位、辽宁生态建设与环境保护职业教育集团理事长单位等,在服务区域、行业及生态文明建设中发挥的作用不可替代。行业企业对学院的依存度逐年提高,学院在全省、行业乃至全国同类高职院校中的示范引领和辐射带动作用全面彰显。

第九章　职业院校质量保证体系完善

2015 年 8 月，教育部印发的《职业院校管理水平提升行动计划（2015—2018 年）》，将“质量保证体系完善行动”作为职业院校管理水平提升六大重点任务之一，要求“职业院校要适应技术技能人才培养需要，不断完善产教融合、校企合作的人才培养机制，建立健全全员参与、全程控制、全面管理的质量保证体系”，并提出两项具体措施，一是建立教育教学质量监控体系，二是完善职业教育质量年度报告制度。可见，质量保证体系完善是职业院校内部治理能力提升的关键一环，必须予以高度重视。

第一节　职业院校质量保证体系建设

内部质量保证体系是职业院校为保证人才培养质量所采用的一种系统管理手段。职业院校内部质量保证体系建设离不开学校自行建立的质量管理、质量监控、质量评价等内部质量保证机制。所谓“质量保证”较之“质量保障”，更为强调自我管理的自主权利、责无旁贷的主体责任、积极实践的主动行为和面向外部的质量承诺。

一、职业院校质量保证体系建设的要求

（一）梳理内部管理制度体系，建立绩效考核制度

以学校章程和机构职责为依据，梳理并修订学校管理制度，加强制度的编制、修订、发布、使用、废止的过程管理，建立和完善与学校内部质量保证体系相适应的学校制度体系。

建立部门机构的自我诊改、督查与反馈的自主持续改进机制，定期开展各部门、单位各类事项质量的自我诊改、督查与反馈，将诊改结果与绩效考核挂钩，充分发挥质量保证的预警、激励和惩戒作用。建立学校、专业、课程、教师、学生等五个质量主体的质量分析、报告、信息发布制度，及时反馈存在的问题、

质量诊断结果和改进建议，完善体系运行的联动与反馈机制。

（二）明确质量标准，健全内部质量保证标准体系

在厘清部门职责、优化岗位结构的基础上，制定和完善学校《岗位工作手册》和《岗位工作质量标准》，确保各部门、单位及其个人的各项工作有章可循，有据可依。

结合区域经济发展对高素质技术技能人才要求和学校专业发展规划，制定完善专业文件编制标准、专业建设标准、专业质量诊改标准，优化学校专业建设质量目标体系和专业质量标准体系。根据各专业与课程的逻辑关系，制定完善的课程建设方案和课程标准等，深入优化课程标准体系。

以“能力本位、突出业绩”为导向，分类建立教师职业生涯规划发展标准，制定专业带头人、教研室主任（教研组长）、骨干教师、“双师”素质教师及企业兼职教师等各类教师选拔聘用考核标准。

制定分专业的学生专业素质标准；以“人人有职”综合素质拓展体系为平台，构建思想政治（德育）、学习创新、交往适应、审美修养、职业发展和生存生活六位一体的学生通用素质标准，形成“专业素质＋综合素质”的学生发展标准体系。

（三）创建集教育教学、管理和后勤服务于一体的“智慧校园”

结合学校实际，基于教育部人才培养工作状态数据采集与管理平台，消除信息孤岛，实现学生服务、教务管理、科研服务、人才管理、财务管理、资产管理、后勤服务管理等业务系统的数据统一共享，建立校本人才培养工作状态数据采集与管理平台。

建立面向管理的信息化系统，实现统一身份认证和统一信息门户，逐步建立校园网上事务大厅、绩效考核管理、学生管理监测预警等信息化系统，实现网络化推动工作与平台结合，实现数据的源头采集、即时采集、实时分析、及时管控。

运用智能化移动与学习在线平台，创建信息化教学环境，创新课程教学形态；抓好课前、课中、课后教学环节，建立与完善学生日常考勤、学生每课检测、教师每月评学、学生期终评教等课程教学质量在线跟踪系统，实现课堂教学监控数据即时采集。

二、职业院校质量保证体系的构建

（一）职业院校内部质量保证体系构建及诊改的由来

2015 年 6 月，为贯彻《国务院关于加快发展现代职业教育的决定》，建立常

态化职业院校自主保证人才培养质量机制，教育部办公厅发布了《关于建立职业院校教学工作诊断与改进制度的通知》（教职成厅〔2015〕2 号），决定从 2015 年秋季学期开始，逐步在全国职业院校推进建立教学工作诊断与改进（以下简称“诊改”）制度，全面开展诊改工作。诊改工作是建立常态化自主保证人才培养质量机制，引导和促进职业院校不断完善内部质量保证体系建设，提升内部质量保证工作成效的过程。开展诊改工作有利于促进职业院校建立人才培养质量保证体系；完善治理结构，提高治理能力；强化质量意识，以内涵建设为重点，形成特色质量文化。

随后，教育部职业教育与成人教育司组织研制并印发了《高等职业院校内部质量保证体系诊断与改进指导方案（试行）》（教职成司函〔2015〕168 号）和《关于做好中等职业学校教学诊断与改进工作的通知》（教职成司函〔2016〕37 号），各地积极申请开展以树立工作示范和完善指导方案为目的的职业院校教学诊改工作试点。2016 年，教育部又印发了《关于确定职业院校教学诊断与改进工作试点省份及试点院校的通知》（教职成司函〔2016〕72 号），确定在天津市、江苏省等 18 各省（区、市）分别开展 27 所中等、27 所高等职业院校教学诊改试点工作，试点工作期为三年。诊改工作试点院校的主要任务是完善职业院校内部质量保证体系，通过科学制定规划体系，明确“诊改”坐标；建立常态化、全员性、过程性、考核性诊改制度，落实“诊改”运行单元；提升教育教学管理信息化水平，通过建设智能校园，展现教学新形态；树立现代质量文化。至此，我国职业院校开始进行内部质量保证体系建设及教育教学质量诊断与改进工作，从各个环节进行教学质量监控，确保教学质量稳步提升。

（二）职业院校内部质量保证体系的基本架构

职业院校内部质量保证体系是一个多层次、多目标、多标准、动态的、循环的控制系统，研究构建高职院校内部质量保证体系，开展学校、专业、课程、教师、学生五个层面自主诊改，形成常态化可持续的诊改工作机制，是职业院校未来一段时间要重点解决的问题。构建以“五纵五横一平台”为基本骨架的内部质量保证体系，是开展诊改的首要任务。

1. 厘清五纵系统工作职责，规划五横层面重要任务

（1）五纵系统工作职责（表 9-1）。

表 9-1　五纵系统工作职责

系统	职责
决策指挥系统	负责制定学校事业发展规划以及专业建设、课程建设、教师发展、学生发展等专项规划和系部事业发展规划，负责制定学校年度工作要点和院部处室工作计划，负责专业建设标准、课程建设标准、教师发展标准、学生发展标准的制定
资源建设系统	负责学校基础设施建设、实训基地建设、师资队伍建设、教学资源建设、信息化建设等，负责高层次人才引进及师资培养培训，负责学生发展平台建设
支持服务系统	负责学校内控制度的建设、完善，为专业建设、课程建设、教师发展、学生发展提供有力保障
质量生成系统	负责人才培养体系的构建及人才培养方案的修订完善，负责专业、课程运行及教师、学生全面发展
监督控制系统	负责专业、课程教学质量监控体系的构建，负责学校质量绩效考核标准的制定及对职能部门、教师的质量绩效考核

(2)规划五横层面重要任务。

学校层面：围绕学校事业发展规划及年度工作要点，优化各层面内部质量保证机构，以实施创新发展行动计划、创建国家优质职业院校为具体内容，深化教育教学改革，提高学校办学水平。

专业层面：落实学校专业建设规划，规范新增专业设置程序，完善专业建设标准体系，以一流专业、骨干专业建设为目标，以专业教学资源库建设为具体内容，加强专业质量保证。

课程层面：制定、落实课程建设规划，完善课程标准，聚焦在线开放课程建设、资源库建设，加强课程教学改革，强化课程质量保证。

教师层面：落实师资建设规划，完善各种评聘、认定、管理制度，聚焦教学团队建设、名师工程建设等，完善教师发展质量保证机制。

学生层面：制定完善学生发展标准和学生素质教育方案，聚焦创新创业教育、人文素养教育，加强社团建设，推进文明校园建设，增强文化育人、环境育人的功能，完善学生全面发展保证机制。

五横层面在数据平台的支撑下，在教学质量诊断与改进工作的驱动下，形成“目标—标准—设计—组织—实施(监测—预警—改进—设计)—诊断—学习—创新—存储—改进”诊改工作机制，自主开展诊改，自主进行质量保证。

2. 完善目标标准体系

(1)目标体系的构建。学校、专业、课程、教师、学生各层面质量保证目标必须与学院发展目标、人才培养目标高度一致。①学校层面。根据学校发展目标确定学校及系部专业建设目标、课程建设目标、教师发展目标、学生发展目标及职能部门服务保障目标。②专业层面。专业建设目标必须符合最近发展区理论，从课程建设、师资建设、实训基地建设、教学资源建设、技术服务、合作办学等基础性目标开始，逐级创建校级重点专业、省级一流(骨干)专业、国家重点(骨干)专业。③课程层面。各门课程在制定建设目标时必须结合课程实际，从教学团队建设、教材教辅建设、课程资源建设出发，逐级创建院级、省级、国家级精品在线开放课程及优质课程资源包。④教师层面。形成“学校事业发展规划—学校师资队伍建设规划—系部师资建设规划—专业师资建设规划—教师个人发展规划”五级目标链，各级目标总和必须大于等于上一级目标，以保证总目标能够实现。⑤学生层面。根据学校事业发展规划、学生发展规划，制定学校及系部学生发展工作计划，确定思想政治教育、心理健康教育、创新创业教育、国防教育、法制教育、安全教育、学业指导、就业指导、第二课堂、社团活动等方面工作目标。

(2)标准体系的构建。完善学校、专业、课程、教师、学生各层面质量标准，使教学质量诊断与改进有据可依。①学校层面。根据国家标准、省部标准、行业标准、学校章程，完善专业建设、课程建设、教师发展、学生发展、服务保障等标准体系，健全学校治理的工作体制和运行机制，制定、完善并落实以质量绩效指标为主的量化考核办法。②专业层面。各专业根据学校、国省相关专业建设标准，结合专业实际，制定本专业相应的建设标准，所建标准必须高于或等于学校、国省相关专业统一标准。③课程层面。各课程根据建设目标制定相应的建设标准，所建标准应高于或等于学校、国省相关课程统一标准。④教师层面。搭建以师德师风、教学能力、科研能力、信息技术应用能力为成长指标的教师成长平台。建立教师“引入—培养—成熟—发展”四级成长机制，完善四个阶段的标准体系。⑤学生层面。制定并完善学生全面发展的思想道德标准、职业能力标准、身心素质标准等。

3. 完善质量文化体系

质量文化是内部质量保证体系建设的基础和灵魂。职业院校内部质量保证体系建设必须从质量文化建设入手，将质量要求融入全校师生的共同价值观，内化为全校师生的自觉意识，外化为全校师生的行为习惯。按照质量文化的内容及特点，学校质量文化由物质文化、行为文化、制度文化、精神文化四个方面构成。

(1)物质文化。物质文化是学校质量文化的基础。围绕学校环境育人这一基本要求，进一步完善教学基础设施，不断改善办学条件，营造优质的、积极的校园物质文化环境，使学生的思想及行为受到熏陶和感染，乐观的态度和良好的性格得以培养和塑造。

(2)行为文化。行为文化是质量意识的现实体现。引导教职员工及学生积极参与学校质量管理，将质量理念及质量要求贯穿于管理活动始终，使教职员工及学生在潜移默化中将质量意识内化于心，外化于行。

(3)制度文化。制度文化是质量目标的重要保障。制度文化建设以行为文化塑造为根本宗旨，即通过建立质量管理标准体系、完善质量管理规章制度，加强对行为模式的指导、激励、约束与导向作用。

(4)精神文化。精神文化是质量文化的最高境界。学校精神文化建设旨在以社会主义核心价值观为指导，大力弘扬劳模精神和工匠精神，培育工匠品质，构建学校质量价值体系，形成全校师生普遍认同的质量文化理念，引领并影响师生健康发展。

4. 完善智能校园体系

加快建设智能校园，完善数据平台的分析、监测、预警功能，是开展诊改的有力支撑。

(1)智能校园建设。智能校园建设的关键是推进“两个环境”建设，即硬环境建设和软环境建设。硬环境建设在于构建高性能、高可用性、高安全性的网络系统、主机系统、存储系统、容灾系统、数据库系统等，为数据平台建设提供良好的硬件支撑。软环境方面，加强办公、教务、科研、学工、人事等应用系统建设，搭建公共服务平台，实现系统互通互联。着力推动跨部门协同管理系统应用，为学校、专业、课程、教师、学生各层面业务数据的实时采集提供保障。

(2)数据的质量管理。根据学校数据特点，结合诊改工作需求，数据的质量管理包括采集、修正、分析、预警、反馈五个步骤。首先，从教务、学工等业务系统实时采集日常行为数据，再对采集的数据进行修正、处理，通过和预警阈值的对比分析，对教学行为中不合格的项目进行预警，并将结果以微信等形式反馈给相关主体，令其限期整改。通过数据质量管理，有利于及时发现、解决教学过程中存在的问题，有利于人才培养质量改进、提升。

第二节　职业院校教育教学质量监控体系建设

教育教学质量是职业院校发展的生命线。学校教育教学质量监控体系是监控者通过信息标准化等手段和措施对被监控者所有教育教学信息的收集、整合、分析和反馈的系统。它既包括教学管理人员关于教学管理过程的相关信息，还包括学生的学习状态信息；既包含校内信息，还包括校外相关信息。它是学校教育教学完全信息的处理与反馈系统。

一、职业院校教育教学质量监控体系的内涵

（一）教育教学质量是学校发展的生命线

1. 教育教学质量的概念

教育教学质量是指以促进学生全面发展的教育观为指导，以国家教育目标和标准为依据，整个教育系统机构和教育者为受教育者提供的教育活动过程和教育服务能够满足社会及受教育者个人需要的能力特征的总和。简单地说，教育教学质量也就是教育机构在遵循教育自身规律与科学发展逻辑基础上，在既定的社会条件下，培养的学生、创造的知识以及提供的服务，满足现在和未来的社会需要及学生个性发展需要的充分程度。教育教学质量是学校办学质量的重要组成部分，是动态的，随社会发展进步而不断提升的；教育教学质量也与人才培养理念息息相关，与学校办学定位和教学模式有密切联系，从这个角度来说，每个职业院校都有特色化需求，培养标准也不尽相同，因此对学生教育教学成果的考查也就不能进行统一的评判。

2. 教育教学质量监控体系

相对于教育教学质量，监控是指促进教育教学质量的一种方法和手段。具体来讲，教育教学质量监控是根据既定的教育教学质量目标和标准，对教育教学过程进行监测和控制，以确保教育教学过程中各阶段及其最终结果达到预期目标，其侧重点是教学过程中的控制，为教育教学结果的剖析和定性、挖掘问题、制定整改建议，提供重要的依据。

3. 教育教学质量监控体系是学校质量提升的重要手段

教育教学质量是学校的生命线，是一所学校生存和可持续发展的重要基

础。提高教育教学质量的重要手段之一就是要构建教育教学质量监控体系，职业院校要深刻认识全面提高教育教学质量工作的重要性和必要性，落实党的十九大报告提出的“完善职业教育和培训体系，深化产教融合、校企合作”的要求，全面提高教育教学质量，为社会主义现代化建设培养高素质技术技能人才，为全面建成小康社会、实现中华民族伟大复兴的中国梦作出应有的贡献。

（二）影响教育教学质量监控体系的基本要素

影响职业院校教育教学质量监控体系的要素有很多，这些因素与学校内部治理结构及外部监控机构息息相关。一是监控者。主要指的是从事学校教育教学质量监控工作的机构和人员，这些机构和人员依据现有的监控体系，对学校教育教学质量实施监控。二是被监控者。教育教学质量的评估机构要监控教育教学质量，主持教育教学工作的教师和接受教育教学工作的学生就成了被监控的对象，当然除了这些实施教育教学的人员外，还有影响教育教学质量的教材、教育教学理念和模式、实习实训条件、管理方法和措施、学校文化和校园育人环境等等。三是监控活动。监控活动也就是监控者对被监控者实施的教育教学活动进行监控的过程。监控活动要有合理的监控方式、规定的监控内容以及明确的监控目标。

（三）职业院校教育教学质量监控的常用方法

1. 教育教学督导评估监控

为了加强学校内部质量建设，深化教育教学改革，实施全面质量管理，强化教育教学监控，学校可建立教育教学督导制，以加强对教育教学工作的监督、指导、评价和矫正工作，维持正常的教育教学秩序，促进教育教学质量的提高。

2. 动态化教育教学常规管理监控

进一步抓好常规教育教学管理，建立德育管理、教学管理学期及月考核制度。德育方面，每个月对班级、辅导员（班主任）进行常规管理考核。教学方面，每学期进行期初、期中和期末三次教学检查。期末主要检查教学、教辅材料的准备情况和备课情况；期中主要检查教学计划和教学进度的执行情况；期初主要检查教学计划的完成情况，并完成工作总结。总体来说，教学检查应覆盖教师备课、授课、批改作业、辅导答疑、实验实习、考试、阅卷、试卷分析等教学全过程。每月还要对教师课堂常规教学情况进行考核检查。

3. 评教评学管理监控

教师教学质量和学生学习质量评价，包括学生评教、教师评教和教师评学。

为切实了解教师的教学质量和教学效果，要制定学生评教制度。每学期定期举行学生评教座谈会，全面收集学生对教师任课情况的评价及反映，由学生给教师综合评定打分，提出该教师在教学过程中的优点及不足。学生评教范围涵盖公共基础课、专业基础课、专业课、选修课等所有教学计划开列课程。评价内容包括师德、教学内容、教学方法、教学水平、教学效果等几个方面。

4. 比较教育教学管理监控

通过研讨交流，加强与其他院校教育教学管理现状的比较；通过各级各类竞赛、统一考试、升学等的各类显性数据与其他院校进行比较。通过对一系列比较数据的分析，查摆问题、利弊，有针对性地提出教育教学质量改进提升的建议。

5. 实施闭环式计划管理

在教育教学质量监控过程中科学合理的规划是必然的。可以通过 PDCA 循环，即按照计划（Plan）、执行（Do）、检查（Check）、处理（Action）四个阶段，有效落实各教育教学质量监控项目。

二、职业院校教育教学质量监控体系的建设

在职业教育飞速发展的今天，如何提高教育教学质量成了职业院校迫切需要解决的问题，提高教育教学质量则离不开科学健全的监控体系。当前职业院校的教学质量监控主要存在质量监控意识不强，质量监控模式不新，质量监控的体系不全，质量监控的范围不广等问题。要提高职业院校教育教学质量，必须采取有效措施健全质量监控体系，科学确立监控指标，创新管理模式，推进监控体系的有效运行。

（一）职业院校教育教学质量监控机构

学校教育教学质量监控与管理机构主要包括院长（校长）、分管副院长（副校长）、学校教育教学督导组、师德与学术评价委员会、教务处、学管处、教研室（教研组）等相关机构。校级教育教学质量监控在整个教育教学质量监控体系中起主导作用，教务处、学管处起主要作用，它在分管副院长（副校长）领导下对全校教育教学工作进行组织和调度，是学校教育教学质量监控的组织者和实施者，是监控体系运行的职能部门（图 9-1）。

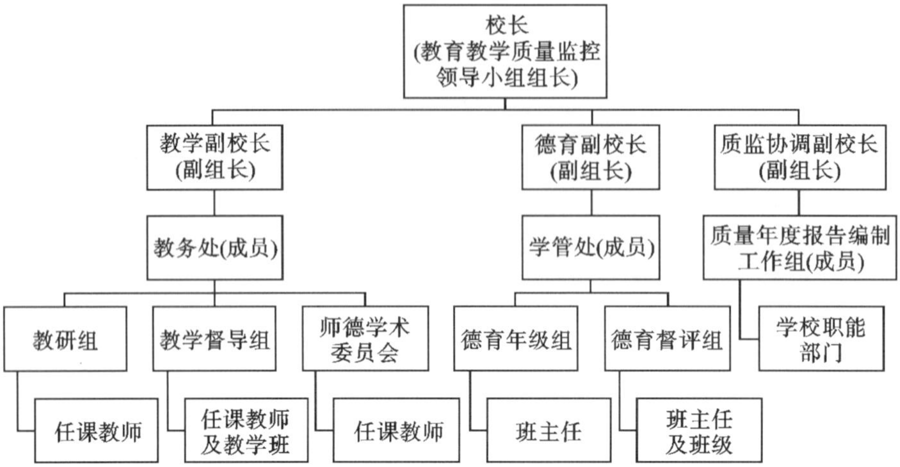

图 9-1 某职业院校教育教学质量监控组织机构图

1. 院长(校长)的职责

院长(校长)是学校教育教学质量的第一责任人,负责主持制定全校教育教学工作的基本方针,确定全校教育教学工作目标,检查考核全校教育教学工作质量,组织学校教育教学工作重大问题的论证、决策,对有关职能处室工作进行检查、指导与考核评价。

2. 分管副院长(副校长)的职责

主持学校教育教学质量监控的日常工作;主持制定各种教育教学质量监控方案、体系及文件;主持召开教育教学质量监控工作会议;组织有关人员学习国家的教育方针、政策、法规,开展教育理论、教学改革、教学评估的研究;在校长办公会议上,对学校的教育教学工作提出意见和建议;完成校长交办的其他工作。

3. 学校教育教学督导组的职责

负责学校教学督导的日常管理工作;制定教学督导与评价的相关制度;聘请社会、行业人员参与教学督导工作;制订相关教学督导与评价的计划并督促实施和总结;深入课堂听课,并对听课对象作出评定和写出评语;负责教学督导与评价工作的信息、资料、数据的收集、分析、整理;教学督导与评价信息反馈。

4. 师德与学术评价委员会的职责

制定教育教学质量评价系统和评价办法;审定教师课堂教学质量评价结果;接受教师有关教学质量评价的申诉;推荐考核评优初选人员名单;负责审定各级研究课题立项;进行校级优秀教育教学成果奖评选。

5. 教务处职责

制定学校各项教学工作质量标准或规范;制定教师工作规程,并监督实施;制定学校专业建设、课程建设、实训基地建设等教学基本建设规划,并负责提出专项评价标准;组织制定和建立保障教学质量的规章制度和管理文件;制定学校教学工作评价方案及指标体系;根据教学质量监控和评价中发现的问题,制定整改措施和建设方案,并监督实施。

6. 学管处职责

制定学校各项德育管理工作质量标准或规范;制定班主任工作规程,并监督实施;制定学校班主任队伍建设、班级建设等德育基本建设规划,并负责提出专项评价标准;组织制定和建立保障德育工作质量的规章制度和管理文件;制定学校德育工作评价方案及指标体系;根据德育工作质量监控和评价中发现的问题,制定整改措施和建设方案,并监督实施。

(二)职业院校教育教学质量监控体系的指标标准

1. 构建指标评价标准

所谓评价标准,是指人们在评价活动中应用于对象的价值尺度和界限。评价的客观性因素是评价标准具有科学性的重要依据,是指相对于评价准则所规定的方面,所确定的优良程度的要求,是事物质变过程中量的规定性。评价标准是评价活动方案的核心部分,是人们价值认识的反映,表明人们重视什么、忽视什么,具有引导被评价者向何处努力的作用。教育教学质量评价标准是对教育教学属性在质上的规定,是学校评价者进行教育教学质量评价时应坚持和遵循的客观尺度。其中,质的标准是教育教学质量价值存在的好或坏的规定,是教育教学活动及其结果与影响符合规律性程度的检验标准。量的标准则是教育教学活动及其结果与影响的价值大小的规定,是教育教学活动及其结果与影响符合目的性程度的检验标准。

2. 构建标准体系应遵循的原则

一是标准必须反映教育教学活动及其结果与影响的质性与量性特征。其价值取向应符合学生、教师、学校、社会、政府等诸方面的根本利益。二是标准必须具有全面性。既要考察日常教育教学的状态,又要重视教学改革、教育教学思想的革新及德育方式的创建。在对教育教学工作的实际效果给予特别关注和重视的同时,还应尊重过程,尊重基于初始状态的增值和未来发展。三是标准要在技术层面上有现实可行性和可操作性,即标准要具体、可行。四是评价标准应兼顾评价过程的各环节，既应考虑教育教学活动结果、效益及其影响，也应包括教学活动中主体人的工作态度、方法、能力等。五是注意发挥评价指标权重的导向作用，使其具有明确的个性化特征，适时调整学校当前最为关注、最需要解决的教育教学问题所对应指标的权重系数。

（三）职业院校教育教学质量监控体系的运行策略

1. 结果评价与过程评价相结合

要充分考虑系统的动态变化，所构建的指标体系必须能够反映各教育教学状况的现状、潜力以及未来变化趋势，便于进行有效的预测与管理。结果性与过程性评价反映教育教学质量现状水平，发展性指标预测教学质量的发展前景。

2. 定量评价与定性评价相结合

既要有量性（量的记叙）评价指标，也要有质性（质的记叙＋判断）评价指标，对于质性指标可以通过问卷调查或科学的价值判断实现量化。

3. 科学简明与便于操作相结合

所选取的评价指标要简明且易于操作，应具有收集确切数据的来源，具有观察和易于判断优劣好坏的评判依据。在指标体系中，单个指标应避免重复，选择参数的统计口径、范围、计量单位，要求前后保持一致，以实现指标相互之间的可比性、参照性与科学性。

4. 全面评价与个性化评价相结合

要从教师、学生、学校、家长、社会、政府等利益相关者的视角来构架评价体系，既要包括对置身于教育教学活动中的学生和教师等显性层面的评价指标，又要有涉及教学理念、教学品质、职业道德、学生学习能力等隐性层面的评价指标，还要能反映或体现学校足以区别于其他学校之个性或特色化的评价指标，以进行定性评价。

5. 改进性评价与发展性相结合

要重在发挥教学质量评价的改进和调整功能，使教学质量评价成为帮助教师改进教学、帮助学生提高学习水平、帮助学校承担其应有的社会责任功能的工具。在评价过程中，应充分满足教师发展的要求，发挥教师的自我激励、自我调整、自我完善作用，调动教师的工作热情和创造力。

（四）职业院校教育教学质量监控体系的反馈与改进

1. 畅通信息反馈的渠道

第一，信息反馈来源于学生。学校建立学生教学监督委员会，能够及时反馈教学一线的真实情况。第二,师德与学术评价委员会通过跟踪听课的方式,将教师课堂教学情况及对课程的评价反馈到教务处。第三,学校督导室通过检查、考核等方式获取教学常规、教师队伍成长建设的信息。第四,信息来源于各类人员听课的反馈意见。第五,职能部门工作人员深入教育教学一线获取相关信息。第六,来源于学生评教、评课、教师评学的相关数据。第七,来源于沟通学生与教师、学校领导的网络平台和面对面交流平台。各部门获取这些信息后,反映到相关部门负责人,或直接告知涉及的教师本人。对重大问题,则呈报给领导机构,及时采取相应措施以使问题获得解决。

2. 确保收集反馈信息的真实可信

应确保收集反馈信息的真实可信,并形成报告。要不怕暴露缺点和问题,勇于接受各方的质询和意见,这也是学校勇于对学生、对社会负责,真正要努力提高人才培养质量的体现。在此基础上,收集的反馈信息才有真正的价值。学校要本着主动、坦诚的态度,积极地与广大受众进行沟通、交流,听取大家的意见,就学校的办学、质量建设等相关问题集思广益,促其能够协助学校共谋发展。

3. 加强反馈信息的研判及时整改

大量的反馈信息收集上来之后,要进行科学的统计和分析。学校教务处、学管处、督导室要加强反馈信息整理,形成报告提供相关学校领导机构,便于学校及时提出整改意见,促进教育教学质量提升。

第三节　职业院校质量年度报告制度

2010 年 7 月,《国家中长期教育改革和发展规划纲要(2010—2020 年)》明确要求,要建立高等学校质量年度报告发布制度。根据这一要求,自 2012 年以来,由全国高职高专校长联席会议委托,上海市教育科学研究院和麦可思研究院共同编制的高职质量年报已经连续发布七年。七年来,报告始终坚持需求导向、坚持第三方视角、坚持创新发展,逐步形成了由学生成长成才、学校办学实力、政策发展环境、国际影响力和服务贡献力构成的"五维质量观",探索建立了不同维度质量评价的指标体系,持续引导高等职业教育强化内涵、提升质量,报告成为社会了解高等职业教育的重要窗口。

2015 年 9 月,教育部发布《职业院校管理水平提升行动计划(2015—2018 年)》,提出国家中职示范(重点)学校自 2016 年起,其他中职学校自 2017 年起,每年发布质量年度报告。2016 年起中职学校也实行了质量年度报告制度。三年来，中职学校管理状态“大数据”初步建成，学校人才培养工作的自我诊断、反馈、改进机制基本形成，政府、行业、企业及社会等多方参与学校评价的机制更加健全。

在深入贯彻落实党的十九大精神，落实《国务院关于加快发展现代职业教育的决定》要求，完善职业教育和培训体系，深化产教融合、校企合作的大背景下，职业院校年度质量报告制度需要不断予以完善。

一、落实职业院校质量年度报告制度的必要性

（一）树立全面质量管理的理念及意义

开展职业院校质量年度报告工作，是完善职业教育质量评价制度，促进职业院校加强教育教学诊断与改进，加强和改进德育工作，全面提高人才培养质量的重要举措；是各地各职业院校向社会宣传办学理念和办学成果，展示学校风采风貌和办学特色的重要途径；是促进职业院校加强信息公开、回应社会关切、接受社会监督的重要体现。发布质量年度报告对于促进职业院校与社会沟通，强化校企协同育人，推动职业院校完善内部治理机制，全面提高人才培养质量具有重要意义。同时，质量年度报告的发布有利于主管部门进行有效的监督和指导；有利于本校师生全面把握学校整体发展并有针对性地提升个人素质；有利于毕业生对母校的关注和反馈；有利于行业企业对学校的了解和合作共建；有利于同类学校的沟通交流取长补短；有利于社会公众对学校的了解和监督。

（二）落实职业院校质量年度报告制度的管理机制

1. 建立学校质量年度报告编制工作组

工作组由分管副校长担任组长，成员由各职能部门负责人组成。制定学校质量年度报告任务清单，专门推进、任务到人、责任到人，确保质量报告编制工作持续推进，高效完成。

2. 加强学习，提高质量报告编制水平

编制工作组成员要全面学习职教政策，全面融通职教理念，提升政策把控水平。全体教职员工应加强对年度质量报告基本内容的学习，用报告的各项指标引领自身工作，深刻理解报告内涵，不断深化教育教学改革。

二、职业院校质量年度报告的制定策略

（一）职业院校质量年度报告的基本内容（以中职学校为例）

1. 基本情况

（1）规模和结构：包括区域内中等职业教育总体办学规模、高中阶段教育结构、高中阶段普职招生比例等数据及与上一年度相比的变化情况。

（2）设施设备：包括生均教学仪器设备值、生均实训实习工位数、生均纸质图书等数据及与上一年度相比的变化情况。

（3）教师队伍：包括生师比、“双师型”教师比例、兼职教师比例、专任教师本科以上学历比例、专任教师硕士以上学历比例、专任教师高级职称教师比例等数据及与上一年度相比的变化情况。

2. 学生发展

（1）学生素质：包括学生德育工作情况、学生思想政治状况、文化课合格率、专业技能合格率、体质测评合格率、毕业率等数据及与上一年度相比的变化情况。

（2）就业质量：包括就业率、对口就业率、初次就业月收入、创业率等数据及与上一年度相比的变化情况。

3. 质量保障措施

（1）专业布局：包括专业设置动态调整与结构优化、专业与当地产业吻合度、贡献率等。

（2）质量保证：包括质量监控体系建设、项目建设、技能竞赛等。可以参考提供的数据和信息：专业、课程、学生、教师等相关内容质量建设过程性资料和数据、区域和校内诊断与改进机制建设情况、自我诊断和问题改进情况。

（3）落实教师编制，教师培养培训情况。可以参考提供的数据和信息：教师参加培训、进修、企业实践、课题研究、获奖、发表论文、出版著作等数据和情况和数据。

4. 校企合作

（1）校企合作开展情况和效果：人才培养、合作共建（专业、基地、课程、教材）、师资互派、资源共享、协同创新等。

（2）学生实习情况：包括学生在各校企合作单位实习的人数、时间，企业提供的实习实训工位数、实习岗位对口率、实习保险购买率、企业录用率、企业对

实习学生和学校人才培养质量满意度等。

(3)集团化办学情况:通过集团化办学促进专业人才培养质量提升、促进学生就业率提升、促进对口就业率提升等办学效果提升的相关数据。

5. 社会贡献

(1)技术技能人才培养:包括区域经济社会发展人才需求满足度等。

(2)社会服务:包括培训服务、技术服务、文化传承等。

(3)对口支援:包括东西部对口帮扶、对口扶贫等。

6. 政府履责

(1)经费:包括政策性经费落实情况、生均拨款、项目投入等。

(2)政策措施:包括保障区域普职协调发展的政策、发展区域内中等职业教育的重大举措、落实教师编制等。

7. 特色创新

以案例的方式反映区域中等职业教育发展特色和主要创新点。

(二)职业院校质量年度报告的数据采集与处理

1. 规范编制报告,务必求真务实

报告的编制框架要合乎规范,完全针对报告指标进行工作描述。合规的框架、合规的编制、合规的报送,格式要规范,报告应文字、图、表相结合。图序及图名置于图的下方,表序及表名置于表的上方。除必要的文字外,尽可能引用各学校近两年的对比数据、表格或图片,形式活泼、不拘一格。报告的内容应保证所涉及的事例、数据、成绩真实、客观,不弄虚作假。事实真、数据真、现状真、成绩真。

2. 精选典型案例,提炼办学特色

针对报告指标要求要精选典型案例进行描述,即对标精确、事例新颖、并具有代表性,能充分凸显办学特色、办学亮点、办学成绩,并做到言之有理、言之有据、言之有序。

3. 优化数据资源,提升报告质量

报告所使用数据应体现真实性、精准性、关联性、充分性、共享性。同时注重报告细节,避免异常数据、重要数据空值、数据逻辑错误、数据格式错误等现象。

4. 突出特色创新,彰显品牌效应

报告应在学校发展的关键方面,如模式特色、专业特色、德育特色、文化特色、人才特色等方面有所侧重地体现,通过特色创新,彰显品牌效应,不断提升学校知名度、美誉度、影响力。

三、职业院校质量年度报告示例

下面分别以国家级重点职业学校青岛华夏职业学校和山东省技能型人才培养特色名校德州职业技术学院为例，介绍中、高职院校质量年度报告编制情况，供读者参考。

青岛华夏职业学校
2017 年度教育质量年度报告

（2017 年 12 月）

前　言

学校的发展与质量年度报告，是向社会报告学校教育教学质量整体情况和落实国家政策情况的重要方式。从 2013 年起，学校启动了年度质量报告制度，自觉向社会进行信息公开，接受社会监督。2017 年，学校的年报编制工作更加严谨规范，学校按照教育部和省教育厅、市教育局的要求，通过用数据说话、用案例证实，客观反映学校情况、学生发展、质量保障措施、校企合作、社会贡献、举办者履责、特色创新、主要问题和改进措施等方面，对 2017 年度我校各方面的发展情况以及取得的成果进行了总结，全面展示我校的办学理念、办学水平和发展成果，回应社会关切，接受教育行政部门的检查和社会的监督。

目　录

一、学校情况

1.1 学校概况

青岛华夏职业学校于1994年由青岛第十八中学、原青岛财政金融学校、原青岛服装职业高级中学三所学校优化组成，学校隶属青岛市教育局，位于青岛市市北区嘉善路48号，2016年9月26日更名为青岛华夏职业学校。学校是首批国家级重点职业学校、青岛市财会金融业职教集团牵头学校、青岛市财经商贸类专业指导委员会牵头学校。

2017年学校紧紧围绕青岛市“十三五”教育事业发展规划和综合改革方案，落实学校五年发展规划第三年工作任务，致力于职业生命成长特色教育，扎实推进“三大工程”建设，努力协调办学利益关系者关系，优化管理，凸显品牌效益，增强发展生长力。学校现有嘉善路东校区、平安路16号西校区，校园占地面积34723平方米，建筑面积23452平方米，运动场面积18318平方米，教学楼面积12767平方米，学生公寓8425平方米，餐厅面积1222平方米，资产总额5710.130739万元。

1.2　学生情况

1. 招生及在校生情况

学校高度重视招生工作，不断探索招生改革，构建现代职业教育体系。2017年提出“优化学校学历层次结构，增大五年学制招生数量，减少三年学制招生专业，小班化、走班制，设立专业最低录取线”等一系列具体要求。

从招生层次来看，今年在原来“3＋4”本科、“三·二连读”专科、中专的学历层次基础上，继续与青岛实验高中联合开办金融事务普职融通实验班，新增与山东外贸职业学院联合开展动漫制作技术专业五年贯通培养。继续坚持公平、公正、公开、择优的原则，精心打造“品质华夏、诚信华夏”招生体系，高质量完成17个班，600人的招生计划。

从招生规模上看，2017年比2016有较大缩减，因2017年招生各专业均设立了最低录取线，大幅提高了录取学生的分数段，生源质量明显提高，生源结构不断优化；从在校生规模上看，2017年比2016有所回落，毕业生数则略有上升；从巩固率来看，虽有所下降，但连年保持较高的比例数，基本保证入学学生能在校认真完成学业，顺利毕业。具体比较见表1。

表1　2017年招生及在校生情况统计表

项目	2016年	2017年	增加数
招生数(人)	766	600	－166
在校生数(人)	2298	2157	－141
毕业生数(人)	636	703	64
巩固率	99.08％	92.13％	－6.59％

从招生专业结构看，我校会计金融类、商务贸易类、服装艺术类三大专业群

结构保持基本稳定(表 2)。

表 2 各专业招生情况统计表

学历层次	专业名称	2016 年(人)	2017 年(人)
3+4 分段培养	会计	45	44
“三·二”连读专科	会计	196	183
	金融管理	96	103
	国际贸易实务	50	37
	电子商务	50	35
五年一贯制	动漫制作技术	0	40
普通中专	会计	48	0
	工程造价与审计	43	0
	服装设计与工艺	28	0
职专普职融通	金融事务	40	39
职业中专	会计	0	30
	电子商务	47	38
	国际商务	40	0
	服装展示与礼仪	24	22
	美术设计与制作	29	0
	工艺美术	30	0
	服装设计与工艺	0	29
合计		766	600

2. 在校生结构情况

学校现有 53 个班,在校生 2157 人。在校生结构呈现多元化,“3+4”分段培养七年制保持稳定;“三·二”连读五年制层次因增加了五年贯通培养这一新的办学模式,人数有所增加;普专三年制今年不再招生,在校生数有所减少;职专三年制在校学生人数有所增加;在校生结构相对稳定,保持了均衡发展。具体情况见表 3。

表 3　2017 年在校生学历层次结构情况统计表

学历层次	2016 年度		2017 年度	
	招生数(人)	在校生数(人)	招生数(人)	在校生数(人)
“3＋4”分段培养	45	126	44	131
三·二连读	392	1135	358	1110
五年一贯制	0	0	40	40
普通中专	119	603	0	404
职业中专 （含普职融通）	210	434	158	472
合计	766	2298	600	2157

2017 年在校生专业结构情况统计如下。

目前在校生共 2157 人，其中会计类 954 人，占 44%；金融类 410 人，占 19%；商务类 482 人，占 22%；艺术类专业 311 人，占 14%。具体分布情况见图 1。

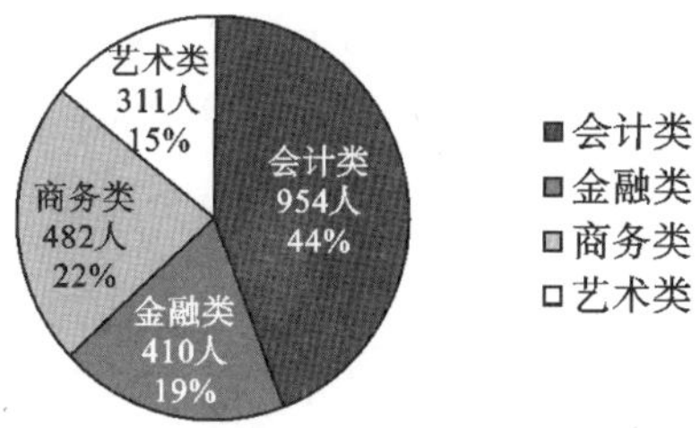

图 1　专业分布图

3. 培训规模

学校充分发挥职业教育功能，坚持以服务区域经济为己任，加大社会化培训工作力度，创新思维拓展培训项目，不断完善学历教育、职业技能、社区培训、继续教育的终身职业培训体系。2017 年中标市北区政府购买服务培训项目，开设护理、家政等社会培训；与 17 中、16 中等开设国家心理咨询师培训项目；与 ATA 商业网络公司合作，利用我校金融财会专业优势，打造现代服务业考试培训新模式；与青岛筑港公司、恒信造价公司合作培训新员工，共计培训人数 3200 人，比 2016 年培训人数有所减少。2017 年我校再次荣获青岛市人社局优秀市级专业人员继续教育基地，培训品牌影响力逐步扩大，服务社会能力逐步增强。

1.3 教师队伍

为进一步优化学校师资结构，切实加强教师队伍建设，学校高度重视教师队伍建设，通过优化师资结构系统化、科学化发展，已经形成一支结构合理、团结向上的师资队伍。

学校现有专任教师 147 人，在校学生 2157 人，师生比例为 1∶14.7。专业课专任教师 67 人，其中双师型教师 59 人，占专业课专任教师 88.1%；校外兼职教师 20 人，兼职和专职教师比例为 1∶7.4；省市特级教师 1 人、省市优秀教师 7 人、省市职教名师 3 人、省市教学能手 26 人、省市级学科带头人 6 人、市青年教师优秀专业人才 51 人。

在职称结构方面，有高级教师 55 人、一级教师 75 人、二级教师 17 人，高级职称的教师占专任教师总数的 37.4%；在学历结构方面，有硕士 26 人，本科学历 121 人，具备硕士以上学历的教师占教师总数的 17.7%。

1.4 设施设备

1. 生均教学仪器设备值情况

2017 年实训设备支出合计 3886400 元，主要包括电梯、软件、复印机等，生均经费总投入 13987400 元，支出占投入比例 27.78%。具体比较见表 4。

表 4 生均教学仪器设备统计表

时间	2016 学年	2017 学年
实训设备支出合计(元)	3374600	3886400
生均经费总投入(元)	7155000	13987400
支出占投入比例%	47.16	27.78
生均纸质图书(册)	47.7	50.8

2. 生均实训实习工位数情况

学校配备能满足会计金融、商务贸易、服装艺术三大专业群各专业教学计划规定的各类信息化教学设施设备和相关软件(表 5)。

表 5 实训室情况统计表

实训室	数量
计算机机房	11
财会模拟实训室	1

（续表）

实训室	数量
沙盘模拟经营实训室	1
电子商务实训室	2
陶艺室	1
计算技术实训室	1
模拟银行实训室	1
3D 打印实训室	1
服装打版室	1
数字制作实训室	1
画室	2
形体训练室	2
礼仪室	1
VBSE 模拟实训室	1
琴房	2
录播教室	1
PAD 教室	3

各实训室教学软件齐全，设施设备先进，数量和工位与学校办学规模相适应，实训项目开出率达到 95%以上。学校配备千兆介入教育局城域网，实现校园 WIFI 全覆盖，学校 51 个教室均为多媒体教室，全部配备班班通，网络畅通。全体教师人手 1 台计算机，学生使用的计算机每 4 人配备 1 台。学校网络中心拥有 5 台 IBM 服务器，一套专业存储系统、一台 H3C7506E 核心交换机、一套天融信千兆防火墙、一套深信服上网行为管理系统，能够满足教育教学和管理需要。

学校有专门的数字化教学平台，能积极研发和引进本专业数字化教学资源，资源丰富，利用率高。在 2017 年青岛市信息化教学大赛中，我校有 13 位教师获奖，成绩突出。学校重视互联网条件下教学资源平台和资源数据库建设，有 9 门青岛市精品课程全部实现网络化共享和互动学习。校级创新、示范课全部实现现场录播、网络实时传播共享。

3. 生均纸质图书情况

目前，图书馆收藏纸质图书118673册，电子图书5万册。2017年，学校投入专项资金5万元，新增纸质图书2050册，征订报刊155种，形成了以会计金融、商务贸易、服装艺术为特色的多载体并存的图书体系。2017年连续举办了“校长引领我读诗”等特色推荐活动，成立了学生社团“书友会”“翰林院”等，积极营造浓郁的校园书香文化。

二、学生发展

2.1 学生素质

学校恪守“为学生终身职业素质发展奠基”办学理念，努力打造“自主·合作·开放·创新”职业生命成长教育特色，潜心基于学生职业生命成长需要的“身心素养、人文素养、职业素养、创新素养”的培育，明确“身心俱健，德能双馨、学业兼收、人职共生”的育人目标，尊重个性差异，尊重成长规律，尊重自主发展，打造“自信、负责、成功”自主德育模式，建设多元实施平台，扎实德育工作成效，“信责达远”德育品牌彰显出独特育人魅力。

一年来，300多名学生在市级以上各类比赛、评优中获奖；6名学生个人或集体获第六届“感动华夏十大人物”称号；500余名学生在实习见习岗位上履行职责，其爱岗敬业的表现得到多家单位好评；16名学生被选聘为全国第五届艺术节志愿者，工作得到认可；每学期每名学生至少参加两次公益活动，网上注册志愿者的学生数量达2000余人，6000余人次参加义工活动。“民主、和谐、乐业、进取”的校园风气日渐浓厚，学生自我发展、自我教育的内驱力不断提升。

在学校“合作能力生成”教学模式的带动下，学生的学习能力、学业水平不断提升，文化课合格率达到98%，专业技能合格率达到98%，学生合格毕业率达到98%。学校重视对学生健康体质的培养，开齐开足体育课，开展大课间、体育节等各类体育活动，学生体质测评合格率达到92%（图2）。

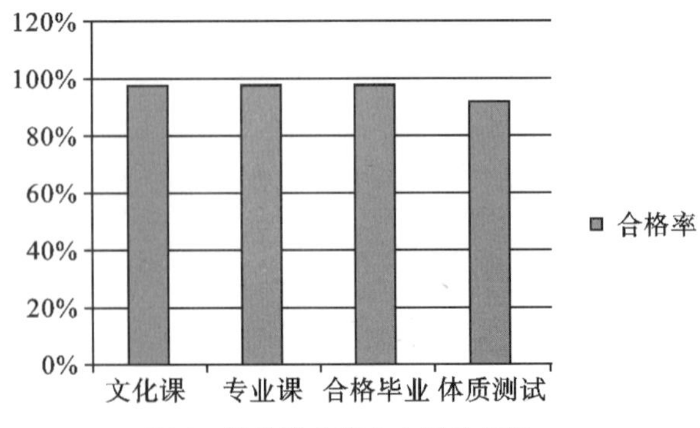

图2 学生学业能力水平分析图

2.2　在校体验

学校在11月采用网络问卷的形式，对在校学生开展了无记名问卷调查，收到有效问卷2157份，通过对不同专业、不同年级在校生的网上问卷调查以及对毕业生的回访调查，汇总学生满意度情况见表6。

表6　2017年学生满意度情况分析表

调查满意项目	总的满意度统计	具体满意情况统计
理论学习及专业学习满意调查	94.3%	其中学生对学校的公共基础课教学及教师多样性教学手段的使用上，满意度都在95%以上，对课程设置满意度达92.8%，对学校小组合作教学模式的满意度为94.2%
实习实训满意调查	93.8%	其中对学校实训课时的安排满意度为93.9%，对学校目前开设的专业实训课满意度为94.7%，对专业实训设施满意94.3%，尤其对学校技能训练的满意度在95%以上
校园文化与社团活动满意调查	94.2%	其中92.7%的学生对社团管理制度是满意的，94.1%的学生认为学校文化建设有特色、有引领，94.3%的学生认为学校社团部的工作是扎实有效的，对职教义工活动的开展、对学风和校风的满意度达95%以上
生活满意调查	90%	其中，90%的学生认为学校食堂工作人员服务优质，关心学生，90%的学生对学校提供的宿舍与生活设施、图书馆的学习资源和学习环境是满意的，对学校办学条件的满意度达91.2%，对心理咨询室的工作评价满意度为92.7%
校园安全满意调查	96%	其中，对学校平日安全教育宣传工作、开展的逃生演练活动、安全教育课程等，满意度皆在96%以上
毕业生对学校满意调查	94%	其中，对学校的管理制度满意度为93.5%，对校风学风建设的满意度也在95%以上，尤其是对学校教师和班主任工作敬业程度的评价，满意度都在95%以上

2.3　资助情况

学校的资助工作，一方面，深入贯彻落实省教育厅、省学生资助管理中心关于对中等职业学校国家助学金和免学费政策，按照青岛市教育局《关于做好2016—2017学年中等职业学校国家助学金评审发放工作的通知》要求，制定助学金申请、发放管理制度，成立领导小组，按时完成助学金和免学费政策落实。2016～2017学年度我校在校、在籍学生共2272人，享受免学费学生2272人，共计6938400元；享受助学金资助学生108人，共计216000元。学校对家庭经济困难学生认定标准和程序及助学金发放过程做到规范、公开、公正、透明，受助学生名单、申请材料按年级、班级装订成册，建立受助学生档案。

另一方面，学校按照青岛市教育发展基金会和青岛市教育局《关于组织评审第三届青岛市高中学生爱基金励志奖助学金的通知》要求，经过学生申报，学校初评，共有4名家庭困难、品学兼优的学生各获3000元爱基金励志奖助学金，已按时发放给学生。

同时，学校还积极响应中华职教社发起的“帮扶百名贫困家庭学生”的倡议，按要求审核推荐5名品学兼优的贫困学生获捐赠，共计15000元。除此之外，学校制定奖学金发放管理办法，对成绩优秀的学生予以奖励。2016～2017学年度，总计有334名学生分获一、二、三等奖学金，总计28100元。

2.4 就业质量

1. 就业情况

学校以就业指导专业化、就业服务日常化、就业管理规范化、就业推荐系统化的就业工作“四化”建设为抓手，与青岛相关行业近200余家大型企业进行了有效合作，为学生实习、就业提供厚实的、可选择的优质岗位群。学校举办了以“精准就业、携梦起航”为主题的就业服务月活动，成功举办“2017年实习就业洽谈会”，从近百家企业中挑选了25家优质单位，共为40余名参加招聘会的学生共提供了200多个岗位，达到“一名学生五个岗位”的挑选比例。此外，学校举办多场次小型专场招聘会，通过多种渠道为应往届毕业生就业创造更多机会。毕业时学校还为每个毕业生建立个人跟踪服务卡，为毕业生集中跟踪服务三年，为往届毕业生提供再就业推荐与再升学服务，培养了大批优秀毕业生，如我校2000级毕业生刘娟连续当选全国十八大、十九大党代表。

2017年毕业生数703人，其中升入高一级院校的学生644人，直接就业学生58人，目前只有1名毕业生因患病在家休养就医未就业。2017年毕业生的就业率为99.86%，对口就业率为99%。其中财经商贸类毕业生630人，就业人数629人，就业率99.84%，对口就业率为98.52%；文化艺术类毕业生73人，就业人数73人，就业率100%，对口就业率为94.52%。初次就业起薪在2860元左右。

(1)就业去向。升入高一级学校就读的学生占毕业生的91.6%，直接就业学生中，到国家机关及各种所有制企、事业单位的学生占全部就业学生的7.12%；其他方式(包括应征入伍等)占1.13%。

(2)就业地域。本地就业的毕业生数占直接就业学生的86.2%；异地就业的占13.79%。

(3)就业起薪情况。直接就业学生中，平均起薪为2860元，没有低于1500元的。1501～2000元的占6.9%；2001～3000元的占84.48%；3000元以上的占8.62%，平均起薪及起薪层次分布较2016年都有很大提升。具体情况见表7。

表7　2016年与2017年分专业就业情况比较表

年度		2016年	2017年
毕业人数		653	703
总就业率		99.85%	99.86%
总对口就业率		98.16%	99%
财经商贸类专业就业	毕业生(人)	607	630
	就业率	99.84%	99.84%
	对口就业率	98.70%	99.52%
文化艺术类专业就业	毕业生(人)	46	73
	就业率	100%	100%
	对口就业率	93.50%	94.52%
平均起薪(元/左右)		2370	2860

2. 升学情况

学校设有“3+4”本科、“三·二”连读专科、五年贯通培养专科、财经商贸类春季高考、艺术类夏季高考，中国海洋大学5年制高起本、2.5年制高起专成人学历教育等多条升学路径，学生具有很大发展空间。

学校有专门的高考辅导教研和专职老师，文化课实行“基础+模块+综合”滚动式教学，专业课实行“理论+实践+综合”递进式教学，形成了特色高辅教学模式。同时还能抓住市级模拟考试等关键节点，利用学情分析会、家长会及网络平台做好宣传动员工作，确保了春夏季高考升学率稳中有升。

2017年升入高一级院校的学生共644人，其中“三·二”连读专科升学352人，“3+4”升学39人，春季高考升学189人，其中财经类专业103人，商贸类专业86人，夏季高考升学48人，通过出国留学、成人高考等其他方式升学16人。本年度我校财经类专业升学率达到96%，较上年度提高5.6%；商贸类专业升学率98%；艺术类专业升学率93%。学校的总升学率达到96.3%（表8）。

表8 近两年春季与夏季高考分专业升学情况比较表

年度		2016年度	2017年度
总升学率		97.1%	96.3%
财经类专业升学	人数	64	103
	升学率	91.4%	96%
商贸类专业升学	人数	42	86
	升学率	100%	98%
艺术类专业升学	人数	19	48
	升学率	100%	93%

2.5 职业发展

通过充分的市场调研确定人才培养规格和专业培养目标，制定专业培养方案，重构课程体系和确定课程标准，遵循学生的认知规律及职业成长规律，学校通过“双三十教育”工程（人文素养30件事、技能素养30件事）活动和“合作能力生成”课堂教学模式来培育学生自主学习能力，形成终身学习意识，掌握自我探究的终身学习技能。学生学业成绩合格率达到98%以上；企业专业实习评价良好率达到90%以上，学生岗位适应能力强；60%的毕业生能够具备一人多岗的岗位迁移能力。学校开展校园创新节和技能节，学生参与率达到100%，引导学生主动探究、大胆创新，形成利于终身学习的改革创新意识和实践操作能力。依托学校变形空间创业广场建设，组建创客部落陶艺社团、易物易世界、校园咖啡吧、翰林院书屋等六个店铺，为学生创新、创业提供了实践平台。

三、质量保障措施

3.1 专业动态调整

学校成立专业开发与建设指导委员会，形成“调研—调整—创新”专业建设动态调整机制，进行了广泛的调研，并根据调研结果和学校专业建设规划，按照教育与产业、学校与企业、专业设置与职业岗位相对接的原则进行专业动态调整，主动适应区域产业结构优化升级要求。围绕青岛市经济建设发展需求，现已形成财金、商贸、艺术三大专业群，实施“卓越财务经理”“卓越商务经理”“卓越创意设计师”培养方案，同时开设有“3＋4”中专本科贯通、“三・二”连读、普职融通、中专不同学历层次专业，专业结构比较稳定，形成了结构合理、特色鲜明、具有服务地方经济社会发展能力和可持续发展能力的专业结构体系。现有省级品牌专业1个，市级品牌专业2个，专业建设达到较高水平。

2017年人才培养方案，在原有基础上重新进行了整合，重点将我校会计、金融事务、动漫制作技术、电子商务等专业的人才培养方案进行了修正。

3.2 教育教学改革

1. 积极探索适合我校实际的“现代学徒制”教学模式

学校系市级现代学徒制试点单位，现有电子商务、工程造价与审计两个试点专业。学校与企业深度合作实现了共建人才培养方案、共建师资队伍、共建并实施特色课程。本年度学校邀请企业专家分别对《电子商务专业人才培养方案》《工程造价与审计专业人才培养方案》进行了修订，由企业专家结合行业企业经营管理的实际，对学校专业人才培养方案的课程设置等提出合理化建议，专业教研组依据企业专家意见，及时调整课程及教学内容，及时引入新知识、新技术、新工艺、新方法，形成具有一定特色的课程结构和内容。本年度学校积极安排校内导师深入企业挂职实践，企业导师深入学校教研组参加教研活动，实现了校企师资的优势互补。本年度学校与青岛市跨境电商协会、恒信工程造价咨询有限公司、青岛中天华会计师事务所的五位专家合作完成了“寻声叩门跨境电商”“BIM基础”“经济生活实用数学”三门现代学徒制特色课程的建设。学生到企业在师父的带领下进行职业岗位实践，企业师父走进华夏为学生带来行业企业最前沿先进的专业知识，极大地推动了学徒制课程的有效实施。

2. 学校课程建设规范、制度健全

学校制定了《校本课程开发管理办法》《选修课管理规定》等一系列科学、合理的课程管理办法，用以规范学校的课程开发及管理工作。学校能够合理配置必修课和选修课、公共基础课和专业课、专业理论课与专业实践课的比例，有侧重地加大专业实践课力度。学校顺应市场发展需求，邀请企业专家共同参与修订各专业教学指导方案，不断将岗位所需要的知识、技能和职业素养有机融入专业教学中，基本形成面向岗位、突出实践、促进人文素养提升的课程体系。其中公共基础课程开设比例达到40％，专业理论课程开设比例达到15％，专业实践课程开设比例达到41%，素质提升课程开设比例达到4%。

学校还建有中职学校省内首个VBSE校内实训基地、模拟银行等11个实训基地，充分体现理实一体、分岗实训特色。学校与麦凯乐集团等合作建有紧密校外实训基地60个。实训课程均纳入教学计划，开出课表，实训场地利用率高。

3. 高度重视校本精品课程的建设，课程建设质量水平较高。

学校在开齐国家规定的公共基础课程和专业课程之外，能够满足学生个性化成长需求，加大校本精品课程和拓展选修课程的建设力度，形成了资源丰富、互动性强的精品课程和拓展选修课程系列。学校现有"国际贸易实务""会计电算化""银行对私业务""计算机基础""汉字之美""银行英语听说""体验式职业生涯活动课程""服装艺术风格鉴赏"和"青少年身体素质发展与体质健康"9门青岛市精品课程，总数列市中职学校前列。其他还建有"VBSE财务实践教学""巴菲特投资案例解析""教育戏剧""合唱艺术"等多门拓展选修课程。学校建设精品校本教材10门，其中"税费计算与缴纳"被列为"十二五"职业教育国家规划立项教材，由高教出版社全国发行。学校的教学资源建设非常丰富(表9、表10)。

表9　2017年度市级精品课程建设一览表

序号	课程	承担组室	级别	时间
1	汉字之美	语文组	市级	2017.9
2	银行柜员对私业务	金统组	市级	2017.9
3	银行英语听说	英语组	市级	2017.9
4	服装艺术风格鉴赏	服装艺术组	市级	2017.9
5	会计电算化	财会组	市级	2017.9
6	计算机应用基础	计算组	市级	2017.9

表10　2017年度校本课程教材建设一览表

序号	课程	承担组室	编写人员
1	演讲与朗诵	语文组	王慧
2	教育戏剧	语文组	鲁少洁等
3	生活实用数学(上篇)	数学组	周丽萍等
4	生活实用数学(下篇)	数学组	韩晓玲等

（续表）

序号	课程	承担组室	编写人员
5	英文电影欣赏	英语组	周雪梅等
6	中职球类运动	体育组	孙里胜等
7	合唱艺术	体育组	黄萌
8	税费计算与缴纳	财会组	陈琰等(已出版)
9	涉税业务办理	财会组	陈琰等(已出版)
11	VBSE 财务实践教学	财会组	赵宏等
12	巴菲特投资案例解析	金统组	熊淑慧
13	外贸单证实务	商贸组	杨红岩、崔前等
14	中学生礼仪	服装组	徐晓煜
15	摄影艺术	创新组	张勇

4. 学校通过推行“五新”教学改革实施各专业课程，丰实教学内蕴

制定《“五新”教学改革实施方案》，从“新理念”“新模式”“新课程”“新课堂”“新评价”五个维度入手进行教学改革。各教研组积极推进教学改革，制定教学改革任务书达 37 项。特别通过“新课程改革”，从学生身心素养、人文素养、职业素养和创新素养培育需要出发，精心遴选专业发展必修课程和个性发展选修课程，重构满足学生全面发展和特色发展的、服务专业学习与实训的、适应行业企业对人才要求的、具有开放性和选择性的特色新课程体系，能够做到精准供给，用新课程承载学生发展，极大地优化了学校的课程建设。

5. 大力推行“合作能力生成”课堂教学改革

学校能够不断丰富“合作能力生成”课堂教学模式的内涵，结合行业标准、课程特点、专业特点、学生特点，进行专业特色鲜明的课堂教学模式再改革，赋予“合作能力生成”课堂教学模式新的生命力。学校的每个教研组均推出了“理论支持强、实践效果好、创新水平高、师生受益大”的成熟模式，共 13 项。“任务驱动、小组合作、学生主讲”“多边活动五步教学模式”“情智共生五环教学法”等受到学生欢迎，课堂教学时效得到极大增强。

6. 加强技术融合，推动信息化与教学深度融合

学校通过专家讲座、集体教研等形式，加强对教师信息化教学理念及技能的培训，开阔教师信息化教学视野；举办 45 岁以下青年教师信息化教学大赛，

共68位教师参赛，选拔推荐10名教师参加青岛市信息化教学大赛，其中有4名教师获得一等奖，1名教师参加全国创新杯信息化教学设计说课比赛获得一等奖，3名教师参加省级创新杯信息化教学设计说课比赛获得一等奖。

7. 学校着力打造专业现代化的"'三明治式'五个耦合一体"建设模式，推进传统专业转型升级创新

学校精心打造财会金融，物流商贸、服装艺术三大专业群，全力推行专业现代化建设的"五位一体耦合"模式，在专业建设、标准建设、课程建设方面坚持"政、校、企"耦合一体；"教、学、做"耦合一体；"专业态度、专业知识、专业技能"耦合一体；"职业资格标准、岗位能力标准、行业评价标准"耦合一体；"技能教学、技能实训、技能比赛"耦合一体，收到很好的专业建设成效。学校建设有山东省品牌专业1个，山东省双证互通试点专业1个、青岛市"双高"专业2个。

学校倾力打造"'3+4'卓越财务经理"人才培养工程，切实落实中职段教学计划，开展职业体验，建立完善的学业奖励制度等工作。第二批2014级"3+4"学生转段春季高考通过率达到100%。语、数、外三门总分有四名同学进全省前十，高考状元也花落我校。

8. 打造"四有"教师，促进教师教育力提升

学校重视师德师风建设，将《中等职业学校教师职业道德规范》落实到日常教学工作中。各教研组加强"五个意识、六种能力、每日十问"教职工行为文化建设，不断改进工作作风。学习落实《中等职业学校教师专业标准》，加强教师"教科研能力、课程建设能力、课堂教学能力"三种能力的培育，全力打造"有理想目标、有道德情操、有扎实学识、有仁爱之心"的"四有"好教师。本年度教师教学成果显著，有56名教师获得各级各类教育教学成果达185项，达到一线教师总数的50%，其中有2名教师获评青岛市中小学学科带头人，1名教师入选青岛市名师建设工程，4名教师获市优质课评比一等奖，市级信息化教学比赛10人获奖，校级创新示范课20节获奖（图3）。

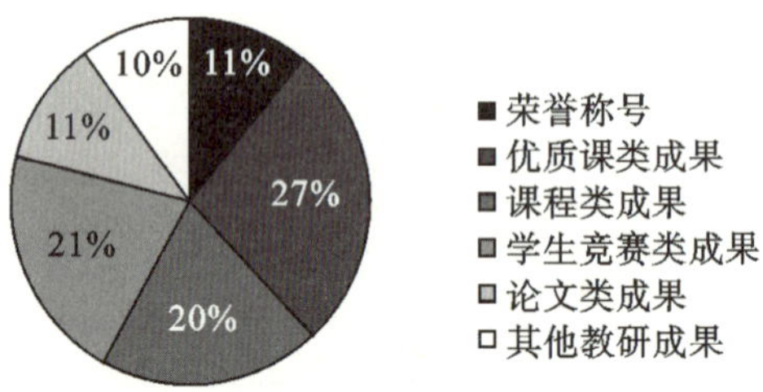

图3 获得教育教学成果情况

9. 国际合作情况

学校不断探索国际交流合作的新途径、新方式。不断优化国际合作院校，通过项目式合作打造国际化人才培养模式，1997年开始与澳大利亚霍尔姆斯学

院联合办学，先后培养国际商务专业的学生1178人。2010年与德国爱德华—斯布朗尔职业学院签订友好学校协议，先后以教师培训、专业建设、学生实习实训等为课题交流互访7次。目前正在与澳大利亚和美国威斯康星州洽谈合作事宜，进一步开展教学模式建设、专业建设、课程建设、学制连通、师生交流合作项目的研讨，为全面提高学校国际化水平，为助推学校现代化、国际化发展奠定了坚实的基础。

3.3　教师培养培训

学校教师培训工作持续高效地开展，教师的"三种能力"(课程建设能力、课堂教学能力和教科研能力)得到全面提升，教师培训工作呈现开放性、创新性和个性化特色，培训经费使用达55.5万元，比2016年度增长了41%。校企共建1个劳模工作室，以教科研引领教育教学的改革与创新工作的模式已然形成。

一是学校建立健全有效的师资队伍建设机制和选拔培养评价考核体系。继续实施以课堂督评课为载体的"合作能力生成"课堂教学模式研究的全员技能大练兵活动，促进教师课堂教学能力的提升；教师个人三年发展规划和成长档案的落实，促进了教师自主成长；实施了"青蓝工程拜师带徒结对成长工程"，开展了创新示范精品展示课评比活动，促进了骨干教师"传、帮、带"青年教师。

二是多层面、多渠道、多样化的教师培训为教师成长助力。举行了"融合、丰实、生成、提高"为主题的第十六届教育教学年会；赴东北师范大学开展了以专业化、信息化、个性化为主题特色的教师暑期高端研修，创新了形式，求得了实效；推荐35人次专任专业教师和骨干教师参加各级各类培训和进修，组织专业课教师到青岛中天华振兴有限责任会计师事务所等企业挂职锻炼，调研实践，提升了专业技能和实践教学能力。

三是学校采用"建机制、重教研、细督评、强培训、勤反思""五位一体"的培养模式，着力打造以"角色多维、能力复合"为特质的专业化德育队伍。其一，制定德育队伍专业化建设标准和考核办法。出台《班主任队伍建设指导方案》，重新定位班主任的工作角色，全面打造班主任"三重身份"，确定九种能力，制定《班主任督评细则》，推行班主任督评考核管理制度。其二，定期开展专业比武。目前已完成九期专业比武，从不同层面探索学生职业生命成长的内在规律，以赛代练，以赛促思，全面提升班主任复合能力。其三，开展课题研究和专业培训。开设班主任论坛"争鸣"，成立青年班主任培训班，配备导师指导其成长。现已完成三个市级以上课题研究，形成五个专题论文，案例、活动方案400余篇，形成论文集、案例集等十一部。近三年学校先后推选90余人次班主任参加市级及以上专业培训，50余人次班主任在市级及以上各类德育比赛中获奖，学校拥有38位国家二级职业指导师，31位国家心理咨询师。角色多维、能力复合的德育队伍为学生职业生命成长提供了有力保障。

3.4 规范管理情况

为进一步提升学校规范管理水平、落实好学校五年发展规划，2017年度学校主要采取了以下措施。

一是注重管理队伍建设，以中层干部换届为契机，努力培养一支政治觉悟高、思想基础好、业务技能精、工作作风硬、年龄结构合理的骨干队伍，成立管理工作领导小组，形成"层级管理"和"项目＋模块"工作机制，采用多种方式激活用人机制，提升管理队伍的整体水平。

二是完善教师督评管理制度，对全体一线教师实行月度绩效考核。制定"课堂教学负责制""三类课课堂教学标准"和"常规教学管理评比检查标准"，建立管理评价、自主评价、教育对象评价相结合的教学管理"三元评价模式"。

三是实施以"分层递进、人职共生"为特质的德育目标分层教育。一方面，学校依据《中等职业学校德育大纲》和学生实际，确立三级培养目标；配套《德育目标分层管理细则》，推行《学生职业生涯发展教育行动方案》，构建各年级、各层次德育内容和职业成长任务体系，实施德育学分管理。

四是加强组织领导，增强学校财务管理的透明度。学校按照"花钱有预算、批准再开支、报销合手续"的原则，学校严格履行决策程序，加强财务管理制度建设，用制度管钱、用制度管事、用制度管人，为学校教育事业的持续健康发展提供有力财务保障。

五是后勤工作可持续发展，与时俱进，再创新高。坚持以"后勤保障，物尽其用，杜绝浪费，服务教学，文明高效"的服务原则，加强后勤管理制度建设，引入"8S管理""6T"管理法，建立"一岗一责一承诺"岗位责任制，执行"全员岗位责任书签约"制，探索后勤管理改革的新机制，学校被评为"全国中小学后勤先进学校"。

六是始终把安全工作列为学校头等大事，成立安全工作领导小组，健全校园安全管理制度，明确岗位安全职责，执行分层岗位安全责任签约制度，实现全员安全管理模式。同时，学校的德育工作与安全管理教育紧密结合，实行安全教育"五化"管理。

七是学校成立专门的教科研督导室，发挥科研引领作用。2016 年立项六个省级、国家级课题，以专题研究引领教师专业化发展，助力教育教学质量提升。

3.5 德育工作情况

1. 德育课实施情况

学校发挥德育课堂教学主渠道作用，严格落实德育教学大纲的各项要求，按照德育课程教学大纲制定教学计划、备课、上课，教学计划内容完备。建立各学科教学德育一体化体系，各学科注重德育渗透，把学科教学与社会主义核心价值观、职业道德教育等有机融合，建成《体验式职业生涯活动课程》市级精品课程，有效落实"三全"育人功效。

2. 校园文化建设

学校构建精神文化、制度文化、行为文化、环境文化、课程文化、传统文化、企业文化等为主体的文化建设体系。形成以"华夏宣言、华夏气度、华夏风骨、华夏色彩"为主要内容的墙体文化系列，以"校徽、校旗、校服、雕塑、诚石(实)、信玉(誉)"等为主体内容的标识文化系列，以教职工中推行"每日十问"、学生中推行"诚信十字诀""八礼四仪"为主要内容的行为文化系列，以"工匠精神进校园、劳模进校园、优秀毕业生典型进校园"等为主要内容的校企文化建设系列，使全体师生于无声浸润中产生恒久的自主发展动力。

3. 德育活动开展情况

一是推行"诚信十字诀"教育活动，开发校本教材《花开的声音》和《与诚信有约》。二是推行"三双"教育行动计划，包括：教师和外聘专家、学生和优秀毕业生"双助长"教育行动计划；课堂、社团"双轨育人"教育行动计划；职业素养提升"双三十"教育行动计划(人文素养提升必做的 30 件事，专业素养提升必做的 30 件事)。三是丰富校园文化活动，开发健康教育课程，开展各类健康教育活动，普及心肺复苏等卫生知识与技能；编写校本教材《安全教育秘笈》，开展各类安全演练；推行《体育、艺术 2+1 实施方案》，开展"每天一小时阳光体育活动"，将学生体质健康达标情况纳入学生考核，举办"四节一会"(创新节、艺术节、体育节、技能节、运动会)。四是开展全员育人活动，推行学科教学德育一体化建设，实施"华夏红·全员牵手导师制"，为每个学生配备一名职业成长导师，配套制定《学生成长手册》。五是建设家长学校，开发校本教材《爱的箴言》，建设"华夏红"家庭教育服务站，成立校班两级家长委员会，推行家长议事会制度，组建"家长助教团"，开展"华夏红"家长驻校工作。

4. 文明风采活动开展情况

在第十三届全国“文明风采”竞赛活动中，学校营造“人人参与，班班比赛，学校选拔”的氛围，形成“全知晓、全覆盖、全参与”的局面，学校报送的15份参赛作品，在市级复赛和全国决赛中全部获奖。其中，一等奖作品2份，7位辅导老师获优秀指导教师奖，学校获评优秀组织奖。

5. 社团活动

以《社团建设促进学生综合素养发展的实践研究》课题研究为引领，大力加强社团建设，进一步建立健全校园社团发展运行机制，打造青岛市品牌社团。目前学校有学生社团41个，社团成员近千人。学校“寸草心”华夏职教义工团队继2016年获评青岛市第四届“十佳明星社团”之后，2011年又入选青岛市首批“职教义工”优秀志愿服务团队。参加商业挑战赛获冠军称号，君阖辩论社在青岛市第六届中学生辩论赛中获得季军称号，在领导力大赛中获全市二等奖以及其他三个个人单项奖。激情四射篮球社、羽你同乐羽毛球社、飞跃足球社等社团在青岛市体育十项联赛中也不断取得佳绩，社团在实战中提升了品质和影响力。

6. 团组织学生会建设及活动

坚持“党建带团、服务立团、创新兴团、作风强团”，团结带领全校团员青年，扎实有效地开展共青团工作。围绕社会主义核心价值体系教育和中国梦主题教育，通过系列化的国旗下讲话、班级黑板报、校园宣传栏等宣传平台，抓住国庆节、五四青年节等教育契机，扣紧主题，突出特色，扎实开展社会主义核心价值体系教育。加强志愿服务品牌建设，不断提升品牌影响力。本学年将“党团领雁志愿服务品牌建设项目”列为团委创新工作项，从“构建载体，实现志愿服务活动组织的网络化管理”“搭建平台，推动志愿服务活动平台的规范化建设”和“深入挖掘，打造志愿服务活动内容的专业化特色”三方面入手，不断提升“寸草心”华夏职教义工品牌的影响力。在团支部当中开展“一支部一品牌建设”，开展雷锋月党团领雁志愿服务活动，五一期间带领党员教师和美术专业学生走进国家深海基地，开展了以“守护海洋”为主题的大型彩绘志愿活动，携手青岛日报、中美文化纽带项目共同开展关爱自闭症儿童义卖活动，活动被搜狐网、山东大众网、凤凰网等媒体竞相报道，取得较好社会反响。2017年学校团委被评为青岛市教育局活力团组织。

7. 学生会建设及活动

学校通过学生代表大会完成第二十二届学生会的换届选举。坚持学生干部队伍建设“四有”原则：有制度、有培训、有品牌、有评价。搭建平台，实施自主管理、自主教育，全面提升学生职业素养。深化品牌服务建设，打造“笑脸服务”“温馨港湾”“健康加油站”“弯腰行动”等，以品牌带动常规工作。通过项目管理、督评管理等落实自主管理，本着学生事务学生办的原则，学生自主承办校园运动会、体育节、“华夏红里的葳蕤与茁壮”毕业典礼、“校长聊聊吧”、辩论赛、演讲朗诵比赛等专题活动，自主设计明信片等具有“华夏”元素的物品，这些活动都深受好评。组织召开学生议事会，向学校提交百余条建设性意见和建议。学生的“地位”由参与到主导，绽放出自主德育教育效果。

学校德育工作被《中国职业技术教育》杂志深度报道，学校获评山东省中小学安全文化建设重点研究基地、青岛市首批“文明校园”、青岛市优秀家长学校、青岛市家庭教育服务站、青岛市军训先进单位，连续13年获得全国中职学生文明风采大赛优秀组织奖。

3.6 党建情况

2017年，学校党总支着力抓好党建工作顶层设计，进一步提出了“融入中心抓党建、领雁创新强内涵”的党建工作目标理念，围绕“六个一”党建重点任务清单，创新“一线三单五联动”党建工作模式。以学习宣传贯彻党的十九大精神为指引，全面落实从严治党，严抓党风廉政建设，全力推进学校服务育人和文明创建一体化工作，推动保障现代化学校制度建设。

一是严抓党风廉政建设，着力保障了学校民主和谐、健康有序发展。充分发挥党组织在学校改革发展中的政治核心作用和学校内部治理制度建设与落实中的监督保证作用，推动管理权限清单试点改革和现代学校制度建设。健全党风廉政建设责任体系，积极探索和运用好监督执纪“四种形态”，严格落实“责任清单”、四级“廉政责任书”签字背书制，有效推进“两个责任”落实。

二是联动学习宣传贯彻十九大精神，全面夯实了思想政治和师德师风建设。学校党总支确立了“六个不少于”学习目标，充分运行“党政工团”联动学习和“两微一端”多元宣传途径，采取“一聚二学三做实”的“三步走”学用策略，聚焦十九大，学懂弄通新思路新方略新思想，做实党的建设、做实学用结合、做实“三进”工作。通过“我与十九大代表面对面”联动、新老教育工作者联动、党团一二课堂联动，特邀连任两届的十九大代表、我校优秀毕业生刘娟向全体师生作了题为《新时代呼唤新青年新时代要有新作为》的主题宣讲，并设计了“我与十九大代表面对面”的交流互动活动，切实让十九大精神走进党员队伍，走进学生干部队伍，走进专业教室。同时还邀请青岛市十九大精神宣讲团（教育分团）成员、青岛39中教师刘翠走进学校作十九大宣讲报告，校党总支书记带头讲党课，深入解读十九大精神，向翻墙家访的救人女教师崔金华学习，争做“四有好老师”，争当职业道德模范等系列活动。切实把党员干部群众思想行动统一到党的十九大精神和部署要求上来，夯实了教师队伍思想政治和师德师风建设，为办人民满意的教育提供了强有力的保障。

三是抓牢精神文明建设，全力推进了学校服务育人和文明创建一体化工作。加强党建文化建设，培育思想政治教育文化，依靠文化自信坚定理想信念。通过华夏讲堂、道德讲堂和业余党校的定期开设，增强四种意识，通过谈心谈话、校长书记聊聊吧和结对帮扶等方式，增强人文关怀和心理疏导，通过“学雷锋活动月”“师德教育月”“廉政文化月”等每季一主题活动，进一步巩固文明单位和文明校园的创建成果，全力推动精神文明建设，助推学校“精致、开放”办学理念的深入践行，推进现代学校建设的步伐。

四是创新“党工团联动”机制，收获了以文化人的教育成果。学校党组织构建了党建、工建、团建的互动、互融、互促的“五联带动”新格局。至2017年，学校连续14年获评“山东省文明单位”，并再次荣获“青岛市军警民共建社会主义精神文明活动先进单位”“青岛市首批文明校园”“山东省文明校园”等荣誉称号。学校团委书记邱立校荣获“青岛市军警民共建社会主义精神文明活动”先进个人，“寸草心”华夏职教义工社及刘笑琰荣获青岛市第四届中学生十佳明星社团、明星社长称号。

四、校企合作

4.1 校企合作开展情况和效果

1.“五位一体”的嵌入式校企合作模式特色鲜明

学校充分发挥青岛市财经商贸专业指导委员会、青岛市财会金融业职教集团牵头学校作用，搭建专业建设调研论证、校企合作专家论坛、企业课堂、校企对接会、就业服务月、企业服务站等主题活动桥梁，构建“模式共创、专业共建、资源共享、文化共融、师资共育”的“五位一体”嵌入式校企合作模式。通过引企入校与引企入教，与青岛恒信工程造价咨询事务所共同开办山东省第一个“工程造价与审计专业”，对目前在校生90人进行订单培养，聘请多位行业专家承担专业教学任务，给学生当导师，为学生颁发企业奖学金，开辟校企共同培训、培养、开发应用型人才的新路径。学校作为山东省唯一引进 VBSE 综合实训室的中职学校，与新道公司紧密合作，共同育人，共同制定人才培养方案，加强专业建设，校企合作育人成效显著。“五位一体”嵌入式校企合作案例被选入 2016 年全国职业教育集团化办学典型案例汇编，并在第四期《中国职业技术教育》杂志刊登，受到市教育局官方网站、微信公众号、山东职教新闻等媒体关注。2017 年 2 月 9 日、2 月 16 日《德育报》全文连载了青岛市财会金融业职教集团《精心打造“五位一体”嵌入式校企合作模式》经验。

2. 文商类专业现代学徒制人才培养新路径成效初现

学校积极参加市教育局组织的现代学徒制试点单位的申报和评审工作。其中与青岛海信东海商贸公司合作的会计专业，与青岛恒信工程造价咨询事务所有限公司合作的工程造价专业被确定为第一批现代学徒制试点专业，与青岛环湾跨境电商综合试验区特色产业园合作的电子商务专业被确定为第二批现代学徒制试点专业，探索基于“校企行园”多元共育的电子商务专业现代学徒试点。目前已经组建了现代学徒制试点班，与企业签订了校企合作协议，企业、学校、学生、家长签订了四方协议，举行了拜师仪式，学生具有了“双身份”。学校多次召开现代学徒制专题研讨会议，汇集企业专家和相关专业骨干教师深入研讨，就文商类专业现代学徒制难点突破问题进行了对策探讨，稳步推进试点工作顺利开展；重构校级 11 项规章制度，初步构建现代学徒制制度体系，提供制度保障；完成了试点专业学校企业双导师的选聘工作，校企共同建设 2 门特色课程，并准备申报青岛市特色课程，试点工作正在按照学校和企业联合招生、联合培养、一体化育人的现代学徒制长效机制进行推进。

4.2　学生实习情况

学校倾力打造“学习＋带薪见习＋修正学习”的“三明治”实习模式，校企双主体齐抓共管，全力护航学生实习就业。其中三年制中专采取前两年在校学习，第三年到企业顶岗实习的“四二”分段教育模式；“3＋2”五年制采用 5 个学期在校学习，第 5 或者第 6 学期到企业跟岗实习的“五一”分段教育模式，本学年三年制顶岗实习学生共 54 人。“3＋2”五年制大专跟岗实习是分批次进行的，上半年共四个班，合计 161 人，下半年共四个班，合计 177 人，总人数为 338 人。

实习前，学校根据教育部、省教育厅及市教育局的最新实习政策，及时修正调整了实习管理规定。一方面开展创新就业服务月活动，开展实习就业意向调查，通过聘请企业专家进校指导、优秀毕业生返校送经传宝、职场沙龙、创办《携着阳光成长》就业指导专刊、集结往届学生优秀实习案例集下发等多种指导方法，引导学生树立正确的人生坐标，规划好自己的职业生涯。另一方面学校严把联办单位资质关，建立实训基地评估体系。由招生就业服务中心实地考察实习环境，复核各类实习条件，并实行动态管理，于每年6月前后通过特色招聘会为毕业生双向选择确定单位。顶岗实习采用自找单位及学校推荐相结合的模式，跟岗实习由学校组织整班建制进入企业实习。

实习中，一方面学校加强对学生的实习教育，召开实习前动员大会，开展实习过程中返校专题教育、实习班主任的走访教育，加大对实习学生的管理力度。对学生实习中的安全、实习时间、实习工作强度和实习工作劳动保护给予深入关注，并协调单位做好相关工作，实习学生满意度达100%。另一方面学校重视实习工作过程的跟踪服务。实习过程中，招生就业服务中心对接教师和实习班主任双管齐下与企业人事部门保持密切联系，及时收取实习相关材料并跟进管理监督，定期到实习单位进行沟通，确保实习学生各项权益受到保护。每学期集中举行两次实习单位校企对接工作会，分享校企协同育人案例。

实习结束，加强企业及师傅、学校及老师的学生实习效果的多元评价，并计入实习学分。

4.3 集团化办学情况

自青岛市财会金融业职教集团成立以来，学校充分发挥牵头学校的引领作用，以人才培养模式和体制机制改革创新为突破口，以整合集团成员单位办学资源为抓手，创新“校企合作”“校校合作”“中外合作”“校政合作”“社校合作”合作机制，精心打造“模式共创、专业共建、资源共享、文化共融、师资共育”的“五位一体”校企嵌入式集团办学模式，实现组织对接、校企对接、中高职对接、服务对接“四对接”，开创了校企深度融合新局面，推动现代职教体系建设，此案例被多家媒体报道，被录入全国职教集团优秀案例集，并被编入2017年中国职业教育集团化办学发展报告中。

学校召开2016年职教集团年会，邀请了中国财商教育创始人，2011年被《理财周刊》评为“中国理财十年来最具影响力人物”的汤小明做财商教育发展讲座。学校借集团年会之机与半岛都市报联合开展了青岛首届“财商达人”大赛，并成立了青岛财商教育委员会与青岛市生涯教育联盟，为岛城学子职业生涯规划提供了平台。

学校还带头创新，利用职业教育资源创建了内外衔接继续教育体系，开展菜单式培训，开辟职业指导师、心理咨询师等职业资格培训项目，形成有自己特色的培训课程体系，构建起了学历教育、职业技能、社区培训、继续教育的终身职业培训体系等。

五、社会贡献

5.1 技术技能人才培养

学校积极拓展学生多元化发展出路，精心打造"做人有高尚品德、升学有品牌高校、就业有优质岗位、发展有强劲动力"的人才培养品牌。为学生的职业生命成长架设起多向发展"立交桥"，开辟五条直接升学路径，以及"就业＋升学"路径，就业学生可参加中国海洋大学五年制高起本、高起专成人学历教育。

我校 2017 年取得毕业证书，实际毕业的学生数共 703 人。当前 2017 年毕业生的就业人数为 702 人，就业率为 99.86％。其中升入高一级院校的学生 644 人，直接就业学生 58 人(包括 8 名参军学生)。2017 年毕业生跟踪调查，跟踪服务毕业生 1136 人，其中 2014 级应届毕业生全部跟踪服务共 703 人，2013 级跟踪服务 325 人，2012 级跟踪服务 108 人，毕业生对母校满意率达到 100％，用人单位对毕业生综合素质满意度达 100％，较之 2016 年各指标基本保持稳定或者继续提升。

5.2 社会服务

学校充分发挥专业优势，采取"请进来、走出去"的方式，开展各项培训与技术服务，为企业、学校培训涵盖心理咨询专业在内的多个项目达 3200 人次。本年度为中国银行、农业银行、交通银行、建设银行、华夏银行、光大银行开展校园招聘考试，圆满完成考试任务，完成全国注册会计师考试、卫生局技术职称考试，银燕公司、恒信工程造价咨询事务所等多家单位的技术培训和服务工作，提供计算机、网络和会务等技术服务，得到合作企业的赞誉。

学校积极参加中国职业教育学会城市职业教育委员会、全国城市职业教育研究会、山东省集团办学联盟等多个行业协会与学会的活动，充分发挥了学校的骨干作用。

学校高度重视文化的传承，采用送课进社区和开展"青青义教"等活动形式，为社区提供服务，着力打造"寸草心"职教义工活动品牌建设。一年来教职工和学生志愿者团队共计开展"学雷锋、我奉献、我快乐"和职教义工"四进"活动200余次。2017年学校先后荣获首批山东省文明校园、青岛市文明校园、青岛教育总评榜年度最具社会满意度名校、第十三届全国中等职业学校“文明风采”竞赛优秀组织奖、全国中小学先进后勤学校等荣誉称号。同时学校连续14年被评为山东省文明单位。

5.3 对口支援

学校精心组织、周密实施结对帮扶工作，坚持做到“四有”，即有组织领导、有阶段计划、有实施方案、有检查督导，以此推动结对帮扶工作的规范化、制度化运作。一是高度重视，制订工作计划和实施方案；二是营造氛围，积极做好结对帮扶工作；三是共同提高，达到优质资源共享；四是加强联系，建立稳定的互访机制；五是有始有终，建立考核评价机制；六是精准帮扶，确保帮扶工作扎实、有效推进。自2010年来，共安排12名教师到薄弱地区和学校从事支教工作；牵手即墨广彩小学，资助图书3000余册，帮助学校建立了“华夏广彩”书屋；组织部分青年教师到菏泽市成武县大田集中学，参加了由兰夫TA33青年志愿团义务发起的“共同托起明天的太阳”大型公益活动，了解了当地的教育现状，并向受捐学校捐赠了20台计算机；牵手青岛市志愿服务协会、北京慈弘慈善基金会捐建“慈弘—华夏”公益书屋，为乡村孩子们撑起一片爱的天空；2017年与贵州省安顺市紫云县民族中等职业学校结成牵手帮扶学校，在安顺市市政府副秘书长宋茂明和紫云县教育局局长杨兴勇等领导同志的见证下，双方学校共同签署结对帮扶协议，共谋职业教育发展大计，在当地引起了很好的社会反响。

六、举办者履责

6.1 经费

学校经费来源以国家财政拨款为主，以其他渠道筹措为辅。

本年度财政的各项政策性经费落实到位，生均经费根据每年的学生情况足额及时拨入，2016～2017学年拨款10409600元。另外，财政的各类项目拨款也切合学校实际，2016～2017学年拨付校本培训金555000元、校园安保资金345600元、现代职教质量提升150000元、兼职教师补助200000元等，为学校发展提供充足的经费保障(表11)。

学校加大对教学仪器设备采购、图书添置、实训基地条件改善、学生宿舍楼住宿条件完善和师资培养等方面的投入，进一步提升了学校在基础建设、教育质量和教师素质等工程建设方面的整体水平。

表 11　2016 年与 2017 年经费投入情况比较表

时间	2015～2016 学年	2016～2017 学年
生均经费总投入(元)	7155000	10409600
校本培训资金(元)	380000	555000
兼职教师补助(元)	200000	200000
校园安保资金(元)	345600	345600

6.2　政策措施

作为青岛市首批职员制改革试点学校之一，学校紧紧围绕“典型引路、示范带动、整体推进”的总体思路，以职员制改革试点为肯綮，不断深化管理队伍建设和人事管理制度改革工作。通过规范实施依据、制定实施方案、确定人员范围、工资平滑对应，不断提高学校改革步伐，取得了良好的成绩。

学校始终坚持按《章程》自主办学，完善了依法按《章程》办学机制及“一体三翼”治理结构，重新制定了学校岗位职责和岗位安全责任等规章制度。通过聘任学校法制副校长、与北京市盈科(青岛)律师事务所签订常年法律顾问合同、完善《青岛华夏职业学校合同管理办法》、健全师生权益救济机制、完善教职工议事会、学生议事会、家长议事会、教职工代表大会、校务委员会、家长委员会等制度建设，构建合同审议规范化、法制教育系列化、师生权益落实化的工作格局，不断完善多元参与的质量评价与保障体系，规范办学行为，增强办学活力，提高办学质量。

在有效落实教师编制方面，学校按照科学化、制度化、规范化工作原则，根据市编委办、市教育局要求，我校对增加、退休、去世、系统内交流、解聘等人员按照编制实名制备案规定，准时办理编制使用申请、增减编备案、机构编制系统录减人员信息等业务，教职工编制管理工作推进抓实，效果较好，学校连续六年被评为青岛市人事管理示范点。

七、特色创新

7.1　案例 1　中职学校治理能力提升探索与实践

围绕“多元治理、内涵发展、改革创新”主线，以建立“多元合作共治”现代学校治理机制为重点，以承担的山东省重大招标课题《职业院校治理能力提升研究》为引领，着力梳理影响中职学校内部治理能力提升的因素，把师生的职业生命成长作为研究的主要出发点和落脚点。探索提升职业学校治理能力的途径和方法,提升教育治理能力水平。

1. 以课题研究引领现代学校制度建设

2015年3月,学校牵头,与德州职业技术学院联合攻关山东省教科院重大课题招标《职业院校治理能力提升研究》课题,把守理论前沿,厚植实践根基,突出治理效能。并于2016年3月、2017年1月分别举行了开题会和中期成果验收。课题研究引领由理论向实践、由表层向内涵稳步推进。

2. 健全依法办学、自主管理、民主监督、社会参与的治理体系,确保"权力放到位,角色定好位,关系理顺位"

将现代学校制度建设理念融入了办学全过程,从改革学校内部治理结构、保障章程有效落实、健全校本管理运行机制等方面入手,多方协同,综合施策。突出校务委员会、教职工代表大会、校企合作委员会、家长委员会、学生事务委员会、社区学院的机制建设,建立并实施"教师、学生、家长三个议事会"效度研究,实现"办学利益关系人"权力的回归。

2017年3月,青岛市教育体制改革领导小组办公室编发的第99期《教育体制改革专报》,刊发了我校在现代学校制度建设工作中的经验和做法;学校承接了2017年青岛市职业学校办学质量提升工作现场会,并进行了学校管理工作的全面经验介绍,受到了与会领导的好评;学校在2017年青岛市教育局暑期党政培训班上做现代学校制度建设典型发言;《让专业的人干专业的事》发表在2017年10月的《当代教育家》杂志;先后有外地多家学校和单位到学校学习现代学校制度建设;《嬗变:由学校管理走向学校治理》申报第五届全国教育改革创新典型案例;在青岛市管理权限清单试点会议上作经验交流,并多次到兄弟学校做经验交流;参加国家行政学院到青岛调研管办评分离座谈会,并提供调研资料;山东大学法学院教授肖金明到学校进行现代学校制度建设评价体系调研;青岛日报专题报道了"三个议事会"建设,多家媒体报道了我校管理权限清单制度建设。

7.2 案例2 精心打造基于学历提升和岗位技能提升的"五位一体"多元实岗育人的文商类专业现代学徒试点

学校充分发挥青岛市财会金融业职教集团、青岛市财经商贸专职委牵头学校的作用,以人才培养模式改革为突破口,以市级现代学徒制试点项目为切入点,基于学历教育和岗位技能提升,考虑到学生就业与升学多元化发展,围绕

“教什么”“在哪里教”“谁来教”“怎么教”“怎么考评”五个方面，探索多方联动、工学交替、实岗育人的文商类专业现代学徒制试点。实现学生身份与员工身份对接、培养模式与员工发展对接、教学课堂与项目现场对接、专任教师与能工巧匠对接、岗位证书与实践经历对接，实现教育链与产业链的有机融合。

1. 组建现代学徒制试点项目工作团队，顺利解决现代学徒下“谁来教”与“谁来管”

一是初步构建现代学徒制制度体系。校企双方签订现代学徒制人才培养试点合作协议，成立校企双方参与的现代学徒制试点工作领导小组和“企业外联小组、教学实施小组、考核评价小组”三个执行小组，构建多方协调及信息反馈等工作机制，为重构现代学徒制制度体系提供了制度保障。

二是共建专兼结合“职业双导师”。校企双方共同制定师父选拔制度，通过培训、考评选定优秀导师上岗，将学徒考核融入师父考核中，实现师徒相长。

三是开设企业课堂。青岛市恒信工程造价有限公司选派专家来校开设专业课程，任课教师充分利用企业资源将学生带到企业一线，手把手对学生进行专业指导。企业讲堂丰富和延伸了教学内容和教学方式，对学生的职业生涯规划产生重要的指导意义。

四是共建“职业双导师”培养基地，建立了校企人员互聘互访制度。通过实施专业教师下企业、兼职教师进课堂，邀请企业专家参与校务委员会、共同研讨专业建设、中高职一体化培养模式、合作开发校本教材、实习评价机制、专业人才培养方案的编制和修订、精品课程的建设等，实施教师与专家共成长。

2. 进一步完善现代学徒试点任务书、实施方案、人才培养方案，解决现代学徒制下“教什么、如何教、怎么评”

一是学校深入合作企业调研、进行研讨交流，结合文商类专业特点和企业实际情况，以专业和岗位为本源，结合企业岗位标准，共同研究完善专业人才培养方案，重构了以公共基础课、专业理论课和实践实训课为主的课程体系及技能模块新框架，解决“教什么”。

二是基于真实的项目安排在校内外“教学企业”和实习实训基地内实施教学，校内教学企业采用分段式分组教学，校外教学企业采用分段式轮岗教学。第一学年，学生主要被安排在多媒体教室和校内实习实训基地完成基础课程学习，学习职业与岗位认知，进行认识实习；第二学年，学生在校内主要采取分段式分组轮训教学组织方式，学习专业技能课程，进行跟岗实习；第三学年，主要安排学生在校外教学企业和校外实习实训基地轮岗实训和顶岗实习，解决“如何教”。

三是与企业共同建立完善人才培养质量保证体系,学校老师主要负责对学生专业知识应用进行考核,企业导师主要负责对学生的专业技能实践进行评价,解决“如何评”。

3. 校企深度融合共建校内外“教学企业”,解决现代学徒制下“在哪里教”

一是建立现代学徒高端研讨平台。牵头成立市财经商贸类专业指导委员会、学校专业开发与建设委员会等高层次研讨机构,搭建专业建设各种主题活动桥梁,推动校企的需求对接与信息互通。“抱团”借力助推专业现代化建设,为文商类专业现代学徒试点提供保障。

二是引企入校,升级改造校内“教学企业”,校企深度融合共育人才。学校引入青岛恒信工程造价咨询事务所,共同打造会计专业实训基地建设,校企合作共建山东省第一个“工程造价与审计专业”,探索会计专业现代学徒制试点,打造实岗育人平台。实训场所创建“真账、真练、真演”的真实情境,经理开设第一课,派企业专家上专业课;为学生提供实践机会,把课堂搬到企业一线,校企共同完成对学生的培养;加大校企共同评价力度,设置“恒信奖学金”,目前已有10名学生获得企业奖学金。同期学校与用友新道合作建立VBSE综合实训中心,跨专业综合实训课程,让更多的学生在高仿真的商业环境中模拟实习,为学生的就业和专业发展奠定良好的基础。

三是主动对接企业,建设“教学企业”“企业课堂”。学校组织现代学徒制试点班学生,到青岛恒信工程咨询事务所进行认识实习,参观企业、观摩企业岗位,体验“工匠精神”。并引入“8S”(整理、整顿、清扫、清洁、素养、节约、安全、学习)管理体系,培养学生成为企业人的理念和素质,实现学校培养目标与用人单位岗位需求的对接,使校企双元合作改革上了新台阶,也为第二学年学习与岗位轮训作好准备。

八、主要问题和改进措施

8.1 存在的主要问题

1. 办学条件还不能充分满足办学发展的需要

学校虽然成立了20多年,办学条件在不断改善,但办学条件还不能充分满足办学发展的需要。占地面积和实训条件不足,制约学校的进一步发展。

2. 学校专业布局服务地方经济能力与举措仍需加强

专业建设水平发展不平衡，专业资源还需要深度整合，以不断提高为地方经济社会服务的能力。

3. 专业带头人及教学团队还不能充分适应提高专业建设水平的要求

个别专业带头人的职称层次还不够高，专业实践能力总体上不够强，缺乏高水平的教学名师和教学团队，还不能充分适应专业建设水平提高的要求。

4. 校企深度合作不足

目前学校与企业合作的深度不足，长效机制有待加强。

8.2 改进措施

1. 加强对基础建设的投入，进一步完善办学条件

进一步加大投入，加大校园环境改善力度，营造设施完善、环境优美的学习、工作、生活环境；加大对实训条件建设的投入和信息化建设的投入。

2. 改革教学管理体制和机制，完善专业建设制度，推动专业管理重心下移，全面提高专业建设水平

学校进一步改革教学管理体制和机制，完善专业建设制度，推动专业管理重心下移，激发教研组在专业建设方面的自主权和积极性。

3. 加大教师培训和专业带头人建设的力度，提升专业建设团队整体水平

根据专业团队建设中的薄弱环节，大力推进人事管理制度改革，建立有利于专兼职教师自我提高和优秀教师脱颖而出的激励机制。强化教师培训和企业实践，以教研组为主导，根据专业建设和发展的需要，有目的、有针对性地组织教师培训和到企业挂职锻炼实践工作，提高现有教师团队的教育教学能力及课程开发能力，提升专业建设团队整体水平。

4. 拓展工学结合、校企合作平台并形成长效机制

以三个市级现代学徒试点为契机，完成校企合作体制的机制建设，围绕三大专业群建成稳定的紧密校外优质实习基地，形成校企共同育人的人才培养模式，形成较为完善的人才共育、过程共管、成果共享、责任共担的紧密型校企合作办学长效机制。

学校将承载党的十九大的东风，在国家、省市职业教育方针政策指引下，在青岛市教育局的大力指导、在学校师生的大力支持、在新的学校领导班子带领下，青岛华夏职业学校在内涵建设和品牌建设等方面将取得跨越式发展。

德州职业技术学院
2018年高等职业教育质量年度报告

（2017年12月）

目　录

（三）多主体集团化办学特色进一步彰显，引领学校管理体制机制不断创新

（四）改进诊断机制，加强质量监测与评价

（五）建立多渠道筹资机制，提高经费保障水平

1. 年度办学经费总收入及其结构

2. 办学经费支出

五、国际合作

六、服务贡献

（一）紧跟社会需求，实施精准培训

1. 社会服务与社会培训情况

2. 服务新型城镇化、农业现代化情况

（二）科技服务地方情况

七、面临挑战

（一）新时代职业教育加快发展的新常态，对办学理念和发展思路提出了新挑战

（二）优质高职院校的建设任务依然十分艰巨

（三）集团化办学深层次务实推进尚有很大困难

（四）师资队伍建设与学校实际需要矛盾仍然突出

（五）区域经济社会发展战略调整，对学校专业建设和社会服务能力提出新的挑战

八、附表

表 1　计分卡

表 2　资源表

表 3　国际影响表

表 4　服务贡献表

表 5　落实政策表

一、基本情况

（一）学校沿革

德州职业技术学院是 2005 年 11 月 1 日经山东省人民政府批准、教育部备案，由原德州市技术学院、德州财贸经济学校、德州粮食学校、德州广播电视大

学及德州经济学校整合组建而成。同时,保留“德州市技术学院”校牌,是德州市唯一一所公办高职院校。2012年11月,山东省人民政府批准将“德州市技术学院”改为“德州市技师学院”。2015年8月,德州市人民政府批准依托学校建立“德州创新创业大学”。

(二)办学规模

学校设有10个教学系(部),开设普通高职专业38个、技师专业4个、高级技工专业18个,开放教育专业40个。全日制在校生15000余人,开放教育及其他在校生近8000人。形成了全日制和非全日制并举,高职技师合作培养,远程开放教育、成人教育、短期培训协调发展的办学格局。

(三)办学条件

学校占地面积1190亩,建筑面积30万平方米;在职教职工812人,其中专任教师542人;教授42人,副教授194人;具有博士、硕士学位的教师314人;“双师型”教师比例达到90.4%。有全国优秀教师、山东省优秀教师各1人,山东省高职教学名师2人,齐鲁首席技师1人,山东省技术能手2人,德州市首席技师9人,德州市有突出贡献中青年专家4人。

(四)主要成绩

(1)学校被教育部确定为“工业机器人开放式公共实训基地”建设单位;

(2)学校被山东省人民政府征兵办公室和山东省教育厅评为“首批山东省专业技术兵员储备基地”和“2017年山东省大学生征集工作先进单位”;

(3)学校牵头的德州职业教育集团被山东省教育厅评为“山东省骨干职业教育集团”;

(4)学校被教育部评选为“2017年度全国创新创业典型经验高校”,是山东省内唯一一所入选2017年50所全国创新创业典型经验高校的高职院校;

(5)学校与无限三维打印技术产业研究院校企合作共建“3D打印学院”;

(6)山东省教育厅批准学校“汽车运用与维修技术”“数控技术”高职专业分别与青岛理工大学、德州学院开展对口贯通分段培养本科应用型人才;

(7)学校11门课程获2017年度山东省职业教育精品资源共享课程立项;

(8)学校新能源技术工程系“光伏系统工程技术研发中心”被评为“十三五”山东省高等学校工程技术研发中心;

(9)学校图书馆党支部报送的《7年绿色亲情大巴》入选全国高校“两学一做”支部风采展示活动工作案例优秀作品,是全国获此殊荣的唯一一所高职院校;

(10)学校获准牵头开发“光伏发电技术与应用”和“智能产品开发”两个专业的教学指导方案；

(11)学校12个项目入围2017年度山东省职业教育教学改革研究立项项目,4个项目入围2017年山东省高等学校科研计划项目；

(12)学校组织师生积极参加国家和山东省技能大赛,共获奖34项。其中,获得国家级一等奖2项,二等奖1项；省级一等奖7项,二等奖10项,三等奖14项；

(13)学校获山东高校青年教师教学比赛一等奖1项、二等奖1项和优秀组织奖；

(14)学校4名教师入选山东省美育专家资源库,13名入选山东省高等学校创新创业教育导师库；

(15)学校获山东省职业院校信息化教学大赛一等奖3项、二等奖3项、三等奖4项,在全省高等职业院校中排名第四；

(16)学校获山东省“学校体协杯”大学生田径锦标赛单项第一名3个、第二名6个、第三名5个、第五名4个、第六名4个、第七名2个,取得女子组总分第三名、男子组总分第四名的好成绩；

(17)学校获山东省职业院校技能大赛教师比赛一等奖3项、二等奖1项、三等奖1项；

(18)学校获山东省大学生“学校体协瀚华杯”花样跳绳比赛高校普通院校组(本科、专科)团体总分第一名；同时获8个单项第一名、8个单项第二名、2个单项第三名、3个单项第四名的优异成绩,并被组委会评为体育道德风尚奖；

(19)学校被评为“全省无偿献血先进高校”“德州市无偿献血爱心单位”“无偿献血爱心单位”；

(20)学校电气工程系维修协会被评为“山东省大学生优秀科技社团”。

二、学生发展

(一)调整生源结构,提升就业质量

1. 招生工作

2017年,山东省教育厅下达学校高职招生计划4300人,其中普通高职计划3510人、高职院校和本科高校“3＋2”贯通培养计划80人、“高职＋技师”合作培养计划80人、校企合作招生计划630人。截至10月15日,共录取4111人,实际报到3613人,录取率95.6％,报到率87.88％,新生报到率创历史新高。

表1 2017年高职招生人数统计

计划数(人)	录取数(人)	报到数(人)	录取率	报到率
4300	4111	3613	95.6%	87.88%

(1)招生形式多样化。2017年，全省构建现代职业教育体系建设进入新阶段，招生制度深化改革进入攻坚期，学校党委、行政高瞻远瞩，科学谋划全局，紧抓有利时机，积极争取招生利好政策，有力促进了招生工作的全面开展，高职招生形式呈现多样化的特点。①单独招生。学校单独招生计划1140人，报名1758人，现场确认参加考试1725人(其中春季考生831人，夏季考生894人)，录取1330人，实际报到1253人。在全省46所开展单独招生工作的学校中位居前列，圆满完成招生计划。②高职院校和本科高校“3＋2”对口贯通分段培养。2017年学校汽车运用与维修技术专业与青岛理工大学交通运输管理专业、数控技术与德州学院机械设计与自动化专业继续进行对口贯通分段培养合作，山东省教育厅下达汽车运用与维修技术、数控技术专业计划80人，录取80人，实际报到71人，其中汽车运用与维修技术专业录取40人，报到38人；数控技术专业录取40人，报到33人。录取最高分440分，最低分384分。③“高职＋技师”合作培养。2017年学校继续举办“高职＋技师”合作培养。山东省教育厅下达数控技术专业计划40人、机电一体化技术专业计划40人，录取21人，实际报到19人。④注册入学。按照山东省教育招生考试院要求，学校在8月29日、30日新生报到后，未报到人数缺额367人和省内、省外计划缺额592人，共计959人，全部计入注册入学计划。经过学生申请、院校录取，学校注册入学共录取412人。9月20日注册入学学生开学，实际报到380人。

表2 近三年注册入学生源分布情况

序号	地市	2015年			2016年			2017年		
		录取数	报到数	报到率	录取数	报到数	报到率	录取数	报到数	报到率
1	菏泽	138	122	88.4%	47	39	83.0%	38	36	94.74%
2	德州	122	121	99.1%	45	43	95.6%	54	51	94.44%
3	泰安	63	59	93.6%	29	26	89.7%	30	29	96.67%
4	济宁	60	57	95.0%	31	28	90.3%	22	21	95.45%
5	聊城	57	53	92.9%	49	35	71.4%	61	54	88.52%

（续表）

序号	地市	2015 年			2016 年			2017 年		
		录取数	报到数	报到率	录取数	报到数	报到率	录取数	报到数	报到率
6	临沂	53	44	83.1%	38	31	81.6%	23	22	95.65%
7	淄博	24	23	95.8%	16	13	81.3%	11	9	81.82%
8	枣庄	24	21	87.5%	22	15	68.2%	45	40	88.89%
9	滨州	23	20	86.9%	2	2	100%	8	7	87.50%
10	潍坊	14	13	92.8%	15	12	80.0%	22	21	95.45%
11	济南	13	11	84.6%	6	5	83.3%	19	18	94.74%
12	烟台	10	8	80.0%	7	7	100%	8	8	100.00%
13	东营	8	7	87.5%	0	0	0%	5	5	100.00%
14	青岛	5	4	80.0%	17	12	70.6%	41	36	87.80%
15	日照	4	4	100.0%	3	3	100.0%	20	19	95.00%
16	莱芜	2	2	100.0%	3	2	66.7%	0	0	0.0%
17	威海	0	0	0.0%	1	1	100%	5	4	80.00%
合计		620	569	91.7%	331	274	82.8%	412	380	92.23%

（2）生源结构进一步优化。以 2017 年山东省普通高职文科、理科学生成绩为例，可以看出一是文科考生整体成绩提升，虽然高分比重有所下降，但是报到考生中分数 250～300 分的居多，拉高了整体成绩；二是理科考生成绩较为平稳，但“3＋2”专本计划考生最低分为 384 分，整体生源素质提高。三是文理科录取 200 分以下的学生逐渐减少。

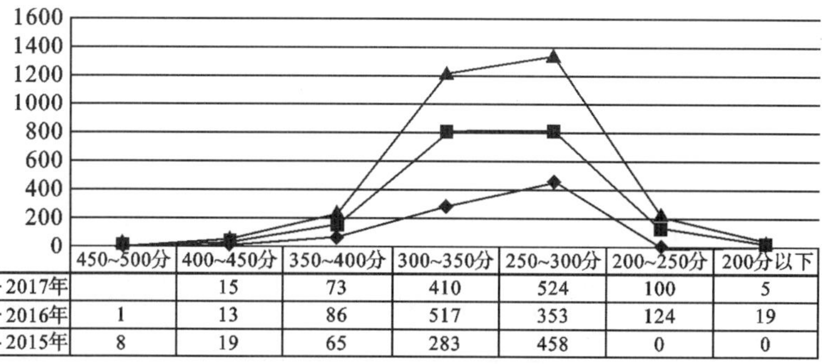

	450~500分	400~450分	350~400分	300~350分	250~300分	200~250分	200分以下
2017年		15	73	410	524	100	5
2016年	1	13	86	517	353	124	19
2015年	8	19	65	283	458	0	0

图 1　省内 2015～2017 年文科考生分数分布图

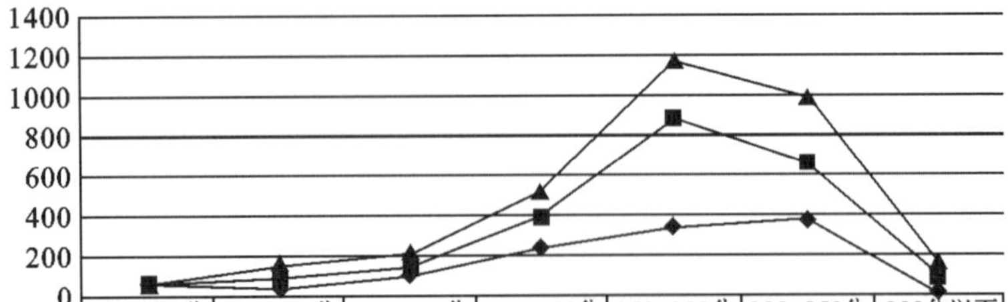

	450~500分	400~450分	350~400分	300~350分	250~300分	200~250分	200分以下
▲2017年		65	65	410	126	280	76
■2016年	0	53	46	517	152	542	75
◆2015年	60	36	99	283	238	342	3

图 2　省内 2015～2017 年理科考生分数分布图

2. 就业工作

学校始终把毕业生就业工作作为学校发展的头等大事，毕业生就业工作做到“四到位”(机构、人员、场地、经费)、就业指导实现“四化”(全程化、全员化、专业化、信息化)。学校坚持产教融合、校企合作的办学模式，大力拓展就业渠道，强化就业指导服务，突出创新创业教育，全面推进毕业生就业工作科学化、制度化、系统化，学校毕业生就业工作取得可喜成绩。2015 年，被教育部授予“全国毕业生就业典型经验高校 50 强”荣誉称号。

(1)2017 年毕业生总体就业情况。德州职业技术学院 2017 届共有非师范类毕业生 2876 人；截至 2017 年 11 月 15 日签约就业 2780 人，签约率 96.66%。其中网上签约 335 人(专升本 48 人，应征入伍 20 人)，签订劳动合同 2377 人。就业去向主要分布在山东省内济南市、青岛市、烟台市、东营市、日照市等省会、沿海城市以及北京、天津、唐山等地区，其中 30.19%的毕业生选择生源地就业。

表 3　分专业就业情况表

系部	专业	毕业生人数	已就业人数	未就业人数	就业率	对口率
机械系	机械设计与制造	155	144	11	92.90%	80%
	数控技术	99	94	5	94.95%	65%
	焊接技术及自动化	21	20	1	95.23%	80%
	模具设计与制造	22	22	0	100.00%	62%
	小计	297	280	17	95.67%	71.75%

（续表）

系部	专业	毕业生人数	已就业人数	未就业人数	就业率	对口率
电气系	机电一体化技术	342	327	15	95.61%	96.67%
	电气自动化技术	141	138	3	97.87%	95.48%
	机电设备维修与管理	14	14	0	100.00%	96.21%
	楼宇智能化工程技术	7	7	0	100.00%	100%
	小计	504	486	18	96.43%	97.09%
经管系	物流管理	76	72	4	94.74%	70%
	市场开发与营销	80	78	2	97.50%	93%
	会计电算化	571	548	23	95.97%	78.21%
	酒店管理	32	31	1	96.88%	100%
	金融管理与实务	65	65	0	100.00%	80%
	餐饮管理与服务	8	7	1	87.50%	100%
	小计	832	801	31	96.27%	86.87%
计算机系	计算机应用技术	201	191	10	95.02%	98.86%
	网络系统管理	5	5	0	100.00%	100%
	物联网应用技术	14	14	0	10.00%	79.80%
	图形图像制作	29	29	0	100.00%	100%
	计算机辅助设计与制造	8	8	0	100.00%	100%
	小计	257	247	10	96.11%	95.73%
建筑系	工程造价	304	293	11	96.38%	98.21%
	建筑工程技术	220	218	2	99.09%	96.32%
	园林工程技术	20	19	1	95.00%	100%
	小计	544	530	14	99.70%	97.43%
新能源系	光伏发电技术及应用	4	3	1	75.00%	100%
	应用电子技术	79	79	0	100.00%	80%
	智能产品开发	5	5	0	100.00%	80%
	小计	88	87	1	98.86%	86.67%

（续表）

系部	专业	毕业生人数	已就业人数	未就业人数	就业率	对口率
粮油食品与轻工系	应用化工技术	65	65	0	100.00%	75%
	生物化工工艺	18	17	1	94.44%	100%
	粮食工程	12	12	0	100.00%	92.86%
	服装设计	13	13	0	100.00%	100%
	食品生物技术	21	21	0	100.00%	95%
	小计	129	128	1	99.22%	92.57%
汽车系	汽车运用技术	175	171	4	97.71%	83.78%
	汽车技术服务与营销	22	22	0	100.00%	70.00%
	汽车整形技术	10	10	0	100.00%	60%
	汽车电子技术	10	10	0	100.00%	100%
	汽车定损与评估	8	8	0	100.00%	100%
	小计	225	221	4	98.22%	82.76%
合计		2876	2780	3.34%	96.66%	88.86%

（2）分区域就业情况统计。就业地区流向：省内就业 2311 人，省外就业 469 人；省内毕业生就业地区主要集中在山东省内，服务地方经济发展；省内就业主要流向：德州 840 人、济南 406 人、青岛 262 人、临沂 120 人、济宁 73 人、聊城 53 人、淄博市 45 人、潍坊 41 人、东营 38 人、烟台 36 人等。

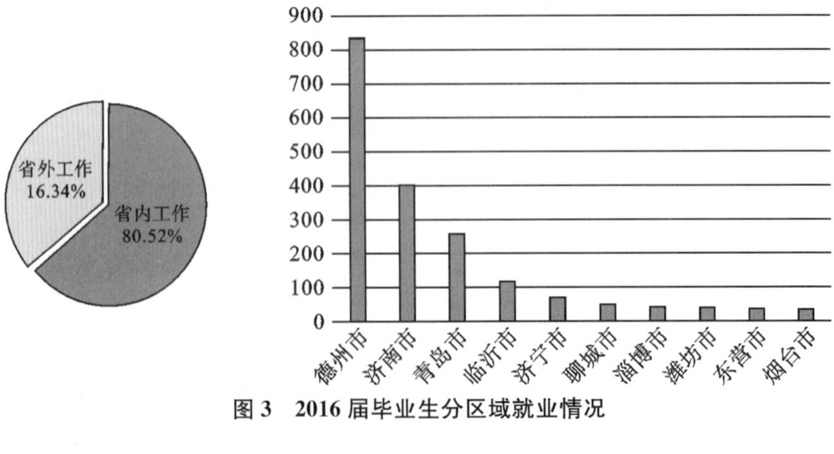

图 3　2016 届毕业生分区域就业情况

2017年，学校共有毕业生2876人，就业人数2870人，其中升学48人。从就业区域看，省内就业占毕业生总数的67.34%，本地就业学生数较往年有较大增长，反映出地方经济社会发展对人才的吸引力在增强；省内其他地区主要集中在经济发达地区，地区经济社会发展水平成为影响就业的关键因素；外省生源主要回生源地就业，中西部经济社会的快速发展吸引广大毕业生回家乡就业，毕业生就业地区间的不平衡现象逐步改变。

(3)毕业生从事的主要职业和主要行业情况。毕业生就业的职业来看，理工类毕业生主要从事工程技术和其他专业技术工作，行业涵盖机械、机电、电子信息服务、化工等领域。文科类毕业生主要从事商业和服务业工作，行业涵盖金融、旅游、财经、居民服务等领域。

(4)毕业生对母校总体满意度。2017届毕业生对母校的总体满意度为98.62%，处于较高水平。

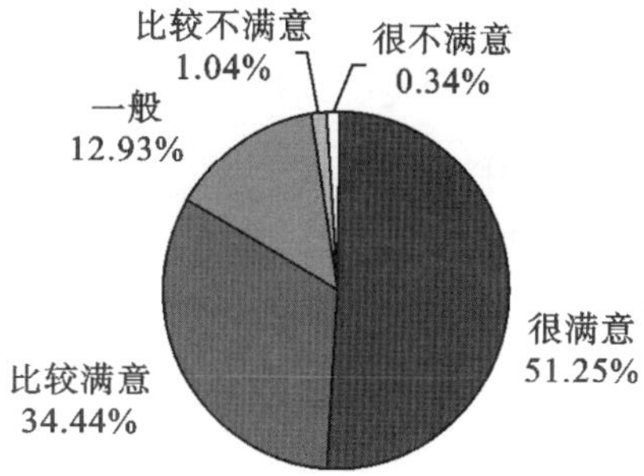

图4　毕业生对母校满意度统计

学校就业工作不断完善体制机制，做到机构、人员、经费、场地“四到位”，实现全程化、全员化、专业化、信息化“四化”。建立了“专业设置委员会”“人才需求调研室”和“毕业生跟踪管理办公室”三个服务机构，为毕业生提供精细化服务，毕业生对母校满意度逐年提高。

(5)用人单位满意度。用人单位对毕业生的满意度达99.12%，处于比较满意的水平。

优势能力：用人单位普遍认为学校毕业生工作作风踏实、工作态度端正、有韧性，并且对工作的理解和领悟力强。

学校持续推进校企合作体制改革，深入探索集团化办学，与企业共商人才培养大计，积极探索“订单培养”“冠名班”“现代学徒制”等人才培养模式改革，实行“资源共享、人才共育、过程共管、责任共担”的校企合作新机制；突出学生的技术技能培养，把职业标准引入毕业生评价机制，推动技能大赛与就业对接，提高毕业生就业硬实力，毕业生深受用人单位欢迎。

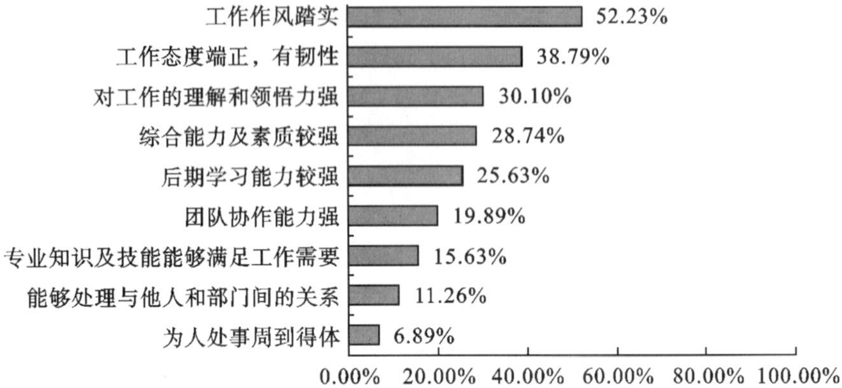

图 5 用人单位对毕业生的优势能力评价

(三)构建全方位育人体系,充实在校体验

1.学生教育

(1)入学教育。开展了 2017 级新生入学教育和军训,通过军事训练、专题讲座、主题班会、参观学习等形式,进行了校规校纪教育、日常行为规范教育、专业教育、法制教育、安全教育、国防教育等。

表 4 入学教育安排表

时间		内容	负责部门(主讲单位)	主持人	地点	参加人员
8 月 29 日～30 日		新生报到	系(部)	学生科长	生活区	学生科长、辅导员(班主任)
8 月 31 日	上午 8:30～11:30	校史、校情教育(参观校史展馆),校纪教育、日常行为规范教育	系(部)	党总支书记	系部安排	学生科长、辅导员(班主任)
	下午 14:30～17:30	专业教育、参观实习实训场地、创新创业科技园	系(部)	主任	系部安排	学生科长、辅导员(班主任)
9 月 1 日	上午 8:10	开学典礼暨军训动员大会	校领导、党政办公室学生处、各系(部)	李强	体育场	系(部)书记、学生科长、辅导员(班主任)

（续表）

时间		内容	负责部门（主讲单位）	主持人	地点	参加人员
9月2日	上午8:00～9:00	法制教育(预防青少年犯罪)	学生处(德州监狱)	田树军	体育场	学生科长、辅导员(班主任)
9月3日	上午8:00～9:00	反传销反邪教安全教育	保卫处	徐耀邦	体育场	学生科长、辅导员(班主任)
9月4日	上午8:00～9:00	交通安全教育	保卫处(交警二大队)	谢连合	体育场	学生科长、辅导员(班主任)
9月5日	上午8:00～9:00	消防安全教育	保卫处(德州市消防支队)	谢连合	体育场	学生科长、辅导员(班主任)
9月6日	上午8:00～9:00	禁毒知识教育	学生处(经济开发区公安局)	王强	体育场	学生科长、辅导员(班主任)
9月7日	上午8:00～9:00	防范校园贷、电信网络金融诈骗	学生处(德州市建设银行)	范轶	体育场	学生科长、辅导员(班主任)
9月8日	上午8:00～9:00	艾滋病防治教育	学生处(德州市疾控中心)	王强	体育场	学生科长、辅导员(班主任)
9月9日	上午8:00～9:00	军事理论课(1)	学生处(95920部队)	范轶	体育场	学生科长、辅导员(班主任)
9月10日	上午8:00～9:00	军事理论课(2)	学生处(95920部队)	宫志军	体育场	学生科长、辅导员(班主任)
9月11日	上午6:00～12:00	拉练	学生处、各系部		开发区	学生科长、辅导员(班主任)
9月12日	上午8:00～9:00	军事理论课(3)	学生处(德城区武装部)	宫志军	体育场	学生科长、辅导员(班主任)
9月1日～14日	8:00～11:30 14:30～17:30	军训	学生处、各系部		体育场	学生科长、辅导员(班主任)
9月15日	下午3:30	军训总结暨汇报表演	党政办公室、学生处、各系(部)		体育场	系(部)书记、学生科长、辅导员(班主任)

案例1:发挥辅导员助理在新生入学教育中的作用

学校延续辅导员助理参与新生军训和入学教育的优良传统,举办了第八届辅导员助理培训班,对从高年级选拔的320名辅导员助理进行了培训,校党委委员、纪委书记李强教授到会讲话,要求他们努力当好辅导员(班主任)的助手和参谋,身体力行,以实际行动为2017级新生树立榜样;以培训为契机,加强学习,认真实践,提高自身素质;以身作则,率先垂范,充分发挥"三自"作用,在学生教育管理工作中发挥更大作用。

案例2:开展2017级新生军训拉练活动

为锻炼新生的吃苦耐劳品质和坚强意志,学校组织2017级3000余名新生进行了军训野外徒步拉练活动。拉练队伍从校田径运动场集合出发,出学校北门,沿大学东路→康博大道→天衢东路→减河西岸大堤→东方红路→长河大道→由学校西门返回校园,全程14.1千米。校领导及有关部门负责人李强、郭士武、盖魁元、高续英、田树军及系(部)领导邢庆民、魏立新等全程参加了拉练活动。

(2)进行理想信念教育。学校通过德能大讲堂、校园微信平台、广播台,宣传栏等阵地,组织专题讲座、报告会、主题宣传等形式,开展"中国梦""社会主义核心价值观"主题教育,学习宣传贯彻习近平总书记系列重要讲话精神"四进四信"活动,引导帮助青年学生和团学干部牢固树立对党的科学理论的信仰,坚定走中国特色社会主义道路、实现"中国梦"的信念,增强对党和政府的信任,增进对以习近平同志为核心的党中央的信赖。

案例3:第十五届"德州市十大杰出青年"现场评审会在学校圆满召开

第十五届"德州市十大杰出青年"现场评审会在学校学术报告厅召开,评委团由7位专家评委和20位学生评委组成,并对20名候选人的个人事迹进行了展示和评审。学校350余名学生观看了候选人的个人先进事迹展示。

来自不同的行业、从事不同的工作的候选人通过PPT报告、现场演讲等方式将自己的事迹展现给现场观众,他们在各自平凡的岗位上做出的不平凡业绩的故事感动了在场的全体学生。

活动结束后,同学们纷纷表示要以"德州市十大杰出青年"为榜样,严格要求自己,加强思想道德修养,学好文化专业知识,练就过硬技术技能,为国家经济建设贡献自己的青春和力量。

据悉,"德州十大杰出青年"评选活动已连续开展了十四届,评选出了在全市不同行业、不同领域中爱岗敬业、扎实工作、无私奉献的140名优秀青年杰出典型。

案例4:高雅艺术走进德州职院

4月5日、6日下午,山东省话剧院经典巨作《青春禁忌游戏》在学校上演,近1500名学生先后观看了演出。该剧原名《亲爱的叶莲娜·谢尔盖耶夫娜》,讲述了4名年轻学生为了得到老师保管的存放试卷的保险柜钥匙,换掉他们上午失败的考试试卷,以老师过生日为名,精心策划、实施的一个残酷的“游戏”。该剧颇具思辨色彩,台词精彩纷呈,剧情扣人心弦,不仅带给观众视觉与听觉上的享受,更带给我们心灵的震撼与深深的思考。本次高雅艺术进校园活动,进一步丰富了学生的校园文化生活,促进了学生艺术素养的提升,为建设“向真、向善、向美、向上”的校园文化打下了基础。

案例5:领略传统文化传承爱国精神——德州职业技术学院学生代表参观德州博物馆

为更好地了解和感悟历史,激发学生爱祖国、爱德州的情怀,校学生处副处长范轶、基础部思政教研室沈兰华老师带领14名学生代表以及天枰法学学社部分同学到德州市博物馆参观学习。同学们先后参观了“历史足迹”“文明遗珠”“城市记忆”“继往开来”四个展厅。其中在“历史足迹”展厅中,同学们目睹了德州从先秦初育到近代奋起的发展历史,古代文明与近代文化的交融与碰撞,留下了无数璀璨瑰丽的历史文化艺术珍品,呈现出古城德州发展的脉络轨迹。在“文明遗珠”展厅,同学们观赏了数百件系统反映中华灿烂文化的精美文物和自龙山文化开始的各种历史时期的馆藏文物和标本,形式丰富,内容多样。

通过这次活动,使同学们不仅对德州历史有了更全面的了解,更让他们感受到了中华传统文化的博大精深,同时也意识到祖国大好河山的来之不易,坚定了他们为把德州建成京津冀协同发展示范区贡献青春和力量的决心。

案例6:德州职院隆重举行“不忘初心,牢记使命”主题演讲比赛

为深入学习宣传贯彻党的十九大精神,教育和引导大学生进一步坚定理想信念,增强责任感、使命感,激发大学生的担当精神,11月29日晚,学校在学术报告厅隆重举行“不忘初心,牢记使命”主题演讲比赛决赛。校党委委员、纪委书记李强出席并为获奖选手颁发荣誉证书。校团委书记田树军、党委宣传部副部长刘克政、学生处副处长范轶等相关部门领导和老师担任评委。

比赛过程中，10 名参赛选手以“不忘初心，牢记使命”为主题，或激昂高亢，或低沉颂吟，用真情歌颂党的丰功伟绩，抒发了对党的炽热情怀，讲述了对十九大精神的认识和理解，精彩的演讲打动了评委和在场的观众，博得阵阵掌声。经过激烈角逐，高聆玮、程龙、李潇、邹同烈同学获得一等奖，张馨月、齐笑雨、张琪、贾明欢、王舒、迟龙轩同学获得二等奖，王琪文、仲政旭、孙宁、黄之航、林庆悦、孟德臣、郭金玲、孟祥浩、吴维斌、杨帆、吝新瑞、张煜、隋新、张传真、王媛媛、刘兆文、吴志威同学获得三等奖。

校党委委员、纪委书记李强对此次演讲比赛进行了精彩点评，并同有关部门负责人一起为获奖选手颁奖。

案例 7：以大学生素质拓展基地为平台开展素质拓展训练

为全面锻炼和培养大学生的成功素质，2016 年 4 月学校建成大学生素质拓展训练基地，基地设有 37 个素质拓展训练项目，包括高空组合项目 16 个、地面拓展项目 8 个、教具项目 7 个、抗晕器械 3 组、心理极限项目 3 个。该项目基地建成使用以来，先后对学校各年级学生干部、各社团骨干成员开展了素质拓展训练，提高了学生心理素质和团队意识。

2. 学生服务

(1)大学生事务中心。学校大学生事务中心挂靠学生处(团委)，2014 年 6 月正式运营，中心位于润德楼一楼，现有 200 平方米的服务大厅，设事务咨询与办理、信息查询两个功能区，学校相关职能部门入驻，为学生提供助学贷款、勤工助学、应征入伍、党团关系转接、学籍管理、考试报名、医疗保险报销、出具证明、办理证件等事务的咨询与服务。中心始终坚持育人为本、竭诚为学生服务的工作理念，在完善“一站式”服务的基础上，增进师生互动交流，努力把中心打造成“大学生之家”。

(2)大学生活动中心。2016 年 6 月，学校大学生活动中心建成并投入使用，位于学生食堂(北)地下一层，总建筑面积 2568 平方米，总投资 160 余万元。中心共有 24 个工作室，其中包括舞蹈排练室、手工活动室、电声器乐活动室、公益社团工作室等。大学生活动中心在学生处(团委)指导、监督下运行，以学生社团活动为主，可容纳 500 余名学生同时开展室内活动。中心的建成拓展了大学生第二课堂活动空间，进一步完善了学校大学生素质教育体系，有力地促进了学生综合素质的提高。

(3)学生资助。2016～2017学年，学校共有3010人次获得资助，占学生总数的30.1%。根据政策要求，共评选出国家奖学金4人、省政府奖学金5人、国家励志奖学金246人、省政府励志奖学金47人，国家助学金1395人，发放国家和政府提供的奖助学金共计486.9万元，办理助学贷款631人，贷款金额434.94万元，学校自筹资金35.33万元用于学生资助。全年资助金额1036.57万元。

表5　2016～2017学年学生资助情况

自助形式	资助金额（万元）	受助学生数（人）	占在校生比例	受助学生人均金额(元)	备注
国家奖助学金	486.9	1698	16.98%	2867.49	2016.11
助学贷款	434.94	631	6.31%	6892.87	2016.11
圆梦大学	1.2	6	0.06%	2000	2017.8
校内奖学金	26.23	404	4.04%	649.26	2016.10
应征入伍学费补偿	78.2	96	0.96%	8145.83	2016.10
勤工助学金	9.1	175	1.75%	520	2017年度
合计	1036.57	3010			社会资助未计入

3.学生活动

(1)社团活动。学校现有学生社团组织119个，其中社会公益类7个，学术科技类32个，文化艺术类42个，体育竞技类28个，创新创业类10个，会员达4852人，学生参与率达到33%。一年来，学生社团举办各类活动460项，平均每周活动12项。学生通过参加社团活动，丰富了业余文化生活，锻炼了身心素质，提高了交际能力和技术技能。

案例8:学校在“第十五届山东省大学生科技文化艺术节”中喜获佳绩

由团省委主办的“第十五届山东省大学生科技文化艺术节”于2017年4月份开幕，共有30项比赛项目。在校领导的关心支持下，校团委积极组织学生参赛，共获得一等奖4项、二等奖11项、三等奖10项、优秀奖6项。

案例9:德州职业技术学院举办德州市第二届校园街舞大赛

由共青团德州市委、德州职业技术学院和德州市学联共同举办的德州市第二届校园街舞大赛在学校寰球广场举行。德州团市委副书记孙艳雪、学校党委委员、党委(院长)办公室主任郭士武、德州团市委学少部部长刘艳美、德州学院团委副书记张月青、校学生处处长高续英、校团委书记田树军、山东华宇工学院校团委办公室主任王利民出席本次大赛,德州学院、山东华宇工学院和学校1000余名学生现场观看了比赛。

本次大赛旨在打造学生校园流行文化,提升校园文化活动品质,促进广大青年学生健康成长。比赛分为 breaking battle、popping battle 和齐舞三个项目,共有来自7所学校、13支代表队参加角逐。此次大赛通过德州职业技术学院校园QQ公众号进行全程直播。

比赛中,现场的气氛被选手的精彩演出引爆,青春的火花被点燃。队员们个性张扬、激情四射,伴着强劲的节奏,酣畅淋漓地展现舞技,给评委留下了深刻的印象。经过2个多小时的激战,最终德州学院博雅课堂公益舞团和德州市第九中学代表队获得齐舞比赛一等奖,德州职业技术学院战舞堂的刘乐团队获得 breaking battle 一等奖,德州学院穆剑超获得 popping battle 一等奖。

本次街舞大赛聚集了德州地区最强的校园街舞舞者,同学们通过比赛舞动了青春,施展了才华,张扬了个性。

(2)科技文化艺术节。学校成功举办第九届校园科技文化艺术节,本届艺术节形式新颖多样,内容丰富多彩,先后开展了舞蹈、街舞、啦啦操、围棋、书画、摄影、剪纸、礼仪、篮球等二十几项比赛,各项赛事都凝聚了广大师生的劳动和智慧,丰富了校园文化生活,营造了浓郁的文化育人氛围,使同学们受到了文化与艺术的熏陶。学校与德州市民革德州总支部、德州市文学艺术界联合会、德州市曲艺家协会联合主办了“非遗文化进校园”活动;与共青团德州市委、德州市学生联合会联合举办了“德州市第二届校园街舞大赛”;承办山东省第十五届大学生科技文化艺术节证券模拟大赛,均取得了圆满成功。

案例10:德州市“2017非遗进校园”公益活动启动仪式暨首场演出在德州职院举行

为迎接第12个“国家非物质文化遗产项目”保护日,6月9日上午,德州市“2017非遗进校园”公益活动启动仪式暨首场演出在学校学术报告厅拉开帷幕。本次活动由德州市民革德州总支部、德州市文学艺术界联合会、德州职业技术学院联合主办,德州市曲艺家协会承办,德州市六和电力工程有限公司协办。

整场演出多个曲种荟萃其中,包括相声、小品、山东快板、西河大鼓、京剧等，新老演员同台献艺，传统曲目和创新曲目轮番呈现，观众掌声不断。由国家一级演员崔永臣老师表演的快板书《军营新歌》拉开了本场演出的序幕；西河大鼓《老来难》道尽了老年人万般苦痛的生活，用艺术的形式给学生上了一堂生动的孝敬老人、尊重老人的感恩课；年轻相声演员们带来的相声《打灯谜》《拍手歌》，语言惟妙惟肖、幽默滑稽，场内笑声、掌声不断；由国家一级演员李桂蕊老师带来了京剧选段《红灯记》，她用精湛的表演赢得了阵阵掌声，将中华儿女的信仰、勇气、智慧表现地淋漓尽致；神采飞扬的山东快书《武松斗杀西门庆》，赢得了在座嘉宾和师生们的热烈掌声与阵阵喝彩；小品《调节》告诉学生们百善孝为先；最后，师生们在歌曲《美丽中国梦》的欢快旋律中，结束了本次曲艺非遗之旅。

薪火相传，非遗守护。通过开展“非遗进校园”演出活动，引导曲艺后继人才的专业成长，更好地实现文化传承。同时也寓教于乐，让更多的学生体验非遗，感受非遗，让传统文化浸润学生的心田，传递正能量，守护好中华民族共有的精神家园。

(3)迎新晚会——“迎新生庆国庆喜迎十九大”文艺晚会。为了欢迎 2017 级新同学，庆祝中华人民共和国成立 68 周年，喜迎党的十九大胜利召开，9 月 29 日晚，学校 2017 年“迎新生庆国庆喜迎十九大”文艺晚会在田径运动场隆重举行。学校党委书记樊兆杰及学校党政领导班子成员、中国人民解放军 95920 部队官兵、各部门负责人、各系(部)主要领导及辅导员(班主任)等与全体学生欢聚一堂，共同观看演出。

晚会现场设置了 QQ、微信上墙，同学们在观看晚会的同时可以通过 QQ、微信进行留言、祝福并进行抽奖活动，QQ、微信留言实时显示在大屏幕上，进一步增强了学生的参与感与现场感。同时，晚会全程实现了 QQ 直播，收看直播人数达 17000 余人。通过 QQ 上墙进行祝福留言达 25000 余条。

潮起海天阔，扬帆正当时。当晚，学校运动场星光璀璨。全体演员用才艺展现了青春与活力，共同迎接 2017 级新同学，祝他们学业有成、早成栋梁。共同祝福伟大的祖国母亲生日快乐，共同期待全球瞩目、万众期待的十九大隆重召开！

(4)公寓文化节。为培养学生文明高雅的生活行为，推进宿舍管理和育人工作，学校举行第七届大学生宿舍文化节。内容包括宿舍文化征文比赛、摄影比赛、走廊文化作品展评、公益广告设计比赛、十佳文明宿舍评比以及系列文化竞赛活动等。这些内容贴近学生、贴近实际、贴近生活，为广大同学施展才艺提供了一个广阔的舞台，也成为展示学校精神文明建设和校园文化建设风采的一个重要窗口。

(5)运动会。4 月 22～23 日，学校举办第十届田径运动会。比赛中，全体运动员发扬“更高、更快、更强”的奥运精神，取得了运动成绩与精神文明双丰收。本届运动会共有 9 个赛项打破了校运会记录，充分展现了当代大学生拼搏向上的精神风貌，为促进学校体育运动的蓬勃发展，增强学生的身体素质，丰富校园体育文化生活起到了重要作用。

(四)全程系统培养，助推学生职业发展

学校以大学生职业发展为核心理念和逻辑主线建立教育体系，学校的人才培养方案，实际上就是一个学生职业发展的路线图，按照岗位任务设计课程，按照行业职业要求考取相关职业资格证书，再到职业岗位顶岗实习。在三年的培养过程中，以职业发展为线，根据不同年级的学生认知规律，突出不同的教学重点内容和要求，建立了全程化职业发展教育体系，设计了连续性的模块教学单元，以提高其教学效果。大一进行认识性实践教育，通过入学专业教育、开设职业规划课程等，使学生对所学专业有初步认识；大二进行体验性实践，利用寒暑假开展社会调研、企业参观、开展创业实践活动，使学生对所学专业进行体验；大三进行顶岗实践，按照现代学徒制人才培养方案，在第五学期组织学生到企业顶岗实践，第六学期到企业顶岗实习。学校为一、二、三年级学生制定了《大学生职业发展教育实践手册》，把课程相关要求、内容、实践逐一记录在手册之中，作为毕业考核内容之一。学校为了保障学生职业发展教育的实施，建立了一个中心、两个团队，即大学生就业指导中心，就业、创业两个导师团队。在课程上，学校开发了大学生职业发展教育课程，除保留原有的就业指导、职业生涯规划课程外，还编写了《职场攻略》一书，列举大量毕业生就业、创业典型案例供学生学习借鉴。

(五)建立创业平台，服务学生自主创业

学校高度重视创新创业工作，鼓励学生自主创业。早在 2009 年学校就成立了“大学生就业创业教育委员会”，近年来，学校响应团省委“青春创业行动”号召，整合企业、高校、媒体等各方资源，成立了“德州职业技术学院联通未来青春创业社”，为大学生提供创业培训、项目发布、就业见习、创业实践等方面的服务。为更好地实施创业带动就业政策，学校在“联通未来青春创业社”基础上，与企业共同出资 80 万元，建设了建筑面积达 1300 平方米的“德州职业技术学院大学生创业孵化基地”，鼓励大学生自主创业，大学生创业项目得到迅速发展。创业孵化基地现有创新创业工作室（项目）20个，涵盖机械、电子、建筑、园林、电子商务、计算机应用、餐饮、旅游、物流、快递、家政服务与汽车咨询等领域。根据职业教育发展要求，学校积极争取德州创新创业大学落户学校，以期形成集“创业培训、创业服务、创新研究、成果孵化”为一体的开放式、服务型基地和创新创业教育、孵化平台，为大学生自主创业提供更大的平台。

案例11：建设德州创新创业大学，创新创业教育蓬勃开展

经过一年的建设，德州创新创业大学已初具规模并实现正常运转。学校投资1000余万元，建设了“大学生创新创业科技园”，入驻孵化创业项目17个；搭建了“六大服务平台”和“三大功能区”，改造成集“创业培训、创业服务、创新研究、成果孵化”于一体的开放式、服务型基地和创新创业教育、孵化平台。开辟“大学生创新创业大讲堂”，聘请中国林业大学路军博士、德州皇明集团总裁黄鸣等全国创新创业教育知名人士来校开讲座，指导学校创新创业工作。截至目前，已举办创新创业培训班3期，开展“大学生创新创业大讲堂”2期，培训人数3000余人，创新创业蔚然成风。

案例12：自主创业结硕果

为更好地促进大学生创业工作的开展，学校出台了《大学生创新创业教学团队选拔与管理办法》，引导学校大学生创新创业工作走向规范化、制度化、科学化，创新创业教育效果凸显。经济管理系张开涛老师指导成立的“华信网赢大学生创业工作室”运转良好，3个项目正在申请实体注册，带动十几名同学实习就业，并已取得较好的经济效益；电气工程系学生李飞龙的创立的“网末速递有限公司”，在“挑战杯——彩虹人生”全国职业学校创新创效创业大赛中获一等奖，现在公司已在实际运行，经济效益可观。

（六）坚持开展评先树优活动，发挥示范带动作用

充分发挥优秀学生和集体在教育工作中的示范作用，通过开展各类评选表彰活动，教育引导学生树立争先创优意识和积极向上的人生观、价值观。鼓励学生参加国家、省、市级各类比赛，对获奖选手、指导教师和部门（单位），按照《德州职业技术学院文体活动奖励办法》进行奖励，全年奖励学生优秀个人和集体2936人次。

表 6 德州职业技术学院 2016 年学生奖励统计表

序号	获奖项目	获奖情况	获奖集体或学生数	级别
1	山东省第二届社团节	舞蹈大赛二等奖	2	省级
		舞蹈大赛三等奖	8	省级
		沙画创意大赛三等奖	4	省级
		剪纸比赛一等奖	3	省级
2	省级评优	省级优秀学生	8	省级
		省级优秀学生干部	4	省级
		省级优秀毕业生	101	省级
3	"校园十佳"评选	校园十佳团支部	10	校级
		校园十佳文明宿舍	9	校级
		校园十佳社团	10	校级
		校园十佳个人	100	校级
4	校内评优	优秀团员	742	校级
		优秀团干部	214	校级
		优秀团支部	43	校级
		优秀学生干部	247	校级
		三好学生	931	校级
		先进班集体	52	校级
		优秀辅导员助理	44	校级
		优秀大学生奖学金	404	校级
总计			2936	

(七)技能大赛全面开花,助推人才培养水平提升

学校积极总结和推广技能大赛经验,进一步促进了技能大赛组织实施的广泛性、科学性和针对性,技能大赛三年"全面开花"的目标基本实现。2017 年学校学生在职业院校技能大赛中获得了国赛一等奖 2 项、二等奖 1 项,省赛一等奖 4 项、二等奖 8 项、三等奖 9 项,实现了学生在全国职业院校技能大赛和全省职业院校技能大赛成绩数量和级别上的"双突破"。学校教师参加了第四届全省高校青年教师教学竞赛,获得一等奖 1 项、二等奖 1 项;参加了 2017 年全省

职业院校信息化教学大赛，获高职组一等奖1项、二等奖3项、三等奖3项，学校获得优秀组织奖。同时，2017年学校还承办了“2017年山东省大学生电动车设计大赛”“2017年山东高校科技创新技能大赛决赛”“2017年德州市中等职业院校技能大赛”等一系列技能大赛。

表7　2017年学生参加职业院校技能大赛部分获奖项目汇总表

赛项名称	级别	比赛结果
2017年全国职业院校技能大赛风光互补发电系统安装与调试	国家级	一等奖
2017年全国职业院校技能大赛建筑工程识图	国家级	一等奖
2017年全国职业院校技能大赛移动互联网应用软件开发	国家级	二等奖
2017年山东省职业技能大赛(高职组)工业产品数字化设计与制造	省级	一等奖
2017年山东省职业技能大赛(高职组)模具CAD与主要零件加工	省级	三等奖
2017年山东省职业技能大赛(高职组)电气控制系统安装与调试	省级	一等奖
2017年山东省职业技能大赛(高职组)自动化生产线安装与调试	省级	一等奖
2017年山东省职业技能大赛(高职组)工业机器人技术应用	省级	二等奖
2017年山东省职业技能大赛(高职组)电子商务运营	省级	二等奖
2017年山东省职业技能大赛(高职组)信息安全管理与评估	省级	三等奖
2017年山东省职业技能大赛(高职组)虚拟现实(VR)设计与实现	省级	三等奖
2017年山东省职业技能大赛(高职组)云计算技术与应用	省级	三等奖
2017年山东省职业技能大赛(高职组)会计技能	省级	二等奖
2017年山东省职业技能大赛(高职组)市场营销技术	省级	三等奖
2017年山东省职业技能大赛(高职组)西餐宴会设计	省级	二等奖
2017年山东省职业技能大赛(高职组)汽车营销	省级	一等奖
2017年山东省职业技能大赛(高职组)汽车维修与故障诊断排除	省级	二等奖
2017年山东省职业技能大赛(高职组)嵌入式技术与应用开发	省级	二等奖
2017年山东省职业技能大赛(高职组)建筑工程识图	省级	二等奖
2017年山东省职业技能大赛(高职组)园林景观设计	省级	二等奖
2017年山东省职业技能大赛(高职组)工业分析检验	省级	三等奖
2017年山东省职业技能大赛(高职组)农产品安全质量检测	省级	三等奖
2017年山东省职业技能大赛(高职组)制版与工艺	省级	三等奖
2017年山东省职业技能大赛(高职组)学前教育专业学生技能大赛	省级	三等奖

案例13:“建筑工程识图”技能大赛获国赛一等奖

2017年6月3日,全国职业院校技能大赛“建筑工程识图”赛项在浙江建设职业技术学院开赛,学校2015级高职建筑工程技术专业学生潘诗程、邢传博组成的山东省代表队,在同来自全国30多个省(市、自治区)的96个参赛队的比赛中,不畏强手,顽强拼搏,荣获团体一等奖。指导老师司振民、姚玲云获“优秀指导教师”荣誉称号。“建筑工程识图”赛项为团体赛项目,每个参赛队由2名选手组成。此次比赛参赛规模空前,强手如林,聚集了全国职业院校顶尖的土建专业高手。该赛项以实际工程图纸为载体,以实际工作过程为序列,以学生毕业后职业岗位要求为标准来设计大赛题目,注重考核学生识读建筑工程图及使用CAD软件绘制建筑工程图的核心技能,促进学生技能训练和基本工程素养的养成。

案例14:光伏发电系统安装与调试大赛荣获国赛一等奖

2017年5月26～28日,全国职业院校技能大赛高职组风光互补发电系统的安装与调试赛项在安徽机电职业技术学院举行。本次大赛由教育部主办,电力行职委等部门协办,安徽机电职业技术学院承办。共有来自全国各省(市、自治区)的51个代表队参赛。由学校新能源技术工程系学生王笛、王硕显、郑金荣组成的山东省代表一队,在指导老师梁强、陈圣林的指导下沉着迎战,荣获团体一等奖的好成绩。这是学校新能源技术工程系自2012年参赛以来首次获得该赛项的一等奖,也是山东省在该赛项的最好成绩。

案例15:经管系喜获2017年(新加坡)全球品牌策划大赛金质奖

2017年5月8日,2017年(新加坡)全球品牌策划大赛中国地区选拔赛在广东农工商职业技术学院举行。学校经管系市场营销专业学生段圣锴、张新梅、杜永、薛胜男组成的椹茗大宜团队,凭借《椹茗大宜策划方案》喜获中国地区选拔赛总冠军,并于6月11日与其他高校的8支代表队一起,代表中国大陆大学生赴新加坡参加全球总决赛,一举荣获金质奖。

本项赛事由全球华人营销联盟(GCMF)、教育部高等学校经济与贸易类专业指导委员会、中国国际商会商业行业商会、中国国际贸易促进委员会商业行业分会和中国商业文化研究会等部门共同主办,大赛分为5个环节:知识赛、校内赛、省内选拔赛、中国地区选拔赛和全球总决赛。学校经管系技能大赛指导团队精心备赛,经过层层选拔,沉着应赛,最终喜获佳绩。

大赛激发了学生的探究欲望和创业激情,是学校经管系“产教融合、校企合作”成果的体现,也是践行“以赛促学”教学理念的结果,同时提高了学生的综合素质和就业竞争实力,扩大了学生发展的空间。

案例 16:机械工程系参加金砖国家技能发展与创新大赛脱颖而出

2017 年 8 月 22~26 日,金砖国家技能发展与创新大赛暨首届 3D 打印制造技能大赛在杭州隆重举办。机械工程系代表队在 2017 金砖国家技能发展与技术创新大赛暨首届 3D 打印与智能制造技能大赛中,荣获 3D 打印造型技术大赛决赛团体优胜二等奖。

本次大赛是中国作为 2017 年金砖国家轮值主席国的活动之一,其中 3D 打印造型技术赛项吸引了全国 68 所高校共 73 支代表队以及南非、俄罗斯等金砖国家共 17 个外国代表队参赛。大赛旨在搭建“一带一路”暨金砖国家职业技能发展、工程能力培养及智能技术创新人才国际合作平台,提升对掌握“智能制造、智能控制、工业机器人应用、高端数控设备、操作编程、系统集成、数据分析”等技术的复合型人才的培养能力,推动职业教育智能制造大类专业群的教育教学改革与发展。

学校机械工程系派出王建伟、孔德琦、邵恒三名同学参赛。在王英博、高志凯老师的指导下,师生齐心协力,加班加点,克服多重困难,最终取得 3D 打印造型技术大赛决赛团体优胜二等奖的好成绩。整个备赛和比赛过程体现了德州职业技术学院上下一致的团结精神和师生吃苦耐劳、顽强拼搏的优良作风,同时也充分展现出德州职业技术学院在 3D 打印与智能制造领域的优异教学成果。

案例 17:电气工程系在 2017 中国服务机器人大赛中荣获一等奖

2017 年 5 月 18~21 日,2017 中国服务机器人大赛在江苏省昆山市举行。学校电气工程系代表队参赛,荣获助老服务机器人大赛助老环境与安全服务项目一等奖。本次大赛由中国自动化学会、教育部高等学校自动化类专业教学指导委员会主办,来自北京理工大学、中国农业大学、上海大学、天津工业大学、广东工业大学、重庆文理学院等 69 所高校近 500 支队伍同台竞技。大赛主要分为家庭服务机器人、医疗机器人、助老机器人、教育服务机器人、农业服务机器人五大板块,旨在推动服务型机器人的研制和市场应用,鼓励学生在自动化运用机器人方面不断创新。通过大赛,学生开阔了视野,拓宽了思路,进一步认识到专业学习的重要性,改进学习方法,勇于探索创新,真正实现了以赛促教、以赛促学的目标,也为今后的教学及比赛积累了更多经验。

案例18:汽车系获山东省高职院校技能大赛“汽车营销”赛项一等奖

2017年11月12日,山东省职业院校技能大赛高职组“汽车营销”赛项在山东交通职业学院圆满落下帷幕。来自全省各地高职院校的43支代表队参加了本次竞赛,比赛共有三个模块,分别是汽车营销基本技能,汽车销售综合技能,汽车营销策划技能。经过两天半三个场次的技术比拼和竞赛角逐,德州职业技术学院代表队何水苗、贾梦媛两名同学在艾锋、袁秀珍两名老师的悉心指导下,获得了一等奖总成绩第二名的好成绩。这是2014年省赛开设汽车营销赛项以来,继2016年以总成绩第三名冲进省赛一等奖之后,学校在该赛项所获得的最好成绩。

三、教学改革

(一)加大网络教学资源建设,力推“线上线下”混合式教学模式改革

学校以精品资源共享课建设为载体,通过校企共建、教师自建、企业购买等方式,加大网络教学资源建设。学校投入近500万元的校企共建课程网络资源的项目基本完成,教学平台上网课程达450余门;购买了超星通识课网络平台、超星创新创业平台和智慧树网络平台,相关平台的网络课程达500余门,网络资源达16T,质量和数量大幅度提高。学校新升级了校园网络硬件系统,可实现校园内无缝覆盖,学生可实现随时随地上网学习。学校升级了网络教学平台,平台的教学互动效果明显增强,以此为契机,强力推行“线上线下”混合式教学模式改革,要求充分利用网络教学平台,推行学生线上自主学习、教师线上答疑、线下重点辅导的教学模式,整体教学效果良好。

为了提高教学资源建设质量和使用效果,学校开展了一系列信息化教学资源及网络课程建设培训,并实施月度检查评比活动,改革课程考核评价办法,鼓励学生通过移动终端开展自主学习,极大地促进了学校信息化教学资源建设。

(二)产教融合、校企合作深入推进

学校把“产教融合、校企合作”作为改革与发展的生命线,不断创新集团管理机制和完善集团治理结构,形成了独具特色的“1239”(即一个职教集团、两个

理事会、三个常设机构、九个专业理事会)集团化办学模式。集团现有企业成员单位349家、学校成员单位39家、行业协会13个,集团内部之间逐步实现产业链、岗位链、教学链深度融合,“人才共育、过程共管、成果共享、责任共担”的校企合作育人长效机制逐步形成。积极探索股份制、混合所有制办学新模式,分别与天津迅腾科技有限公司、中国电子科技集团第五十五研究所、惠普科技集团和中航东星航空服务公司、无限三维(青岛)打印技术产业研究院有限公司等全国知名企业,共建“互联网学院”“航空乘务学院”“3D打印学院”等二级学院8个,真正发挥了校企“双主体”育人的作用,被教育部网站作为典型予以推广,德州职业教育集团也被山东省教育厅评为“山东省骨干职业教育集团”。

(三)创新创业教育风生水起再创佳绩

学校制定了《德州创新创业大学章程》《大学生创新创业工作促进办法》等一系列规章制度,将创新创业教育融入人才培养全过程,构建起三坚持、四进阶、四结合、三联动的“3443”创新创业教育机制。“三坚持”指不间断推进创新创业教育。一是坚持学生在校期间“双创”教育不断线,打造普惠式“双创”教育平台;二是坚持“双创”教育课程循序渐进,促进“双创”教育开展;三是坚持分类指导、重点推进,开展个性化创新创业能力训练。“四进阶”指不断修订人才培养方案,推进人才培养模式改革。一是确定“基础实、素质高、能力强”的创新创业人才培养目标;二是将区域经济社会发展实际和专业建设目标深度融合,深入企业调研,写出人才需求分析报告;三是邀请高校学者、行业专家、企业能手“把脉会诊”,顶层设计人才培养方案;四是集合教学团队的集体智慧,精心编制人才培养方案,并在教学过程中根据学生和用人单位的反馈意见,不断修订和完善人才培养方案。同时,实施“课岗证融通、实境化历练”人才培养模式改革,构建公共基础平台、“德能”文化素养平台、专业通用平台和专业技能模块、技能大赛模块、创新创业模块的“3平台+3模块”课程体系,构建基础技能训练、业务综合训练、技能大赛训练和实践课题训练的“4层4训”实践教学体系,将“德能”文化教育、技能大赛训练、创新创业历练融入人才培养体系并计算学分,探索出平台共享、模块分立、“三课堂”全程育人的有效途径。“四结合”指深度推进创新创业课程开展。一是必修课程和选修课程相结合。面向全体学生开设2学分的《大学生创新创业基础》必修课,《创业精神与实践》等课程为选修课的创新创业教育课程群;二是通识课程和专业课程相结合,通识课程全面融入专业课;三是线上和线下课程相结合,充分利用慕课、视频公开课等在线开放课程,共建共享优质创新创业教学资源;四是第一课堂和第二课堂相结合,促进学生创新创业能力的提升。"三联动"指开展创新创业教育实践活动。一是课赛融通,培养大学生创新意识与创业能力。组织学生积极参加"挑战杯""互联网+"等竞赛活动;二是建设多元化创新创业类学生社团,倡导个性化发展,成立了"联通未来青春创业社"等10余个创新创业类学生社团,为大学生个性化发展提供了多元平台;三是品牌活动百花齐放,科学引导创业。精心组织"大学生创新创业大讲堂"等活动,先后聘请中国创新创业发展委员会执行主任李朝平、山东省教育厅学生就业创业教育咨询中心主任李霞博士等专家做客大讲堂,引导大学生科学创业。学校还与中国创新创业发展委员会签署战略合作协议,推动学校创新创业教育工作。德州职业技术学院"3443"创新创业教育机制,有力地促进了创新创业工作的开展,推动了学生创新创业能力的提升,引起有关部门和上级领导的高度关注并获好评,学校以优异成绩通过教育部专家组评估,被教育部评为"2017年度全国创新创业典型经验高校50强"。

(四)全面推行教学诊改工作,努力提高人才培养质量

为切实履行学校保证人才培养质量的主体责任,建立健全内部质量保证体系和运行机制,全面推进教学整改工作,努力提高人才培养质量,学校下发了《德州职业技术学院关于成立教学工作诊断与改进工作领导小组的通知》(德职院政发〔2017〕7号)、《德州职业技术学院关于成立教学工作诊断与改进专家委员会的通知》(德职院政发〔2017〕8号)、《德州职业技术学院内部质量保证体系诊断与改进工作实施方案》(德职院政发〔2017〕13号)等文件,邀请了联奕科技股份有限公司、北京中唐方德科技有限公司、山东国子软件股份有限公司来校洽谈教学诊改工作的网络平台建设事宜,初步建立了内部质量保证体系。

2017年上半年试点实施了专业诊改和课程诊改工作。专业诊改,由专业负责人组织团队,针对在校生人数超过20人的高职专业开展专业剖析与诊断,主要内容包括:专业目标定位及发展规划,区域相关产业发展情况,与区域经济、产业契合度等方面;专业现状,包括专业社会影响力、实习实训条件(校内、校外)、教学团队、校企合作、教学资源建设、教材建设、顶岗实习、社会服务能力等情况;专业诊断,与标杆院校(系部自行树立标杆院校)专业的差距;专业发展与区域内行业发展的差距;专业建设存在的主要问题与解决问题的路径等方面。课程诊改,由任课教师对本学期开设的高职课程进行剖析与诊断,通过此项活

动，进一步推进了专业建设和课程建设。

四、政策保障

（一）以党的十九大精神为指导，坚持不懈地提升内部治理能力

以学习贯彻党的十九大精神为统揽，精心谋划学校未来发展。倡导践行“改变从今天开始”，实施学校管理水平提升行动计划，强化科学管理。进一步完善校系两级管理体制，进一步扩大系部办学自主权。制定实施了学校《职称评聘管理办法》，实行职称职务聘任动态管理，试行教师退出机制，促进教职工结构不断优化。完善绩效考核管理办法，绩效奖励向一线教师倾斜，逐步提高福利待遇水平，实现改革发展成果共享，让教职工有更大的获得感，激发干事创业的最大正能量。

（二）实施人才强校战略，强化教师队伍内涵建设

引培结合，师资队伍结构进一步优化。学校深入实施师资队伍建设“五大工程”，构建“1133”师资队伍建设体系，推进教师分层分类培养，开展“三强”师资队伍建设，全力打造一支师德师风高尚、结构科学合理、名师名家领衔、教学能力卓越、实践能力优秀、科研能力突出、国际视野开阔的强教学、强实践、强科研“三强”师资队伍。2017 年，学校引进硕士研究生 33 人、紧缺专业本科生 2 人，现有专任教师 542 人，兼职教师 374 人。

多措并举，教师培训质量显著提高。一是开展“抓重点、请进来”全员校本培训。邀请我国台湾修平科技大学 5 人专家团队，来校进行为期一周的活动，分享台湾地区的职业教育发展、课堂教学、教师能力培养、专业建设、课程建设、技能大赛、创新创业等经验做法；邀请苏州健雄职业技术学院、常州机电职业技术学院、温州职业技术学院、常州工程职业技术学院等经济发达省份、国家示范职业院校专家来校进行教育教学改革、校企合作办学、教学工作诊改等专题培训；邀请全国职业院校信息化教学设计大赛一等奖获得者王磊老师来校作大赛经验分享专题讲座等。二是实施“强弱项、走出去”多形式专项培训。先后派出七个培训交流团 32 人次赴美国、加拿大、澳大利亚、新加坡、德国、阿联酋、法国、瑞士等国家和地区学习先进职业教育办学理念、参加职业教育论坛、技能大赛观摩及创新创业培训等；选派 10 人赴我国台湾中原大学培训学习；49 人次参加职业院校骨干教师省培，5 人到国内外大学访学，25 人次到国家级示范（骨干）高职院校研修，参加网培及各级各类学术会议、技能培训、高级研修班等达

600余人次。三是推进"补短板、下企业"教师实践活动。学校实行"学校、企业、教师"三方协议,探索"一职双岗"专业教师企业实践模式,2017年有23名教师深入企业进行少则1个月、多则6个月至1年不等的实践锻炼,技术技能水平和社会服务能力显著提高。

创新思维,新教师培训效果明显提升。一是强化入职教育,对2017年入职的35名新教师开展了为期一个月的班级式、项目化培训,通过职教理念、教师职业素养、教学基本技能、教学管理、学生管理等9个模块21个分项的培训,培育了其团队融入、站稳讲台的基础能力,提高其规划意识、团队意识和竞争意识。二是实行三连考核,分别对2014、2015、2016年27名新进教师进行了三年期定级考核、两年期"四经历"考核、一年期试用期考核,成效明显。一是自我诊断、自我反思,有助于新教师自我提高、自我完善;二是专家"把脉会诊"、点评指导,有助于新教师早成熟、快成长;三是搭平台、建桥梁,有助于新教师互学互鉴、共同提高;四是压担子、重实效,增强了新教师从事职业教育的使命感、责任感和自豪感;五是验成效、查不足,为扎实做好新教师培养培训工作积累了经验、奠定了基础。

(三)多主体集团化办学特色进一步彰显,引领学校管理体制机制不断创新

深入贯彻《教育部关于深入推进职业教育集团化办学的意见》,不断创新集团管理体制和运行机制,形成了独具特色的"1239"集团化办学模式(即一个职教集团、两个理事会、三个常设机构、九个专业委员会),成功召开德州职业教育集团第八次全体会议暨学校校企合作理事会第二十次全体会议,集团现有企业成员单位349家、学校成员单位39家、行业协会13个,集团内部聚集能力进一步提升,办学活力进一步迸发。

创新德州职教集团治理结构和运行机制,全面增强职教集团的办学活力和服务能力,争取创建国家级骨干职业教育集团。扎实推进航空乘务学院、互联网学院、3D打印学院、电梯工程学院、吉利汽车学院、皇明新能源学院等混合所有制办学"二级学院"建设,发挥企业重要办学主体作用,务实推进行业企业参与人才培养全过程,构建校企协同育人新机制。

(四)改进诊断机制,加强质量监测与评价

学校建立了多元参与、全过程控制的教学质量监测与评价体系。制定了包括专业建设、课程建设、教材建设、课堂教学(含实践教学)、人才培养方案和教学运行管理等在内的质量标准体系;修订完善了《教学管理条例》,制定了校、

系、教研室(专业负责人)三级工作规范、评价标准等文件,明确了职责、任务和要求,进一步完善了教学质量管理体系;成立了“德州职业技术学院人才培养校外监督委员会”和“德州职业技术学院学生家长监督委员会”等第三方评价组织机构,进一步完善了教学质量监控管理与评价体系;依托CRP系统,实现了教学质量监控信息化管理。同时,还建立了校内自我评估机制和质量分析与改进机制,学校的自身吸引力、核心竞争力和社会美誉度明显提高。

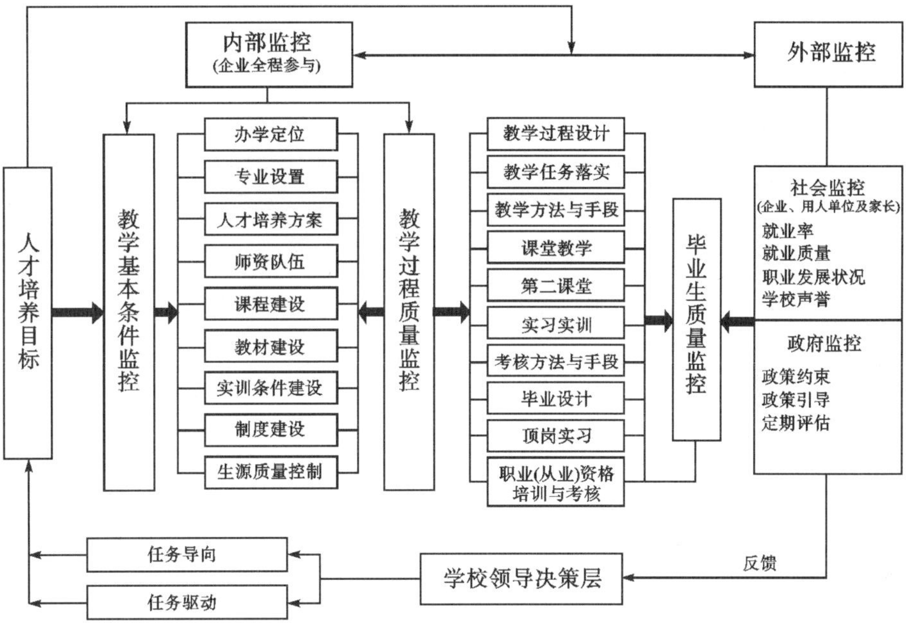

图6　多元参与、全过程教学质量监控体系

(五)建立多渠道筹资机制,提高经费保障水平

1. 年度办学经费总收入及其结构

2017年度全校办学经费总收入为20816.85万元,主要来源依次为财政经常性补助收入12043.06万元(占57.85%),学费收入5218.30万元(占25.07%),其他收入2153.79万元(占10.35%),中央、地方财政专项投入1019.70万元(占4.90%),社会捐赠收入382万元(占1.83%)。

表 8　年度学校经费收入情况　　单位：万元

项目 / 金额	总收入	学费收入	财政经常性补助收入	中央地方财政专项收入	社会捐赠收入	其他收入
金额	20816.85	5218.30	12043.06	1019.70	382.00	2153.79
比例(%)	100.00	25.07	57.85	4.90	1.83	10.35

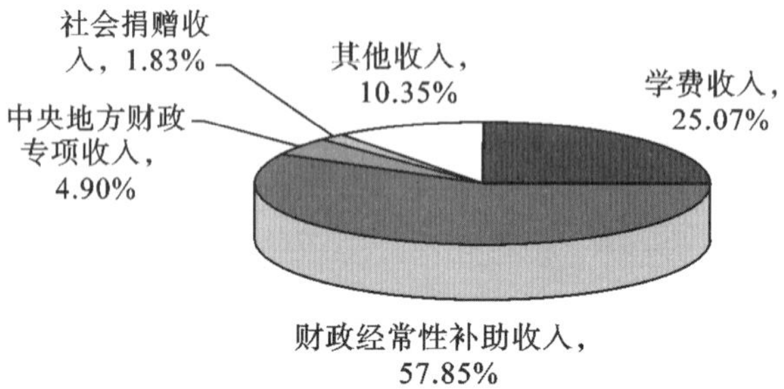

图 7　经费收入情况

2. 办学经费支出

2017 年度全校办学经费总支出为 28093.15 万元，其中基础设施建设支出 2723.30 万元(占 9.70%)、设备采购支出 1939.01 万元(占 6.90%)、教学改革及研究支出 2028.01 万元(占 7.22%)、师资建设支出 655.20 万元(占 2.33%)、图书购置支出 76.79 万元(占 0.27%)、日常教学经费支出 2131.12 万元(占 7.59%)、其他支出 18539.72 万元(占 65.99%)。

表 9　年度学校办学经费支出情况　　单位：万元

项目 / 金额	总支出	基础设施建设	设备采购	教学改革及研究	师资建设	图书购置	日常教学经费	其他支出
金额	28093.15	2723.30	1939.01	2028.01	655.20	76.79	2131.12	18539.72
比例(%)	100.00	9.70	6.90	7.22	2.33	0.27	7.59	65.99

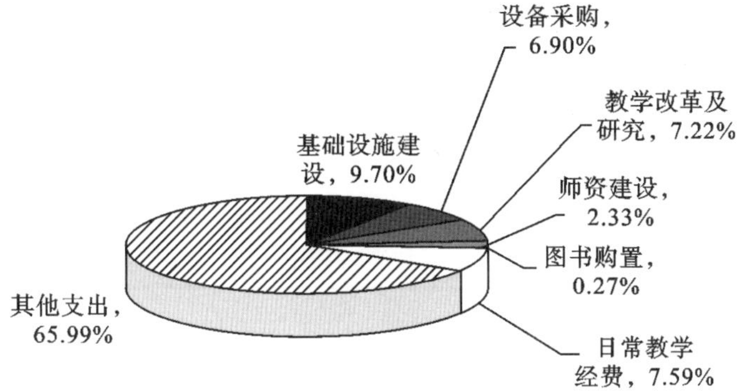

图8 办学经费支出情况

五、国际合作

学校高度重视国际交流与合作，2017年度共派出七个交流考察团、32人次赴美国、加拿大、澳大利亚、新加坡、德国、阿联酋、法国、瑞士等国家参加技能大赛、职业教育论坛、创新创业培训及洽谈校际交流与合作办学等相关事宜，并与境外多所高校签署合作协议；一名教师完成为期半年的国际访问学者的学习任务，顺利返校；组织教师赴我国台湾中原大学研修，邀请台湾修平科技大学专家团队一行五人来校讲座讲学。

通过国(境)外考察与研修，与法国Fresne职业高中签署了《德州职业技术学院与福兰(昂热)职业高中合作办学行动计划实施方案(2017—2020)》，标志着学校中外合作办学进入了实质性操作阶段；与美国华盛顿哥伦比亚学院签订了《合作办学意向书》；与我国台湾修平科技大学签订了《学术合作交流意向书》。通过国际交流与合作，开阔了教师国际视野和国际思维，提升了教师的专业技术水平和教育教学能力。

六、服务贡献

(一)紧跟社会需求，实施精准培训

1. 社会服务与社会培训情况

2017年，学校成人学历教育在校生4640人，其中开放教育本专科3734人，网络教育本专科492人；完成各类职业技能鉴定6000余人次、社会培训20000人次，社会服务收入400余万元。

表10　2017年成人学历教育人数统计　　单位：人

项目	开放教育专科	开放教育本科	网络教育专科	网络教育本科	函授专科	函授本科	自学考试本科	合计
招生	1096	390	50	134	2	5	308	1985
在校生	2718	1016	211	281	10	20	384	4640

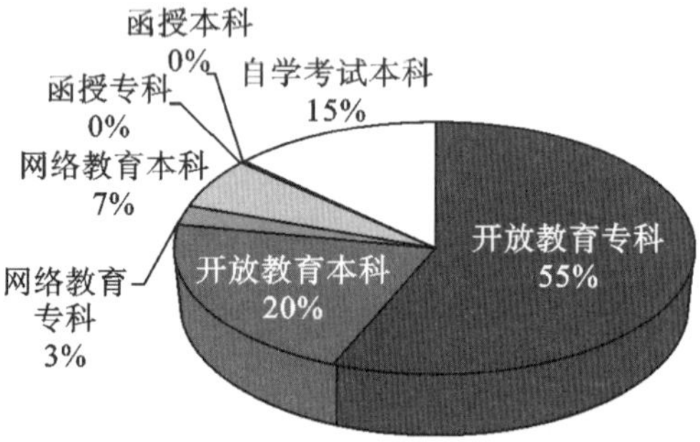

图9　2017年成人学历教育招生分布

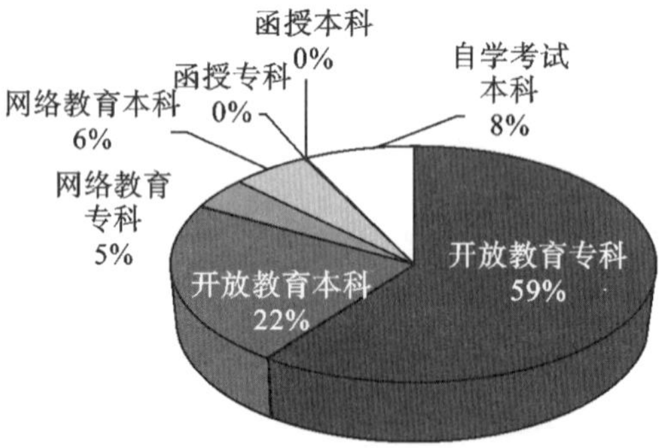

图10　2017年成人学历教育在校生分布

2.服务新型城镇化、农业现代化情况

为促进德州市新型城镇化建设，助力电子商务推广和精准扶贫工作，2017年继续为辖区内各县市区开展送教上门服务，先后共完成了电子商务创业培训332人、育婴师培训271人、中式面点师培训299人，承办了全市360人参加的扶贫精英培训班。为推进农业农村现代化建设，会同德州市农业局签订了8期、共计800人的新型农民经营管理培训协议，已完成5期531人的培训，其他培训按计划执行。

(二)科技服务地方情况

学校与德州市经济技术开发区共建的“德州公共技术转移中心”落户学校，现有清华大学化工系微化工技术重点实验室项目和中科院半导体所智能集成技术联合实验室项目入驻。该中心主要从事研发工作，致力于为德州市产业结构调整升级和科技创新能力提升提供有力的人才和技术支撑，同时带动德州职业技术学院科研工作的提升。

2017 年 3 月 30 日，山东省教育厅发布《关于公布“十三五”山东省高等学校科研创新平台立项名单的通知》(鲁教科字〔2017〕4 号)，学校“光伏系统工程技术研发中心”被山东省教育厅确定为省级工程技术研发中心。

稳步开展教科研项目申报及评奖等各项工作，2017 年立项省级课题 27 项，市级课题 13 项；获山东省高等学校优秀科研成果奖三等奖 3 项，获德州市科学技术奖二等奖 1 项，获德州市社会科学优秀成果奖二等奖 3 项、三等奖 7 项。

七、面临挑战

(一)新时代职业教育加快发展的新常态，对办学理念和发展思路提出了新挑战

党的十九大报告将优先发展教育事业放在保障和改善民生部分的首位，明确了加快教育现代化、建设教育强国的方向。明确指出“建设教育强国是中华民族伟大复兴的基础工程”，并且专门用了 21 个字部署职业教育，党和国家把加快发展现代职业教育提升到前所未有的高度。近年来，国家、省、市密集出台了一系列含金量非常高的文件，这些文件贯彻全国会议精神，聚焦职业教育加快发展，剑指职业教育深化改革系列问题，具有极强的针对性和指导意义，为学校未来发展指明了方向、绘制了蓝图。但作为区域高职院校，由于办学起点较低、层次不高、理念提升不快，很难在短时间内系统、精准地把这些好政策落实到位，尽管在编制学校“十三五”时期发展规划纲要中最大限度地贯彻了这些文件精神，但仍然存在思路不是很清晰、措施不够具体明确的问题。面对职业教育加快发展的新形势、新任务、新机遇，我们必须乘势而上、顺势而为，加快转变办学理念，着力提高办学水平。

(二)优质高职院校的建设任务依然十分艰巨

实施省优质高职校建设工程，是山东省教育厅、山东省财政厅继特色名校

建设工程之后，为全面提升高职院校内涵建设水平而做出的又一重要举措。这为学校在省特色名校基础上接续奋斗、实现二次创业新发展提供了宝贵机遇。学校党委作出集全校之力争创省优质高职校的决定，全校上下积极响应、勠力攻坚，紧扣优质校建设标准和条件，深度挖掘学校优势和潜力，提炼办学特色，并邀请国内知名专家会诊把脉，精心制定了申报方案和任务书，高标准高质量做好了各个申报环节的工作。由于名额所限，尽管学校2017年未能成功入选第一批立项建设单位，但根据专家及专家组提出的整改意见，需要深入做的工作还很多，尤其是在内涵建设和特色打造方面还需要下很大的功夫。当前，根据验收专家及专家组反馈的意见和学校实际，学校初步从“大力开展学风教风建设、认真做好教学诊改工作、深度融入产业发展需求建设专业、深入做好系统化的项目化教学改革工作、全面深入细致地做好技能大赛工作和大力开展教科研工作”六个方面部署了优质校建设的重点工作任务，但内涵建设的路仍很长、任务仍很重。

（三）集团化办学深层次务实推进尚有很大困难

党的十九大报告中明确指出“完善职业教育和培训体系，深化产教融合、校企合作”，充分表明“产教融合、校企合作”是职业教育的必由之路和根本遵循。虽然学校在校企合作、集团化办学方面在省内同类院校中起步较早，也取得了很大成绩，但由于政策、措施落实不力或跟进不到位等原因，政府主导、企业主体的意识仍不强，企业参与校企合作、共育人才的积极性仍然不够高，校企合作、集团化办学形式化、浅层次的现象还较突出，亟需唤醒企业尤其是国有大型企业、名优企业参与办学的主体意识和调动企业参与学校改革发展的积极性，实现真正意义上的深度合作、利益共享。

（四）师资队伍建设与学校实际需要矛盾仍然突出

学校亟需的是“双师型”教师，但由于受政策、条件、待遇、社会评价等因素的影响，学校招聘企业能工巧匠或高级管理人才来校兼职难度较大，学校派遣教师到企业实践锻炼也受到有关政策和条件的限制。由于专业实习指导教师配备不足，直接影响到实习实训课的正常开出，学生的学习积极性受到影响。

（五）区域经济社会发展战略调整，对学校专业建设和社会服务能力提出新的挑战

新一届德州市委、市政府作出“大力提升工业”的部署，提出“壮大提升六大

战略性新兴产业，改造提升十大特色优势产业”的努力方向，这对学校的专业建设提出了新的挑战。我们必须严格执行专业动态调整机制，围绕德州市“10＋6”产业需求及时调整专业设置，不断提高专业建设与区域产业发展的契合度。再者，德州市京津冀协同发展示范区建设正处于强力推进、全方位突破的关键时期，作为区域内唯一的公办高职院校，必须在继续深入推进“两大战略”上再求突破，必须要将围绕京津冀协同发展示范区建设“一区四基地”功能定位确定的“四对接”工作措施做深做实、不断取得实效，为我市加快京津冀协同发展示范区建设做出积极贡献。

八、附表

表1　计分卡

院校代码	院校名称	指标		单位	2016年	2017年
13389	德州职业技术学院	1	就业率	%	92.20	96.6
		2	月收入	元	2388.89	2535
		3	理工农医类专业相关度	%	98.59	98.59
		4	母校满意度	%	98.59	98.76
		5	自主创业比例	%	0	0.0003
		6	雇主满意度	%	99.45	99.45
		7	毕业三年职位晋升比例	%	2.85	4.96

表2　资源表

院校代码	院校名称	指标		单位	2016年	2017年
13389	德州职业技术学院	1	生师比	—	7.14	8.49
		2	双师素质专任教师比例	%	91.45	90.41
		3	生均教学科研仪器设备值	元/生	8458	9561
		4	生均教学及辅助、行政办公用房面积	平方米/生	17.78	15.41

(续表)

院校代码	院校名称	指标		单位	2016 年	2017 年
13389	德州职业技术学院	5	生均校内实践教学工位数	个/生	0.82	0.73
		6	校园网主干最大带宽	Mbps	4100	8000
		7	教学计划内课程总数	门	910	1021
		8	线上开设课程数	门	410	450
			学校类别	( )综合、师范、民族院校 (✓)工科、农、林院校 ( )医学院校 ( )语文、财经、政法院校 ( )体育院校 ( )艺术院校		

表 3　国际影响表

院校代码	院校名称	指标		单位	2016 年	2017 年
13389	德州职业技术学院	1	全日制国(境)外留学生人数	人	0	0
		2	非全日制国(境)外人员培训量	人/日	0	290
		3	在校生服务“走出去”企业国(境)外实习时间	人/日	0	0
		4	专任教师赴国(境)外指导和开展培训时间	人/日	0	0
		5	在国(境)外组织担任职务的专任教师人数	人	0	0
		6	开发国(境)外认可的行业或专业教学标准数	个	0	0
		7	国(境)外技能大赛获奖数量	项	0	1

表 4 服务贡献表

院校代码	院校名称	指标		单位	2016 年	2017 年
13389	德州职业技术学院	1	全日制在校生人数	人	10895	12564
			毕业生人数(合计)	人	1577	2876
			其中:就业人数(合计)	人	1454	2780
			毕业生就业去向	—	—	—
			A 类:留在当地就业人数	人	666	839
			B 类:到中小微企业等基层服务人数	人	1367	2630
			C 类:到 500 强企业就业人数	人	73	150
		2	横向技术服务到款额	万元	486.55	412
		3	纵向科研经费到款额	万元	35.75	43.5
		4	技术交易到款额	万元	8	0
		5	非学历培训到款额	万元	327.2182	429.3135
		6	公益性培训服务	人日	22145	18420
		主要办学经费来源(单选):省级( ) 地市级(✓) 行业或企业( ) 其他( )				

表 5 落实政策表

院校代码	院校名称	指标		单位	2016 年	2017 年
13389	德州职业技术学院	1	年生均财政拨款水平	元	13469.43	12237.84
			年生均财政专项经费	元	4468.55	3787.17
		2	教职员工额定编制数	人	1006	1006
			在岗教职工总数	人	823	812
			专任教师总数	人	538	542
		3	企业提供的校内实践教学设备值	万元	133	351.06
		4	生均企业实习经费补贴	元	0	0
			生均财政专项补贴	元	0	0
		5	生均企业实习责任保险补贴	元	0	19
			生均财政专项补贴	元	0	0
13389	德州职业技术学院	6	企业兼职教师年课时总量	课时	87982	103726
			年支付企业兼职教师课酬	元	822425.50	1714147
			财政专项补贴	元	0	0

第十章　职业院校内部治理能力效能评价

评价是一个运用标准对事物的准确性、实效性、经济性以及满意度等方面进行评估的过程。评价者根据评价标准对评价对象的各个方面进行量化和非量化的测量过程，最终得出一个可靠的并且符合逻辑的结论。职业院校内部治理效能评价就是根据内部治理理念及内涵方法，科学制定评价标准，根据评价标准进行有效评价，以呈现出职业院校内部治理发展水平和存在的问题，指导职业院校不断调整治理结构和治理机制，进一步提升职业院校的内部治理能力的过程。

第一节　职业院校内部治理能力效能评价概述

要做好职业院校内部治理效能评价，首先应搞清楚职业院校内部治理效能评价的含义、评价的目的和意义、评价应遵循的原则和评价分类等内容，然后才能有的放矢，精准地制定评价办法和评价标准等。本节将对职业院校内部治理效能进行概述，以便为更好地开展职业院校内部治理效能评价打好基础。

一、职业院校内部治理效能评价的含义

加强职业院校内部治理的目标是实现职业院校治理能力现代化，职业院校治理能力现代化有以下主要特征。一是参与主体的多元化。这是学校民主治理的良好表现，有利于学校治理的民主化和民主机制的建立。但多元主体参与必须是真实有效的实质性参与，而非低效虚假的形式性参与。二是法治精神。在学校治理的过程中要恪守《教育法》《职业教育法》等法律法规和学校章程，做到依法办学，依法治教和依法行政，实现学校办学过程中的任何环节都有法可依、有章可循。“法治精神”体现在学校治理中，主要是在规则意识、责任意识、权利义务意识、契约精神等方面的教育渗透。三是多元共治。“共治”强调多元主体参与学校治理的协作性关系。“共治”有利于各个主体之间利益诉求的表达，有利于民主、公平、公开和公正，以增强治理的透明性和治理的多元性，有利

于将权力和责任分配到多个责任主体上,防止个别主体的利益独裁。基于以上特征的职业院校治理状况如何,是否已经满足职业院校治理现代化的要求,是否实现职业院校治理公共利益的最大化,这些都需要进行内部治理效能的评价才能准确把握。

因此,可以将职业院校内部治理效能评价定义为:以职业院校治理现代化实施情况为对象,从达成既定的“依法治校、民主管理”的现代学校治理目的出发,在制度建设、多元参与、法治高效等方面确立相应的目标,建立科学的评价指标体系,通过系统的信息收集和定性定量分析,依据客观的价值标准,对内部治理效能做出的价值判断。

二、职业院校内部治理效能评价的目的意义

内部治理效能评价能够有效地控制内部治理过程的行为,并为治理决策服务。科学的内部治理效能评价是保证内部治理质量、提高治理效能的有效措施,是实现职业院校治理现代化的重要手段。内部治理效能评价的目的意义,可以归纳为以下四个方面。

(一)促进职业院校内部治理水平不断提升

内部治理效能评价,可以直接推动职业院校对内部治理改革给予高度重视,促进学校加强自身建设,投入更多精力来研究如何提升治理水平。通过评价也可以对学校已有的内部治理内容和方式等进行全面检查和审视,总结治理经验,查找分析存在的问题及原因,加以修正完善,以促进内部治理能力的提升。

(二)有效规范职业院校内部治理改革的道路

科学的职业院校内部治理效能评价标准,本身就具有引导职业院校内部治理改革的“指挥棒”和规范职业院校内部治理改革的“路线图”的作用,有利于职业院校内部治理更加科学规范,也更有利于职业院校内部治理模式彰显特色。

(三)为职业院校下一步治理决策提供重要依据

通过公布内部治理效能评价结果,可以使教育行政部门和广大师生员工,特别是学校管理层,能够全面了解职业院校在实行内部治理改革方面存在的问题和不足,从而有针对性地采取有效措施,为下一步治理改进的决策提供确切的努力方向。

(四)为社会各界参与职业院校治理改革提供了解的机会

通过参加内部治理效能评价过程,使教育行政部门、行业、企业、家长等增加对职业院校办学特色、人才培养质量、社会服务水平、对外合作交流以及内部管理等方面的了解,从而吸引和提高社会各界加强对职业教育和职业院校的关心与支持,进一步提高职业教育的社会地位。

三、职业院校内部治理效能评价的原则

内部治理效能评价的原则,是开展评价工作的主要依据,是评价人员在评价活动中必须遵守的准则。遵循评价原则,对制定评价标准体系、开展评价工作、提高评价质量、发挥评价作用,都有着积极的作用。

(一)定性与定量相结合的原则

定量评价是采用数学的方法,收集和处理数据资料,对评价对象做出定量结果的价值判断,如评价建立内部治理制度标准的个数,或统计某项具体治理项目的主体参与率等等。定量评价强调数量计算,以教育测量为基础。它具有客观化、标准化、精确化、数量化、简便化等特点。但定量评价往往只能完成可以量化测评的指标,不能事事、处处都要求量化,都做到量化。定性评价是不采用数学的方法,而是根据评价者对评价对象的表现、现实和状态或文献资料的观察和分析,如内部治理主体对治理能力提升的认识程度,或参与治理的行为表现等等。定性评价强调观察、分析、归纳和描述,但它也具有模糊不确定的特点。因此,我们在内部治理效能评价中应坚持定性和定量评价相结合的原则,充分利用不同评价方式的优点,根据评价目的开展评价活动。

(二)过程与结果相结合的原则

过程性评价与结果性评价是相对于评价目的而言的。过程性评价不以区分评价对象的优劣为目的,而注重评价过程是否科学合理,是否符合制度标准,是否具有引导促进作用,等等,如内部治理效能评价标准对治理能力提升的辩证作用发挥的情况如何。结果性评价是在工作终结后所作的评价,一般与分等鉴定、做出下一步决策等相联系,如学年内学校内部治理效能水平等级,还存在哪些问题和不足的评判。因此,我们在内部治理效能评价中应坚持过程与结果并重原则,全过程做出评估分析,以利于内部治理能力综合提升。

(三)实力与潜力相结合的原则

实力评价就是对现阶段完全实际的客观结果进行全有或全无标准的评价,

评价包含预测，还要注重潜在实力。职业院校内部治理效能评价不仅要看现存实力，也要看发展潜在实力，注重内部团结协作程度以及外部协调、配合、沟通程度，这些潜在的软实力能够为内部治理效能提升提供动力。

（四）方向性、科学性和可行性相结合的原则

评价要把握方向，就是指职业院校内部治理效能评价要对职业院校治理能力现代化建设起到引导作用，使职业院校内部治理适应国家治理体系和治理能力现代化的总体要求，推进职业院校实现内部治理体系和治理能力现代化，进一步提升办学水平和教育教学质量。因此，在制定评价指标体系中，要坚持这一基本方向。

评价要注重科学，首先要体现在评价组织、评价标准以及评价实施过程中，不能只凭经验，更不能主观臆造，应以科学的理论、客观的依据为基础；其次体现在评价人员的态度上，要坚持实事求是，从实际出发，防止弄虚作假，克服主观随意性，避免掺杂个人感情，保证评价可靠，符合实际。

评价要切实可行，要求在评价实施过程中，评价方法要易于掌握，便于操作；评价指标体系具有可测性；同时也要考虑校情，做到因地制宜。

四、职业院校内部治理效能评价的分类

职业院校内部效能评价是一个多因素、多变量的复杂系统。要在评价中获取全面信息必须对评价加以分类执行，从多方面出发，站在多角度看问题，才能保证评价的实效。按照评价主体不同，我们可以把职业院校内部治理效能评价分为自我评价、教育行政部门评价和社会第三方评价三类。

自我评价简称自评，是指由职业院校自己组织的、在学校内部进行的评价。自评是评价工作开展的基础，可以帮助学校自我调节、自我完善，一般用于过程性评价。

教育行政部门评价通常是指由上级教育主管部门组织实施的评价，其人员组成层次高端，评价组织严谨可靠，评价结果具有权威性，评价同时也是给学校指出问题、不足和努力方向的良好契机，一般用于结果性评价。

社会第三方评价可以是上级安排，也可以是职业院校自发邀请，由行业企业协会等第三方人员对学校内部治理效能作出评价，评价多为诊断性的，但可以从第三方的角度为学校提出中肯的批评和建议，同时也是职业院校宣传推介自己的良好载体。

第二节 职业院校内部治理能力效能评价实施

职业院校内部治理效能评价涉及评价主体、评价标准、评价目的、评价方案及评价方法等诸多方面的内容，要实现评价促进职业院校内部治理能力和水平提升的功能，必须在评价标准指标体系的制定、评价的组织实施及合理使用评价结果三个方面着力。

一、职业院校内部治理效能的评价标准

所谓评价标准，又称评判标准，是指人们在评价活动中应用于对象的价值尺度和界限，评价的客观性因素是评价标准具有科学性的重要依据。评价标准是一套规则体系，是评价活动方案的核心部分，是人们价值认识的反映，它表明人们重视什么、忽视什么，具有引导被评价者向何处努力的作用。职业院校内部治理效能评价标准能够明确指出职业院校在内部治理过程中应注重哪些方面的建设，并指导职业院校怎样开展内部治理工作，最终实现治理的科学化、现代化。职业院校内部治理效能评价标准应体现法治、民主、公开、自由等现代学校治理价值要素。建立和完善职业院校内部治理评价标准，可以对职业院校内部治理行为进行规范，有助于从根本上减少职业院校内部治理过程中的随意性。

评价标准一般以评价指标体系表格的形式呈现，即评价表。职业院校内部治理效能评价工作使用的评价表是用来评价和引领职业院校内部治理规范、有序开展的重要工具。下面的评价表示例是在本书所阐述的对职业院校内部治理研究的基础上形成的，关于职业院校内部治理效能评价的基础评价用表。可供读者在制定职业院校内部治理效能评价工作量表时参考使用(表 10-1)。

表 10-1 职业院校内部治理效能评价表

一级指标	二级指标	具体评价指标
依法治理	建章立制	1. 建有符合现代学校治理要求的学校章程。 2. 学校章程建设过程依法、民主，程序严格规范。 3. 与学校章程配套的各项管理制度健全、规范，时效性强，汇编成册。 4. 治理工作档案资料保存完善，归档及时，取用方便

（续表）

一级指标	二级指标	具体评价指标
依法治理	法治意识	1. 学校法治工作机制健全，有组织、有计划、有实施、有总结。 2. 学校重视法治教育，定期在师生中开展法治教育，特别重视依法治校理念的教育渗透，校园“法治”文化氛围浓厚。 3. 学校师生员工法治意识强，法律知识掌握水平高，具有依法治校、依法执教的意识，特别是具有强烈的民主参与治校意识和依法维权意识。 4. 学校办学行为规范，各项工作事务及程序都能做到依法合规
民主共治	团队建设	1. 学校根据章程依法建有理事会、校务委员会、党员代表大会、教职工代表大会、工会会员代表大会、学术委员会、团员代表大会、学生代表大会、家长社区议事会等多元主体参与、民主治校的团队组织。 2. 各团队均有科学合理的组织章程，团队组成人员基本情况和产生程序办法符合组织章程规定。 3. 团队定期开展教育培训活动，不断提高团队组成人员的基本素养和参政议政能力
	民主治理	1. 学校管理团队具有丰富的教育管理经验、较高的法律素质和强烈的民主意识，能按照章程依法履行学校管理职责，自觉接纳师生参与管理和监督。 2. 学校依照章程和各类规章制度，落实岗位责任制，各项管理有章可循，依法办事，校园管理民主法治基础牢固。 3. 学校坚持民主集中制，定期召开党委会或党政联席会、理事会工作会、校长办公会、校务委员会工作会、党员代表大会、教职工代表大会、工会会员代表大会、学术委员会、团员代表大会、学生代表大会、家长社区议事会等，就学校管理、改革和发展中的重大事项广泛听取多方意见建议，支持民主参与、多元共治的现代学校治理机制。 4. 学校依法建立工会和教职工代表大会，健全完善教代会工作制度，定期召开教职工代表大会，保障教职工参与学校民主管理和民主监督的权利
管理公开	校务公开	1. 学校实施党务校务公开制度，有健全的党务校务公开工作组织和规章制度，有固定的向教师、学生、家长公开校务的公示栏。 2. 学校有重大事项公示和听证制度，对重大事项和涉及教职工、学生切身利益的事项，公开办事制度、程序和结果。 3. 学校依法公开经费和财产管理使用情况，无违规收支问题

（续表）

一级指标	二级指标	具体评价指标
管理公开	渠道畅通	1. 学校校园网覆盖全校并与因特网链接，功能齐全，内容更新及时，能够有效率地将学校各项工作开展情况向社会公开发布，实现管理工作信息化。 2. 学校建有相应的工作群、班级群和家长群等，能够利用现代信息技术快捷、即时的优势，进行校政、校企、家校等沟通联系。 3. 学校有监督检查和责任追究制度，有畅通的信访渠道，设有公开电话，书记、院（校）长信箱，接受家长、社会对学校工作的监督，对收到的投诉建议及时自查自纠
稳定自由	安全稳定	1. 学校重视意识形态安全和校园安全治理工作，有组织、有计划、有落实、有总结。 2. 学校治安情况良好，教职工及学生无违法违纪现象发生，未出现重大安全责任事故。 3. 师生对校园安全感知评价良好率高
	学术自由	1. 学校营造尊重学术自由的宽松学术环境氛围，树立严谨治学、实事求是的教风和学风。 2. 师生员工能够感知到校园是学术观点创新、专业体系创新和研究方法创新的园地。 3. 学校学术委员会和专业教师具有积极向上、团结奋进和改革创新的学术精神。 4. 学校做到学术权力下放，让专业的人办专业的事，依靠学术委员会和专业教师进行专业开发建设
治理回应	治理满意度	师生、家长、合作企业、社区调查满意率达80%以上

二、职业院校内部治理效能评价的组织实施

下面分别对职业院校内部治理效能的自我评价、教育行政部门评价和社会第三方评价的组织实施进行阐述。

（一）职业院校内部治理效能的自我评价

职业院校内部治理效能的自我评价是检验内部治理工作开展情况优劣、治

理能力是否有效提升、查找存在问题不足并及时整改提高的重要途径，也是职业院校内部治理改革实施的有机组成部分。职业院校有效地开展校内自我评价，必须要对评价进行严密的组织实施。一般来说，自我评价的组织实施过程可以分为做好准备、组织实施和形成结论三个阶段。

1. 做好准备

评价组织准备一般包含以下三项工作：一是建立评价组织机构，成立评价领导小组；二是制定评价工作实施方案；三是培训参加评价的工作人员。评价领导小组的工作要点首先是依据职业院校内部治理能力效能评价的一般标准体系，结合本次评价的重点项目，组织制订全面、细致的、具体的、有可操作性的评价工作计划和标准工作量表；其次是选派适合的人员参与评价并对他们进行必要的培训，使大家明确评价的目标意义，掌握评价的方法，清楚评价的进程，把握评价的行为准则和整体要求，以便统一思想，统一标准，统一行动，保证评价结果的客观性和一致性。评价工作实施方案应当包括以下几个方面的内容：规定评价的目的及目标、确定评价内容及其形式、设计指标体系、规定评价标准、确定评价手段和方法、规定实施程序和时间安排等。

2. 组织实施

评价组织实施是一个有计划、有程序、有步骤的实施过程，是具体实施内部治理能力提升效能评价的中心环节，大体上应该分为以下几个步骤进行：一是宣传动员。把与评价工作有关的各类人员都发动起来，使他们都积极参与到评价工作当中，利用校内各种宣传工具，运用各种宣传形式进行宣传动员，公布评价工作实施方案，使大家了解评价的目的、目标、内容、形式、标准、方法手段、实施程序等。二是具体实施。评价领导小组组织评价工作人员通过查阅学校在内部治理工作中形成的各类档案材料，发放回收调研问卷，实施调研座谈等多种形式开展积极的自查评价活动，有针对性地收集信息、资料和数据，撰写调查日志，为形成调研评价报告做好充分的准备。

3. 形成结论

评价工作小组将收集到的信息、资料和数据等材料整理清楚，依据有关的评价指标和评价标准的要求逐项核实，筛选出真实可靠的有用资料进行综合分析，对照各项指标的评价标准对职业院校内部治理效能做出客观、准确的评价结论。

（二）职业院校内部治理效能的教育行政部门评价

职业院校内部治理效能的教育行政部门评价主要内涵是：教育行政部门对

所管辖职业院校的内部治理工作开展情况进行监督、检查、评价和指导，以促进职业院校加快建设现代学校制度，制定并依照章程规定管理学校，实行校务会议等管理制度，建立健全理事会制度、教职工代表大会制度和家长委员会制度，不断完善科学民主决策机制，引导社区和有关专业人士参与学校管理和监督，发挥企业参与职业院校治理的作用，建立职业院校与行业、企业合作机制等等。

职业院校内部治理效能的教育行政部门评价可以有效促进学校内部治理过程意识的提高。教育行政部门会根据评估工作的实际，制定出台自己的评价督导文件，文件中会对学校的内部治理提出明确的要求，一方面有利于规范学校治理者的治理行为，指导学校注重过程治理，提高过程治理意识。另一方面可以提高学校治理者的前瞻能力、控制能力和组织协调能力，有利于学校治理者有效地开展学校内部治理活动。职业院校内部治理效能的教育行政部门评价还可以有效地促进学校提高内部治理的质量意识。教育行政部门对职业院校内部治理效能的评价是教育行政部门对学校的一种监督，通过监督来评价学校的优劣，对学校进行奖惩激励，这对学校治理者特别是管理层来说是一种非常有力的促进。在教育行政部门的监督下，学校不断提高质量意识和争优精神，不断完善内部管理体制机制，努力将治理效能达到最优化，才能真正承担起办好人民满意职业教育的重任。

职业院校内部治理效能的教育行政部门评价一般与学校教育督导评估合并实施，当然也可以根据工作需要进行专项督导评价。评价的组织实施与教育督导评估相类似，主要是通过教育行政部门组织专家和领导深入学校，通过实地考察、查阅资料、师生座谈及问卷调查等形式来完成，在此不再一一赘述。

（三）职业院校内部治理效能的社会第三方评价

教育部在《关于充分发挥职业教育行业指导作用的意见》（教职成〔2011〕6号）中提出：要逐步建立和完善职业教育人才培养质量行业评价制度。建立社会、行业、企业、教育行政部门和学校等多方参与、以能力水平和贡献大小为依据的职业教育质量评价体系，把行业规范和职业标准作为学校教学质量评价的重要依据，把社会和用人单位的意见作为职业教育质量评价的重要指标。逐步建立以行业企业为主导的职业教育第三方评价机制。在《关于推进中等和高等职业教育协调发展的指导意见》（教职成〔2011〕9号）中也提出：要“积极开展中等和高等职业教育协调发展的研究，吸收企业等参加教育质量评估，探索建立职业教育第三方质量评价制度”。探索建立第三方评价制度已成为我国职业教育实践亟待破解的重要课题，引入第三方组织评价可以弥补传统教育评价体制的不足，增进职业教育质量测量评价的科学性、有效性和可信性。①

第三方评价又称社会评价，它是一种有别于学校内部自我评价的外部评价形式。第三方评价主要包括公民个人、社会团体、社会舆论机构、中介评估机构评价等，并通过一定的程序和途径，采取各种方式，直接或间接，正式或非正式地评价被评估部门的绩效，其特点是评价活动由与被评部门无隶属关系和利益关系的第三方主持和组织实施，评价的标准或内容也主要由主持方拟定。现代教育评价理念的发展表现在多元化的评价主体、多元价值取向以及多元利益等方面。对职业院校内部来说，其主要服务对象是学生；对外部而言，其服务对象是社会。要把服务的思想和意识切实运用到实际工作当中，就要求社会中介机构参与职业院校评价工作。既可以获得与职业院校无利害关系的第三方对职业院校比较公正的评价指导，同时也是让第三方了解职业院校办学现状，取得社会的支持和理解。

为保障第三方评价的有效运行和实施，相关设计与磋商机制不可或缺。一是职业院校应当与第三方进行有效沟通和协作，针对内部治理效能评价的目标、过程、内容和结果等方面共同规划，制定出一个科学的、切实可行的评价标准体系。二是教育行政部门和职业院校要对第三方给予大力支持，对其工作中的重点难点问题进行针对性研究和帮助。三是第三方也要依据科学、规范和专业化的标准来建设自身的组织结构和人员队伍，如要合理配备教育学、教育心理学、管理学、统计学、心理测量学、计算机应用等相关方面的人员等。只有在充分准备的基础上，才能达到社会第三方评价的高标准和高效度。

实施第三方评价，应该从“评价主体、评价内容、评价方法”三个方面来实施。一是建立评价机构。为了有效地实施第三方评价，有必要成立由政府监督、各行业协会主管、独立于学校的评价委员会，成员由行业专家、行业技术专家、职业教育专家等组成。二是制定评价标准与内容。评价委员会在深入学习领会国家关于职业院校内部治理改革的文件精神，调研了解职业院校内部治理的发展现状与目标要求的基础上，制定评价内容与标准。三是确立合适的评价方法。针对职业院校内部治理效能的评价，充分考虑所选评价手段的时效性、可行性及可操作性。

---

① 张宏亮.职业教育第三方质量评价运作机制探析[J].厦门城市职业学院学报，2016(3)：1.

三、职业院校内部治理效能的评价结果处理

职业院校内部治理效能评价结果的分析与处理阶段是评价活动的最后一个阶段，它的质量关系到评价的作用能否充分发挥。评价活动的这一阶段主要有以下几项任务：形成综合判断，分析诊断问题，评估评价质量，撰写评价报告，反馈评价信息等。

形成综合判断就是从总体上对被评价对象做出关于其工作的定性或定量的综合意见。如职业院校内部治理体制机制是否建立起来，治理制度是否齐备且符合现代职业院校治理要求，师生和家长的法治意识和参政议政意识是否比较强烈，内部治理实施的满意度是否较高，等等。评议要以定量为主、定性为辅，进行综合判断，客观、公正地反映职业院校内部治理效能水平。

分析诊断问题即对评价过程中收集的信息和数据加以分析研判，查找出内部治理工作中存在的问题，以帮助被评价职业院校认清存在的问题和问题症结所在，提出有针对性地改进内部治理工作的途径和建议。

评估评价质量是指根据评价过程中出现的问题，利用对被评者的评价结论和分数，对评价工作质量进行检查、分析、鉴定，以保证评价工作的客观、准确、公正，这是很重要的工作环节，也是容易被忽视的环节。

撰写评价报告是指将评价结论写出书面报告。内容主要包括评价的任务及其经历的过程、对参评院校的内部治理情况及能力的评价结论、评价结论的统计分析、评价中发现的问题及整改建议等等。

最后，及时将评价报告等评价信息向职业院校有关利益方进行反馈，以期有效利用第三方评价结果，使评价发挥教育改革的调节和促进作用，不断提升职业院校内部治理能力。

参考文献

［1］孙云志.高职院校治理的理论基础［J］.中国职业技术教育，2017(3)：24-28.

［2］陆启光.国外高职院校内部治理特点及启示［J］.职教论坛，2016(1)：87.

［3］于锦绣.国外公立职业院校内部治理结构模式及其启示——以英、法、德、美四国为例［J］.连云港师范高等专科学校学报，2017(4)：78-79.

［4］汪卫芳.浅谈澳洲 TAFE 模式对我国高职教育的启示［J］.职业圈，2007(6)：104.

［5］李永亮.高等学校内部治理结构优化研究［M］.北京：经济管理出版社，2017：33-34.

［6］郭平，黄正夫.大学内部治理结构的功能及其实现路径［J］.教育研究，2013(7)：69-71.

［7］李强.职业院校内部治理能力提升研究［J］.职教论坛，2017(10)：51-52.

［8］刘保存.改革开放以来我国高等教育管理体制的回顾与前瞻［J］.复旦教育论坛，2009(7)：43-46.

［9］牛文科，解淑琴.用内部治理结构改革激发办学活力——南京铁道职业技术学院的改革探索［N］.中国教育报，2017-10-26(8).

［10］李维安，王世权.大学治理［M］.北京：机械工业出版社，2013：15-38.

［11］李强.职业院校内部治理能力提升研究［J］.职教论坛，2017(10)：52-56.

［12］王松柏、徐宝升、陈金聪.黎明职业大学：加强治理能力建设提升创新发展水平［N］.中国教育报，2017-5-18(5).

［13］于锦绣，周俊.以质量提升为目标的中职学校内部治理结构建构分析［J］.职业技术教育，2015(30)：46-47.

［14］杨建国，刘晓波，朱小蓉.高等职业院校内部治理结构研究［J］.当代职业教育，2012(10).

［15］杜志淳.我国现代大学内部治理结构的改革与完善［J］.法学教育研究，2015(1).

［16］黄汉升.深化校内管理综合改革完善大学内部治理结构［J］.世界教育信息，

2014(4).
[17] 瞿振元.建设中国特色高等教育治理体系推进治理能力现代化[J].中国高教研究,2014(1).
[18] 潘海生,张宇.利益相关者与现代大学治理结构的构建[J].教育评论,2007(1).
[19] 周衍安.公办高职院校内部治理探析[J].黑龙江高教研究,2007(1).
[20] 周萍,宋建军.高职院校优化内部治理结构的研究[J].中国职业技术教育,2016(1).
[21] 白维.完善职业院校治理结构提升治理能力[J].中国职业技术教育,2014(21).
[22] 张燚,张锐,高伟.高校利益相关者理论的研究现状及趋势[J].高教发展与评估,2009(6).
[23] 赵军.基于学科组织的高校二级学院领导管理体制架构研究[J].教学研究,2011(1).
[24] 蒲波,黄涛.学科组织化:高校二级学院领导管理体制建构的新视角[J].四川理工学院学报(社会科学版),2012(1).
[25] 庄西真.科层制与关系网络:学校中权力和资源的配置[J].当代教育科学,2005(8).
[26] 教育部.职业院校管理水平提升行动计划(2015—2018).
[27] 贺祖斌.职业教育管理[M].北京:北京师范大学出版社,2010.
[28] 张红梅.我国大学治理结构中的内部主体矛盾关系[J].现代教育管理,2015(3).
[29] 姚叶.公共治理的中国大学章程的制定[D].湘潭:湘潭大学,2007.
[30] 徐先凤.大学章程建设研究[D].烟台:鲁东大学,2007.
[31] 刘刚.大学章程内容要素研究[D].金华:浙江师范大学,2012.
[32] 李金甫,李强.章程建设:职业院校内部治理能力提升之助推利器[J].职教通讯,2018(4).
[33] 黄代银.论依法治校中的几个法律问题[J].教学与管理,2000(6).
[34] 周凯兴.论依法落实高校办学自主权的现状、问题与对策[D].长沙:湖南师范大学,2012.
[35] 洪斌.制度经济学与职业院校管理制度创新[J].当代经济,2009(7).
[36] 张志勇.创新教育——中国教育范式的转型[M].济南:山东教育出版社,

2002:160.

[37] 袁振国.新教育理念[M].北京:教育科学出版社,2010.

[38] 孙赞兰,李强.特色校园文化与职业院校内部治理能力提升探究[J].中国培训,2017(8):16-19.

[39] 董刚.高等职业院校文化建设内涵分析及对策研究[J].中国高教研究,2008(10):60-62.

[40] 徐岩.文化育人为引领的“三姓合一”特色高职文化实践探索——以辽宁林业职业技术学院为例[J].职教论坛,2017(32):36-41.

[41] 王娟,赵云龙,杨新宇,张兆斌.高职院校内部质量保证体系的构建——以咸阳职业技术学院为例[J].价值工程,2018(27):298-299.

[42] 龙献忠,龚汪洋.治理现代化背景下高等教育质量评估体系建构探析[J].中国高教研究,2016(5).

[43] 冯虹,刘国飞.第三方教育评价及其实施策略[J].教育科学研究,2016(3).

[44] 高等学校章程制定暂行办法(教育部令第 31 号)[EB/OL].http://www.gov.cn/flfg/2012-01/09/content_2040230.htm.

[45] 关于加强和改进新形势下高校思想政治工作的意见.[EB/OL].http://guoqing.china.com.cn/2017-06/26/content_41098359.htm.

[46] 关于建立职业院校教学工作诊断与改进制度的通知(教职成厅〔2015〕2号)[EB/OL].http://www.moe.edu.cn/srcsite/A07/moe_737/s3876_zdgj/201507/t20150707_192813.html.

后 记

《职业院校内部治理能力提升的探索与实践》一书，经过近两年的酝酿、策划和编写，终于付梓了，在此向为本书的编写给予精心指导和付出辛勤汗水的专家学者及中国海洋大学出版社的编辑们，致以崇高的敬意和由衷的感谢！

本书由马瑞香、李强、陈作亮任主编，吴章鑫任副主编。第一章由阎春梅和李金甫编写；第二章、第三章由李强和黄国钰编写；第四章由马瑞香编写；第五章由吴章鑫和王程编写；第六章由王程编写；第七章由高萍萍和张显志编写；第八章由孙赞兰和管慧编写；第九章由邹晓燕编写；第十章由吴章鑫编写。最后由德州职业技术学院党委委员、纪委书记李强教授和青岛华夏职业学校马瑞香副校长统稿，江苏理工学院职教研究院常务副院长、江苏省职业技术教育科学研究中心副主任庄西真教授审定。

本书可为职业教育研究与管理者以及关心职业教育发展的读者提供参考。

本书对职业院校内部治理能力提升的研究仅是初步探索，由于时间仓促，加之水平有限，不当之处在所难免，敬请读者批评指正。

编著者

2018 年 11 月